글로벌사중복음연구소 사중복음신학시리즈 1

예수의 바람 성령의 바람

사중복음 정신과 21세기 교회 혁신

저자 최인식

ISBN 978-89-7591-305-1 93230

Wind of Jesus & Wind of the Holy Spirit :
Introduction to the Theology of the Fourfold Gospel
by Insik Choi
Copyright©2014 Sarang Maru Publishing,co.
17, Teheran-ro 64-gil, Gangnam-gu, Seoul, Republic of Korea

egenera...

anctification

Divine Healing

Second P...

예수의 바람, 성령의 바람

최 인 식 지음

글로벌사중복음연구소 G.I.F.T 시리즈 간행위원회
위원장 : 최 인 식 박사
위 원 : 박창훈 박사 오성현 박사 하도균 박사 William T. Purinton 박사
• 사중복음 신학 시리즈
• 사중복음 고전 시리즈
• 사중복음 논총 시리즈
• Journal of the Pentecostal Gift 시리즈

[GIFT 사중복음 신학시리즈 제1권]
예수의 바람, 성령의 바람 : 사중복음 정신과 21세기 교회 혁신
최인식 지음
초판발행 2014. 3. 10
초판인쇄 2014. 3. 10
발행인 / 우순태
편집인 / 유윤종
책임편집 / 강신덕
기획 · 편집 / 전영욱 강영아
디자인 · 일러스트 / 최동호 권미경 오인표
홍보 · 마케팅 / 강형규 박지훈
행정지원 / 조미정 신지현

펴낸곳 / 도서출판 사랑마루
출판등록 / 제2011-000013호(2011. 1. 17.)
주소 / 서울시 강남구 테헤란로 64길 17(대치동)
전화 / (02)3459-1051~2/FAX (02)3459-1070
홈페이지 / http://www.eholynet.org

ISBN 978-89-7591-305-1 93230

이 땅 위의
글로벌 사중복음
교회공동체
가운데
예수의 바람과 성령의 바람이 불어오기를 대망하며
사중복음의 '아바정신'(ABBA spirit)으로
목회혁신과 신학혁신에
이바지하고 계신
목회자와 신학자
성결교회 공동체
하나님의 모든
자녀들에게
드립니다
초이

인 사 말

본서는 '사중복음(四重福音, Fourfold Gospel, Full Gospel)'의 기원과 본질, 그 글로벌한 신학적 가치와 의의를 밝힌, '사중복음 신학' 입문서로서 교회 일선의 목회자들이나 미래 교회를 준비하는 신학생들을 위한 것입니다. 신학서이기에 폭넓은 신학 논증이 필요한 데가 많이 있었지만, 평신도 지도자들도 쉽게 접근할 수 있도록 복잡한 신학 논의는 대폭 줄였습니다.

본서는 사중복음을 강조하는 '성결교'와 '오순절' 전통에 있는 자들을 특별히 염두에 두었습니다. 왜냐하면 사중복음에 대한 바른 이해는 그들의 신학이나 신앙의 정체성과 직접 관련이 있기 때문입니다.

그러나 본서는 자신을 '복음주의자'라 여기는, 그래서 '복음적으로' 살고자 하는 이 땅 위의 모든 그리스도인들, 특히 칼뱅의 개혁주의 전통과 웨슬리의 메소디스트 전통에 서 있는 그리스도인들과의 대화를 기대하고 있습니다. 왜냐하면 사중복음이야말로 복음주의의 참 정신을 잘 나타내는 원형성을 지니고 있어, 복음의 본질을 추구하는 모든 그리스도인들을 한 자리로 모으는 힘과 폭이 충분하다고 확신하기 때문입니다.

사중복음은 일반적으로 생각하듯이 성결교회만의 전유물이 아닙니다. 오히려 글로벌 기독교를 위한 유산이라 말해야 옳을 것입니다. 그렇기 때문에 사중복음을 특정 교단, 즉 성결교회의 헌법이나 교리적 전통의 입장을 떠나 역사적으로 그리고 신학적으로 그 자체가 말하는 정신의 관점에서

예수의 바람, 성령의 바람

보게 되면, 사중복음은 현대의 세계 기독교를 위한 글로벌 신학의 틀이 될수 있음을 알게 됩니다.

그러므로 본서는 사중복음이 기독교의 보편적인 가치로 이해될 수 있도록 사중복음에 대한 협의적인 관점을 지양해서 '글로벌 신학'의 차원에서볼 것을 요청하고 있습니다.

그럼에도 불구하고 성결교회가 좁은 의미에서 사중복음을 통해 자신의 신학적 정체성을 이야기할 때는 사중복음은 성결교회의 전통 안에서 발견되는 가장 중요한 신학적 주제요, 한 걸음 더 나아가 성결교회를 성결교회 되게 하는 핵심적인 정체(正體)라는 사실을 본서는 밝히고 있습니다. 그 때문에 로컬(local)하게 성결교회를 위해 사중복음 신학을 전개하는 것은 성결교 신학자의 특권이요 또한 마땅한 의무라는 신념을 본서는 견지하고 있습니다.

따라서 본서는 사중복음의 정신을 잘 밝혀내어 그 정신으로 현대 교회가 직면하는 문제들을 풀어나갈 수 있는 원리와 방법을 체계적으로 정리해야하는 사명을 지닌다고 믿고 있습니다. 그것이 곧 사중복음을 신학적 논제로 삼게 된 본서의 취지입니다.

그런데 사중복음에 대한 이러한 신학적 작업은 어떤 면에서 종래의 신학전통, 예를 들면 성결교회가 견지하던 웨슬리 신학의 유산을 버리는 것이아닌가 하는 의심을 불러일으킬 수도 있습니다. 그러나 분명한 것은, 사중복음에 대한 역사적–신학적 이해는 오히려 기존의 모든 신학적인 전통들의 의의를 강화할 뿐만 아니라 그들 간의 상호 연대적인 관계성을 자리매김해 주는 자리까지 나가도록 한다는 점입니다. 본서는 그러한 사실을 글로벌 신학의 틀에서 제시할 것입니다.

우리가 그렇게 말할 수 있는 이유는, 사중복음은 그 자체로서 기독교 역사상의 어느 특정한 신학적 전통에도 얽매이지 않는 고유한 해석의 원리를 그 자체 안에 가지고 있기 때문입니다.

이것은 적어도 두 가지를 의미합니다.

하나는, 사중복음은 칼뱅주의나 웨슬리주의 혹은 오순절주의나 가톨릭주의와 같은 실존하는 특정한 신학 사조에 얽매이지 않는다는 것이고, 다른 하나는 그러한 주류의 신학적 사조들이 오히려 사중복음의 해석학적 원리 안에서 탁월하게 재해석되어 글로벌 신학의 일원으로 재편될 수 있도록 한다는 것입니다.

그렇다면 본서가 밝히고자 하는 사중복음의 핵심, 곧 그 정신은 무엇입니까? 그것은 한 마디로, '오순절적 정신, 펜티코스탈리즘(Pentecostalism)'이라는 것입니다. 그것은 곧 '오순절에 성령세례를 받은 사도들이 지니고 살았던 정신'이요, 인간 중심주의에 저항하여 **하나님 중심주의**로 살고자 하는 정신입니다.

달리 말하여, 사중복음의 정신은 궁극적으로는 **예수 그리스도의 정신**이요, 십자가를 앞에 두고 겟세마네 동산에서 '아바, 아버지'를 부르면서 아버지의 원대로 이루어지기를 기도하였던 그 예수의 정신, **아바정신**이었습니다.

그런데 하필이면 이 시대에 왜 이러한 하나님 중심주의를 주장하는 펜티코스탈 사중복음의 정신이 필요한 것입니까?

그 이유는 성도들의 신앙생활, 교회의 목회, 그리고 신학대학의 신학교육, 기독교 사회실천 등 기독교의 전 영역의 중심에 '하나님'의 통치가 떠나고 '사람'이 그 자리를 대치해 가고 있는 어두운 현실 때문입니다.

말하자면, 신앙생활의 혁신, 목회의 혁신, 신학의 혁신을 위해서 사중복음의 정신이 필요하다는 것입니다.

본서는 **서울신학대학교 개교 100주년 학술연구 프로젝트**의 일환으로 진

예수의 바람, 성령의 바람

행된 연구 결과물입니다. 이 프로젝트를 기획하시고 지원해주신 유석성 총장님과, 이 연구물을 읽고 훌륭한 조언을 아끼지 않으신 성결신학연구위원회 소속 연구교수들(박문수, 홍용표, 남태욱, 장혜선 박사)과 동료 위원 교수들(박창훈, 오성현, 하도균, 박영환)께 고마운 마음을 전합니다.

그리고 신학적 지성과 소통하면서 영성의 깊이와 폭을 더해 가시는 **서대인** 목사님, 현대신학의 관점에서 사중복음 신학을 연구하여 세계 학계에 소개한 **오성욱** 박사께서 초고를 읽어주시고 코멘트해 주심을 깊이 감사드립니다.

끝으로, 본서의 출판비 전액을 기부하여 주신 **대천교회 송천웅** 목사님께 감사의 말씀을 올립니다. 대천교회를 비롯하여 사중복음의 정신을 목회와 삶의 현장에 구현하려는 교회들이 데살로니가교회처럼 사중복음적 삶의 모범을 보여(살전 5:23) 한국을 넘어 세계적으로도 소문난 교회가 되기를 빕니다.

또한 글로벌 사중복음 신학의 비상을 위해 총회적 차원에서의 날개를 달아주신 교단 **우순태** 총무님과 **유윤종** 교육국장님, 사중복음 교육의 전령으로 책의 편집을 책임져주신 **강신덕** 목사님, 목회혁신과 신학혁신의 차원에서 사중복음 연구를 독려해 주신 부천삼광교회 **심원용** 목사님, 그리고 본서의 초안을 함께 읽으며 수업과 토론에 임한 서울신학대학교 신학대학원의 '사중복음신학' 강의와 박사과정 세미나에 참여한 **장헌익** 목사님을 비롯한 동역자들에게도 감사와 사랑의 마음을 전합니다.

본서가 서울신학대학교 **글로벌사중복음연구소**(Global Institute of the Fourfold-gospel Theology)의 G.I.F.T 신학시리즈 제1권으로 테이프를 끊게 되어 기쁘게 생각합니다. 이를 계기로 앞으로 세계 기독교의 글로벌 신학에 기여할 탁월한 연구물들이 나올 것을 기대합니다.

超 二 世 宣

Contents

예수의 바람, 성령의 바람

들어가는 말 :
사중복음

역사상 수많은 위대한 메시지들이 인류에게 전해져오고 있습니다. 종교인, 철학자, 과학자, 개혁자, 정치인, 시인, 예술가 등 삶의 제 분야에서 탁월한 인물들이 있어 보석같이 값진 진리와 지혜의 말씀들을 남겨놓고 있습니다. 그러나 성서의 말씀과 견줄 만한 메시지가 있는지, 있다면 무엇인지 아직까지 들어본 일이 없습니다.

그렇다면 성서가 그처럼 어떠한 것과도 비교할 수 없는 진리의 메시지로 여겨지고 있는 가장 핵심적인 이유는 무엇입니까?

그것은 성서가 예수께서 인류의 구원을 위해 선포하신 '복음'을 전하고 있기 때문일 것입니다.

예수께서 전하신 그 복음이란 무엇입니까?

그것은 이론의 여지없이 '하나님의 나라'입니다. '천국 복음'이라는 것입니다.

그런데 예수께서 선포하시고, 가르치시고, 보여주시고자 했던 이 하나님의 나라가 성서를 통해 들려지고 있지만, 누구나 다 쉽게 이해하거나 깨달을 수 있는 말씀이 아니라는 데 문제가 있습니다.

예수의 바람, 성령의 바람

하나님의 나라는 미래이며 동시에 현재의 사태입니다.

하나님의 나라는 시공을 초월하면서도 여기에서 경험됩니다.

그래서 예수님도 당시에 비유로써가 아니면 천국 복음을 깨닫게 할 수 없었습니다. 하나님 나라의 비유를 들려주고, 또한 그것을 설명도 하시느라 애쓰셨던 모습을 볼 수 있습니다. 제자들이 있었으나 그들도 모두가 처음부터 다 알아들었던 것 같지는 않습니다.

예수께서 전한 천국 복음이 사도들에 의해 전해질 때는 '천국 복음' 보다 오히려 '예수 복음' 으로 나타났습니다. '예수가 그리스도' 라는 것이 사도들이 전한 천국 복음의 내용이 되었던 것입니다.

그리고 '예수가 그리스도' 라는 복음의 메시지를 믿는 자들로 교회 공동체가 태어나고, 교회가 세상을 향해 다시 '예수 그리스도' 를 전할 때, 교회는 또 다시 세상을 향하여 왜 예수이며, 그리스도가 무엇을 위하여 오셨고, 왜 죽으셨고, 왜 부활 승천하셨고, 왜 재림하실 것인지를 밝혀주어야만 했습니다.

그런 차원에서 볼 때, 기독교와 그 신학은 예수 그리스도 증언과 예수 그리스도 해석의 역사적 산물입니다.

그렇다면 교회는 예수께서 전한 하나님 나라의 복음을 예수 그리스도라고 전했을 때 그것을 어떻게 이해하고 가르쳐왔습니까?

이를 알기 위해서는 기독교 신학의 역사, 그 중에서도 특별히 개신교 신학의 역사를 들여다 볼 필요가 있습니다. 그러면 교회가 하나님 나라의 복음, 즉 예수 그리스도의 복음에 대하여 시대마다 그 이해의 강조점을 달리해왔던 것을 알 수 있습니다. 요약적으로 본다면, 때로는 중생의 복음 또는 성결의 복음, 때로는 신유의 복음이나 재림의 복음에 초점을 맞추어 전해왔음을 확인할 수 있습니다.

성결교회는 기독교 역사의 후기라 할 수 있는 19세기 말에 비교적 다른 교단보다 늦은 시기에 신생 교단으로 태어났습니다. 그러므로 그들은 역사상 다양하게 전해져온 그 이전의 여러 형태의 복음들을 16세기 종교개혁 전후에 태어난 교단들보다 더 통합적으로 한 틀에서 이해하고 또한 전할 수 있는 형태로 발전시킬 수 있었습니다.

성결교회의 초창기 미국에서는 예수께서 전한 하나님 나라의 복음이요, 사도들이 전한 예수 그리스도 복음의 내용으로 두드러지게 나타난 복음의 메시지인 중생, 성결, 신유, 재림을 하나로 묶어서 한 마디로 '풀 가스펠(Full Gospel)'이라 했고, 이를 한국 성결교회에서는 '사중복음'이라 했습니다.

우리는 이러한 역사적 흐름 가운데 형성된 사중복음이 모든 인류와 그리스도인들을 위해 얼마나 위대한 복음적 메시지인지, 그리고 특별히 교단의 주요 교리로 그리고 전도 표제로 제시하고 있는 성결교회의 차원에서는 자신의 신학을 위해 얼마나 중요한 원자료인지, 뿐만 아니라 한 걸음 더 나아가 '글로벌 기독교'가 추구하는 일치와 대화를 위해 얼마나 의미 있는 신학적 패러다임이 되는지를 본서를 통해 이야기하려고 합니다.

예수의 바람, 성령의 바람

이를 위해서 먼저 중생, 성결, 신유, 재림이라는 사중복음의 각개 복음적 메시지가 참 메시지가 되도록 한 원천(源泉)을 이미지로 표현하고자 합니다.

　사중복음에 대한 기본적인 개념은 성결교회, 특히 기독교대한성결교회의『헌법』(제6, 17, 18, 20조)에 중생, 성결, 신유, 재림이란 항목으로 잘 정의되어 있습니다. 이를 요약한 아래와 같은 사중복음의 기본 이해가 본서의 기초 개념들이 될 것입니다.

　중생이란 자기의 죄를 회개하고 **십자가에 달려 속죄의 피를 흘리신 예수 그리스도**를 믿을 때 이루어진다.
　중생이란 기독교의 입문이다.
　중생이란 천국시민의 자격을 갖추는 유일한 도리이다.
　중생이란 영으로 거듭나는 일이다.
　중생이란 신비에 속한 영적 변화이다.
　중생이란 성령의 역사로 새 생명을 얻게 되는 것이다.
　중생이란 사람의 심령과 인격 전체에 일어나는 근본적 일대 변혁이다.
　중생이란 천국복음이다.
　요한복음 3장 3절의 "거듭나지 아니하면 하나님 나라를 볼 수 없느니라."라는 말씀처럼 거듭나는 것이다.
　중생의 심벌(symbol)은 예수 그리스도의 '피(blood)'이다!
　예수의 피로 우리가 '다시 살아남'을 얻게 되었다는 것이다.

성결이란 교인이 그리스도로 말미암아 받을 성령 세례이다(행 1:5).

성결이란 거듭난 후에 믿음으로 순간적으로 받는 경험이다.

성결이란 원죄에서 정결하게 씻음이다.

성결이란 성별하여 하나님을 봉사하기에 현저한 능력을 주심이다(행 1:4~5).

성결이란 오직 믿음으로 얻는 은혜이다(롬 5:1, 행 15:8).

성결의 심벌은 성령의 '불(fire)' 이다!

성령의 불세례로 중생한 그리스도인들이 거룩하게 된다는 것이다.

신유란 하나님의 보호로 항상 건강하게 지내는 것이다.

신유란 병들었을 때에 하나님께 기도와 안수함으로 나음을 얻는 것이다.

신유란 육신을 안전케 하는 복음이다.

신유란 신자들에게 따르게 될 이적의 하나이다(막 16:17~18).

신유는 의약을 부인하는 것이 아니다.

신유의 심벌은 하나님의 치료하는 '빛(light)' 이다!

빛이신 하나님의 능력이 임할 때 질병이 치유되는 기적이 일어난다는 것이다.

재림이란 부활 승천하신 예수께서 승천하시던 그 모습대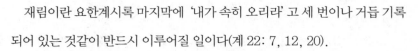
로 다시 오시는 일이다.

재림이란 신약성서 예언의 중심이다.

재림이란 공중 재림(살 4:16~18)과 지상 재림(행 1:11)
두 가지를 말한다.

재림이란 요한계시록 마지막에 '내가 속히 오리라'고 세 번이나 거듭 기록
되어 있는 것같이 반드시 이루어질 일이다(계 22: 7, 12, 20).

재림이란 신앙생활의 요소이며(살전 3:13), 소망이며(살전 2:19~20),
경성이 된다(마 24:44, 25:13).

재림의 심벌은 심판의 주로 오시는 예수께서 쓰시는 '왕관(crown)'이다!

왕으로 오시는 예수님으로 이 땅 위에 공의와 평화가 지배하는 천년왕국
이 실현된다는 것이다.

중생, 성결, 신유, 재림은 지상의 모든 교회와 기독교 신학에 보석과 같
은 존재들입니다.

이들은 세상이나 피조세계로부터 나오는 것이 아니라, 창조주 하나님으
로부터 나오는 구원, 거룩함, 능력, 평화를 경험케 하는 메시지이기 때문
입니다. 그러나 이러한 보석들은 낱개로 보다는 **함께** 존재할 때, 21세기 오
늘날의 화두처럼 '융합(融合)'이 될 때 엄청난 시너지가 형성될 것입니다.

우리는 19세기 말 '래디컬 성결운동'을 통해 많은 난관과 저항을 견디고
그러한 신학적 융합이 일어나기 시작했던 것을 보게 될 것이며, 그 흐름이
한국 성결교회에까지 와서 다시 21세기 '글로벌 신학'의 새로운 패러다임

으로 싹을 틔우려 하고 있는 것입니다.

기독교 신학사(神學史)를 돌이켜 볼 때 이와 같은 중생신학, 성결신학, 신유신학, 재림신학이 서로 연계되지 않고 개별적으로만 증언되거나 이해되고, 심지어 모든 관심이 하나의 이슈에 배타적으로 집중되어온 경향이 지배적이었던 것을 알 수 있습니다.

그러한 주도적인 흐름 가운데 그 모든 복음들이 사중복음이라는 하나의 통합적인 틀 안에서 증언되고 이해되어야 하고, 또한 그렇게 될 수 있다는 주장은 새롭고도 놀라운 '패러다임 전이(paradigm shift)'가 아닐 수 없습니다.

이러한 사중복음은 목회와 선교의 현장을 위한 다이내믹한 핵심 메시지일 뿐만 아니라, 기독교 역사상 하나의 **놀라운 신학적 디자인**의 탄생으로 평가될 수 있습니다. '디자인(design)'이 '고정적인 것(signature)'을 '파괴하는 것(destruction)'으로부터 오는 새로움의 출현이라 한다면, 21세기 글로벌 기독교야말로 새로운 신학적 디자인을 필요로 하고 있다고 할 수 있습니다. 왜냐하면 현대의 기독교는 교파주의에 함몰되어 교파별 배타적인 자기 정체성 유지에 집착함으로써 '다른' 전통의 진리 주장들을 '잘못된' 것으로 정죄하고 있거나, 자신의 정체성과 선교적인 기득권을 유지하는 일로부터 자유하지 못하고 있기 때문입니다.

물론 어느 누구든지 자신이 견지하고 있는 고유한 전통을 소중히 여기고 때로는 그것을 유지하고 전수하는 데 최선을 다해야 할 것입니다. 이러한 면에서 바울 사도가 데살로니가 교회에 당부한 말씀(살전 2:15, 3:6)은 우

예수의 바람, 성령의 바람

리에게 매우 중요한 교훈이 될 수 있습니다.

> 그러므로 형제들아 굳건하게 서서 말로나 우리의 편지로 가르침을 받은 **전통**을 지키라… 우리에게서 받은 **전통**대로 행하지 아니하는 모든 형제에게서 떠나라.

성결교회가 사중복음을 이해해 온 전통은 양면성을 지닙니다.

중생, 성결, 신유, 재림의 복음적—신학적 이슈들을 독립적으로 보는 관점과 이들을 통합하여 간주체적(inter-subjective)으로 보는 관점입니다.

전자, 즉 독립적인 관점은 보다 구심적인 반면, 후자, 즉 통합적인 관점은 보다 원심적인 특징을 보입니다.

전자는 보다 로컬(local)한 반면, 후자는 보다 글로벌(global)합니다.

그러므로 글로컬 라이프스타일(glocal life-style)이 일반화된 21세기 지구촌 시대의 글로벌 기독교를 위해 사중복음 전통은 글로컬 신학을 위한 엄청난 고부가 가치의 우라늄과 같은 원자재라 아니할 수 없습니다.

21세기는 종교개혁 500주년을 맞이하는 뜻 깊은 세대입니다.

주지하다시피, 종교개혁은 이전 것을 다른 것으로 대치하는 운동이었습니다. 이전 것은 새로운 것에 비해 틀린 것이었고, 비판받아야 될 것이라 여겼습니다.

그러나 2,000여 년의 기독교 역사를 돌이켜 볼 때 진리 주장에서의 절대 강자는 없었던 것을 알 수 있습니다. 많은 사람들이 이단으로 정죄되고 그래서 수많은 값진 생명이 형장의 이슬로 희생되었지만, 시대가 변하면서 과거의 판단들이 모두 옳지만은 않았던 예들이 많이 나타나고 있는 것입니다.

정죄와 개혁의 대상이었던 가톨릭교회는 글로벌 개신교 선교의 중요한 파트너가 되지 않으면 안 되는 존재입니다.

교단적 혹은 개인적 신앙고백의 정체성과 전통을 견고히 지키는 수구적인 자세만으로는 변화하는 21세기 선교를 리드해 나갈 수 없다는 것이 너무도 자명한 현실이 되었습니다.

오히려 이제는 우리의 '정체성(identity)'을 배타적인 고유성(uniqueness)에서가 아니라, 간주체적인 '통합성(integration)' 안에서 찾는 신학 방법과 신앙생활에로의 혁신이 요청되고 있습니다.

예를 들면 이런 것입니다. 성결교회의 신학은 웨슬리 신학이라든지, 혹은 성결신학, 혹은 사중복음 신학이라고 특정한 신학과 동일화함으로써 다른 관점들을 배격하는 배타적인 무리한 접근을 지양하자는 것입니다.

오히려 칼뱅주의, 웨슬리주의 및 오순절주의 등을 통합적으로 보는 '글로벌 신학'의 틀 안에서 성결교의 로컬한 신학적 사명 내지는 정체성을 찾는 것이 보다 현명한 길이라 할 수 있겠습니다.

개인적인 의견으로는 이렇습니다.

성결교회의 사중복음 전통은 기독교 신학사의 마지막 주자로서 재림의 빛에서 하나님의 나라 복음을 '융합적으로' 증언하고 해석해냄으로써 글로벌 신학의 장을 여는 통합적 프로듀서로서의 소임을 다할 수 있음이 분명해 보입니다.

정체성을 주장하는 것은 필요하나, 세부적으로 들어가면 수많은 차이점을 인정할 수밖에 없는 '칼뱅 신학'이라든지 '웨슬리 신학'이라는 옷에, 살아 움직이는 교회라는 몸을 맞추는 식으로 '신학적 정체성'을 운운하는 것은 시대착오적인 신학의 자세라 말하지 않을 수 없을 것입니다.

우리의 신학이 어떤 신학적 전통의 흐름 가운데 서 있다고 말하는 것은 자연스러운 일일 뿐만 아니라 아름답기까지 합니다. 그러나 특정한 신학 체계에 교회를 종속시키는 것은 그것이 설령 역사적으로 소급이 가능할지라도 신학의 마성화를 자초하는 일이요, 우리가 그토록 거부하는 '인간 중심주의'의 덫에 걸리는 일임을 기억할 필요가 있습니다.

앞으로 우리는 사중복음의 글로컬 신학을 전개해 나갈 것입니다. 여기에는 어떤 정해진 순서란 따로 없습니다. 또한 한 번에 모든 것을 균형 있게 다 담아낼 수도 없습니다.

그러므로 사진처럼 완벽한 정보를 일방적으로 전하는 '핫미디어(hot media)'가 되어 나 혼자 독백하기보다 만화처럼 상호작용을 통해서 독자의 참여와 비판의 공간이 넉넉하게 존재하는 '쿨미디어(cool media)'로서의 기능을 제공할 수 있게 된다면, 앞으로 독자들과의 대화가 사중복음의 글로벌한 틀 안에서 얼마든지 지속 가능할 것입니다.

여기에는 칼뱅주의자, 웨슬리주의자, 오순절 은사주의자를 비롯하여 가톨릭주의자나 스스로 비정통주의자라 여기는 자들까지도 함께 만나 이야기를 나눌 수 있는 공간이 충분히 존재하지 않을까 합니다.

'하나님 중심주의'를 견지하는 신학들끼리라면 어떠한 생소한 신학적인 만남도 서로를 축소시키거나 억압하는 법은 없을 것입니다. 그것은 한 판의 파이를 앞에 두고 경쟁하듯이 신경전을 벌이는 것과는 근본적으로 다릅니다. 미국 만국성결교회의 창립자 마틴 냅과 영국 감리교회의 창립자 존 웨슬리의 만남도 그렇습니다. 그들은 서로 만남으로써 오히려 폭넓은 신학적 시너지 효과를 거둘 수 있기 때문입니다.

오순절적 사중복음 정신을 실천한 냅(Martin W. Knapp)과 기독자의 완전론을 수립한 웨슬리(John Wesley)의 만남은 핵폭발적인 융합의 결과를 자아낼 수 있습니다.

그러므로 성결교회가 냅과 웨슬리의 신학적 융합을 과감히 시도한다면 웨슬리안 오순절 사중복음에 기초한 혁신적인 신학이 출현할 것입니다. 우리는 그것을 줄여서 '사중복음 신학'이라 부르는 것입니다.

이 사중복음 신학이라는 옷을 성결교회가 취해서 입고 안 입고는 전적으로 성결교회 공동체에 달려 있습니다. 신학자는 최선을 다해 교회가 필요로 하는 새로운 옷들을 계속 '디자인'하며 만들어나갈 뿐입니다.

우리가 선보이려는 옷은 일차적으로 성결교와 오순절 전통에 있는 교회를 대상으로 했으나, 오히려 개혁주의 전통에 있는 교회들이 의외로 많은 관심을 보이면서 자신들에게 부족했던 점들을 보완하려는 매우 고무적인 움직임이 있습니다. 모든 것이 합력하여 선한 데로 나아가면 좋겠습니다. 우리는 그것이 예수께서 걸어가셨던 '초이(超二)'의 길이라고 믿습니다.

예수의 바람, 성령의 바람

제1부
사중복음의 오순절 정신

Regeneration
Sanctification
Divine Healing
Second

제 1 장
사중복음 연구의
글로컬(glocal)한 과제

21세기 지구촌(global village) 시대에 이루어지는 지역의 모든 행위는 '지역적'인 동시에 '범지구적'인 특성을 지닙니다. 왜냐하면 교통과 통신수단의 발달로 인하여 넓은 세계에서의 삶이 하나의 작은 촌락에서처럼 가까이에서 신속히 이루어지고 있을 뿐만 아니라, 모든 일들이 상호 융합적으로 만나는 시대가 되었기 때문입니다. 소위 '글로컬(glocal)' 시대가 된 것입니다.

교회나 그리스도인의 생활도 예외 없이 글로컬하게 되었습니다. 특정 지역의 교회가 수행하는 목회와 신학에서도 비록 자신이 속한 지역적인 이슈들을 제한적으로 다룸에도 불구하고 그것은 동시에 글로벌하게, 즉 전(全)지구적으로 영향을 주고받는다는 것입니다.

같은 이치로, 성결교 신학자인 내가 교단 신학의 정체성과 직결되는 '사중복음'이라는 아젠다를 신학적으로 풀어나갈 때, 그것은 일차적으로 내가 속한 성결교의 문제지만, 그것은 동시에 '세계 기독교(World Christianity)'의 관심사가 될 수 있습니다.

이것은 지구촌 사람들의 삶을 결정하는 '디폴트 세팅(default setting)'의 하나의 예일 뿐입니다. 이때 '디폴트'라는 말은 '프로그램에 의하여 사용되는 미리 정해진 환경'으로서, 예를 들면, 우리가 컴퓨터로 한글 문서 작업을 하려고 한글 프로그램을 열면, 이미 작업 환경의 기본 틀이 정해져 화면으로 뜨기 때문에 달리 손을 대지 않고도 바로 시작할 수 있는 환경을 말합니다. 이와 마찬가지로 지구촌 시대에 사는 현대인의 디폴트 세팅은 '글로컬'이라는 특징으로 이해하면 된다는 것입니다.

우리는 본서에서 '사중복음'이란 하나의 주제만을 '로컬(local)'한 관점에서 다루지만, 그것은 동시에 지구촌 시대의 디폴트 세팅에 의해 자연스럽게 '글로벌(global)'한 것으로 발전됨으로써 원하든 원치 않든 간에 우리의 사중복음 연구는 '글로컬(glocal)'한 이슈가 되는 것입니다.

그렇다면 우리의 글로컬한 사중복음 연구는 어떤 과제를 지니는 것입니까?

하나는 로컬한 것으로, 사중복음의 '펜티코스탈리즘(Pentecostalism)', 즉 사중복음의 오순절적 특성을 되찾음으로써 성결교회의 정신과 정체성을 고양하는 것이며, 다른 하나는 글로벌한 것으로서 사중복음을 글로벌 기독교를 위한 '글로벌 신학의 패러다임'으로 적용하는 것입니다.

오순절적 사중복음의 정신으로써는 21세기 교회가 직면하고 있는 여러 가지 사회 문화적, 사상적, 종교적인 도전과 문제를 풀 수 있는 '사중복음 신학'이라는 옷을 만드는 것입니다. 우리는 이 옷이 성결교뿐만 아니라, 세계교회에도 꼭 필요한 글로벌 신학의 패러다임이 될 수 있는 가능성을 제시하려 합니다.

이와 같은 사중복음의 글로컬한 과제를 푸는 행위 자체는 북반구의 유럽과 북미주를 중심으로 이루어져왔던 신학적 디폴트 세팅을 해지하고, 지구촌의 북반구와 남반구를 간 주체적으로 아우르는 새로운 디폴트, 즉 글로벌 신학의 세팅을 시도하는 일이기도 합니다.

본 장에서는 사중복음과 글로벌 신학의 관계에 대해서 서론적으로 이야기하고, 사중복음과 성결교의 정체성과 관련된 사항을 밝히고, 사중복음의 정신은 성령세례를 경험한 자들로부터 나온 초대교회적 펜티코스탈리즘이라는 것을 말하고자 합니다.

사중복음: '글로벌 신학'의 패러다임

꽤 오래된 투박한 악기 하나를 세상에 내놓으려 합니다. 한동안은 많은 사람들이 연주해왔습니다. 그리고 많은 사람들이 그 소리에 깊은 감동을 받은 적이 있었습니다. 그것은 네 줄로 된 사현금(四絃琴)입니다. 그런데 이 악기로 연주하는 것을 듣기가 점점 어려워지고 있습니다. 오늘날 이 사현금을 잘 연주하는 자를 찾아보기 힘들기 때문입니다. 아예 이 악기의 이름을 알고 있는 사람도 많지 않습니다. 바로 이 사현금이 우리가 소개하려는 '사중복음'이라는 것입니다.

예수의 바람, 성령의 바람

사중복음은 신구약성서에 뿌리를 둔 참으로 오래된 악기입니다. 그러나 그 이름이 알려진 것은 그 역사에 비해 그리 오래된 편은 아닙니다. 정말 깊은 소리를 내는 악기이지만, 서양의 오르간이나 피아노와 같이 잘 알려진 칼뱅 신학이나 웨슬리 신학에 가려지거나, 현대인의 취향에 맞게 다양한 음색을 내면서도 쉽게 다룰 수 있는 전자악기들이 대량으로 소개되는 바람에 여러 가지의 현대신학에 묻혀버리게 된 것 같습니다.

사중복음은 19세기말 미국의 일부 부흥 사들이 연주해서 잠시 인기를 얻은 것뿐이지, 대형 교단들의 주류 신학에 비하면 지극히 단순한 성경학교 수준으로 보였기에 거기서 사실 아무도 주목하는 자들이 없었습니다.[1] 이는 마치 예수 당시 예루살렘 사

람들이 나사렛에서 무슨 선한 것이 나올 수 있느냐면서 거들떠보지도 않았던 것과 비슷합니다.

그러나 사중복음이 다시 교회와 선교 현장의 일선에서 주목받기 시작했습니다. 이 사현금이 옛날 음악만을 연주하는 것이 아니라, 현대인을 위한 작곡도 훌륭하게 소화해내는 악기라는 것을 알기 시작했기 때문입니다. 무엇보다 사중복음 자체가 1세기 오순절의 초대교회로부터 21세기 포스트모던 시대의 글로벌 기독교에 이르기까지 복음에 기초한 신학들을 모두 아울러 조화로운 하모니를 내는 힘을 가진 악기이기 때문에 그렇습니다.

우리는 지금, 과거에는 전혀 생각지도 못했던 현대음악을 사중복음이라는 악기를 가지고 연주하려고 합니다. 여러분들은 사중복음이 마치 바하의

무반주 첼로 음악과 같은 원색적인 예수 구원의 복음을 연주하는 데 잘 맞을 뿐만 아니라, 대형 오케스트라를 위한 바이올린 협주곡과 같은 글로벌 신학을 연주할 수 있는 탁월한 악기인 것을 알게 될 것입니다.

우리의 사현금으로 연주하려는 곡은 21세기 지구촌 북반구와 남반구를 아우르는 '글로벌 기독교(Global Christianity; World Christianity)'를 위한 '글로벌 신학(Global theology)'입니다.

그러나 본 장에서는 서론적으로 글로벌 기독교의 지형도를 먼저 소개할 것입니다. 사중복음이 글로벌 신학의 탁월한 패러다임이라는 것은 제 2 부에서 자세히 이야기하겠습니다.

그러면 먼저 '신학'이란 무엇인지에 대해서 생각해 보도록 하겠습니다.

일반적으로 신학이라 하면 매우 전문적인 것일 뿐만 아니라, 특수한 영역에 속한 일부의 사람들을 위한 것으로 알고 있습니다. 기독교의 목사나 신부가 되기 위한 교과과정의 한 과목 정도로 생각하는 것입니다. 그래서 신학을 접해보지 않은 일반 신자들에게까지 신학을 주제로 이야기한다는 것은 결코 용이한 일이 아님에는 틀림없는 것 같습니다.

좁은 의미에서는 그렇다고 볼 수 있습니다. 그러나 역설적이게도 신학이란 용어는 기독교에서 최초로 나온 것이 아닙니다. 신학이란 최초의 용어는 헬라어로 된 '테올로기아(theologia)'입니다. 그 뜻은 "신에 대한 이야기(discourse on god)"입니다. 문헌상으로 최초로 발견되는 곳은 기원전 4세기 플라톤(Platon, BCE 428~ 347)의『국가』제2권 18장입니다. 그러니 신학을 기독교의 전문 용어로 제한할 필요가 없는 것입니다.

예수의 바람, 성령의 바람

지금 짧은 시간 안에 신학의 전 역사를 다 훑어보고자 하는 것이 아닙니다. 그야말로 그것은 신학 전공자들을 위한 일일 것입니다. 그러나 학문적 관점에서 신학의 본질로 놓고 볼 때 신앙생활을 하는 자들에게 신학은 마치 현대인들에게 수학이나 과학과 같은 위치에 있다고 볼 수 있습니다.

　　예를 들어 우리가 비록 과학을 전공하는 전문 과학자가 아니라 할지라도 현대를 살아가기 위해서는 '과학적으로' 생각하면서 살아가야 한다는 데는 동의하지 않을 사람들이 없을 것입니다.

　　마찬가지로 하나님을 믿고 사는 그리스도인들에게 '신에 대한 이야기'로 출발한 '신학'은 결코 생소한 말이거나, 특정 전문가들만이 다루는 영역이 아니라고 강조하여 말하고 싶습니다. 오히려 필수적인 일로 볼 필요가 있다는 것입니다.

　　다시 말해서 21세기 현대인으로 현명하게 살아가기 위해서는 모든 일을 '과학적으로' 생각할 수 있어야 하듯이, 신앙생활을 바르게 하기 위해서는, 특히 교회 공동체 내에서 리더십을 바르게 발휘하기 원하는 자는 자신의 신앙뿐만 아니라 교회의 전반적인 모습을 '신학적으로' 돌아볼 수 있어야 하는 것입니다.

　　그러면 여기에서 우리의 이야기를 좀 더 전개시킬 필요가 있는 것 같습니다. 과거 플라톤이 사용했던 '테올로기아'라는 의미에서의 신학이 아닌, 오늘날 교회의 현실에서 사용되는 신학은 어떠한 관점에서 이해되고 있는지, 그 현대적 용법에 대해서 생각해보도록 하겠습니다.

복음, 교회, 기독교, 그리고 신학

신학의 역할을 바르게 알기 위해서는 우선 적어도 세 가지 개념에 대한 명확한 전이해가 필요합니다. 바로 복음, 교회, 기독교라는 것입니다. 기독교 신자라 하면 이 세 가지는 서로 떼려야 뗄 수 없는 유기적 관계성을 지니고 있다는 것을 단번에 알 수 있습니다.

그러나 이들이 어떤 관계성을 지니는가를 물을 때 그 대답은 결코 간단하지 않습니다. 오히려 기존에 생각하던 바와는 상당히 다를 수도 있습니다. 그 관계성이란 이것입니다. **복음이 교회를 낳고, 교회가 기독교를 낳는다는 것입니다.**

복음이 교회를 낳습니다. 그러므로 교회의 생명은 오직 복음에 있게 됩니다. 교회는 복음에 의해 태어났고, 복음으로 성장하는 생명의 공동체이기 때문입니다. 따라서 자연스럽게 교회는 복음을 전함으로써 또 다른 생명으로서의 교회를 태어나게 하는 사명을 지닙니다. 이런 생명의 재생산이 없는 교회는 자손이 끊긴 가문과 같아 미래가 없는 존재가 됩니다.

그러면 복음의 내용은 무엇입니까?

교회를 태어나게 하고, 자라게 하고, 존재하게 하는 이유가 되게 하는 '복음'은 하나님에 의해 보냄을 받은 **예수 그리스도**입니다. 사도들이 전한 복음의 내용입니다. 복음이신 그리스도 예수는 하나님의 능력이요, 하나님의 지혜로서 하나님과 원수 되었던 하나님의 자녀들을 다시 하나님과 화해토록 화목제물이 되신 자입니다.

복음이란 생명의 씨앗이 사람들의 마음에 떨어져 자람으로써 신령한 삶으로의 변화가 일어납니다. 그렇게 변화한 자들이 교회를 이루게 됩니다.

이때 비로소 예수께서 전한 복음인 '하나님 나라' 가 무엇인지 경험하게 됩니다. 이것이 복음과 교회의 생명적 관계성입니다.

기독교란 무엇입니까?

이에 대해서 이야기하기 위해서는 먼저 신학이 교회에 대해서 갖는 의의가 무엇인지 알 필요가 있습니다. 그것은 몸과 옷의 관계로 설명할 수 있습니다. 말하자면 **교회는 몸이요, 신학은 교회의 옷입니다.**

복음으로 태어난 교회는 그가 뿌리를 내리고 사는 현실의 문화 안에서 교회 밖의 사람이나 환경과 만나게 됩니다. 그리고 자신이 어떤 존재인지를 적극적으로 소개합니다. 이때 필요한 것이 옷입니다.

옷은 최소한 두 가지의 역할을 합니다.

먼저는 자신의 몸을 보호합니다. 교회라는 생명의 몸은 쉽게 상처를 받을 수 있고 위험한 상태에 빠져 어려움을 겪을 수 있습니다. 교회에 위협이 되는 것이 무엇이냐에 따라 그때마다 그에 필요한 다른 옷을 갈아입으면 됩니다. 이단이 극성을 부릴 때, 교회 안에 세속주의 사상이 들어와 공동체의 정체성을 훼손할 때, 이를 방어하거나 혹은 제어하기 위해 옷이 필요합니다.

옷은 어떤 일을 할 때 일의 효과를 내게도 합니다. 수영을 할 때는 수영복, 등산할 때는 등산복, 거친 일을 할 때는 그에 맞는 작업복을 입습니다. 교회라는 공동체가 세상 가운데서 감당해야 할 사명들, 예를 들면 전도나 사회적 실천을 효과적으로 수행하기 위해서는 그에 따른 적절한 옷이 필요한 것입니다.

교회를 위해 필요한 옷이 바로 우리가 말하고자 하는 '신학' 입니다. 이것은 플라톤이 '신'에 대해서 생각하고 말하는 정도의 일반적인 차원과는 분명히 다른 것입니다. 플라톤의 테올로기는 학문으로서의 신학이 아니라, 용어 자체가 보여주는 대로 '신에 대하여 말하는 것'입니다.

옷이 때와 장소를 따라 다양하게 준비되어 있으면 좋듯이, 신학 역시 그러합니다. 물론 자기 몸에 맞아야 하는 것은 당연합니다.

이제 기독교에 대해서 설명할 수 있을 것 같습니다. 교회라는 몸이 신학이라는 옷을 입고 활동하는 것을 '기독교'라 말합니다. 그러므로 교회와 기독교는 동일하지 않습니다. 또한 교회와 신학도 동일한 것이 아닙니다.

그러므로 어떤 기독교냐는 것은 결국 교회가 어떤 신학의 옷을 입었는지에 달려 있습니다. 교회가 진보적 신학을 수용하면 진보적인 기독교가 되는 것이고, 웨슬리의 정신과 그 신학을 수용하면 웨슬리안 기독교로 드러나게 되고, 칼뱅의 신학으로 하면 칼뱅적 개혁주의 기독교가 됩니다.

신학이 있고 교회가 있는 것이 아닙니다. 교회가 있어 신학이 있는 것입니다. 교회는 자신이 필요한 신학을 만들어 내거나 선택하여 사용하기 때문입니다.

교회의 신학적 과제 중 우선적인 일은 '교리(敎理, dogma)'를 수립하는 것입니다. 교리란 교회의 신앙적 정체성을 위하여 교회가 성서를 통해서 믿는 바를 논리적으로 그리고 문화적으로 정리하여 내놓은 것입니다.

신학이 교회의 옷이라 했을 때, 교리신학은 교회의 정장(正裝)과 같은 옷입니다. 교회 자신의 신앙적 정체성을 가장 잘 보여주는 것이 교리라는 정장이라 할 수 있습니다. 그러나 교리가 교회의 본질과 특성을 다 보여주는 것은 아닙니다. 그것은 특정 교리를 필요 했을 당시 특정한 지역에서는 매

예수의 바람, 성령의 바람

우 효과적인 자기표현이 될 수 있었을지라도 그것이 영구적으로 지속된다고는 볼 수 없습니다.

이천여 년 동안 교회들이 태어나기를 거듭하면서 이제는 전 지구적으로 확산되어, 온 열방 가운데 교회가 존재하게 되었습니다. 또한 옷에 대해서도 이미 알려진 것만 해도 수를 셀 수 없을 정도로 많고 다양합니다.

예를 들면, 루터 신학, 칼뱅 신학, 웨슬리 신학, 슐라이어마허 신학, 바르트 신학, 틸리히 신학 등 특정 신학자들의 이름을 내건 신학들이 있습니다.

정교회 신학, 가톨릭 신학, 종교개혁 신학, 재세례파 신학, 성결교 신학, 장로교 신학, 감리교 신학 등 특정 교파 신학도 있습니다.

정통주의 신학, 문화개신교 신학, 자유주의 신학, 복음주의 신학, 근본주의 신학, 오순절주의 신학 등 그 내용과 방법에 따라 다양하게 불리는 신학들도 있습니다.

신학의 주제에 따라 선교신학, 성서신학, 조직신학, 역사신학, 실천신학, 여성신학, 해방신학, 문화신학, 흑인신학, 생태신학, 탈식민주의 신학, 민중신학, 토착화신학, 성결신학 등이 있습니다.

그리고 지역이나 시대별로 아시아 신학, 유럽신학, 아프리카 신학, 중세신학, 근대신학, 탈근대신학, 19세기 신학, 20세기 신학 등을 말할 수 있을 것입니다.

이처럼 수많은 신학들은 특정 시대와 장소, 사건들 가운데 처한 교회들이 자신을 보호하기 위해, 또는 보다 적극적으로 상황에 대처해 나가기 위해 만들었던 옷들입니다. 이들 가운데는 지금도 잘 입고 있는 것이 있는 반면, 옷장 깊숙이 보관되어 있는 것도 있거나 아예 폐기된 것도 있습니다.

이로 보건데, 어떤 신학도 자신을 절대적이라 주장할 수 없음을 알게 됩니다. 그러므로 기독교가 신학에 의해 설명되고 대변되는 것이라면 어떠한 종류의 기독교도 자신만이 진리를 담지하고 있다고 말하는 것은 불가능한 것입니다. 기독교 역시 교회에 의해 필요에 따라 만들어진 신학의 외투(外套)에 다름 아니기 때문입니다.

지금까지 복음과 교회와 기독교의 관계를 신학의 관점에서 꽤 길게 이야기한 것 같습니다. 결국 말하고자 하는 핵심은 복음만이 절대적인 생명이요, 그 생명력으로 태어난 교회라고 하는 몸이 우선이요, 기독교 신학은 몸을 위한 옷이라는 것입니다. 몸이 옷을 위해 있지 않듯이, 교회가 신학을 위해 존재하는 것이 아니라, 기독교 신학이 교회를 위해 필요한 것이요, 따라서 급변하는 시대적 상황 속에서 특정 신학이 제왕적 위치에서 교회를 절대적으로 지배하는 시대착오적인 행태가 더 이상 허용되어서는 안 된다는 것입니다.

글로벌 기독교의 지형도: 북반구와 남반구 기독교

지금까지 이야기해온 것처럼 교회가 신학의 옷을 입고 자신의 정체성을 나타낸 모습을 가리켜 '기독교'라 정의할 수 있다고 했습니다. 이제 그 기독교가 전 지구적으로 어떠한 모습으로 활동하고 있는 지 살펴보고자 합니다.

주지하다시피 1세기 예루살렘에서 일어난 오순절 성령 강림 사건을 기점으로 교회가 태어난 이후, 특히 바울 사도를 통해 복음이 빌립보를 비롯한 유럽 쪽으로 전파되면서 많은 교회들이 생겨났습니다. 그리고 그 교회들은 자신이 처한 각 지역과 시대에 맞게 특성 있는 신학을 형성해왔습니다.

1세기부터 시작된 서구의 교회들은 여러 모양으로 내부적으로 갈등과 분열을 거듭하면서 16세기 종교개혁을 분기점으로 독립된 다양한 기독교의 모습들을 선명하게 드러내게 되었습니다.

제일 먼저는 라틴 계통의 가톨릭교회와 헬라 계통의 정교회가 갈등을 겪다가 자신들만의 분명한 모습을 나타내었고, 다음으로는 가톨릭교회 내부의 종교개혁 운동의 결과 새로운 형태의 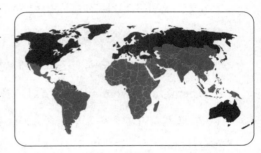 프로테스탄트 교회가 등장하게 되었습니다.

그 후 개신교회들 내부적으로 신학적 논쟁을 거치면서 종교개혁자들 중심으로 각기 루터교회와 칼뱅의 개혁교회가 각각 자리매김하였습니다. 그리고 18세기 영국에서 칼뱅의 개혁주의에 기초를 둔 영국교회 내에 존 웨슬리의 메소디스트 운동을 통해서 감리교회가 태어났습니다.

또한 17세기경부터 북미대륙에 여러 모양으로 교파주의 교회들을 합치면, 희랍 정교회, 로마 가톨릭교회, 루터교회, 개혁교회, 성공회, 감리교회, 회중교회, 장로교회, 침례교회 등이 지구의 북반구에 위치한 유럽과 북아메리카의 기독교를 대표하고 있습니다. 이들의 영향력은 19세기말까지 이어졌고, 많은 선교사들을 파송하여 아시아, 남아메리카, 아프리카 등지에 복음을 전파함으로써 남반구에 많은 교회들이 태어나게 하였습니다.

한편, 남반구에 뿌려진 복음으로 인해 태어난 교회들에게서 북반구에서는 역사적으로 찾아보기 어려운 강력한 부흥이 20세기 초엽부터 일어나기 시작하였습니다. 그 결과 지난 한 세기 동안 이루어진 남반구 교회들의 성장은 북반구 교회들을 훨씬 능가하는 수준에 도달하였습니다.

이처럼 북반구의 기독교를 능가할 교세로 발전한 남반구의 기독교에는 어떤 특별한 요인이 있었습니까?

여기에는 무엇보다도 북반구 교회에서 찾아보기 드문 강력한 은사 운동(Charismatic movement)이 있었던 것을 알 수 있습니다. 이 운동에 의해 태어나고 성장한 교회를 일반적으로 오순절 교회(Pentecostal churches)라 부릅니다.

아무튼 20세기 세계교회 선교 역사에 오순절 은사 운동만큼 크게 영향력을 발휘한 운동은 없었을 것입니다. 거기에는 방언 기도와, 믿음으로 병 고침을 받는 신유의 은사 경험이 주를 이루었습니다. 이러한 초자연적인 현상이 교회와 선교 현장에서 빈번히 일어남으로써 복음 전도가 강하게 힘을 받을 수 있었습니다. 이를 통해 무엇보다도 정치적 억압과 빈부 격차에 절망하고 있던 가난하고 소외된 자들이 교회에서 희망을 발견하였던 것입니다.

글로벌 신학에 대한 요청

지난 이천 년 동안 1세기 예루살렘에서 시작된 복음의 역사가 북반구의 유럽과 북아메리카를 거쳐 20세기에 들어와, 지난 100여 년 동안 남반구의 아시아, 남아메리카, 아프리카 지역까지 미칠 수 있었습니다. 북반구의 교회들은 근 이천 년간 자신들에게 필요한 신학의 옷들을 만들어 입음으로써 다양한 교파주의 기독교를 형성해 왔습니다. 그리고 남반구의 피선교지에 복음을 전하고 나서 태어난 교회들에게 자신들의 오래된 신학을 가르침으로써 자신과 동일한 모양의 교파주의 기독교를 만들었습니다.

그리고 북반구의 신학교에서 가르친 교육과정을 거의 그대로 남반구의 선교지에 이식함으로써 얼굴과 피부 빛만 다르지 생각하고 판단하는 방식은 서구인들과 하나 다를 것이 없는 선교지 교회의 지도자들을 양성해왔습니다.

우리를 포함하여 서구 교회의 피선교지였던 나라의 교회들은 그러한 서구 교회의 신학교육과 그를 통한 서구적 지도자 양성이 지니는 문제점의 심각성을 깨닫는 데에 너무도 많은 시간이 걸린 것 같습니다. 그렇게 된 이유는 우리가 앞서 언급한 기독교와 교회와 복음을 구분하지 못하였기 때문입니다.

서구 교회는 서구의 기독교를 전하는 것을 복음 전하는 것과 동일시했습입니다. 그 때문에 자신의 양식대로 교회를 다스리는 후견인으로 행동하는 것에 대해서 아무런 문제의식을 갖지 않았던 것으로 보입니다. 오히려 열정과 사명감을 가지고 서구 기독교의 모델을 강요하다시피 하였습니다.

그 중 가장 두드러진 것이 신학교육이었습니다. 예를 들면, 아시아에서 복음을 전하고 교회를 개척하거나 목회해야 할 신학생들에게 서구 교회사, 서구의 교리와 교리사, 서구 교회가 그들의 상황에서 직면했던 과제들을 신학적으로 풀어낸 조직신학 등을 필수 과목으로 이수토록 했습니다. 성서를 연구하는 방식도 서구인들에게 어울리는 역사 분석적 작업을 전제하는 것이었습니다. 물론 다 유익한 것일 수 있습니다. 그러나 우선적이거나 필수적인 것은 아니었던 것입니다.

오히려 선교사들이 한국 교회의 지도자들 내지는 목회자를 양육하려 했다면, 성서적 세계관으로 한국의 역사를 새로 보게 하고, 한국의 고유한 풍속과 예술 문화가 지니는 의미와 가치를 재평가할 수 있는 안목을 키워주고, 한국인이 겪어온 고난을 성서적으로 이해하고 그 고난에 실천적으로 참여할 수 있는 용기를 키워주고 해결 방법을 모색토록 해야 했을 것입니다.

뿐만 아니라, 한국의 다종교적 상황을 성서적으로 바르게 대면할 수 있도록 종교신학의 방법을 일찍 개발할 수 있었으면 좋았을 것입니다.

또한, 한국인의 영성과 심성을 파악하는 훈련을 통해서 예수 그리스도의 영성이 바르게 뿌리를 내릴 수 있는 토양을 만들었어야 했을 것입니다.

새로운 시대를 맞이하면서 사회적 이슈들이 나타날 때마다 그에 대한 바른 이해와 복음적 대답을 주는 방법을 익히도록 훈련했어야 합니다.

그리고 서로 다른 교파주의 교회들에 대한 이해를 위해 대화와 협력의 일치 운동에 참여토록 안내해주었어야 합니다.

한마디로, 한국 교회를 위해서 한국 상황에 가장 필요한 한국적 신학이란 옷을 만들어 입을 수 있도록 했어야 했습니다. 그러나 서구 교회는 한국에 와서도 자신이 입고 있는 것과 꼭 같은 것을 크기만 줄여서 주었던 것입니다. 그러니 결국 한국 땅에서 한국 기독교는 볼 수 없고, 서구 신학의 옷을 입은 서구의 기독교들만이 융성할 뿐이었습니다. 교회당 건물이 그렇고, 예배의 의식과 노래가 그렇고, 신앙 고백문이 그렇고, 교회의 제도와 헌법이 그렇고, 심지어 복음서를 읽을 때도 나사렛 예수가 서양인의 한 사람이 되어 우리의 예수 이미지를 지배해오고 있습니다.

이러한 상황에서 우리는 한국인의 문화, 역사, 정신의 맥락에서 경험한 은혜의 사건들을 우리의 감성과 문화에 맞게 이야기하지 못하고, 서구인의 경험에 의해서 만들어진 신학적 틀에 맞추어 이해하고 전달해야 하는 신학적 종속주의 혹은 신학적 사대주의에 익숙해져 있는 것입니다.

늦었지만, 이 모든 것을 냉정히 그리고 심각하게 생각해 볼 일입니다.

북반구에 있는 서구 교회인 가톨릭교회, 그리고 종교개혁 이후에 태어난 루터교회, 개혁주의 교회, 성공회, 감리교회 등 주류 교회들도 자신들만의 두꺼운 교리의 옷을 만들어 입고 서로 분열되어 있는데, 그러한 분열을 일으키고 있는 신학을 여과 없이 피선교지에서 가르쳐 온 것이 지난날의 역사라는 것입니다. 그러므로 북반구의 교회사에서 일어났던 교리적 분쟁과 교파적 분열들이 그대로 남반구의 교회 안에서도 재현되고 있는 것은 하나도 이상한 일이라 볼 수 없습니다.

서구 기독교의 산물로 나온 조직신학이나 역사신학이 우리의 목회와 선교 현장 일선에서 활용 가능한 것입니까?

한국 교회의 목회자들 가운데 누가 서구의 교의학 서적이나 조직신학이나 서구 교회사를 일선에서 적극적으로 참조하고 있습니까?

차라리 그보다는 기도하는 가운데 성서를 깊이 묵상하고, 금식하는 가운데 말씀을 깨닫고, 또한 그 가운데 부어주시는 능력을 힘입어 설교하고 심방하고 이웃 사랑을 실천하는 길을 가고 있다고 말해야 할 것입니다.

주지하다시피, 가톨릭 신학과 개신교 신학의 대화, 칼뱅신학과 웨슬리 신학의 대화는 서로가 서로를 필요로 하는 존재임을 깨닫는 데까지 아직도 많은 시간이 요구되는 것으로 보입니다. 아니, 현재에 와서는 대화의 열정 자체가 식어버린 상황이고, 오히려 각자가 서로 간섭하지 않고 자신만의 길을 전통에 따라 가는 것으로 정리되는 느낌입니다.

그러니 현대의 '세계 기독교(World Christianity)'는 북반구, 남반구 할 것 없이 모두 신학적으로 질서 있게 정리되지 못하고 엉클어져 서로 충돌하거나, 서로 아무 관계와 만남이 없거나, 그래서 서로의 필요에 아무런 응답도 하지 못하는 경직된 상태이며, 지역의 개 교회들 간에는 춘추전국시대를 방불할 정도로 약육강식의 현상이 지배적인 것으로 보입니다.

무엇보다도 남반구에서 일어나고 있는 다양한 오순절 은사주의 운동들은 더 이상 북반구의 전통적인 기독교의 신학들로써 서술하기에는 역부족인 상태라 할 수 있습니다.

북반구의 신학이 텍스트의 합리적 이해에 기초하면서 기독론적으로 전개하는 데 우선순위를 두었다면, 남반구의 신학은 콘텍스트의 경험적 이해에 기초하면서 성령론적으로 발전시키는 일에 집중하고 있다는 특징을 찾아 볼 수 있습니다. 그것은 양대 진영의 교회들이 처한 문화적이며 역사적인 현실이 적용되고 있기 때문입니다.

신학은 언제나 말씀과 문화의 창조적 만남 가운데 이루어진다는 것을 기억한다면 서로의 차이는 결코 잘못된 일이거나 이상한 일이 아닙니다. 그것은 서구 개신교 신학에서 칼뱅 신학과 웨슬리 신학의 차이와 다를 바 없을 것입니다.

그리고 21세기에 접어든 세계 교회가 공통적으로 경험하게 될 다가올 현실 가운데 하나는 생태계의 범지구적 위기입니다. 두렵고 불안한 미래를 준비하기 위해 인류의 모든 지성들은 이전보다 더욱 더 과학기술을 발전시켜 나갈 것이며, 이로 인해 인간은 더욱 더 고도인공지능 정보화 사회에 예속되어 버림으로 말미암아 인간성 자체의 함몰을 경험하게 되는 개연성이 그 어느 시대보다 커져가고 있는 상황을 맞이하고 있습니다.

과연 이러한 때에 세계 교회에 절실히 필요한 것은 무엇이겠습니까?

한 마디로 '글로벌 신학' 입니다. 세계 기독교의 독특한 신학 전통들을 이어나가게 하면서 서로가 서로를 필요한 존재로 인식하게 하는 틀이 글로벌 신학이기 때문입니다.

이는 마치 마늘 한 통의 모습과 비슷합니다. 잘 여문 마늘 한 뿌리를 밭에서 뽑으면 6쪽이 들어 있는 마늘 한 통을 볼 수 있습니다. 각 쪽은 고유한 생명을 지닌 종자(種子)가 되어 언제든지 번식할 수 있는 모체가 됩니다. 그러면서도 각 쪽은 다른 쪽들과 유기적으로 연합되어 한 통의 마늘이라는 생명의 큰 단위를 이루고 있는 것입니다. 그래야 각 마늘쪽들이 한 통에 연결되어 있는 한 뿌리로부터 영양을 공급받아 성장하고 보호 받게 됩니다.

글로벌 신학은 이와 같은 마늘 한 통의 모습과도 같습니다. 21세기는 북반구부터 남반구의 구석구석까지 다양한 모습들의 교회가 존재하는 때를 맞았고, 지구상의 모든 교회들이 통신의 발달로 실시간에 소통 가능한 정보화 시대를 맞았기 때문에 세계 기독교는 그 어느 시대보다 글로벌 신학이 필요한 때를 직면하고 있습니다.

시대와 지역, 그리고 문화와 역사의 차이에 따라 교회는 자신들만의 고유한 신학이란 옷을 만들어 기독교의 꽃을 피워왔는데, 이제는 다양한 기독교 신학을 함께 아우르는 전 지구적 신학 패러다임이 요청됩니다. 모든 교회들은 마늘 한 통에 들어있는 마늘 한 쪽들로서 서로 이해하고 함께 어울리면서 자라나는 글로벌 신학을 추구해나가야 할 것입니다.

세계복음주의동맹, 세계교회협의회, 오순절세계협회

지금 논의하고 있는 '글로벌 신학' 이란 말은 용어상으로도 우리가 처음 사용하는 말이 아니며, 내용상으로도 이미 오래 전부터 여러 가지 모양으로 시도되고 있는 것입니다.[2] 이름만 다를 뿐이지 실제로는 글로벌 신학을 추구하고 있는 것으로 볼 수 있습니다.

우리가 글로벌 신학을 보다 현실적으로 이야기하기 위해서는 먼저 세계 기독교의 지형도를 살펴보고, 그 지형의 특징을 결정하는 신학적 정체성을 확인하는 것이 필요합니다.

세계 교회는 20세기에 들어서면서 세계 교회들 간의 글로벌 네트워크를 구축하는 데 매우 정열적으로 힘을 기울이고 있는데, 이를 주도하는 세 기관으로 WEA, WCC 및 PWF를 꼽을 수 있습니다.

WEA, 세계복음주의동맹(World Evangelical Alliance)은 1846년 영국 런던에서 10개국의 기독교인들로 출발해서, 1951년에는 21개국이 WEF란 이름으로 모이다가 현재는 128개국 6억의 복음주의 기독교인들이 소속되어 있는 연합체입니다.

WEA는 다음과 같은 사명선언문에 기초하여 활동하고 있습니다.

세계복음주의동맹은 기독교인의 일치를 조성
하며, 복음주의 기독교인들에게 전 세계적인
정체성, 발언권과 논의의 장을 제공하기 위하
여 존재한다. 성령의 권능을 받아 열방에 복음
을 선포하고, 그리스도 중심으로 사회를 변혁
함으로써 하나님의 나라를 확장한다.[3]

WCC, 세계교회협의회(World Council of Churches)는 1948년 암스
테르담에서의 첫 모임을 기점으로 2013년 현재는 349개의 회원 교단과 이
에 속한 5.9억의 기독교인들이 소속되어 있습니다. 본부는 스위스 제네바
에 두고 있고, 약 150개국에 52만 지역교회가 연결되어 있습니다. 로마 가
톨릭교회는 참관만 하고 소속은 않고 있습니다. WCC가 출범할 때는 주로
유럽과 북아메리카 즉 북반구의 교회들이 중심축을 이루었지만, 현재는 아
프리카, 아시아, 칼리비안, 라틴 아메리카, 중동과 태평양 등 남반구로부
터 온 회원들이 다수를 이루고 있습니다.

WCC의 목적에 대한 서술은 몇 번의 수정을 거쳐 1998년 제 7차 하라레
(Harare) 총회에서 다음과 같은 내용으로 선언되었습니다.

세계교회협의회의 교회들 간 사귐의 우선적인 목적은 믿음과 성례전 집례에서 하나 된 일치를 가시적으로 나타내도록 서로를 격려(call)하는 것이다. 이러한 일치는 예배와 그리스도 안에 거하는 일상의 삶 속에서 표현되며, 또한 세상을 향한 증언과 봉사를 통해서 나타난다. 그리고 세상 사람들이 믿을 수 있도록 그러한 일치를 향해 전진해 나간다.[4]

WCC의 회원 교회들은 이러한 사명 하에서 다음과 같은 네 가지의 사항을 추구하고자 뜻을 같이하고 있습니다.

첫째, 신앙과 성례전에서 하나의 가시적인 연합(visible unity)을 이룬다.
둘째, 선교와 전도를 위한 공통된 증언을 촉진한다.
셋째, 인류의 필요를 채우고, 사람들 간의 장벽을 허물고, 정의와 평화를 위해 힘쓰고, 창조의 통합성을 지키는 일에 참여한다.
넷째, 일치와 예배와 선교와 봉사의 일을 새롭게 갱신한다.

PWF, 오순절세계협회(Pentecostal World Fellowship)는 1947년 스위스 취리히에서 제1차 PWC, 오순절세계대회(Pentecostal World Conference)를 엶으로써 WCC보다 1년 먼저 출범하였습니다. 세계대회인 PWC는 매 3년마다 개최되는데, 제10차 대회는 서울에서 열린 바 있습니다. 2013년 제23차 대회는 말레이시아의 쿠알라룸푸르에서 8월 27~30일에 열렸습니다. PWF 소속 교회의 신자들은 6억이라고 말하고 있습니다.[5]

예수의 바람, 성령의 바람

PWF는 자신의 사명을 다음과 같이 선언합니다. "PWF의 사명은 예수 그리스도의 지상명령을 완성하기 위하여 성령 충만한 가족을 연합케 하고 동원하는 것이다."[6] 그리고 PWF는 자신의 구체적인 목표들을 다음과 같이 7가지로 제시합니다.

첫째, 성령 충만한 연대 안에서 지역적이며 국제적인 연맹들을 활성화한다.

둘째, 성령 충만한 지도자들, 특히 지역공동체와 국가의 지도자들(shapers)을 세우고 연대하게 한다.

셋째, 복음 때문에 사회 정의와 종교의 권리가 손상되거나 방해를 받을 때 정부와 국가를 대상으로 성명을 낸다.

넷째, 세계 선교를 촉진하며, 인도주의적인 노력을 후원하며, 긴급 구조에 동참한다.

다섯째, 교육과 지도자 훈련을 발전시키기 위하여 오순절 신학기관들 간의 교류 협력을 돕는다.

여섯째, 전 세계를 놓고 하는 합심 기도를 강조하여 기독교의 세계 지형도를 바꾸어 놓는다.

일곱째, 매 3년마다 오순절세계대회(PWC)를 개최함으로써 선교와 오순절 연합을 증진키 위한 성령 충만한 글로벌 가족을 조직한다.

지금까지 세계 기독교의 지형도를 결정하고 있는 개신교 전통 하의 세 가지 연합운동이 추구하는 사명과 사역의 기본 방향을 살펴보았습니다. 이들 사이에는 강조점이나 출발점에서는 차이가 나지만, 전체적인 그림으로 보았을 때는 동일한 내용을 서로 다른 전통의 신학적 방식으로 이야기하고 있다는 것을 알 수 있습니다.

교회의 사명은 복음을 전하는 것이며, 사회의 필요를 그리스도의 사랑으로 채우는 것이며, 이를 위해서 교회 간의 일치를 위해 노력해야 한다고들 공통적으로 말하고 있습니다.

이들 세 기관의 내부에 나뉘어 있는 분과별 전문 위원회들은 서로 간에 대동소이(大同小異)한 것을 알 수 있습니다. 모두들 전도와 선교를 하나의 축으로 두고, 사회봉사와 실천을 또 다른 하나의 축으로 삼고 있습니다. 어디에 비중을 더 두느냐에 따라 기관들의 이미지가 결정되는 것뿐입니다.

각 기관들의 이미지는 어렵지 않게 감지할 수 있습니다. WEA와 PWF는 전도와 선교에, WCC는 사회봉사와 실천에 우선순위를 두고 강조해 왔습니다. 그러나 내용적으로는 모든 기관들의 활동 가운데는 전도와 사회봉사의 균형을 유지하기 위하여 노력하는 모습을 보게 됩니다.

그리고 WEA, WCC, PWF 모두가 서로 간의 연대와 화합을 위해 협조하는 태도를 가시적으로 보여주고 있습니다. 예를 들면, 2013년 제10차 WCC 부산 총회에서 WEA와 PWF의 대표들이 초대에 응하여 협력과 우애의 메시지를 전하였습니다. 특별히 이번 부산 총회에서 WEA 신학위원장 토마스 쉬르마허(Thomas Schirrmacher) 박사가 초대의 인사말에서 WCC와 WEA 사이에 공유하는 우선적인 관심 영역 네 가지를 명확히 밝힘으로써 양자 간의 협력이 인사치레의 형식적인 것이 아님을 확인하여 주었던 것은 교회 간의 일치 운동의 차원에서나 세계 선교의 차원에서나 매우 고무적인 결과라 할 수 있을 것입니다.

예수의 바람, 성령의 바람

쉬르마허가 밝힌 네 가지란, 첫째 그리스도인들의 일치, 둘째 인권, 셋째 세계 전도, 넷째 종교의 자유입니다. 이 네 가지가 WEA가 1846년에 창설되었을 당시에 추구하고자 한 목표들이었다는 것입니다. 이러한 것들 160년이 지난 현재에도 여전히 WEA의 '우선적인 과제(still primary commitments)'라는 점을 강조하면서, 특히 종교간 대화를 위한 바티칸 교황청위원회(PCID)와 WCC, 그리고 WEA가 연합하여 5년간의 연구를 통해 서명하고 선포한 "다종교 세계를 향한 그리스도인의 증언: 행동을 위한 추천"(2011. 6. 28)이란 공동 성명서에 그 정신이 그대로 반영되었다고 밝히고 있습니다.

특히 이 문건 서론의 첫 문장이 놀라울 정도로 WEA의 정신과 일치되는 것이라고 찬탄해 마지않고 있습니다.

> 선교는 교회의 존재 자체에 속한다. 그러므로 세상을 향해 하나님의 말씀을 선포하는 것과 증거하는 것은 모든 그리스도인에게 본질적이다. 그러나 인간에 대한 넘치는 존경과 사랑으로 복음의 원리들에 입각하여 행동해야 한다.[7]

쉬르마허 박사는 메시지를 통해서 WCC나 WEA가 자신들의 기구들을 확장해 나가는 데 우선성을 두지 않고 '그리스도인의 일치'를 이루는 데 공통의 경험을 가지고 있음을 긍정적으로 평가하였습니다. 그에 부응하는 예가 GCF, "글로벌 크리스천 포럼(Global Christian Forum)"이라는 것입니다.

GCF는 WCC에 의해서 설립되었는데, 그 목적은 이런 저런 이유로 국제적인 에큐메니컬 기관에 들어가지 못하고 밖에서 개별적으로 활동하고 있는 많은 그리스도인들과 교회들이 연대적인 일치를 경험할 수 있는 장을 제공하는 것입니다.

WCC와 PWF와의 교류도 매우 적극성을 띠기 시작한 것으로 보입니다. 2010년 스웨덴 스톡홀름에서 제22회 오순절세계대회(PWC)가 개최되었을 때 WCC 올라프 트비트(Olav Tveit) 총무가 참석하여 축하 연설을 하였는데, WCC 총무로서는 최초로 오순절세계대회에 참석한 것으로 기록되었습니다. 그는 "WCC와 오순절 교파는 하나님의 선교 안에서 공동의 사명을 갖고 있으며, 이를 이루기 위해 서로를 필요로 한다."고 하면서, "WCC는 오순절 교파가 필요하고, 오순절 교파 역시 WCC를 필요로 한다는 것이 제 겸손한 확신이다."고 하여 양 기구가 서로 협력자가 될 것을 주문하였습니다.[8]

WCC 부산 총회 때 트비트 총무는 PWF 총재 구네라트남(Prince Guneratnam) 박사를 초청하였습니다. 이 역시 오순절세계협회와 WCC 사이에 최초로 기록될 "역사적 순간(historic moment)"이라고 트비트 총무가 자평하였고, 글로벌 크리스천 포럼(GCF)의 밀러(Larry Miller) 총무도 "매우 중요한 사건(very significant event)"이라고 평가하였습니다.[9]

2013년 8월에 말레이시아 쿠알라룸푸르의 갈보리 컨벤션 센터(Calvary Convention Centre)에서 개최된 제23회 PWC에 WCC의 총재 나바반(Soritua Nababan) 박사와 대표들, GCF 총무 밀러(Larry Miller) 박사 외 여러 국제 기독교 단체장들, 그리고 WEA 총무 투니클리프(Geoff Tunnicliffe) 박사가 교회 일치의 정신 하에 초대되었습니다. 여기에서

WEA 총무는 인사말을 통해 "PWF의 성장과 도전에 대하여" 하나님께 감사하였고, 나아가 지구적인 가난, 급진적인 세속주의, 종교간 분쟁, 성서의 오류 주장, 청소년들의 문제들은 오순절 교회이고 아니고 간에 모든 교회에 영향을 미치기 시작했기 때문에 힘을 합쳐 함께 대처해 나가야 할 것이라고, 서로 협력해야 할 때가 되었다고 제안하였습니다.

이처럼 개신교 전통의 3대 국제적 기관들이 21세기에 들어서 서로를 향해 적극적으로 개방하는 모습을 보이고 있습니다. 전도와 사회봉사와 대화 등의 의제들을 균형 있게 잘 다룰 뿐만 아니라, 이를 지역 교회의 차원에서 효과적으로 실천해 나가기 위해서는 통합과 상생의 정신이 무엇보다 필요하다는 것을 경험하면서 배워가고 있습니다.

이러한 때에 교회와 삶의 현장에서 요구되는 통합과 상생의 정신을 담아낼 수 있는 신학 패러다임이 제시되지 않는다면, 복음주의 운동과 에큐메니컬 운동 그리고 오순절 은사주의 운동은 각자의 길을 배타적으로 갈 수밖에 없을 것입니다. 이들은 21세기에 들어와서 서로가 서로를 절실히 필요로 하고 있음을 이미 확인한 상황이기 때문에, 이제는 이를 담아낼 수 있는 통합적인 신학으로서의 '글로벌 신학'을 위한 틀을 적극적으로 모색하지 않으면 안 되는 때를 맞이하였습니다.

우리는 바로 그 글로벌 신학의 틀을 '사중복음'에서 보는 것입니다. 그러므로 사중복음이 어떻게 그런 중차대한 역할을 할 수 있는 지를 확인하기 위해서는 먼저 사중복음 자체에 대한 충분한 이해가 필요하겠습니다.

사중복음은 앞에서 소개했던 오래된 '사현금'과 같은 것으로 현재는 성결교회가 가보(家寶)로 이어가고 있습니다. 사중복음은 중생, 성결, 신유, 재림인데 이를 잘 알기 위해서는 먼저 '사중복음과 성결교회'의 관계를 살펴보아야 합니다. 이들은 마치 동전의 양면과 같이 서로 뗄 수 없는 관계에 있기 때문입니다. 이제는 우리의 눈을 글로벌한 데서 로컬한 데로 돌려 보도록 하겠습니다.

사중복음과 성결교회

사중복음의 등장은 넓은 의미에서 볼 때 역사상 오순절 정신을 구현했던 오순절 운동의 결실이며, 또한 사중복음으로 인하여 오순절 운동이 글로벌하게 확산될 수 있었다고 이야기할 수 있습니다.

오늘날까지 이 사중복음을 목숨같이 여겨온 교단이 있는데, 바로 성결교입니다. 주지하다시피, 한국의 여러 교단들 중에서도 성결교는 중생, 성결, 신유, 재림이라는 사중복음을 신앙생활의 핵심 교리로 믿고, 이를 '전도표제'로 삼아 전파해왔습니다.

앞으로 자세히 보겠지만, 사중복음의 역사를 배경으로 해서 살펴보면, 하나님의 말씀에는 '운동력'이 있기 때문에 말씀이 선포되는 곳에서 회개와 변화의 역사가 일어나듯이, 사중복음 역시 그러한 운동을 일으키는 힘이 있어 역사적으로 19세기말에 일어났던 '래디컬 성결운동(Radical Holiness Movement)'의 원동력이 되었습니다. 그 힘으로 태어난 새로운 공동체가 성결교회인 것입니다.

예수의 바람, 성령의 바람

그러므로 '성결교회가 사중복음을 만든 것이 아니라, 사중복음이 성결교회를 태어나게 했다'고 이야기해야 하겠습니다. 말하자면, 사중복음에 의해서, 그리고 사중복음을 위해서 태어난, 사중복음의 교회가 성결교회입니다.

1907년 한국 땅에 '사중복음'이 전파됨으로써 태어난 성결교회가 벌써 한 세기를 훨씬 넘어서가고 있습니다. 주지하다시피, 그간 성결교회는 한국의 근현대사와 함께 동고동락(同苦同樂)의 운명을 같이 함으로 자타가 공인하는 민족의 교회로 성장해 왔습니다. 이러한 성장 뒤에는 일본 제국주의 시대와 6·25 한국전쟁 동안, 수많은 성결교회의 지도자들과 성도들이 순교의 피를 뿌린 고난의 역사가 있었음을 기억해야 할 것입니다.

이제는 고난을 넘어서 적극적으로는 서구의 선교사들과 함께 먼저 들어온 장로교나 감리교와 선의의 경쟁을 하면서 민족의 복음화와 세계 선교의 주도적인 위치에서 주님을 섬기고 있습니다. 성결교회와 함께하신 주님의 은혜를 깊이 생각할 일입니다.

그런데 21세기에 들어선 오늘날 성결교회가 선교 2세기를 맞이하여 꽃을 피우고 열매를 맺어야 할 때에 건강하지 못한 증세가 우리 안에 나타나고 있는데, 이에 대한 바른 진단과 처치가 긴급한 상황입니다.

특별히 '교권주의'와 '세속주의'에 속수무책 노출되어 공동체의 성결성이 크게 훼손됨으로써 성결교회의 정체성 자체까지도 위협받고 있는 현실입니다. 그 결과 여타 교단과 비슷하게 성장의 둔화와 교세의 감소를 경험하고 있을 뿐만 아니라, 아예 존재감마저 잃고 있는 어두운 상황에 처해 있습니다. '위기의 성결교회' 라 말하지 않을 수 없는 시점에 놓여있습니다.

성결교회의 위기를 현상적으로 보자면, 그것은 한마디로 **정체성 부재로 말미암아 신앙적 사고와 행동의 혼란상이 지속되고 있다는 것**입니다.

이에 대해 성결교 신약학자 홍성국이 정확한 진단을 내놓은 바 있습니다. 그는 앤소니 윌러스(Anthony Wallace, 1923~)의 정신적 형상의 붕괴(mazeway) 이론을 가지고 성결교회의 현실을 파악한 후, 성결교회가 해야 할 일을 제시하였습니다. 즉, 성결교에 있어 사중복음은 자신의 "유효구조"를 가능케 하는 지식체계가 되는 것인데, 현재 이 "사중복음"이 "객관화된 사회적 실재로가 아닌 추상적 개념으로" 뒤틀려져 있기 때문에 이를 바로잡지 않으면 안 된다는 것이었습니다.[10]

성결교의 사중복음은 신학과 목회 현장 안에서 추상적으로 개념화 되어 있어 "공동체원들 사이에 지식체계의 효력의 상실, 그것에 대한 무관심, 그리고 실재적인 경험에 대한 기대감의 상실"로 이어짐으로써 사중복음의 영향력이 현저히 떨어져 있다는 홍성국 교수의 지적은 매우 시의적절한 통찰이라 보입니다.

성결교를 가능하게 하는 사중복음에 대한 열정과 기대감이 식어버린 결과, 성결교인들은 자신의 역사적 전통에서 이탈되어가고 있고 그로 인해 "정체성과 역할의 혼돈"을 경험하고 있다고 보는 것입니다. 이것은 일종의 "아노미 상태"로, 이를 방치하면 그 사회는 죽음으로 치닫게 된다는 윌러스의 경고를 수용함으로써 홍성국은 다음과 같은 중요한 이해에 도달합니다.

예수의 바람, 성령의 바람

성결교회가 사회적으로 아노미적 상태에 빠진 것이 사실이라면 성결교회는 분명히 성결교회라는 이름은 있지만 실상은 그 역할과 정체성을 잃어버리고 그래서 생명력을 잃은 이름만 가진 하나의 종교적 제도로 변질되고 있는 것이다. 이러한 위기에 대한 대책은 다른 데 있지 않고 역사적으로 **성결교를 이 땅에 존재케 한, 그래서 그 정체성과 역할을 갖게 한 사중복음**을 오늘의 현실 속에 다시 찾아 성결교회에 속한 성도들로 하여금 사회적 실재로서의 역동적 힘을 발견케 하는 데 있다.[11]

그렇다면 우리는 오늘의 문제인 정체성 위기의 상황을 어떻게 뚫고 나가야 합니까?

이를 위해서는 우선 이 사중복음이 역사적 맥락에서 최초에 '누구'에 의해서 '왜' 그리고 '어떻게' 태어났는지에 대해서 성결교 공동체 구성원들이 잘 알고 있어야 하는데, 안타깝게도 그들 자신들에게조차 그 대답이 분명하지 않은 형편입니다.

그동안 사중복음 이해의 혼란상이 지속되어 왔던 배경에는 정확한 사료에 기초한 역사서술(historiography)과 그에 대한 신학적인 정리가 균형있게 제시되지 못했음도 중요한 원인 중에 하나인 것으로 보입니다.

그러므로 역사적 부름 가운데 성결교회를 창립한 믿음의 조상들이 누구인지, 그들에게 사중복음은 무엇이었는지, 그들의 삶은 어떠했는지 알아야 할 필요가 있는 것입니다.

우리는 그간 정빈, 김상준, 이명직, 김응조, 이성봉을 통해서 사중복음과 성결교회를 이해해 왔습니다. 그리고 이들에게 사중복음을 전수한 카우만과 길보른에 대해서 들어왔습니다.

그러나 여기에 머물러서는 성결교회의 정체성을 확고히 다질 수 없습니다. 정체성 확인은 언제나 토대를 놓은 자에게서 가능하기 때문에 성결교회를 창립하는 데 함께했던 조상들을 만나야 할 것입니다.

오순절 교회의 조상은 찰스 파함(Charles Fox Parham, 1873~1929)과 윌리엄 시무어(William Joseph Seymour, 1870~1920)이며, 침례교는 성공회 목사였던 스미스(John Smith, 1570~1612)이며, 나사렛교회는 1895년 로스앤젤레스에서 시작한 피니스 브릿지(Phineas F. Bresee, 1838~1915)이며, 감리교의 창시자는 성공회 목사 존 웨슬리(John Wesley, 1703~1791)입니다. 그가 1784년에 실시한 비공개 안수식 사건 이후 영국교회와의 분리가 불가피해졌고, 이로써 1795년에 실시된 총회(Annual Conference)로 감리교가 태어났습니다. 칼뱅(Jean Calvin, 1509~1564)은 개혁주의를 표방하는 장로교(Presbyterian)와 회중교회(Congregational)의 조상이 되었습니다. 그리고 성결교회는 1897년 마틴 냅과 셋 리스에 의해서 미국 오하이오주 신시내티에서 시작되었고, 한국에는 10년 후인 1907년에 태어났습니다.

성서는 말합니다. "하나님의 말씀을 너희에게 일러주고 너희를 인도하던 자들을 생각하며, 그들의 행실의 결말을 주의하여 보고 그들의 믿음을 본받으라"(히 13:7).

그러나 성서는 여기서 끝나지 않고, 우리에게 믿음을 보여준 조상들이 본받은 예수 그리스도에게 초점을 맞추게 합니다. "예수 그리스도는 어제나 오늘이나 영원토록 동일하시니라(히 13:8)."

신앙의 조상들을 본받되, 그들이 전파한 복음 예수 그리스도에 집중하라는 것입니다. 따라서 예수 그리스도의 복음에 대한 바른 증언과 해석인 사중복음에 우리의 초점을 맞추는 것은 놀라운 축복이 아닐 수 없습니다.

그러나 지난날을 돌이켜 볼 때 아쉬운 점은 사중복음을 복음 제시의 주제들로 이해하는 데 머물러 있는 동안, 사중복음이 지니는 '신학적 의의'와 그 '정신'이 무엇인지에 대해서는 깊이 있게 묻지 못하였다는 점입니다.

그 결과 신학교육 과정 안에서 사중복음이 신학적으로 깊이 있게 다루어질 수 없었던 것도 당연한 결과였겠으며, 그에 따라 21세기에 들어와서도 사중복음이 하나의 교단적인 표제어로서만 존재할 뿐, 새 시대를 향한 부흥과 창조와 지혜의 '활천(活川)'으로서의 역할을 할 수 없었습니다.

사중복음은 단지 성결교단의 정체성을 유지하는 얼굴이었기에 이것이 지니는 교리적인 정리와 목회적인 적용을 위해서 일부 신학자들과 목회자들이 관심을 가져왔을 뿐이었습니다.

이처럼 성결교의 지나온 역사를 잠시 둘러보았을 때 우리가 어렵지 않게 확인할 수 있는 것은, 사중복음이 역사상 드러낸 '정신'의 본질이 무엇인지에 대한 진지한 탐구가 결여되어 있던 관계로 사중복음의 실천적인 활용에도 한계가 있을 수밖에 없었다는 것입니다. 그러니 이를 기반으로 교단의 정체성을 견지해 왔던 성결교회는 자신의 신학적 정체성 문제에 있어 늘 흔들릴 수밖에 없었던 것은 너무도 자명한 일로 보입니다.

그러므로 성결교회가 21세기에 부흥을 경험하기 위해서는 무엇보다도 사중복음의 '정신'을 다시 찾아 역동적인 힘을 발휘토록 해야 한다는 데 이론의 여지가 없어 보입니다.

문제는 '어디서부터' 그리고 '어떻게' 그 정신을 찾아내느냐는 것입니다. 우리는 바로 이 과제를 풀기 위해 결코 쉽지 않은 길에 나섰습니다.

사중복음에 관한 이야기를 시작하기 전에, 먼저 사중복음이 특히 신학적으로 얼마나 중요한 자리를 차지하는지를 환기해 드리고자 합니다. 이를 위해서 이 분야에서 오랫동안 기여해온 도날드 데이튼(Donald Dayton)이 2003년도에 서울신학대학교에서 행한 "사중복음의 세계적 중요성"이란 제하의 특별강연 중에서 언급한 몇 마디를 소개해 드립니다.[12]

여러분 대부분은 이 주제[사중복음]에 별로 큰 인상을 얻지 못하거나, 여러분의 교회가 보다 영향력 있는 교회로 성장하기 위해서 폐기해야 할 그저 "이상한" 신학 또는 단지 "표제" 정도로 볼 것이다. 그러나 나는 "사중복음"이 무척 중요하다고 확신한다. 이것은 현재의 복음주의의 속성에 대한 통찰력을 제공하며, 넓은 의미의 "복음주의적" 공동체를 함께 아우르는 가장 좋은 표현이 되기 때문이다.

이 강의에서 나의 의도는 여러분이 "사중복음"을 보다 진지하게 간직하도록 격려하는 것이다… "사중복음"이 보다 넓은 "복음주의" 운동에 대한 해석을 위한 단서를 제공한다는 점을 이 모든 것이 드러낸다… 그러나 여러분이 보다 존경받는 전통들에 동화되기 위해 노력한다고 하면서 여러분 자신의 원천과 전통을 무시한다면 이를 이룰 수 없다. 나는 여러분 자신의 원천이 보다 더 좋은 단서라 확신한다. 나는 여러분이 그것들을 이용하고, 넓은 의미의 복음주의 운동에 대한 보다 타당한 해석을 제시하기 위해, 여러분 자신의 역사를 사용하는 방법을 찾기를 격려하는 바이다.

예수의 바람, 성령의 바람

성결교 외부인이 이처럼 사중복음의 신학적인 중요성을 높이 평가하면서 이를 위해 깊이 있게 연구할 것을 주문한 것은 참으로 이례적인 일이 아닐 수 없습니다.

다시 한번 더 강조한다면, 성결교회가 사중복음이라는 무한 가치의 유산을 이어받아 오면서도 이를 교회의 양식으로 삼지 못해왔던 이유는, 우선 지도자들 자신부터 사중복음의 가치에 대한 충분한 이해와 경험이 부족하여 교회에 가르치지 않고 있기 때문이며, 사중복음의 정신(spirit)을 파악하지 못한 채 교리-문자적으로만 알고 있기 때문이라는 것입니다. 이러한 자각과 반성이야말로 우리로 하여금 다음 단계로 나아가게 하는 디딤돌이 되겠습니다.

여기에서 우리가 다시 한번 더 분명히 인식하고 넘어가야 하는 것은, 사중복음에는 놀라울 정도의 혁신적이며 건설적인 힘이 있다는 것입니다. 이는 사중복음이야말로 성서가 증언하는 원 복음을 전개한 통전적인 개념이기 때문입니다. 이를 신학의 관점에서 볼 때, 이 사중복음을 목회와 선교 현장에 선포하고 적용하는 순간, 그것 자체가 '신학적' 표현이 된다고 할 수 있습니다. 이 말의 의미는 본서 전체를 이해함으로써 총체적으로 다가올 것입니다. 우리가 사중복음을 '전도표제'의 차원으로만 보지 않고, '신학'의 차원 특히 글로벌 신학의 차원에서 보려 하는 이유가 여기에 있습니다.

본서에서 계속 나오는 말이 '정신'입니다. 누구든지 사중복음에서 어떤 정신을 읽어내면, 그 정신으로 문제를 해결하게 됩니다. 그리고 그 해결 과정에서 발견되는 '원리'를 체계적으로 정리하면 우리가 말하는 소위 '사중복음의' 혹은 '사중복음적'인 '신학'이 태어나는 것입니다.

그러므로 우리의 중요한 과제 중의 하나는 사중복음의 정신을 찾아, 그것이 어디에서부터 비롯되는 것인지를 역사적으로 그리고 신학적으로 확인해 나가는 것입니다.

사중복음의 정신은 21세기 한국 교회의 혁신과 한국 사회의 변화를 꿈꾸는 자들에게, 특히 목회혁신과 신학혁신의 필요성을 절감하는 자들에게, 그리고 세계교회의 일치와 화합을 위한 '글로벌 신학'이란 옷을 필요로 하는 자들에게 무한한 창조적 에너지를 줄 것입니다. 그리고 그것은 사중복음이 지니는 정신적이며 영적인 파워 때문임을 알게 될 것입니다.

사중복음의 펜티코스탈리즘

그렇다면 사중복음을 처음 이야기했던 자들에게 있어서 그것은 과연 어떤 의미였습니까? 사중복음의 메시지를 전하면서 사중복음적 삶을 살았던 그들을 움직인 그 '정신'은 무엇이었습니까?

이에 대한 대답을 찾는 것이 본서의 중요한 과제이기 때문에 앞으로 자세히 다루겠지만, 우선 한마디로 이야기한다면, 그것은 **펜티코스탈리즘** (Pentecostalism), 즉 **오순절 성령강림의 사건과 그로 비롯된 초대교회 사도들의 정신**이었다고 할 수 있습니다. 오순절의 성령세례를 경험한 초대 기독교의 정신이 바로 사중복음을 외쳤던 정신의 핵심이라는 것입니다. '성령의 바람'입니다! 생기를 넣어 주는 성령의 바람으로 힘 있게 살아난

예수의 바람, 성령의 바람

정신, 그것이 사중복음의 정신입니다.

교회사는 '타락과 혁신이 반복되는' 역사로 보입니다.

이때 타락이란 교회가 자신의 본질 곧 정체성을 잃어버린 것이고, 혁신 (革新, innovation)이란 교회의 본질을 회복하여 정체성을 지키고자 하는 개혁(改革)과 갱신(更新)이라 할 수 있을 것입니다.

구약성서에 나타나 있는 예언자들의 활동 역시 하나님을 떠나 타락해 가는 이스라엘 공동체를 흔들어 깨워 거룩한 하나님의 백성으로 정화코자 하는 혁신운동에 다름이 아닙니다.

1세기의 예수운동도 이스라엘의 삶 전체를 틀어쥐고 있던 유대교의 타락에 맞서 하나님의 통치를 선포함으로써 새로운 이스라엘 공동체를 만들고자 했던 혁신적인 에클레시아(ecclesia) 운동이라 말할 수 있습니다.

오순절 성령의 세례로 새로 태어난 **펜티코스탈 예수공동체**는 이후 모든 교회들의 콘텐츠로서 교회의 본질과 정체성을 보여주는, 그래서 교회개혁의 원형(archetype)이 됩니다.

그러므로 16세기 유럽에서 일어난 루터와 칼뱅의 종교개혁운동, 18세기 영국에서 시작된 웨슬리의 메소디스트 성결운동, 지구촌 북반구에서 조나단 에드워즈, 찰스 피니, D. L. 무디에 의해 점화된 대각성 부흥운동, 19세기말 미국에서 전개된 마틴 냅의 오순절 성결운동, 20세기 남반구에서 불붙기 시작한 오순절 은사주의 운동 등은 모두 1세기 오순절 예루살렘에서 태어난 예수공동체의 펜티코스탈리즘을 주목하는 것입니다.

미국에서 성결운동이 활발히 일어나던 19세기 당시 대부분의 성결운동 그룹들은 내용적으로 사중복음을 주된 교리 안에 포함하고 있었습니다. 이 사중복음은 오순절운동 연구가인 데이튼(Donald Dayton)이 주장하고 있는 바와 같이, 중생, 성결, 신유, 재림이라는 교리적 내용으로만 볼 때는 복음주의 전통에 서 있는 기독교 교단들 대부분이 보편적으로 수용해온 교리이기 때문에 성결교회만의 고유한 교리라고 배타적으로 주장할 수 없습니다.

대표적으로는 씨 · 엔 · 엠 · 에이(C&MA, Christian and Missionary Alliance) 교단을 창립하였으며 개혁주의 전통에 속해있던 심슨(Albert B. Simpson)은 역사상 최초로 "사중복음(Fourfold Gospel)"이란 용어를 만들어 공동체의 중심 교리로 고백해 왔습니다.

그러므로 사중복음이란 용어에 대한 이야기보다는 사중복음이 어떠한 맥락에서 힘 있게 영향력을 발휘하였는지를 보는 것이 사중복음을 바로 아는 데 보다 더 중요한 일이라 할 수 있습니다.

이를 확인하기 위해서는 미국 성결교회의 창립자로서 중생, 성결, 신유, 재림을 '풀 가스펠(Full Gospel, 참복음)' 이란 이름으로 주창한 마틴 냅의 '사중복음' 신학사상을 알아볼 필요가 있습니다.

일반적으로 '풀 가스펠(Full Gospel)' 은 '순복음' 혹은 '온전한 복음' 이라 번역되고 있으나, 우리는 '참복음' 이라는 말을 쓰고자 합니다.
'순복음' 은 오순절 순복음 교단에서 자신의 고유한 신학과 전통을 담아 쓰고 있어서 원래 '풀 가스펠' 이 의도한 것 이상의 다른 신학적 요소들이 가미되어 있기

예수의 바람, 성령의 바람

때문에 혼란이 올 수 있는 가능성이 많아 적당치 않은 것으로 보입니다.

'온전한 복음'은 의미적으로는 정확하지만, 풀 가스펠이 주는 강력한 임팩트가 드러나지 않아 아쉬운 용어입니다. 오히려 '온'이란 말을 써서 '온복음'이라 하면 보다 나을 수 있을 것 같습니다.

우리가 선택한 것은 '참복음'인데, '참'은 우리말에 참 좋은 의미로 많이 쓰이고 있습니다. 여기에는 두 가지 정도의 주요한 뜻이 있는데, 하나는 '참되다'는 의미에서, 그리고 다른 하나는 '가득 차고 넘쳐 부족함이 없다'를 나타내는 '가득 참'이라는 뜻을 내포하고 있습니다. 그러므로 '참복음'이라 말하면 '진실한 것들이 가득 찬' 복음이라는 뜻에서 '풀 가스펠'을 충분히 표현하고도 남는 말로 보입니다.

종합해서 한마디로 말하면 이렇습니다. 참복음으로서의 마틴 냅의 사중복음은 '오순절적(Pentecostal)'으로 경험하고 이해한 오순절 초대교회의 복음과 다르지 않습니다. 그러므로 사중복음에 대한 성결교 **최초의** 신학적 이해의 특징은 한마디로 '오순절적'이었다고 할 수 있습니다.

좀 더 구체적으로 다시 말해, 오순절적 사중복음으로 성결교회를 창립한 냅이 즐겨 사용하던 바와 같이 그것은 오순절적 회심(Pentecostal con-verts), 오순절적 성결(Pentecostal sanctification), 오순절적 치유(Pentecostal healing), 오순절적 그리스도의 재림(Pentecostal Christ's return)이며, 이들이 초기 성결교회의 '풀 가스펠'인 사중복음이었다는 것입니다.

앞에서 말한 것을 다시 강조하면, 오순절적 사중복음이 성결교회를 태어나게 하였습니다. 이처럼 사중복음을 성결교회의 기원으로부터 말한다는 것은 사중복음을 오순절적으로 본다는 것과 다름 아닙니다.

한 걸음 더 나아가, 이때 '오순절적' 사중복음 이해에서 '오순절'의 의미를 결정하는 마스터키는 '성령세례(Spirit Baptism)'라는 사건입니다. 왜냐하면 초대교회의 오순절 사건의 핵심은 갈릴리에서 온 예수의 제자들이 예루살렘의 마가 다락방에서 성령세례를 받은 사건을 의미하기 때문입니다.

그러므로 성결교회의 사중복음 신학은 모든 성서적인 이슈들을 오순절적인 성령세례의 관점에서 보고 이해하는 공동체적 학문 활동이라 할 수 있습니다.

성결교회의 기원에서 발원한 이러한 신학적 해석학의 관점은 19세기말 미국 감리교의 신학적 풍토에서는 한마디로 매우 '래디컬'한 것으로서 기존 전통의 틀에서는 수용하기 어려운 뜨거운 감자였음이 분명합니다. '펜티코스탈'은 곧 '래디컬'로 인식되는 특수 개념이 되었습니다.

미감리교는 온건하게 성결운동을 하는 그룹들도 그리 탐탁하게 여기지 않았는데, 그들 가운데서도 '펜티코스탈 사중복음'을 전파하는 성결운동 그룹은 더욱 '래디컬하게' 보였을 것이 자명한 일이었겠습니다. 결국 그들은 미감리교의 교권에 의해 퇴출되거나(put-outism) 아니면 자진 탈퇴하여(come-outism) 새로운 공동체들을 형성하기에 이르렀습니다. 성결교회가 그렇게 해서 나온 대표적인 그룹입니다.

만국성결교회의 공식적인 창립년도를 마틴 냅이 셋 리스와 함께 신시내티 그의 자택에서 시작한 '만국성결연맹'을 결성한 1897년으로 잡고 있지만, 그 출발은 이미 4년 전인 1893년에 마틴 냅이 역시 같은 자기 집에서 전국성결연합회 지부격인 지방 성결연합회로 시작한 '오순절부흥연맹 (Pentecostal Revival League)'이 그 원류가 된다고 볼 수 있습니다.

그렇다면 미국에서 시작된 만국성결교회의 뿌리에는 마틴 냅의 '오순절 부흥'을 기성 교회들 안에 기도운동을 통해 일으키고자 하는 열망과 비전 이 있었던 것입니다.

사중복음 성결운동과 오순절 은사주의

이처럼 19세기말 미국에서 사중복음 성결운동이 '메소디스트적'이 아 니라 '오순절적'이어서 주류 감리교로부터 배척되었다고 말할 수 있다면, 래디컬 성결운동권 안에서도 유사한 일이 일어났던 것을 알 수 있습니다.

한때 마틴 냅의 제자였던 시무어(William Seymour)가 냅과 동일한 '오 순절주의'를 전면으로 내세우면서도 냅과는 다른 방향으로 강조점을 둔 은 사운동을 전개함으로써 냅의 사중복음 성결운동과의 긴장 관계를 가지게 된 것입니다. 그런데 시무어의 소위 방언파에 의한 오순절주의 운동은 폭 발적으로 미국 전역으로 번져가는 부흥을 경험하고 있었습니다.

이때 만국성결교회를 창립한 마틴 냅과 셋 리스에게 '펜티코스탈'이란 용어는 자신들의 교회 혁신적 의지나 신학적 입장과 정체성을 분명히 하는 중요한 전문용어(technical term)였음에도 불구하고—그래서 이것 이 주 류 메소디스트 성결운동 그룹과 갈라서야 하는 원인이 되었는데—이 용어 가 짧은 기간 동안이었음에도 불구하고 오순절 사중복음 성결운동 그룹 안에서 일부 그룹들에 의해 방언을 비롯한 '은사주의 운동(Charismatic Movement)'을 대변하는 것으로 이해되었습니다.

이러한 때에 마틴 냅이 사망하고 부재한 상황에서 성결교회 제 1 세대들은 오순절 성결운동의 본래적인 취지를 훼손하지 않으려는 좋은 의도로 스스로 '펜티코스탈'이라는 용어 사용을 포기하는 데까지 이르게 되었습니다. 그리하여 '펜티코스탈'이라는 용어를 공식적으로 사용하는 것과 방언을 공적으로 말하는 것이 금지되었습니다.

성결교회가 사용했던 최초의 의미와 달리 '오순절' 용어를 은사주의적인 방향으로 사용하게 되었던 기원은 20세기 오순절운동의 기수가 된 찰스 파함(Charles Fox Parham)과 윌리엄 시무어(William Joseph Seymour)에게로부터 찾아볼 수 있습니다.

특히 시무어는 만국성결교회의 본부와 성결교의 성서학원(God's Bible School & Missionary Training Home)이 있는 신시내티에 살 때 '하나님의 성서학원' 학생이었고, 사중복음을 기반으로 하여 성령운동과 재림운동을 추구한 기독교 단체 "저녁 빛 성도들(Evening Lights Saints)"에서 목사 안수를 받기까지 한 인물입니다.

시무어는 성결교 전통에서와 같이 중생과 성화를 시기적으로 구분하지만, 성결교와는 달리 성화와 성령세례를 구분하고, 성령세례의 첫 증거가 방언임을 주장하였습니다.

이로써 마틴 냅의 오순절 성결운동의 펜티코스탈 성령세례론에서는 주의 깊게 다루어지지 않았던 새로운 관점이 성결운동 제 2 세대들 안에 래디컬하게 등장하게 된 것입니다.

이러한 긴장의 상황에서 성결교회는 결과적으로 은사주의적인 오순절 운동을 보다 큰 틀에서 수용하지 못하는 한계를 노출하였습니다. 오히려 수구적 태도를 취하면서 새로운 은사주의적인 오순절 운동을 맹렬하게 비판하였습니다. 성결운동의 중심이 '성결'에서 '능력' 위주의 은사에로 무게 중심이 이동하는 것의 부정적인 측면이 커보였기 때문입니다.

만일 다양한 성령의 은사와 특히 방언에 대해 열려있는 '펜티코스탈' 영성의 기수 마틴 냅이 살아있었다면 어떻게 되었겠습니까?

이러한 질문이 필요한 이유는 성결교 창립자인 냅의 중요한 사상이 그의 죽음 이후 줄곧 이어지지 못했다는 것을 집고 넘어가기 위함입니다.

냅에게 '성결'과 '능력'이란 펜티코스탈 사중복음의 삶 가운데 택일해야 할 대상이 아니라 함께 나타나야 할 영적인 가치였습니다. 그러므로 능력에 강조를 둔 은사주의 운동에 초창기적인 부작용이 나타났다고 해서, 그것을 정죄하거나 아예 그들과 선을 그어 '펜티코스탈'이라는 말 자체를 쓰지 않도록 했다는 것은 애석한 일이 아닐 수 없습니다. 그 결과 냅의 정신이 전혀 반영되지 않은 성결운동이 형성된 것입니다.

어쨌든 역사는 우리의 기대와는 달리 성결교회가 계속 전개했어야 할 오순절 성결운동의 미래에 결정적인 손실이 되는 방향으로 흘러갔습니다.

마틴 냅이 타계한 후 오순절 성결운동의 남은 리더들, 그 중에서 윌리엄 갓비(William Godbey)와 같은 성서학자는 성결의 우선성을 지키기 위하여 일개의 은사인 방언이 성령세례의 여부를 결정짓는 규범으로 정착되는 것에 대해서 적극적인 대안 마련보다는 완강히 거부하는 방향을 취했습니다.

'펜티코스탈'은 20세기 초 미국에서 일어난 오순절 은사주의 운동과 성결교의 사중복음 성결운동이 같지 않다는 것을 대내외적으로 보이기 위하여 거부해버린 용어였지만, '펜티코스탈'은 여전히 사중복음의 정신을 이해하는 데 중요한 마스터키이며, 또한 쉽게 버리거나 움직여서는 안 될 성결교의 지계석(地界石, boundary stone; 잠 22:28)입니다.

성결교회가 래디컬한 은사주의자들이 아닌 것을 보여주기 위하여 '펜티코스탈'을 포기한 순간부터 사실상 사중복음의 혁신성은 현저히 약화되기 시작했다고 보아야 합니다.

현대 한국 성결교회의 모체인 오순절 성결운동 그룹에서는 이처럼 그 이름 가운데서 '오순절'을 빼어버리고 후에 '사도적(Apostolic)'이라는 말을 대신 사용했습니다. 오순절 성결운동이 추구하고자 했던 모델은 '사도들'이었기 때문입니다. 그러므로 오순절적인 것과 사도적인 것은 맥락이 같은 것으로 이해할 수 있습니다.

그러나 나중에 여러 크고 작은 성결 그룹들과 통합하면서 '사도적'이란 말마저 유지하지 못하고 '필그림 성결교회'로 되었다가 1968년에 이르러서 다른 성결그룹과 통폐합하면서 아예 '성결'이란 이름조차 빼버리고 '웨슬리안 교회(The Wesleyan Church)'로 현존하게 된 것이 오늘날 미국 성결교의 현주소입니다.

우리가 지금 이러한 흐름을 주의 깊게 파악하는 것은 교단의 이름에 무엇이 유지되고 안 되고를 문제시 하기 위한 것이 아니라, 오히려 성결교단이 통폐합 혹은 분리의 길을 걸어오면서 최초 성결교 창립자들의 '사중복음적 정신'이 알게 모르게 사그라져온 사실 때문입니다.

그 결과 오순절 사중복음의 정신에 기초한 성결운동은 그 정체성을 규정하는 '오순절 정신'을 잃게 되었고, 대신에 매우 율법주의적인(legalistic) 성결운동으로 경직된 길을 걷게 되었습니다.

반면에, 새로 태어난 은사주의적인 오순절운동이 성서적인 오순절 정신을 견지했는지의 문제는 매우 비관적으로 보이나, 성령세례를 성결과 구분하고 대신 성령세례를 능력을 위한 은사주의적인 차원으로 이해함으로써 그로 인해 폭발적인 교회 성장을 이끌어내는 데는 크게 기여했다고 평가할 수 있습니다.

이 운동의 문제점들에 대해서는 현대의 오순절주의 학자들 안에서 비판적인 검토들이 주어지고 있는 것으로 알고 있습니다.

그러나 우선 우리가 사용하는 '오순절 정신' 혹은 '펜티코스탈' 등의 용어가 기존의 오순절–은사주의에 입각한 개념을 넘어서는 보다 본질적이며 성서적인 차원임을 밝히기 위해 지난 20세기 남반구에 불었던 은사주의적 오순절 운동에 대해 비판적인 코멘트를 하고 넘어가야 할 것 같습니다.

나사렛 예수의 갈릴리 사역 현장에 나타난 신유의 기적들로 인해 수많은 군중들이 예수운동의 추종자들(followers)이 되었던 것은 20세기 오순절 운동의 관점에서 본다면 엄청난 부흥이라 평가될 수 있는 사안이었겠으나, 예수 자신은 진정한 회개와 하나님의 통치하심이 따르지 않았던 부흥에 대해서는 아예 실패로 규정해 버린 점(마 11:20~24)을 주목해야 합니다.

반면, 온갖 은사와 능력을 맛보고도 성결한 삶으로의 회개가 없었던 자들과는 달리, 사중복음적인 오순절 성결운동은 세상을 향한 하나님의 궁극적이며 절대적인 뜻이 '성결'임을 선포하는 것이기 때문에, 은사를 중시하는 은사주의적 오순절 운동과는 분명 거리가 있어 보입니다.

그러므로 오순절 성결운동은 교회사적으로 18세기 웨슬리의 부흥운동과 자신들이 연계가 된다고 보지만, 방언과 신유 같은 은사의 나타남을 우선시하는 19세기말 동시대의 오순절 은사주의 운동과의 연대에는 부정적이었습니다. 특히 성령세례가 은사주의를 강화하는 능력으로 이해되는 것에 대해서 비판적이었습니다.

그러므로 성결교가 잃어버린 펜티코스탈리즘과, 오순절교파가 은사주의화한 펜티코스탈리즘을 다시 찾아 새롭게 정립하여 초기 성결교회 창립자들이 설정해 놓은 지계석을 제자리에 가져다 놓는 일은 매우 시급한 과제일 것입니다.

우리가 이 일에 헌신한다면 성결교회를 통해서 구체적으로 전개되기 시작한 오순절 성결운동이 지난 한 세기 동안 한편에서는 윤리적으로, 다른 한편에서는 은사주의적으로 치우쳤던 오류를 바로 잡아 보다 성숙한 21세기 오순절 성결운동을 전개해 나갈 수 있을 것입니다. 때문에 오순절 성결운동의 바른 방향을 위하여 펜티코스탈 사중복음적 신학사상을 폭넓게 전개해야 할 사명이 오순절 성결운동 전통의 교회들에게 주어졌다고 하겠습니다.

이와 같은 일들을 통해서 '사중복음'의 본래적인 음색을 잘 살려낼 수 있

예수의 바람, 성령의 바람

다면, 사중복음이 세계 교회가 필요로 하는 글로벌 신학의 초교파적인 신학적 패러다임으로 환영받을 수 있을 것입니다.

주(註)

....

1) Jay R. Case, *An Unpredictable Gospel: American Evangelicals and World Chritianity, 1812–1920*(Oxford: Oxford University Press, 2012), 231ff.

2) *Globalizing Theology: Belief and Practice in an Era of World Christianity*, ed. Craig Ott and Harold A. Netland(Grand Rapids: Baker Academic, 2006). 여기에 Andrew F. Walls, Darrell Whiteman 등의 학자들이 참여하고 있다.

3) "The World Evangelical Alliance exists to foster Christian unity and to provide a worldwide identity, voice and platform to evangelical Christians. Seeking empowerment by the Holy Spirit, they extend the Kingdom of God by proclamation of the Gospel to all nations and by Christ-centered transformation within society." WEA의 공식 홈페이지 참조(www.worldea.org 섹션 WHO WE ARE의 Mission항목).

4) "The primary purpose of the fellowship of churches in the World Council of Churches is to call one another to visible unity in one faith and in one eucharistic fellowship, expressed in worship and common life in Christ, through witness and service to the world, and to advance towards that unity in order that the world may believe."(WCC 공식 홈페이지 참조).

5) Prince Guneratnam, "Message of the Pentecostal World Fellowship," Remarks of Rev. Dr Prince Guneratnam, chairman of the Pentecostal World Fellowship, to the WCC Assembly in Busan. Delivered on 01 November 2013 during the Asia Plenary.

6) "THE MISSION of the Pentecostal World Fellowship is to unite and mobilize the global Spirit-filled family in completing the Great Commission of Jesus Christ." Our Mission Statement, in: www.pentecostalworldfellowship.org.

7) "Mission belongs to the very being of the church. Therefore proclaiming the word of God and witnessing to the world is essential for every Christian.

However it is necessary to do so according to gospel principles, with full respect and love for all human beings." Christian Witness in a Multi-Religious World: Recommendations for Conduct, by World Council of Churches, Pontifical Council for Interreligious Dialogue, World Evangelical Alliance(28. June, 2011).

8) 크리스천투데이, 2010. 08. 27일자 인터넷 기사, "WCC 트비트 총무, 오순절 교파와 협력 증진 희망."

9) Pentecostal World Fellowship 공식 홈페이지 뉴스란, "PWF Chairman Addresses the 2013 WCC Congress."

10) 홍성국, "사중복음의 신약적 근원", 『사중복음』 정상운 (안양: 성결교회와 역사연구소, 2005): 370-407, 372.

11) 앞의 글, 372. Anthony Wallace, "Revitalization Movements," *American Anthropologist* 58 (1956), 269.

12) Donald Dayton, "사중복음의 세계적 중요성," 서울신학대학교 성결교회역사연구소(2003. 10. 28. 19:00, 우석기념관 강당), 3~5.

제 2 장
사중복음 연구사
그리고 새로운 연구 방향

신학은 인간 실존의 역사 속에서 행하는 신앙인의 정신적 운동입니다.

정신이란 마치 씨앗이 밭에 심겨질 때 그 생명력을 드러내는 것 같이, 삶이라는 인생의 역사 속에서 꽃이 피고 열매를 맺습니다.

우리의 신학에 발전과 깊이가 없었다면 혹은 약했었다면 그것은 우리의 정신적 운동이 삶의 역사 현장 속에 깊이 뿌리를 내리지 못했기 때문일 수 있습니다.

신학은 본질적으로 신 중심의 신앙적 사고와 신적 절대성을 거부하는 인간 중심의 사고와 부딪히는 가운데 형성되는 영적 전쟁 한가운데서 형성됩니다.

신학은 양면적 과제를 지닙니다. 한 면에서는 믿는 바의 교리가 독선, 독단, 광신적 도그마가 되는 '마성화'의 현실과 싸우는 것이고, 다른 한 면에서는 세상과 만나는 가운데 '세속화' 되는 것과 대결하는 것입니다.

그러므로 바른 신학은 교회 현장, 특히 목회의 현실에 대해 예언자적 정신으로 대하게 되며, 그 가운데 긴장이 형성되는 것은 매우 당연한 현상입니다.

사중복음 신학은 사중복음을 믿고 실천하는 자들이 삶과 목회 현실에서 드러내는 정신의 운동으로 나타납니다. 따라서 성결교회의 오랜 역사 동안 어떠한 신학적 운동들이 있어 왔는지를 살펴보는 것은 앞으로의 신학 활동을 위해 매우 중요한 일입니다.

성결교회의 지계석이라 할 수 있는 사중복음이 어떠한 지평까지 신학적으로 전개되었는지, 과연 그러한 정신적 운동은 얼마나 교회의 현장에 힘있게 영향력을 미쳤는지 살펴보아야 할 것입니다.

기존의 사중복음 연구들과 새로운 과제

중생, 성결, 신유, 재림을 묶어서 표현하는 전문적인 표제어라 할 수 있는 '사중복음' 이란 용어는 성서에 나오는 것도 아니고, 신앙인들의 일상생활에서 사용되고 있는 말도 아닙니다. 이 용어는 아주 제한된 특정 공동체에서 유통되는 말입니다.

그러므로 이 용어는 자연히 양면성을 지니게 됩니다. 한 면은, 이 말의 역사와 의미를 알고 있는 자들에게는 강력한 연대감 내지는 소속감을 가지게 하고, 또 다른 한 면은 그와 반대로 이 용어의 가치를 모르는 자들에게는 매우 배타적인 느낌을 갖게 하는 말이 될 수도 있습니다.

오늘날 사중복음을 공동체의 정체성 형성에 가장 중요한 말로 여기는 데는 '성결교회' 입니다. 이는 역으로 말해, 성결교회에서 사중복음을 중시하지 않는다면 이 용어는 어느 누구에 의해서도 활용이 안 되는 죽은 언어가 될 수도 있다는 것을 의미합니다.

그렇다면 적어도 성결교 지도자들이나 성결교의 한 멤버로 정체성을 확고히 갖고자 하는 자들이 사중복음의 기원과 그 의미에 대해서 확실히 파악하고 있어야 한다는 것은 자명한 일이겠습니다.

우리가 사중복음에 대해서 역사적, 신학적, 그리고 윤리적인 차원에서 본격적으로 이야기를 전개하기 전에, 이에 대해 그동안 어떤 발전적인 연구들이 있었는지, 소위 사중복음 연구사의 흐름을 자세히 살펴볼 필요가 있을 것 같습니다.

하지만 거창하게 '연구사' 라 부를 정도로 많은 연구들이 있었던 것으로 보이지는 않습니다. 일단은 사중복음과 연관된 전통을 연구한 학자들이 손에 꼽을 정도이며, 결과물도 소량에 불과할 뿐이기 때문입니다.

사중복음에 대한 학문적인 연구는 역사 분야와 교의학 분야에서 주로 이루어졌고, 사중복음이 실제적으로 목회 현장에 적용되고 있는 현황에 대한 연구가 실천신학 분야에서 있어왔습니다. 로렌스 우드(Laurence W. Wood), 멜빈 디터(Melvin Dieter), 도널드 데이튼(Donald Dayton), 윌리엄 코슬비(William Kostlevy), 데이비드 번디(David Bundy), 랜달 스티븐스(Randall J. Stephens)와 최미생, 박명수, 홍용표가 대표적인 학자들입니다. 특징은 대부분 사중복음이 출현하게 된 역사적인 정황들을 조명하고 있다는 것입니다. 이들의 대표적인 연구물들은 다음과 같습니다.

애즈베리 신학교의 조직신학자 로렌스 우드의『오순절적 은총』(1980)과 『초기 감리교에 나타난 오순절의 의미: 웨슬리의 옹호자요 후계자 존 플레처의 재발견』(2002)은 만국성결교회의 사중복음의 오순절적 전통을 18세기 존 플레처와 존 웨슬리까지 연관해서 보도록 하는 매우 중요한 연구로 평가됩니다.

디터의『성결 부흥과 19세기』(The Holiness Revival and 19th Century), 데이튼의『오순절 운동의 신학적 뿌리』(Theological Roots of Pentecostalism), 코슬비의『거룩한 점퍼들: 미국의 발전 시대의 복음주의자들과 급진주의자들』(Holy Jumpers: Evangelicals and Radicals in Progressive Era America), 스티븐스의『불의 확산: 미국 남부의 성결운동과 오순절 운동의 기원들』(The Fire Spreads: The Origins of the Southern Holiness and Pentecostal Movements), 홍영표의『성결의 불이 번지다: OMS 한국성결교회의 역사 1904-1957』(Spreading the Holiness Fire: A History of the OMS Korea Holiness Church, 1904-1957), 최미생의『한국 성결교회의 탄생과 미국 성결운동의 관계: 웨슬리의 "성서적 성결"과 "사중복음"』(The Rise of the Korean Holiness Church in Relation to the American Holiness Movement : Wesley's "Scriptural Holiness" and the "Fourfold Gospel"), 오성욱(Sung Wook Oh)의 박사학위 논문 Church and Secondary Societies in Korean Ecclesiology and the Christocentric Perspective of Karl Barth 중에서

"사중복음 신학에서의 교회와 사회"(Church and Society in the Fourfold Gospel Theology)가 대표적인 연구들이라 할 수 있습니다.

한국에서의 사중복음 연구물에는 사중복음의 역사와 관련하여 이응호의 『성결교회사』, 홍용표의 『성결교회 110년사』, 박명수의 『근대복음주의』, 정상운의 『사중복음』, 배본철의 『한국교회사』가 있습니다. 그리고 사중복음 자체의 교리적 해설에 관해서는 이성주의 『사중복음』, 이현갑의 『사중복음』, 조종남의 『요한 웨슬레의 신학』 안에 부록으로 소개된 "웨슬레 신학과 성결교회: 웨슬레의 신학적 유산"과 『사중복음의 현대적 의의』, 목창균의 『성결교회의 신학과 교리』 등이 있습니다.

이들이 보여준 연구 관심사는 (1)사중복음의 기원에 대하여, (2)웨슬리 신학과 사중복음의 관계에 대하여, (3)사중복음의 각 주제들에 대하여, (4)성결운동과 사중복음의 관계에 대하여, (5)사중복음은 전도표제인가, 교리인가, 신학인가, 그 성격에 대한 것 등으로 크게 구분될 수 있을 것 같습니다.

사중복음과 관련된 여러 학자들의 논문이나 에세이는 본서의 참고문헌 중 「사중복음 신학 관련 2차 문헌」을 참조해 주시기 바랍니다.

사중복음에 대한 신학적 연구는 2007년도에 하나의 커다란 분기점을 가지게 됩니다. 이때 사중복음 연구 중 가장 체계적이고 방대한 시도의 결과물들이 나왔기 때문입니다.

기독교대한성결교회 창립 100주년을 맞이하여 서울신학대학교 성결교회신학연구위원회[성/신/연]가 2002년부터 시작하여 2007년도에 마무리

한 연구가 그것이라 할 수 있습니다. 이때 『성결교회 신학용어사전』, 『성결교회 역사적 유산 자료집』, 『성결교회신학: 개신교복음주의 웨슬리안 사중복음신학』, 『성결교회신학 목회매뉴얼』, 『성결교회신학 요약판』, 『성결교회신학 영문판』, 『온전한 구원의 신학』(DVD) 등 총 7 가지 연구 결과물들이 세상에 빛을 보았습니다.

성/신/연의 성결교회신학연구 프로젝트의 핵심은 오랫동안 교단의 전도표제로만 소극적으로 이해되어온 사중복음을 오늘의 현실에 살아 있는 메시지로 살리기 위한 '신학화' 작업이었다고 할 수 있습니다.

여기에서 『성결교회신학』(2007)이 명확히 밝히고 있는 것은, 역사적으로 사중복음의 교리적 전통이 개신교 복음주의 신학의 범주 가운데 칼뱅의 개혁주의 전통과 구별되는 웨슬리안 복음주의 전통에 뿌리를 내리고 있다는 것입니다. 성/신/연은 이에 기초하여 성결교회신학은 "개신교복음주의 웨슬리안 사중복음 신학"이라는 데까지 정의할 수 있었습니다.

그리고 기독교대한성결교회 창립 100주년 「신학선언문」을 발표함으로써 성결교회신학의 역사적-신학적 분기점을 마련하였습니다. 선언문 가운데 특별히 사중복음과 관련해서는 다음과 같이 선언하고 있습니다.

성결교회가 창립된 이래 힘차게 선포해 온 '사중복음'은 '전도표제' 요, 성서적 교리이며, 성서 해석의 신학적 원리인 동시에, 영성신학과 공동체신학을 위한 복음의 대주제이다. 사중복음은 19세기 미국 만국성결교회의 웨슬리안 성결운동에 기원을 두고 있고, 이 운동은 또 다시 18세기 영국 존 웨슬리의 신학과 부흥운동에 기원을 두고 있으며, 이는 또 '성서'와 '은총'과 '신앙'을 강조했던 16세기 종교개혁 정신에 근거를 두고 있다.

이와 같은 신학선언의 입장은 사중복음에 대한 그간의 다양한 해석들을 통합적으로 봄으로써 사중복음이 '전도표제' 라는 입장과 '신학' 이라는 입장 모두를 아우르면서도 보다 더 근본적인 것을 보게 합니다.

다시 말해서, 사중복음은 19세기 미국 최대의 교단이었던 감리교회가 일반적으로 견지하고 있던 자유주의 신학에 대해 반대하는 신앙단체들의 입장을 보여주는 보편적인 신앙고백이었으며, 성결교회를 태어나게 한 19세기 래디컬 성결 그룹의 신학적 입장을 요약한 선언이라는 것입니다. 그리고 그 기원은 웨슬리의 성결 부흥운동과 종교개혁자들의 프로테스탄티즘임을 밝히고 있습니다.

교회가 서 있는 상황에서 성서의 메시지를 선포하고 변증하는 모든 지성적 활동을 신학이라고 한다면, 사중복음은 웨슬리안 개신교 복음주의 전통에 서서 19세기 미국의 상황에서 태어난 만국성결교회 신학의 특성을 대변하는 새로운 신학적 표현이라 할 수 있습니다.

이것은 16세기 루터와 칼뱅의 신학이 '오직 성서, 은총, 믿음' 으로, 그리고 웨슬리의 신학이 '기독자의 완전' 으로 요약될 수 있듯이, 성결교회의 신학은 '사중복음' 으로 탁월하게 표현될 수 있는 것입니다.

그러나 이러한 연구사에서 발견되는 것은 사중복음이 종교개혁자들과 웨슬리의 신학적 유산에 뿌리를 두고 있다고 하더라도 이들의 신학적 패러다임 안에서는 사중복음의 정신과 그 신학적 특징들이 다 설명될 수 없다는 것입니다. 그 이유는 이전까지의 연구에서는 사중복음을 '웨슬리안' 복음주의라는 틀 안에 들어오는 것만 조명했기 때문입니다. 그러므로 사중복음의 특성들 가운데서 전통적인 웨슬리안 신학의 범주에서 이해되기 어렵거나 강조하기 힘든 점들은 당연히 약화될 수밖에 없었던 것입니다. 그동안 약화되었던 것은 '펜티코스탈리즘' 즉 오순절적 성령세례와 그에 기초한 사도적 실천의 정신같은 것이었습니다.

사중복음에 관련한 1차 문헌들과 이들에 대한 연구들을 통해서 확인할 수 있는 앞으로의 과제는 다음과 같은 몇 가지로 요약될 수 있습니다.

첫째는 앞에서 밝힌 대로 '오순절의 정신', 다시 말해서 오순절 사건의 신학적 의의를 보다 폭넓게 탐구해내는 것입니다. '사중복음적'이라는 것이 결국 '오순절적인 것'으로 요약될 수 있다면, 초기 성결교 지도자들이 부르짖었던 오순절 메시지의 본질을 찾아 오늘에 되살리는 심화 작업이 요청된다고 할 수 있습니다.

둘째는 성결교회의 사중복음적 정신의 모체가 오순절로 인해 태어난 신약성서 시대의 교회들이라면, 이 교회들을 개척하고 목회하였던 **사도들**의 삶과 정신을 파악하는 것이 중요한 과제입니다. 성결교회 초기 지도자들이 자신의 운동을 '오순절적'이라고 말하기도 하였지만, 동시에 '사도적'이라 부르기를 즐겨하였는데, 그 이유는 오순절적 교회를 태어나게 한 장본인들이 바로 성령세례를 받아 성결과 능력을 경험한 사도들이었기 때문입니다. 그들을 닮는 것이야말로 성결운동의 구체적인 목표가 될 수 있었을 것입니다.

셋째는 20세기 교회의 영적인 한 흐름을 주도했던 오순절주의 교회의 은사주의 신학의 **한계**를 통찰하고 극복해야 하는 과제입니다. 초기 성결교회가 오순절적이요 또한 사도적이었지만, 오순절의 사건 가운데 방언을 비롯한 은사적인 측면을 강조함으로써 성결교회보다 훨씬 더 급진적으로 나아간 성결그룹이 오순절 교파입니다.

성결교회와 오순절 교파는 기본적으로 사중복음을 공유합니다. 양자 간의 차이가 있다면, 오순절 교파는 성령세례를 성결 이후의 또 다른 사태로 보는 반면, 성결교회는 성령세례와 성결을 동일한 것으로 본다는 것입니다. 이러한 상이점으로 인해 그간의 갈등을 서로 이해하고 극복하는 과제가 있다는 것입니다.

오늘날 오순절주의 그룹의 교회는 방언을 성령세례의 규범으로 하는 오순절주의에서 방언의 규범성에 얽매이지 않는 은사주의로, 그리고 근래에 들어와서는 리더십의 직임을 칭하는 사도와 예언자를 은사의 차원으로 적용하여 보다 강력한 오순절적 은사주의로 나가는 '신(新)은사주의'가 등장하여 일명 '신(新)사도운동'으로 교계에 뜨거운 이슈로 떠오르고 있습니다. 이러한 일련의 흐름들은 사중복음에 기초한 '급진적 성결운동'과 맥을 같이 하고 있기 때문에 이에 대한 신학적 입장들을 정리할 필요가 있습니다.

넷째는 **가난한 자**들에게 우선적인 관심을 가지고 복음을 전하면서 그들의 문제에 동참했던 초기 성결교회의 전통을 통해서 사중복음적 정신의 사회 윤리적 차원을 보다 적극적으로 밝혀내어야 할 것입니다. 이것은 단순한 구제 활동이 아니라, 사중복음의 본질적인 차원을 열어주는 중요한 열쇠가 될 수 있기 때문입니다.

다섯째는 **성령세례**에 대해 보다 폭넓은 신학적 이해를 획득함으로써 사중복음적인 삶과 신학의 전개가 신학적으로 안정된 성령세례론 위에서 이루어지도록 하는 과제가 있습니다. 성령세례에 대한 이해의 방향에 따라 성결교회와 오순절 교파가 서로 다른 길을 가야 했는데, 이에 대한 보다 명확한 성서적, 신학적 탐구가 필요합니다.

마지막으로 펜티코스탈 사중복음의 정신은 근본적으로 인간 중심주의에 대한 부정이요, 이는 역으로 하나님 중심의 생각과 삶을 통해서 성결함에 이르는 개인과 공동체가 되게 하는 것인 바, 이를 성결 공동체가 실천토록 하는 일입니다.

성결교 초창기부터 사중복음의 메시지는 여러 형태로 전달이 되었습니다. 대표적으로 '성서로 돌아가자!', '오순절의 정신을 되살리자!', '성령세례를 받자!', '복음을 땅 끝까지 전하자!', '가난한 이웃을 돌보자!' 는 것과 같은 것입니다. 이러한 메시지들은 하나님의 뜻을 따르고자 하는 모든 그리스도인들에게 불변의 실천사항입니다.

그러나 그간의 연구는 이러한 메시지들을 적극적으로 현실적인 삶의 현장에 적용하는 데 소홀했던 것을 알 수 있습니다. 그러므로 앞으로의 과제가 보다 분명해졌습니다. 펜티코스탈 사중복음의 정신과 그 구체적인 메시지를 21세기 포스트모던적인 상황이 야기하는 문제들에 대한 대답으로 제시해야 하며, 한 걸음 더 나아가 누구든지 쉽게 실천할 수 있도록 사중복음 응용 매뉴얼, 즉 사중복음 윤리지침(halachah; 규례)을 제정하여 실천하는 것입니다.

이는 그리스도인의 삶에 대한 새로운 원칙을 창안해내는 것이 아니라, 오순절적 교회를 이상적으로 가슴에 품고 성령으로 충만했던 사도들이 신약시대의 교회들을 위해 가르치고 지도했던 복음적인 삶의 원칙들을 현대에 적용하는 것에 다름 아닙니다. 그것은 곧 사중복음의 정신이 오순절적이 된다는 것, 사도적이 된다는 것, 성서적이 된다는 것, 선교적이 된다는 것을 의미합니다.

만국성결교회 창립자 마틴 냅 연구

그동안 사중복음에 대한 연구는 주로 웨슬리 신학의 관점에서 중생, 성결, 신유, 재림 그 자체에 대한 성서적-교의적 연구에 집중되었습니다. 그러나 앞으로 전개되는 우리의 연구는 성결교회가 태어난 역사적 맥락에서 발견되는 사중복음의 정신에 초점이 맞춰질 것입니다.

이를 위해서 사중복음 주제들 이전에 그 주제들을 다룬 성결교회 사도들의 생애와 사상을 연구해야 합니다. 그들은 19세기 말 래디컬 성결운동에 참여했던 자들이 되겠습니다. 이들의 신학 안에는 전통적인 웨슬리안 신학의 틀 안에서는 적극적으로 전개될 수 없는 '사중복음 정신의 래디컬리즘'이 존재합니다.

그동안의 연구들, 특히 사중복음을 주로 전도표제나 교리의 차원에서 보고자 했던 연구들에서는 인간 중심으로 타락한 교회를 변화시키고자 하는 사중복음의 교회 혁신적인 신 중심의 저항정신과 하나님의 나라를 향한 새로운 역사 창조의 오순절 정신, 즉 사중복음의 '프로테스탄티즘(Protestantism)'과 '펜티코스탈리즘(Pentecostalism)'이 당당히 다루어질 수 있는 여지가 없었습니다.

그 주된 이유는 사중복음의 중생, 성결, 신유, 재림이라는 '표제'에 매여 이들을 성서적, 교리적 차원과 개인의 신앙 체험적 차원에서만 연구해 왔기 때문입니다.

사중복음은 특정의 위대한 신앙인의 등장으로 시작된 것이 아니라, 세상을 구원하려는 목적으로 전파된 복음의 본질적인 내용이 처음에는 '이중의 복음(중생과 성결의 복음)'으로, 그리고 '사중의 복음(중생, 성결, 신유와 재림의 복음)'으로 자신을 선교의 현장에 드러낸 것이라 보아야 할 것입니다.

그러므로 사중복음의 정신을 필요로 했던 곳에서는 성령의 오순절적인 역사가 때와 장소를 구분하지 않고 나타남으로써, 사중복음에 의한 복음주의 운동은 19세기 말부터 시작하여 지난 20세기 한 세기 동안 '글로벌' 현상이 되었다고 할 수 있습니다.

이러한 글로벌 현상으로서의 사중복음의 정신과 그 실체를 제대로 파악하는 것은 하나님의 구원사 속에서 역사하시는 성령의 운동에 동참하는 지름길이라 보입니다. 왜냐하면 사중복음은 주로 성결교의 핵심교리로 알려져 있지만, 그것은 결코 성결교만의 소유가 아닌, 누구에게나 열려 있는 하나님 나라의 복음이기 때문입니다.

예수 그리스도 자신으로 나타난 이 하나님 나라의 복음이 사중복음이라는 또 다른 형식을 통해 교회와 세상에 소개되었을 때는 그에 합당한 필연적인 이유가 있었을 것입니다. 이는 마치 칼뱅이 16세기에 '이중예정'의 교리를 주장해야 했고, 웨슬리는 18세기 영국에서 칼뱅과 반대로 '예지예정'의 교리로 맞서야 했던 시대의 상황적인 이유를 모르고서는 양자가 각각 자신의 시대에 가르쳐야 했던 구원의 도리가 지니는 참뜻을 깨달을 수 없을 뿐만 아니라, 서로를 적대시 하는 우를 범해왔던 것과 마찬가지겠습니다.[1]

이처럼 같은 성결운동을 하는 그룹들 간에도 "이중복음", "사중복음", 심지어는 "오중복음"—중생, 성결, 성령세례, 신유, 재림—중에서 어떤 식의 복음 이해를 선택하느냐에 따라 소속 교단이 달라집니다.

대표적인 예로, 나사렛교단은 이중복음을, 성결교단은 사중복음을, 순복음교단은 오중복음을 주장함으로써 교단의 역사적–교리적–신학적 정체성을 형성해 왔습니다. 아니, 더 정확히 말하자면, 이중복음이 나사렛교를, 사중복음이 성결교를, 그리고 오중복음이 순복음교를 태어나게 하고 자라게 하고 있다고 보는 것이 옳겠습니다.

어떤 복음이냐에 따라 신학적인 사고와 진술이 달라지고, 뿐만 아니라 그에 따라 성결운동의 방식이 결정되는 등, 그 변화의 폭이 적지 않습니다. 그러므로 성결교회가 '사중복음'의 정신 위에서 신학과 목회의 실천을 도모한다는 자체가 이미 고유하게 '사중복음신학적' 행위를 하고 있다는 말이 됩니다. 바로 이것이 성결교회의 신학은 '사중복음적' 신학이라는 명제가 성립하는 이유인 것입니다.

19세기 말 미국에서 이중복음을 축으로 하는 성결운동에 신유와 재림의 복음을 함께 전하여야 '참 구원의 복음(Full Salvation Gospel)', 새로운 표현으로는 '참복음'—모자람이 없이 가득 차고 넘치는 참된 복음—이 된다고

예수의 바람, 성령의 바람

확신한 영적 지도자들이 있었습니다.

왜 그들은 중생과 성결의 복음을 전하는 것만으로써는 모자람을 느꼈는지, 그리고 더해야 할 것이 왜 신유와 재림이었는지, 그들이 처했던 역사적 맥락에서 신학적인 의도를 찾아내는 일이 중요할 것입니다.

그러나 최근까지만 해도 미국이나 한국 등 성결운동에 빚진 교회 지도자들이나 신학자들 가운데 이러한 과제의 중요성을 진지하게 다룬 자들이 많아 보이질 않습니다. 나도 그런 자들 가운데 한 사람이었습니다. 이제는 더 이상 늦출 수 없습니다. 바야흐로 21세기의 교회와 세계의 모습을 볼 때 그 언제 보다도 성결운동을 절실히 요구하고 있는 절박한 때를 맞이했기 때문입니다.

이를 위해서 먼저는 사중복음의 가치를 역사적-신학적인 차원에서 밝힐 필요가 있습니다. 구체적으로는 사중복음을 기치로 하여 성결교회를 태어나게 한 선각자들의 중심적인 신학사상에 대한 이해를 도모해야 하고, 이를 더욱 깊이 있게 파악하기 위해서는 이들이 활동했던 당시의 신학적 상황을 함께 고찰해야 할 것입니다.

주지하다시피 성결교회의 창립자는 마틴 냅(Martin Wells Knapp)과 셋 리스(Seth Cook Rees)입니다. 그리고 이들과 함께 성결교회 신학의 초석을 놓은 자들에는 성서학자 윌리엄 갓비(William Godbey)와 조직신학자 아놀드 힐스(Arnold M. Hills)가 있습니다.

이들은 성결교의 신학적 정체성을 형성하는 데 결정적인 역할을 한 인물들이기 때문에 이들에 대한 연구가 진작부터 이루어졌어야 했습니다. 그러나 이들에 대한 독립적인 연구는 보이지 않고 성결운동과 오순절 운동의 역사적 맥락에서만 간단히 언급되는 정도입니다.

우리는 앞으로의 계속적인 대화를 위해 만국성결교회의 창립자인 마틴 냅의 몇 가지 주요 이력을 살펴볼 필요가 있습니다.

마틴 냅

마틴 냅은 1853년 3월 27일 미시간의 칼훈 카운티(Calhoun Country)에서 태어나, 24세에 미국 미시간 감리교 연회 소속 목사가 되어 8년 간 일하다가, 1886년 33세에 전임 부흥사로 활동하였습니다. 동시에 그는 출판사를 설립하여 문서를 통한 성결운동을 주도하였습니다.

냅이 활동한 중심 무대는 오하이오주의 신시내티였습니다. 당시 신시내티는 인스킵(Inskip), 맥도날드(McDonald), 로우리(Rowrey)와 같은 전국성결연합회 지도급 부흥사들이 와서 부흥운동을 일으켰으나, 지나친 환상주의에 빠져 성결운동의 본질이 현저히 훼손된 상황에서 성결의 열기가 식어져버린 상태였습니다.

이러한 때 냅이 신시내티에서 1892년에 '오순절부흥동지회와 기도동지회(Pentecostal Revival League and Prayer League)'를 만들어 모임을 이끌었는데, 이 모임이 1893년에 '만국'이라는 말을 붙여 "미국뿐만 아니라 어디에 있든지 기도로서 신약성서의 부흥의 불길을 일으키자는"[2] 목적으로 '만국오순절부흥동지회와 기도동지회'로 1897년까지 이어졌습니다. 냅은 이 모임을 이끌면서 동시에 전국성결연합회(National Holiness Association) 산하의 '성결동지회(Holiness Leagues)'와 '중앙성

예수의 바람, 성령의 바람

결동지회(Central Holiness Leagues, 1893)' 라는 두 모임을 책임지고 있었습니다.

1897년 9월에 냅은 '만국오순절부흥동지회와 기도동지회' 모임과 NHA 산하의 '성결동지회'를 통합하여 '만국성결연맹과 기도동지회(International Holiness Union and Prayer League)를 창립하기에 이릅니다. 그리고 1895년에 YMCA 건물에서 시작된 성서학원이 1900년에 '하나님의 성서학원(God's Bible School)'으로 공식적으로 출발하였습니다.[3] 그리고 마틴 냅은 1901년에 감리교와의 갈등 상황 속에서 1897년에 붙였던 모임 명칭을 '만국사도성결연맹과 교회들(International Apostolic Holiness Union and Churches)'로 개명합니다.[4] 이 연맹이 '만국사도성결교회(The International Apostolic Holiness Church)'의 모체가 됩니다.

만국성결교회의 헌법(Manual)에 냅을 중심으로 새로운 교회를 형성할 수밖에 없었던 교회설립 동기가 적시(摘示)되어 있습니다. 무엇보다도 새로이 회개하고 성령으로 충만하게 된 신자들이 "타락한 교권주의(decadent ecclesiasticism)"에 사로잡혀 "돈만 주면 무엇이든지 하는 목회자들(hireling ministry)" 밑에서 방황하다가 신앙을 저버리는 교회 현실이 새로운 교회를 설립하게끔 한 가장 커다란 동기가 되었습니다.

이처럼 타락한 교권주의적 교회 현실을 극복하는 것이 성결운동이 궁극적으로 추구코자 하는 것이었으며, 이를 위해 냅과 그의 동료들, 특히 윌리엄 갓비, 힐스, 리스 등이 "사도적인(Apostolic)" 실천과 방법과 능력을 추구하며,[5] 이를 위해서 예수 그리스도와 그의 말씀을 신앙과 실천의 규율로

삼을 것을 천명하였습니다.[6]

냅에 의한 이러한 성결운동의 목적은 "성결의 복음을 전하고 성결의 은혜를 체험한 사람들을 모아서 그 은혜를 지속시키고자" 하는 것이었지 새로운 교파를 만드는 데 있지 않았습니다.[7] 그러나 감리교 당국은 성결운동을 위한 특별집회를 막으려고, 성결운동에 가담한 교역자들을 가장 어려운 교회로 파송하는 등, 인사 상의 불이익을 주었습니다.

그 대표적인 예가 1898년 메리랜드의 치사피크 성결연맹(Chesapeake Holiness Union)에서 냅을 강사로 초청했을 때, 집회를 방해하고, 그곳의 감리사가 냅이 속해 있던 미시건 연회에 요청하여 냅이 강사로 오지 못하도록 한 사건입니다. 냅은 다음 해에도 같은 초청을 받아 집회를 인도했는데, '감리교의 순회 설교자들은 그 지역의 교역자들이 집회를 인도하지 말 것을 요청할 경우 그 집회를 취소해야 하며, 이것을 어길 경우에 징계를 받게 된다' 는 감리교 장정 제 223항을 어겼다는 이유로 징계를 받게 되었습니다.

냅은 이에 대항하여 오히려 '성서적 성결' 을 전파하는 것이야말로 감리교의 주된 사명임을 적극적으로 주장하여 1899년 법적 싸움으로 나가 자신의 무죄를 입증하였습니다. 그러나 냅은 더 이상 당시 감리교의 "교권주의(ecclesiasticism)"와 "교회주의(Churchanity)" 아래에서 성결의 복음을 전하기 어렵다 판단하여 1901년 감리교회를 탈퇴하였습니다.[8]

이러한 일련의 대립적인 사태를 통해서 냅이 믿고 추구하고자 했던 것이 무엇인지를 간접적으로 파악할 수 있습니다. 즉, 교회 내에서 순전히 영적 필요에 의해 요구되었던 성결운동이 교회의 제도적 교권에 의해 억압당했을 때 성결운동의 저항성이 무엇인지를 볼 수 있다는 것입니다.

냅은 그것을 "오순절적 저항(Pentecostal Aggressiveness)"이라 표현하였습니다. 그 핵심은 "성서의 성결(Bible holiness)"을 "초교파적으로" 추구하기 위한 저항이었습니다.[9]

그는 이를 보다 적극적으로는 "오순절적 부흥(Pentecostal revival)"이라 불렀으며, 이는 모든 죄악에 대한 강렬한 비판(burning rebuke)이 될 것으로 보았습니다. 또한, 그것은 "세상과 타협하는 모든 교회들에게는 테러"이지만 "참된 교회에는 넘치는 축복"이 될 것을 확신하였습니다.[10]

오순절적 부흥은 오순절 사건에서 경험된 "능력과 순결(power and purity)"의 회복을 말합니다. 그것은 곧 "초기 감리교의 모습으로 돌아가는 것(to seek a home in the mother Methodism)"이었습니다.[11]

당시 냅을 비판하던 교권은 냅의 성결운동을 "분열(schism)"의 행위라 불렀는데 그는 이에 대해서 자신의 명확한 입장을 밝혔습니다. 즉, 분열에는 복음에 반대되는 것과 복음에 의해서 이루어지는 것이 있는데, 본인이 분열을 일으켰다면 그것은 초대교회의 모범을 따른 것이며 열광주의와는 무관한 성령의 깊은 확신과 순수하고 권세 있는 회심과 성화의 역사에 의한 것임을 분명히 했습니다.[12]

교회 안에 회심하지 않은 자들에 의해 세속적인 것들과 짝을 이루면서 행해지고 있는 상황에서 나타나는 오순절적 부흥은 반대를 받을 것이며, 그로 인한 분열은 불가피한 것이라 주장한 것입니다.[13]

냅은 자기가 속한 미시건 연회(Michigan Conference)의 조사위원회에서 자신의 무죄를 입증 받았는데, 그는 이 일로 인하여 '하나님의 유산을 횡령하는 교권주의'가 비난받게 되었다고 연회의 판결에 의미를 부여하였습니다.[14] 미시건 연회 법정에서의 승리는 당시 성결운동에 참여했던 자들에게 커다란 반향을 일으켰습니다. 그들에게 냅은 "우리의 마틴 루터(our Martin Luther)"로 불리는 존재가 되었습니다.[15]

모든 학문이 그렇듯이 신학 역시 살아있는 정신의 활동이며, 그 산물입니다. 그리고 신학은 어떤 정신으로 하느냐에 따라 그 성격이 결정됩니다.

루터의 정신으로 할 때는 루터 신학이 되고, 칼뱅의 정신으로 하면 칼뱅 신학이 되고, 웨슬리의 정신으로 신학적 이슈들을 보고 해석하고 판단하면 그 신학은 웨슬리 신학이 되는 것입니다.

이와 같은 맥락에서 앞에서 소개된 마틴 냅의 사건들은 매우 중요합니다. 냅을 비롯한 성결교 창립 지도자들의 생애와 사상 가운데 녹아 있는 정신은 성결교를 가능하게 한 사중복음의 정신으로 이해할 수 있으며, 그들의 정신으로 전개하는 신학을 사중복음 신학, 혹은 사중복음적 신학이라 부를 수 있기 때문입니다.

이때 사중복음이 중요한 이유는 사중복음의 네 가지 주제 이전에 그들이 담고 있는 정신이 이론으로만 머물러 있지 않고, 사중복음을 주창한 자들의 삶과 사상을 통해서 목회와 신학의 혁신을 가져왔기 때문입니다.

그렇다면 사중복음을 주창했던 설립자들이 가장 중시하였던 것은 무엇이었습니까?

하나님입니다! 그래서 성서학원의 이름도 "하나님의 성서학원"이었고, 성서학원의 대표 슬로건도 "만물 위에 계신 하나님(God over All)"이었고,

그들이 발행한 정기간행물도『하나님의 부흥사』(God's Revivalist)였습니다. 그리고 그에 대한 구체적인 신학적 방향은 '오순절 정신(Pentecostalism)'이었고, 더 구체적으로는 그 정신을 담지한 '사도들의 정신(Apostolic spirit)'이었습니다. 이처럼 그와 같은 정신으로 모든 일을 하나님 중심으로 그리고 오순절 정신으로 하자고 태어난 것이 오순절 사중복음 성결운동이었습니다. 모든 일에 '아바, 아버지'를 찾는, 그래서 그의 뜻대로 하고자 하는 '아바정신(ABBA spirit)'이었습니다.

앞으로 계속 논의를 전개하겠지만 신약성서 시대의 교회, 즉 오순절 성령세례를 통해 생겨난 초대교회 공동체를 향한 사도들의 이상(理想)은 완전히 오순절 정신에 의해 지배되는 신앙생활이었습니다.

그런데 2007년도 서울신학대학교의 성결교회신학연구위원회의 결과물에는 자료와 역사적 인식의 부족으로 인하여 성결교회 창립자들의 그와 같은 '오순절적 정신'을 밝히는 일에 등한히 한 점이 있었습니다. 새로운 과제를 보여준 셈입니다. 그러므로 이제부터 발전적으로 전개해야 할 과제는 사중복음의 오순절 정신을 창립자들의 삶과 저작물들을 통해 찾아 정리하는 일입니다. 더욱 중요한 연구 작업은 성결운동의 1차 원자료들을 시대적 맥락에서 간(間)학문적으로 고찰하는 것이겠습니다.

사중복음 신학의 중심축: 하나님의 나라

사중복음을 신학적으로 연구하려는 앞으로의 과제를 정당히 다루기 위해서 무엇보다도 견지해야 할 중심축은 '하나님의 나라' 입니다. 하나님의 나라에 대하여 성서 신학적으로 폭넓게 이해할수록 우리는 보다 더 큰 틀의 사중복음 신학을 발전시켜 나갈 수 있을 것입니다.

사중복음(Fourfold Gospel)은 결국 복음(Gospel)이기 때문에 예수께서 전하신 '하나님의 나라가 가까이 왔다' (눅 1:5, 10:9, 10:11, 21:11)는 복음을 전하는 것입니다. 그러므로 하나님 나라에 대한 기본적인 이해로부터 사중복음의 정신이 밝혀지도록 하지 않으면 안 될 것입니다.

사중복음은 '하나님 나라의 임박한 도래' 를 진지하게 다루게 하는 복음이요, 메시지입니다. 하나님의 나라가 가까이 왔기 때문에 교회는 하나님 나라를 준비하는 종말론적 공동체가 되어야 하며, 하나님의 뜻을 따라 사는 백성들이기 때문에 사중복음은 세상 나라에서 당하는 고난을 조금만 더 끝까지 인내하면서 하나님 나라의 복음을 땅 끝까지 전하는 사명을 감당하도록 촉구합니다. 교회가 세상 나라의 왕들에게 굴복하지 말고 끝까지 하나님만을 왕으로 섬기며 살 것을 주문합니다. 인간 중심주의의 세상 나라에 맞서 하나님 중심주의로 하나님 나라의 백성으로 살아야 된다는 것이 **사중복음의 래디컬리즘**입니다.

하나님의 나라는 하나님 자신이 왕으로서 통치하는 나라입니다. 그러나 이 나라는 사람이 왕이 되어 다스리는 세상의 나라와 본질적으로 분리될 수 없습니다. 왜냐하면 세상 나라의 왕은 하나님의 사자(使者)로 하나님의 뜻을 수행하도록 되어 있기 때문입니다. 그렇게 할 수 있도록 하나님이 세상의 왕들에게 모든 권세를 부여하는 것입니다. 세상의 왕들이 하나님의 뜻대로 통치하면 그곳에 하나님의 나라가 이루어지게 됩니다.

그러나 세상의 왕이 자기에게 왕적 권한을 부여한 하나님을 잊고 자기의 뜻대로 세상을 다스리기 시작할 때, 그의 통치를 받는 백성들은 그를 신처럼 두려워하면서 섬기게 됩니다. 왕에게 생사여탈의 모든 권력이 집중되어 있기 때문입니다. 이처럼 세상 왕이 하나님을 외면하게 될 때 하나님 자리에 자신이 서게 되면서 스스로 우상(偶像)이 됩니다. 결국 세상 백성들은 두려움을 가지고 우상을 신으로 섬기는 데로 떨어집니다. 세상 나라의 삶이 자유인으로서가 아닌 종의 의식을 가지고 두려움에 의해서 움직이는 삶이 되는 것입니다.

이스라엘 백성들은 오랜 세월 동안 신과 같은 존재로 하나님의 백성들에게 두려움을 주어 온 세상 나라의 왕들 밑에서 종의 삶을 살아왔습니다. 애굽의 파라오, 앗수르의 왕들, 바벨론의 느부갓네살왕, 로마의 황제들, 유다의 헤롯대왕 등 하나님의 선민을 지배해온 세상 왕들의 폭정 밑에서 신음하고 있었던 것입니다. 그런 삶을 대대로 살다보니 아예 '하나님의 나라'라는 존재 자체를 잊은 지가 오래되었습니다.

유대교의 종교지도자들이 말하는 하나님은 세상 나라의 왕으로부터 백성들을 해방시킬 어떤 길도 제시해주지 못할 뿐만 아니라, 오히려 율법주의로 무장되어 이스라엘 백성들에게 종교적 멍에까지 씌워 더욱 힘들게 할 뿐이었습니다.

이러한 때 예수께서 세례 요한에 이어 "회개하라. 하나님의 나라가 가까이 왔다."는 메시지를 선포하기 시작하였습니다. 세상의 왕이 신이 되어 지배하는 나라에 하나님이 왕으로 오실 때가 가까이 왔다는 소식 그 자체는 신이 아니면서 신의 자리를 차지하여 신과 같은 행세를 하는 왕들에게는 가장 두려운 심판의 선고였고, 반면에 신이 아닌 사람을 신처럼 섬기는 우상숭배에 떨어졌던 백성들에게는 광복절과 같은 해방의 메시지가 아닐 수 없었습니다. 그러므로 예수의 복음 선포는 현실의 삶에서 하나님의 뜻에 입각한 정의로운 삶을 문제시 할 수밖에 없었기 때문에 '정치적' 이었으며, 또한 현실적 삶의 문제를 상대화하였기 때문에 '영적' 이었습니다.

나사렛 예수는 하나님 나라의 왕이지만 자신의 신분을 가리고 우상이 된 세상 왕들의 종으로 사는 자기 백성들 속에 들어와 '하나님의 나라가 가까이 왔다' 고 전파하면서 자기 백성들이 가까이 온 하나님 나라를 맞이할 수 있도록 길을 보여주시고 이끌어 주셨습니다.

예수께서는 이 땅에 '그리스도' 로 오심을 믿는 자기의 백성들에게 하나님 나라의 '왕' 으로 곧 다시 올 것을 약속하시고 십자가, 부활, 승천의 길을 가셨습니다. 그러므로 예수 그리스도의 임박한 재림에 대한 약속은 하나님 나라의 가까운 도래를 말하는 것이기 때문에, **재림**의 복음은 인류 모두에게 가장 중대한 절대 절명의 메시지가 아닐 수 없습니다.

그럼에도 불구하고 임박한 그리스도의 재림, 곧 '하나님의 나라가 가까이 왔다' 는 소식은 예수 당시나 21세기 현재에 이르기까지 가장 비현실적

예수의 바람, 성령의 바람

으로 들리는 메시지로 여겨지고 있습니다. 우리 모두가 삶의 모든 기준을 세상 나라에 맞추어 살아가는 것을 지극히 당연한 것으로 여기고 있기 때문입니다. 세상의 권세를 장악하고 있는 왕들에게 예속되어 있으면서, 동시에 세상의 왕처럼 되기 위하여 삶의 모든 역량을 세상의 기준에 맞추어 놓고 있기 때문에 세상과는 전혀 다른 하나님 나라를 삶의 표준으로 받아들이는 것이 인간적으로 거의 불가능한 일이 되어버린 것입니다.

이러한 백성들에게 하나님은 권능으로 자신의 백성들이 우상의 위협 가운데 두려워 떨며 사는 것으로부터 자유롭게 하기 위하여 하나님이 살아계시고 그만이 참 하나님임을 알리는 일을 역사 가운데서 행하여 오셨습니다.

> 맹인이 보며
> 못 걷는 사람이 걸으며
> 나병환자가 깨끗함을 받으며
> 못 듣는 자가 들으며
> 죽은 자가 살아나며
> 가난한 자에게 복음이 전파된다 하라. (마 11:5)

하나님이 우리 가운데 임재하심으로써 직접 다스리시는 것을 보여주시는 것입니다. 그것이 곧 **신유**의 복음입니다. 이를 통해서 주 예수 그리스도께서 만왕의 왕으로 이 땅에 오신다는 약속을 신뢰할 수 있도록 눈에 보이는 증거들을 보여줍니다. 신유의 가시적 사건들을 통하여 세상 나라에 목적을 두고 세상의 왕들만을 바라보며 살았던 자들이 눈을 돌려 다시 오실 왕이신 예수 그리스도를 향하도록 촉구하십니다.

하나님의 능력이 여기에서 지금 나타나는 신유의 역사를 보고 비로소 사람을 섬기는 종의 삶이 아닌 자유인의 삶을 바라기 시작합니다. 세상 나라의 왕에게 나를 맡기는 것이 아니라 하나님 나라의 왕에게 맡기는 것입니다. 삶의 **회개**가 이루어지는 것입니다. 인류에게 무엇보다 먼저 필요한 것이 바로 회개인 바, **삶의 목표**를 세상 나라에서 하나님 나라로 바꾸도록 하는 것이 재림과 신유의 복음입니다.

하나님의 나라를 삶의 목표로 설정한 후 하나님의 나라에 참여하는 하나님의 백성다운 삶을 위해서는 무엇보다도 **삶의 방식**이 바뀌지 않으면 안 됩니다. 예전 방식대로 살아서는 하나님 나라에 참여할 수 없기 때문입니다. 예전 방식이 '육신을 좇는 삶'이었다면, 하나님의 나라는 '영을 좇는 삶'이기 때문에, 하나님의 말씀과 성령으로 거듭 태어나야 합니다. 이를 위해서는 육신을 좇아 행한 과거의 모든 부정한 일들을 먼저 청산해야 합니다. 그러나 세상의 왕으로부터 스스로 벗어날 수 없도록 세상의 종이 된 나를 위한 대속(代贖)의 은혜가 주어지지 않으면 나는 한 발자국도 앞으로 나갈 수 없습니다.

우리가 육적인 자녀에서 영적인 자녀로, 세상 나라에 속한 백성에서 하나님 나라에 속한 백성으로, 종에서 자유인으로 전환되는 것은 전적으로 하나님의 은혜로 주어지는 것입니다. 왜냐하면 이를 위해서 내 공로로 할 수 있는 일이 눈곱만큼도 없기 때문입니다. 그러하기에 세상의 왕에게 완전히 팔린 우리가 할 수 있는 유일한 일은 그리스도께서 이루어 놓으신 대속의 은혜를 다만 믿음으로 받아들이는 것뿐입니다.

세상의 왕에게 묶여 있던 종의 사슬을 끊어주시기 위해 하나님 나라의 왕

예수의 바람, 성령의 바람

이신 예수 자신이 죄 값을 치르는 대속의 피를 흘리셨습니다. 아무 공로 없는 자들이 그 보혈을 믿음으로 말미암아 하나님 나라의 백성이요, 하나님의 자녀라 인정받음으로써 세상의 왕들로부터 놓임을 받게 되었으니 은혜 중의 은혜인 것입니다. 이것이 **중생**의 복음입니다. 이렇게 예수의 공로로 육적 삶의 사슬로부터 해방된 하나님의 자녀들은 이제 당당히 하나님 나라의 백성답게 살 수 있게 되었습니다.

삶의 목표가 하나님의 나라로 바뀌고, 삶의 방식이 영적으로 바뀌었으니, 이제부터는 **삶의 내용**에 변화가 와야 하는 바, 곧 거룩한 삶입니다. 왜냐하면 그 나라의 왕이신 하나님은 거룩한 분이시기에 누구든지 거룩하지 않으면 하나님을 뵐 수 없기 때문입니다.

거룩했던 하나님의 자녀들이 오랜 세월 동안 세상 나라의 왕에게 종노릇하다 보니 온 몸과 영과 혼이 다 더러워졌고, 병들었고, 깨어져서 온전한 데라고는 한 군데도 없는 상태인 것입니다. 하나님은 이러한 자녀들의 삶을 치료하고 회복시켜야 했습니다. 그래서 하나님은 자신의 성령을 그들에게 보내주셔서 성령으로 충만한 삶을 살도록 하셨습니다. 이를 위해 하나님의 자녀들은 모두가 성령으로 세례를 받아 거룩한 삶을 살 수 있도록 성령을 구하는 자들에게 성령을 한량없이 보내주시고 계신다는 것입니다. 이것이 **성결**의 복음입니다. 또한 아들을 다시 세상으로 보내셔서 거룩한 하나님 나라에 합당한 거룩한 자들로 준비된 자들을 천년왕국의 백성으로 영접하시겠다는 약속을 붙잡고 성도들이 인내로써 거룩한 삶을 지켜나가도록 하신 것입니다.

이처럼 재림의 복음, 신유의 복음, 중생의 복음, 성결의 복음은 모두가 임박한 하나님의 나라에 하나님의 자녀들이 참예할 수 있도록 재림 신앙으로 오직 하나님만을 바라보고, 신유 신앙으로 오직 하나님만을 의지하고, 중생 신앙으로 오직 하나님만을 사랑하고, 성결 신앙으로 오직 하나님만을 본받아 사는 '하나님 중심주의'를 선언하는 것입니다. 이것은 동시에 세상의 나라를 다스리는 인간 중심주의에 대한 철저한 저항으로 표현됩니다. 여기에 사중복음의 래디컬리즘(radicalism)이 있습니다.

결국 사중복음의 정신은 하나님 중심주의를 세상 나라에서 선언하며 살고자 하는 것이며, 그 모델은 오순절 성령세례를 경험함으로써 사람을 두려워하지 않고 순교를 각오하면서까지 오직 하나님만 경외하는 삶을 살았던 **사도**들입니다. 그러므로 사중복음의 정신은 오순절 사도정신으로 표현됩니다.

그러나 무엇보다도 이러한 사중복음의 정신은 예수 그리스도께서 십자가를 앞에 두고 겟세마네 동산에서 오직 아버지 하나님만을 바라고 의지하면서 하나님을 향해 부르짖었던 "**아바**(Abba), 아버지"(막 14:36)라는 외침에 응축되어 있음을 발견할 수 있습니다.

세상의 모든 힘들, 특히 정치와 종교가 야합하여 하나님의 아들을 죽임의 세력에 던진 그 순간, 세상의 그 어느 누구도 도울 수 없는 생사의 기로에서 예수께서 찾으셨던 분은 바로 '아바' 아버지 하나님이었으며, 오직 그외에는 다른 이가 없었습니다. 그가 하나님을 '아바'로 부르는 순간은 절대 절명의 상황이었습니다.

오늘날 이 땅위의 모든 교회는 그 어느 때보다도 겟세마네의 예수처럼

'아바'를 불러 찾아야 합니다. 이와 같은 아바정신이 필요한 이유는 참 그리스도인, 참 복음, 참 구원, 참 믿음, 참 사랑을 만나보기 어려운 때에 주님의 교회들이 마성화와 세속화의 급물살에 휘말려 들어가는 위기 가운데 있기 때문입니다.

그런 의미에서 사중복음 정신은 곧 예수 그리스도의 '아바정신(Abba-spirit)'을 회복하는 것이라 할 수 있을 것입니다.

'아버지 하나님을 아바라 부르짖는' **아바정신**은 존재의 위협에 직면하여 전적으로 하나님을 아버지로 신뢰하는 것이요, 조건 없이 친밀하게 나의 모든 것을 하나님께 맡기는 것이요, 그래서 오직 아버지 하나님만이 문제의 궁극적인 대답이 된다고 믿고 나아가는 **하나님 중심주의**입니다.

우리가 **아바정신**으로 가득 채워져 있다면 세상의 권세 앞에서도 담대히 예수의 이름으로 하나님 나라를 증거했던 사도들처럼 죽음을 무서워하지 않고 행동할 수 있을 것이며, 오순절 교회의 성도들처럼 "종의 영"이 아니라 "양자의 영"을 받고, 또한 "아들의 영"이 우리 마음 가운데 보내져 충만함으로 말미암아 "아바 아버지"(롬 8:15, 갈 4:6)라 부르짖는 참 자유인으로 승리하는 삶을 살게 될 것입니다.

이처럼 **아바정신**으로서의 사중복음 정신은 오순절의 성령세례를 통해 우리 모두가 아들의 영 곧 성령으로 충만하여, 이제껏 인간 중심으로 살던 것으로부터 떠나 하나님만을 절대적으로 의존하는 정신입니다.

그러므로 사중복음 신학의 과제는 우리가 **아바정신**이라 부르는 사중복음의 정신을 역사적으로 그리고 성서적으로 잘 찾아 교회의 목회 현장과 신학에 적용함으로써 목회의 혁신과 신학의 혁신을 도모하는 것입니다.

주님의 마음을 본받는 자
We Shall Be Like Him

작사 작곡

C. H. Gabriel(1856~1932)

시카고 은혜 감리교회 음악감독

1. 주님의 마음을 본받는 자 그 맘에 평강이 찾아옴은
   험악한 세상을 이길 힘이 하늘로부터 임함이로다.

(후렴) 주님의 마음 본받아 살면서 그 거룩하심 나도 이루리.

2. 주 모습 내 눈에 안 보이며 그 음성 내 귀에 안 들려도
   내 영혼 날마다 주를 만나 신령한 말씀 늘 배우도다.

3. 가는 길 거칠고 험하여도 내 맘에 불평이 없어짐은
   십자가 고난을 이겨내신 주님의 마음 본받음이라.

4. 주 예수 세상에 다시 오실 그 날엔 뭇 성도 변화하여
   주님의 빛나는 그 형상을 다 함께 보며 주 찬양하리.

(찬송가 455장)

예수의 바람, 성령의 바람

[God's Bible School 본관]

1900년에 마틴 냅(Martin W. Knapp)에 의해 설립된 God's Bible School and Missionary Training Home은 19세기말 '래디컬 성결운동'의 요람이다. 찰스 카우만(Charles Cowman) 부부가 이 성서학원을 제 1 회로 졸업하여 일본 선교사로 파송 받았다. 현재는 God's Bible College로 그 역사를 이어가고 있다.

[Gods' Bible School 강당의 기념비석]

미국 오하이오주 신시내티에 소재한 God's Bible School 강당의 기념비석으로서 "하나님을 믿으라. Have Faith in God"(막 11:22)는 말씀과 함께 마틴 냅 부부를 기념하고 있다. 냅은 일생을 하나님중심주의로 살다 간 사람으로 기억될 것이다. 그가 하나님의 성서학원을 설립하고 학원의 이념으로 "God over All"이라 하였고, 매월 발행한 신앙지도 "God's Revivalist"라 이름 지었다.

주(註)

....

1) 최인식, "개혁주의 신학과 웨슬리안 신학의 대화를 위한 칼뱅의 이중예정론과 웨슬리의 예지예정론 비교 연구," 「한국기독교신학논총」 88 (2013), 135-179쪽을 참조하십시오.

2) 박명수, "마틴 냅(Martin W. Knapp)"(1), 「활천」 518호 (1997. 1), 64. 원출처: Day, "A History of God's Bible School in Cincinnati: 1900-1940", 16f.

3) Aaron M. Hills / M. W. Knapp, *A Hero of Faith and Prayer : or, Life of Rev. Martin Wells Knapp* (Cincinnati, Ohio: Mrs. M. W. Knapp, 1902).

4) *Manual of the International Apostolic Holiness Church* (Cincinnati: God's Revivalist Press, 1914), 5f (이하 Manual로 표기).

5) *Manual*, 6.

6) *Manual*, 7.

7) 박명수, 앞의 글, 65.

8) Martin Knapp, *Pentecostal Aggressiveness; or Why I Conducted the Meet-ings of the Chesapeake Holiness Union at Bowens, Maryland* (Cincinnati: Publisher of Gospel Literature, 1899), 5-25쪽에서 자신의 입장을 밝히고 있다 (이하 PA).

9) PA, 9. 13.

10) PA, 10.

11) PA, 13.

12) PA, 19. 이에 대한 증거로 당시 감리교회의 은퇴 수석 원로이며 전국성결연합회원으로서 보우웬즈(Bowens) 집회를 주도한 콜린즈(M. D. Collins) 목사가 냅에게 한 편지가 공개되었다. "Dear Bro. Knapp: I did visit the people at Bowens and at Germans Chapel. I found them a very earnest, hungry, sincere people. I discovered nothing of schism among them. They seemed very hungry for the truths of full salvation and very grateful to any one who would give

them such truth as is in the Bible. Yours in Christ, M. D. Collins."

13) PA, 17.

14) PA, 31.

15) PA, 31. "We rejoice in the decapitation of our 'Martin Luther' Knapp. He could do no other, God helping him, but stand by his colors... Pastor Bryon J. Rees."

제 3 장
사중복음 정신과
'급진적 성결운동'의 역사

우리는 사중복음을 고찰하는 적어도 두 가지 동기를 가지고 있습니다. 첫째는 사중복음이 성결교회의 정체성을 규정하는 핵심 교리이기 때문에 이 교리의 참 정신과 참 의미를 알기 위함이요, 두 번째는 '글로벌 신학'의 패러다임의 가능성이 사중복음에 있다는 정당한 이유를 제시하기 위함입니다.

사중복음은 단순히 중생, 성결, 신유, 재림이라는 복음적 주제어들을 병렬로 붙여놓은 것이 아니라, 이들이 한 틀 안으로 들어와서 '사중복음'의 형태를 갖추기까지에는 이를 견인할 수 있는 '정신'이 있었던 것이기 때문에, 사중복음의 그 정신을 역사적 현장에서부터 발견해내어야 할 필요가 있습니다.

본 장에서는 사중복음의 역사적인 기원을 살펴봄으로써 사중복음의 정신을 확인하고, 나아가 이 정신이 세계 기독교를 하나로 아우를 수 있는 틀이 될 수 있음을 제시할 것입니다.

이제 사중복음이 태어난 모태(母胎) 속으로 들어가 보겠습니다.

19세기 미감리교회와 21세기 한국 성결교회

사중복음의 역사적 맥락을 바르게 잡으려면 19세기말 미감리교로부터 21세기 한국 성결교에 이르기까지의 교회사에 대한 이해가 필요합니다. 오늘날에 와서는 오순절 성결운동 전통에 속한 교파 중에서 한국 성결교회가 가장 적극적으로 사중복음을 이야기하고 있는 것으로 보입니다.

이십세기 초에 한국에 세워진 성결교회가 백 년의 역사를 이어온 가운데 말로 다 할 수 없는 은혜와 믿음의 결실이 있어 왔습니다. 주지하다시피 성결운동은 18세기 존 웨슬리로부터 발원하여 19세기 초까지 미감리교 내에서 유지되다가 중엽부터는 감리교를 넘어 미국과 유럽 등지에서 초교파적으로 확산되었습니다.

그 흐름 가운데 20세기 초에 카우만(Charles E. Cowman, 1868~1924)과 길보른(Earnest. A. Kilbourne, 1865~1928)을 통해 아시아에도 사중복음을 통한 성결운동이 점화되었습니다. 1907년 경성 무교동 한복판에 복음전도관이 세워진 것도 사중복음을 통해 오순절 성결운동을 일으키고자 함이었습니다.

기독교대한성결교회의 『헌법』은 오늘날까지도 그 사명을 명확하게 천명

하고 있습니다. 『헌법』 제8조(본 교회의 사명)가 적시하고 있는 대로입니다:

> 곧 '요한 웨슬레'가 주장하던 '성결'의 도리를 그대로 전하려 하는 사명 하에서
> 본 교회는 중생, 성결, 신유, 재림의 **사중복음**을 더욱 힘 있게 전하여, 모든 사람
> 을 중생하게 하며 교인들을 성결한 신앙생활로 인도하여 주의 재림의 날에 티나
> 주름 잡힘 없이 영화로운 교회로 서게 하려는 것이다.[1]

그러나 오늘의 심각한 문제는 성결교회의 탄생을 가능케 한 사중복음의 정신과 그 필요성에 대해서 무감각해진 현실이라는 것입니다.

이러한 현상은 19세기 미감리교회가 선교 반세기를 넘어서면서 대형교단으로 성장하여 제도화되기 시작했을 때 이미 그 내부에서 나타나기 시작했었던 것과 유사합니다.

그것은 1839년에 창간된 'The Guide to Christian Perfection'지의 편집장이었던 티모시 메리트(Timothy Merritt)가 "교회에서 성결운동이 다시 일어나도록 하기 위해서는 무엇을 해야 하는가?"라고 붙인 창간호 사설의 제목이 암시하는 바와 정확하게 같은 것이었습니다.[2]

오늘의 한국 성결교회 역시 2세기 전의 미감리교회가 직면했던 문제로부터 결코 자유로울 수 없음을 보게 됩니다.

우리는 18세기 영국교회에서 일어난 웨슬리의 성결운동이나 19세기 미국 감리교회 안에서 시작된 성결운동은 본질적으로 교회갱신 운동이요, 새로운 신학 운동이요, 또한 새로운 윤리실천 운동이라 봅니다. 즉, 교회 공동체의 참 모습이 어떠해야 하는 지에 대한 물음이요, 교회의 신학적 가르

침의 진정성에 대한 물음이요, 바른 실천에 대한 물음입니다.

이러한 물음의 원형적 근거는, 교회란 "티나 주름 잡힘 없이 영화로운 교회"로서 곧 성결한 신앙 공동체요, 그 대답은 신약성서 시대의 '사도적' 교회에서 찾을 수 있다는 것입니다.

그러므로 오늘의 성결교회를 태어나게 한 성결운동은 지금도 계속되고 있는 교회개혁 운동으로서 "사도적 성결교회(Apostolic Holiness Church)"라는 성서적 이상을 향해서 진행 중이라 보아야 합니다.

가톨릭을 향한 루터의 종교개혁운동이 그랬고, 영국교회를 향한 웨슬리의 성결운동이 그랬고, 미감리교회를 향한 마틴 냅의 "오순절적 저항(Pentecostal Aggressiveness)"이 그랬던 것처럼, 모든 개혁은 항상 원형의 뿌리를 찾고자 하는 데서부터 시작합니다.

뿌리를 잃은, 그래서 뿌리로부터 생명의 힘을 공급받지 못하는 존재는 더 이상 스스로 자신의 정체를 주장할 수 없는, 마치 부모 잃은 미아와 같이 될 수밖에 없습니다. 그러나 성결교회의 뿌리를 찾을 수 있는 단서들이 아직 남아 있어 보입니다. 여러 가지 단서들 중에서도 여전히 결정적인 것은 '사중복음'입니다. 이 이상 다른 것은 있어 보이질 않습니다.

한국 성결교회는 한 세기 동안 사중복음의 씨앗을 뿌려서 많은 것을 추수했습니다. 오늘날도 여전히 사중복음이라는 "전도표제"를 입으로는 되뇌고 있으나 언젠가부터 설교강단이나 전도 현장이나 교회의 삶 가운데서 사중복음의 역동적인 래디컬리즘(Radicalism)—급진성·과격성·철저성—이 보이질 않고 있습니다. 딱딱하게 말라버린 종자씨앗처럼 어두운 광

속에서 망각되어온 지 이미 오래된 듯합니다.

이제 우리의 일은 "전도표제"라는 꽝 속에 갇혀 있던 사중복음이라는 종자씨앗을 꺼내어 물에 불려 원래의 생기를 회복시키는 일입니다. 다시 말해, 사중복음의 정신을 찾는 것입니다. 그런 후 밭에 심어야 싹을 틔울 수 있을 것입니다.

사중복음의 역사적 연구의 방향과 방법

우리는 한국 성결교회의 이러한 현실적인 맥락에서 사중복음의 역사적 −신학적 의의와 그 정신이 무엇인지를 찾아내는 과제를 가집니다.[3]

이를 위해서는 우선 주로 "참복음(Full Gospel)"[4]이라 불린 사중복음이 회자되던 19세기 미국 교계에서 일어난 성결운동을 교회사적 차원에서 먼저 고찰해야 할 것입니다. 그래서 소위 사중복음이라는 '메시지' 와 미감리 교회라는 '상황' 사이의 관계성을 찾아 그 가운데서 사중복음이 어떠한 정신으로 성결운동의 원동력이 될 수 있었는지 그 정신을 신학적 차원에서 밝히는 작업을 하겠습니다.

그 과정에서 사중복음의 정신을 담아내고 있는 교의학적 주제들이 어떠한 신학적인 특징을 지니고 있는 지를 밝혀내는 것도 중요한 과제가 될 것입니다.

사중복음에 의해 역동적으로 발전해나갔던 성결운동은 역사적으로 높은 수준의 윤리적 실천을 포함한 '영성운동' 이었을 뿐만 아니라 혁신적인 '신

예수의 바람, 성령의 바람

학운동'이기도 했습니다. 그러므로 사중복음의 정신이 무엇인지를 밝히는 과정에서 역사적, 신학적, 영성적 제 관점들이 제시될 것입니다.

교회사 쪽에서 데이튼(Donald Dayton, 1942~)이『오순절 운동의 신학적 뿌리』(1987)를 통해 상당한 정도로 사중복음의 역사적-신학적 정체를 드러내 준 바 있습니다.[5] 1998년에 박명수는『근대복음주의의 주요흐름』에서 근대 복음주의를 배경으로 사중복음과 성결운동을 자세하게 다룸으로써 사중복음의 정신을 찾는 데 기여하였습니다.[6]

최근에 들어와 최미생(Misaeng Lee Choi)이 사중복음에 대한 이해를 돕는 의미 있는 박사학위 논문을 출판했습니다. 사중복음에 대한 이해를 만국성결교회에 기반을 두고, 전으로는 심슨(A. B. Simpson, 1843~1919)의 사중복음을, 후로는 오엠에스(OMS)를 배치한 다음, 사중복음이 한국 성결교회 역사 안에서 어떻게 받아들여지고 전개되었는지 고찰하였습니다.[7]

앞의 제 2 장에서 자세히 소개한 바처럼, 한국 성결교회 창립 100주년을 기념으로 서울신학대학교 성결교회신학연구위원회에서『성결교회신학』을 2007년에 출판하였습니다.[8] 사중복음을 기본 틀로 하여 역사신학, 성서신학, 조직신학, 실천신학, 기독교윤리학, 기독교교육학, 선교신학, 여성신학 등 8개 분과에 걸쳐 사중복음의 전통이 각 영역에 어떻게 영향을 미쳤는지를 총론과 더불어 전개하고 있습니다.

조직신학 영역에서는 조종남과 목창균이 각각 발전된 연구물을 내놓았습니다.[9] 교회사 분야에서 홍용표는 만국성결교회와 한국 성결교회의 관계를 보여주는 약식 자료집을 펴냈습니다. 여기에서 동양선교회의 창립자

중의 한 사람인 찰스 카우만이 만국성결교회에서 파송 받은 선교사요 아시아 담당 총리(superintendent)였음이 밝혀지면서[10] 한 세기 동안 관계와 소통이 두절되었던 한국 성결교회와 만국성결교회 간의 역사적 관계를 새롭게 정립해야 할 필요성을 요청하는 자료들이 제시되고 있습니다.

그러나 현재까지도 여전히 성결교회의 역사를 이야기할 수 있는 권위 있고 객관적인 사료편찬(historiography)이 미흡한 상태입니다.[11] 사상적인 면에서도 앞에 열거한 선행연구들이 지니는 공헌이 적지 않음에도 불구하고 그들을 통해서 사중복음의 정신이 무엇인지를 파악하는 데는 한계가 있는 것으로 보입니다.

이에는 두 가지 또 다른 이유를 고려해 볼 수 있는데, 데이튼[12]이나 최미생[13]이 주장하듯이, 첫째는 1945년 한국 성결교회의 총회에서 사중복음을 그 역사적–신학적 콘텍스트에 대한 아무런 반성 없이 "전도표제"라 부르도록 결의함으로써 사중복음이 교회 현장에서의 전도활동을 위한 슬로건인 양 잘못 설정되었기 때문이고, 둘째는 중생과 성결이라는 주제에 집중되어 있는 웨슬리 신학이 신학교육 현장에서 정책적으로 강조되어옴으로써 사중복음의 네 가지 주제들이 지니는 고유한 신학적 의의가, 그 중에서도 신유와 재림이 정당히 연구될 수 있는 기회가 상대적으로 줄어들었기 때문입니다.[14]

이러한 전(前)이해를 가지고 급진적인 오순절 성결운동의 역사 가운데 나타난 사중복음의 정신을 찾아보겠습니다.

우선 우리는 19세기 말 미감리교회 안에서 '교회의 사도적 성결성'을 회복하기 위해 저항하다 결국은 탈퇴한 후, 뜻을 같이 하는 인사들과 초교파적으로 연대하여 사도적이며 오순절적인 초대교회의 비전을 이루기 위해 당시의 성결운동보다도 더 근본적으로 철저하게 운동을 펼쳐갔던 냅(Martin W. Knapp) 중심의 성결운동 그룹인 '만국사도성결연맹'에 초점을 맞출 것입니다.

그리고 "급진적 성결운동(Radical Holiness Movement)"이란 별명을 들으면서 불이익을 감수해야 했던 그 운동의 핵심이 바로 사중복음이었다는 것이 흔들리지 않는 역사적 사실이라는 전제하에서 우리의 논의를 전개해 나갈 것입니다.

그러므로 사중복음의 정신을 바로 찾는 지름길은 무엇보다도 '만국사도성결연맹'이 추구했던 성결운동의 래디컬리즘이 보여주고 있는 신학적 요청이 무엇이었는지를, 즉 그들이 그렇게 외부로부터 래디컬하게 보일 수밖에 없었던 이유가 무엇이었는지를 파악하는 것이 될 것입니다.

이를 위해서 우리는 미국에서의 성결운동을 크게 두 단계로 나눕니다. 제1단계는 중생과 성결—그 중에서 특히 성결—이 중점적으로 다루어진 시기이고, 제2단계는 중생과 성결에 더하여 신유와 재림이 중요한 신학적 주제로 이슈화 되었던 시기입니다.

우리는 이 둘째 단계의 성격을 형성했던 주체가 바로 '만국사도성결연맹'이었음에 주목하게 될 것입니다. 왜냐하면 바로 이곳에서 한국 성결교회의 정체를 결정하는 사중복음의 정신이 피어났기 때문입니다.

18세기 웨슬리가 영국교회의 칼뱅주의 신학과 대결했던 중심교의(Cardinal doctrine)는 기독자의 완전을 주장하는 '완전 성화론(Entire Sanc-tification)'이었습니다. 이 신학사상은 영국에서와 마찬가지로 미국의 감리교회에서도 가르쳐야 할 핵심 교의였으며 또한 교회 공동체가 경험해야할 신앙생활의 최고 가치였습니다.

그러나 해가 거듭되면서 미감리교회 안에 신학적으로 크게 두 흐름이 뚜렷하게 구분되어 왔는데, 하나는 성화를 윤리적 차원에서 기독론적으로 이해하고자 하는 흐름이었고, 다른 하나는 성령론적으로 접근하고자 하는 흐름이었습니다.

성화에 대한 이러한 두 신학적 흐름이 제 1 단계와 제 2 단계 모두에서 동일하게 나타나고 있습니다. 그리고 제 2 단계에서는 성령론적인 성결 이해가 종말론적 지평에서 보다 더 래디컬하게 발전되고 있음을 보게 될 것입니다.

그러므로 논의의 전개상 두 단계 안에서 보이는 양대 흐름의 긴장관계를 고찰하는 것이 우선이겠습니다. 그리고 난 다음에 교의학적 관점에서 사중복음의 정신을 자세히 살펴봅니다.

앞에서 언급했듯이, 우리는 사중복음의 정신을 찾기 위해 미국의 감리교회사적 상황에서 전개된 성결운동을 크게 두 단계로 나눕니다.

제 2 단계 성결운동에서 신유와 재림론이 새로이 부각되었을 때에도 그것의 궁극적 목적은 성결을 촉진하는 데 있었지 그 외의 것은 부차적이었습니다. 그러므로 성결운동의 두 단계는 성결을 중심으로 연속성을 지니고 있었습니다.

다른 한편, 이처럼 주제의 연속성이 유지되는 가운데서도 성결에 대한 관점은 모든 단계에서 크게 두 갈래로 나뉘었습니다.

그 하나는 '점진적 성화'를 강조함으로써 성화를 윤리적 차원에서 이해하려는 흐름은 미감리교회의 주류가 되었고, 다른 하나는 '순간적 성화'를 강조함으로써 성화를 성령의 역사에 의한 체험의 차원에서 이해하려는 흐름은 감리교의 비주류(탈퇴파와 추방파)가 되었습니다.

결과론적으로, 신학적 차원에서만 본다면 성화론에 대한 관점의 차이가 교단의 분리로까지 영향을 미치게 된 중대한 요소임을 알게 됩니다.

성결운동의 제1단계에서는 **미감리교회**(Methodist Episcopal Church)로부터 분리해 나온 **웨슬리안 감리교회**(Wesleyan Methodist Church)와 **자유감리교회**(Free Methodist Church)가 중생과 성화에 대하여 취한 태도에 초점을 맞추어 볼 것입니다. 왜냐하면 이 두 교단의 성결운동을 통해서 사중복음적 성결의 정신과 그 전통이 이어지고 있음을 확인할 수 있기 때문입니다.

그리고 성결운동의 제2단계에서는 이러한 중생과 성결의 전통을 이어받으면서 여기에 신유와 재림의 복음을 더하여 소위 '참복음(Full Gospel)'이라 부르는 사중복음을 교리화한 **만국사도성결연맹**을 통하여 사중복음의 역사적-신학적 의의와 그 정신을 찾아볼 것입니다.

미국 성결운동의 제1단계 : 중생과 성결

미감리교회(The Methodist Episcopal Church)가 1784년 크리스마스

컨퍼런스를 시작점으로 하여 본격적인 선교활동에 들어간 후 한 세기가 지날 때 이미 미국 내 최대의 교단으로 성장한 것은 결코 우연이 아니었습니다. 그 배경에는 복음이 전해지지 않은 곳이면 어디든지 가서 복음을 전하는 초대교회적 정신이 있었기 때문입니다.

그들은 실제로 진정한 "웨슬리의 자녀들"이었고, 초창기 감리교의 "모든 컨퍼런스는 실제로 선교센터의 역할을 했고, 순회전도자(itinerant)는 모두 선교사"[15]라고 말할 수 있는 정도였습니다. 초기의 설교자들은 다가올 진노를 피하라는 경고의 메시지를 통해서 회심에 초점을 맞추었고, 그로 인해서 새로운 신자들의 비약적 증가가 이루어진 것입니다.[16]

이처럼 회심의 메시지를 통해 전도의 많은 결실을 경험하고 있는 중에도 초기의 감리교는 웨슬리(John Wesley, 1703~1791)가 란킨(Thomas Rankin)에게 보낸 다음과 같은 메시지를 잊지 않았습니다:

> 누구도 반쪽 그리스도인으로 남지 않게 하시오... 그들이 완전함으로 가도록 격려하는 것이야말로 최선의 일이 될 것이오. 모든 신자로 하여금 단순한 믿음으로써 지금 얻을 수 있는 온전한 성화를 열망하도록 강하게 그리고 경계심을 가지고 강조하면 할수록 하나님의 모든 일은 더욱 부흥하게 될 것이오.[17]

이 메시지는 완전 체험의 순간성과 즉각성을 강조하는 것이었는데, 초기 미감리교회는 영국에서 잠잠했던 이 같은 "오순절(days of Pentecost)"의 비전을 실현코자 하였습니다.

또한 미감리교회는 웨슬리의 『기독자의 완전에 대한 해설』[18] 내용 전부를 1788년부터 1808년까지 20년간 『헌장』(Discipline)에 실음으로써 기독자 완전론을 자신의 핵심교리로 줄곧 유지하는 열정을 보였습니다.

웨슬리로부터 파송 받은 두 감독(superintendent), 애즈베리(Francis Asbury, 1745–1816)와 코우크(Thomas Coke, 1752–1842) 역시 모두 기독자의 완전을 가르치는 데 헌신하였습니다.[19)]

뿐만 아니라, 1791년에 플레처(John William Fletcher, 1729~1785)의 "기독자 완전론(Treatise on Christian Perfection)"이 실린 그의 저술 『도덕률 폐기론을 경계함』(Checks to Antinomianism)이 출판되었을 때 아메리카 대륙에 웨슬리의 비전이 실현되는 것은 머지않아 보였습니다.[20)] 헤만 뱅스(Heman Bangs)가 1820년 1월 20일의 한 리포트에서 말한 바 있듯이 기독자 완전은 모든 그리스도인들이 누릴 특권이라 주장하는 데에는 아무런 걸림돌이 있을 수 없었습니다.[21)]

이와 같은 분위기는 웨슬리에 의해 미국에 파송된 애즈베리가 활동을 마감할 때까지 약 30년간의 초기 미감리교회의 모습이었습니다. 그러나 이후부터 해가 가면 갈수록 기독자 완전 교리가 관심의 대상에서 점점 멀어지기 시작했습니다.

예를 들어, 1832년부터 1840년까지 미감리교의 공식 매체에는 완전교리가 한 건도 언급되지 않았다는 것입니다. 그리고 당시 『감리교 계간 평론지』에서도 기독자 완전 교리가 중요하게 다루어지지 않았을 뿐만 아니라 "극소수만 즐기는 것(well-nigh esoteric nature)"으로 폄하되었습니다.[22)]

웨슬리의 완전성화론이 교회 현실에서 관심이 되고 안 되고의 여부는 성결 체험을 순간적인 것으로 보는지, 아니면 점진적인 것으로 보는지, 그 과정에 대한 이해와 관계가 있는 것으로 보입니다.

역사적으로 볼 때, 성결 체험의 순간성과 점진성에 대한 신학적 논의는 클라크 (Adam Clarke, 1762~1832)와 왓슨(Richard Watson, 1737~1816)에게서부터 시작되었습니다. 두 사람 모두 성결의 순간성 혹은 즉각성을 강조하였으나, 왓슨은 완전성화의 점진성도 말하고 있습니다.

플레처 이후 감리교 신학의 첫 조직신학자라 할 수 있는 왓슨은 감리교회의 표준 교리서로 인정되는 『신학개요』(Theological Institutes, 1823)에서 중생을 중요하게 다루면서 완전성화의 즉각성에 대한 논리적이며 성서적인 근거를 제공합니다.[23] 피터스에 따르면, 왓슨은 다른 저서들에서 완전성화의 점진성 역시 주장하는 바, 영적 성숙의 차원에서는 시간과 경험이 필요한 것으로 보았고, 중생과 성화를 통합적으로 이해하고자 했습니다.[24]

왓슨에 비해 클라크는 완전성화의 즉각성을 보다 강조한 것으로 보입니다. 그는 2세기 동안 감리교신학의 원자료의 자리를 지켜온 신구약성서주석을 40년간 집필한 성서학자로서[25] 성서야말로 하나님의 은총으로 말미암아 어두움과 무지의 베일을 벗겨내는 기적 자체라는 관점을 가지면서,[26] 동시에 웨슬리의 신학 전통을 따라 칼뱅주의적 구원론을 반대하고 웨슬리-알미니우스 입장을 취하였습니다. 그의 신학적 관심은 복음적 실천에 있었기 때문에 신학을 왓슨과 같이 이론적으로 접근하는 것에 대해 거부감을 많이 가졌습니다. 그래서 그는 완전성화론을 전개할 때 반(半)교의적(semi-dogmatic) 방식을 취하였습니다.[27]

미감리교회의 선교 반세기가 지나는 1830년대에 들어서면서 약화되기 시작한 완전성화의 가르침은, 다른 한편, 완전성화의 순간적 체험을 강조한 소수의 사람들에 의하여 다시 회복되기 시작하였습니다.

이를 점화시킨 자들 가운데는 피비 팔머(Phoebe Palmer, 1807~1874)와 보스톤의 감리교 목사 티모시 메리트(Timothy Merritt, 1775~1845)가 있습니다. 메리트는 1839년에 『기독자 완전을 위한 가이드』라는 특정

교파의 입장을 넘어선(nonsectarian) 신앙잡지를 창간하여 여기에서 완전
성화론의 즉각성을 설파함으로써 성결운동의 불꽃을 지폈습니다.[28]

그리고 감리교도인 피비는 기독자의 완전에 관한 웨슬리의 책에 깊은 관
심을 가져오던 중 1837년에 완전성화를 경험한 후 같은 체험을 하게 된 남
편과 함께 전국적으로 그리고 캐나다와 영국에서 성결의 메시지를 전하였
습니다.[29] 그리고 피비는 1835년에 시작된 '화요모임(Tuesday Meet-
ing)' 을 그녀가 임종하기 전까지 37년간 이끌었으
며, 그 가운데 2만 5천명이 구원을 받는 역사가 있었
습니다.[30]

그녀는 기도운동이나 말씀 증거를 통해서만이 아
니라 1843년에『성결의 길』과 같은 책들을 저술하고
출판함으로써 성결운동의 중요한 주창자가 되었습니
다.[31] 그녀는 보다 본격적으로 활동하는 가운데 메리
트가 창간하여 출판해오던 월간지『기독자 완전 가이

피비 팔머

드』(1846년에『성결 가이드』로 이름 바뀜)를 1864년에 인수하여 임종 때
까지 직접 운영하면서 기독자 완전의 교리를 전파하였습니다.[32]

그러므로 피비 팔머 이후 확대 발전된 미국에서의 "모든 성결운동은 피
비 팔머의 지속적이고도 신실한 사역의 결과"로 평가되는 정도가 되었습
니다.[33]

그러나 감리교 내부적으로는 이러한 성화에 대해 강조하는 것이 약해져
갔을 뿐만 아니라, 부정적인 경향을 띠기도 했습니다. 거기에는 크게 세 가

지 가능성이 고려될 수 있습니다.

첫째는 성화론에 대해 이론적으로 반대하는 주장이 점증하기 시작한 것과 연관이 있을 것입니다. 이러한 흐름에 영향을 끼친 자들 가운데는 메인 웨슬리안 신학교(Maine Wesleyan Seminary)의 캘드웰(Merritt Cald-well, 1806~1848) 교수가 있습니다. 그는 자신의 저서 『기독자 완전의 철학』(1848)을 통해서 성화를 성서와 전통의 가르침대로 사용하는 것은 부적절하기 때문에 이를 심리학적으로 이해하도록 해야 한다는 관점에서 웨슬리 이후 내려오는 기존의 성화론을 비판하고 나섰습니다.[34]

둘째는 교회의 일선 현장에서 완전성화의 교리가 적합하지 않은 메시지로 여겨지면서 성화론에 대한 관심이 줄게 되었습니다.

목회 현장에서는 불신자를 향한 회심의 메시지가 보다 우선적으로 요청되었다고 볼 수 있기 때문입니다. 뿐만 아니라 성화론은 본질상 극단적이거나 확실성이 없는 듯하였고, 독단적이며 개인적인 경건에 치우친 것으로 보였고, 왠지 친밀하지 않아서 그것을 교리로 유지하기는 해도 적극적으로 강조해 나가기는 어려운 내용으로 이해되었습니다.

이보다는 오히려 사회적 책임을 말하거나 재정을 정직하게 사용하는 삶과 같은 내용에 대해서 말하는 것이 이례적인 교리를 전하는 것보다 이해하기 쉽고 가치 있게 수용될 수 있는 것이라 보았습니다.

셋째는 성화의 메시지가 구원의 전체성 가운데 전달되지 않고 부분적인 것들이 강조됨으로 말미암아 구원론에 혼란을 가져올 수 있었기 때문입니다. 예를 들면, 완전성화를 지금 그리고 여기에서 경험하는 것은 현재와 미래의 구원에 절대적으로 필요한 것이라는 주장과 같은 것입니다.

그렇다면 그것은 결국 큰 틀에서 보면 중생과 성화를 동일시하는 것과 다르지 않다고 말할 수도 있는 것입니다.[35] 호스머(William Hosmer, 1814~1877)는 성화론에 대한 캘드웰의 비판을 수용하면서 완전성화를 구원론과 연관시키려는 어떠한 시도에 대해서도 거부하는 입장을 취하였습니다. 그래서 성화가 구원의 조건이 아니라 할 때 성화는 이미 중생에 주어진 것이므로 중생과 성화를 동일선상에서 보아야 하며, 그에 따라 성화론은 더 이상 강조할 필요가 없는 것이라 주장하였습니다.[36]

이처럼 감리교 내부적으로 성화에 대한 초점이 교리적인 차원에서 뿐만 아니라 목회적인 차원에서도 모아지지 않는 상황에서는 성화의 교리가 교회 안에서 제대로 적용될 수 없었을 것은 자명한 일입니다.

그러나 이러한 상황에서도 기독자 완전 교리는 감리교 내에서 결코 포기된 적이 없습니다. 1841년에 웨슬리안 감리교회가 갈라져나갔을 때도, 1844년에 남감리교회가, 그리고 1860년에 자유감리교회가 분리되어 나갔을 때도 완전성화의 교리적 전통은 결코 소홀히 취급되지 않았습니다.

웨슬리안 감리교회의 경우는 스캇(Orange Scott, 1800~1847)을 리더로 하여 모 교단의 잘못에 대항하였던 것이지[37] 성화의 교리가 이슈가 된 것은 아니었습니다. 그들의 『교리와 장정』의 신조(Articles of Religion)에는 "성화"라는 항목이 빠져있는데, 이에 대해서는 그들이 교리적 표준으로 삼고 있는 웨슬리의 설교와 노트를 통해서 충분히 숙지하고 있기 때문에 이에 대해 특별히 명기할 필요가 없었다고 봅니다.[38]

실제로 1843년 뉴욕주 유티카(Utica)에서 개최된 컨벤션의 목회담화

(Pastoral Address)에서 이렇게 맺습니다:

> 그러나 무엇보다도 형제들이여, 여러분은 '성결'을 여러분의 모토로 삼기를 촉구
> 합니다. 마음과 생활의 성결이야말로 여러분을 모든 비난으로부터 보호해줄 것
> 입니다.[39]

그리고 1844년에 개최된 첫 총회에서 '성화'에 관한 신조가 발표되었습
니다:

> 성화는 성령으로 우리의 타락한 성품을 새롭게 함이다. 이로써 우리는 죄에 의한
> 오염과 내적 본질과 지배로부터 자유롭게 된다. 그리고 우리 주 예수 그리스도의
> 은총으로 말미암아 우리의 마음을 다하여 하나님을 사랑할 수 있게 되고, 그의 거
> 룩한 명령들을 따라 흠 없이 살게 된다.[40]

성화에 대한 이와 같은 강조는 후에 다음과 같은 교리적 내용을 신조에
첨가하는 데까지 나아갑니다:

> 그것[성화]은 중생과 구별되는 역사이며 순간적인 사건으로서 신자가 자신을 하
> 나님께서 받을 만한 거룩한 산 제물로 드릴 때 이루어진다.[41]

자유감리교회 역시 노예제도와, 부자에게 교회좌석을 지정해주는 신분
차별 제도를 비판하고 나섬으로써 감리교의 본래적인 정신을 회복할 것을
주창하였습니다. 특히 로버츠(Benjamin T. Roberts, 1823~1893) 목
사—1860년부터 1893년까지 자유감리교회 총회장을 역임—를 중심으로

예수의 바람, 성령의 바람

뜻을 같이 하는 목회자들과 평신도들이 뉴욕 서부 제네시 감리교연회 (Genesee Conference)에서 신학적 자유주의와 사회적 이슈들을 다루는 데 불건전하게 타협하는 일과 영적 열정을 상실한 교회에 대해 공개적으로 비판하였습니다.[42]

이들 중의 상당수가 1858년과 1860년 사이에 여러 가지 혐의로 기소되어 감리교회로부터 면책을 받았습니다. 그러나 "실제로 그 중요한 이슈는 그들이 감리교의 기본 원리들, 특히 완전성화의 교리와 경험을 선포하였다"[43]는 데 있었다는 것입니다.

자유감리교회의 창립총회를 1860년 8월 23일에 소집하기 위해 보낸 서한에서 발기인들은 여러 가지 중 특히 성화의 교리에 대한 입장을 분명히 천명하기를 원했습니다. 그래서 다음과 같은 초안을 제시했습니다. "성결 사역을 풍성히 또한 영구적으로 증진토록 하기 위하여" 자유감리교회를 "초기 감리교의 교리와 실천, 즉 성령의 증거, 칭의와 구별되며, 믿음으로 즉각적으로 받을 수 있는 은총의 상태인 완전성화" 등과 같은 가르침 위에 세울 것임을 시작부터 밝혀 놓았습니다.[44]

이상에서 살펴본 바와 같이, 미감리교회는 성화에 대한 웨슬리의 가르침을 이어받아 교단의 정체성을 유지해 왔지만 교의신학적인 차원에서나 목회 실천적 차원에서 바라보는 관점의 차이로 인해 본 교단에서 새로운 신앙고백을 가지고 불가피하게 서로 나뉘는 분리의 진통을 겪어왔습니다. 그 가운데 핵심적 문제는 성화의 본질과 이와 연관된 체험상의 신학적 관점이 통합적으로 이루어지지 못하였다는 것입니다.

이제 우리는 이러한 교회사적 배경을 통해서 관찰할 수 있는 바에 입각하여 사중복음의 핵심적인 정신이 무엇인지를 귀납적으로 추론(推論)코자 합니다.

한국 성결교회의 뿌리를 찾음에 있어 사중복음의 성결을 말할 때 기독교대한성결교회의 『헌법』 제18조는 성결을 정의하고 있는 가장 권위 있는 중요한 전통이 됩니다.

여기에서는 성결을 1) 그리스도의 성령세례를 받음이요, 2) 중생과 구별된 경험이요, 3) 순간적으로 일어나는 사건이요, 4) 원죄에서 정결하게 씻김이요, 5) 현저한 능력으로 하나님을 섬김이요, 6) 성별된 삶이요, 그리고 7) 오직 믿음으로 얻는 은혜라고 요약합니다.

이를 다시 줄이면, **성결은 중생 후에 성령세례를 통해 순간적으로 원죄로부터 정결하게 되어 하나님을 향해 거룩히 구별되어 사는 믿음의 삶**입니다.

웨슬리안 감리교회와 자유감리교회가 이와 같은 입장에 서 있다는 사실을 확인할 수 있습니다.[45] 이러한 신앙고백은 성화의 점진성을 주장하고 성화를 중생과 동일하게 보는 주류 미감리교회와 다르며, 오히려 초기 미감리교회나 웨슬리안 감리교회(1843), 그리고 자유감리교회(1860)와 신학적 관점을 공유합니다.

그러므로 웨슬리안 감리교회와 자유감리교회가 미감리교회와 분리의 길을 가게 될 수밖에 없었을 때 나타난 정신을 통해서 '순간성'을 강조하는 **성결 복음의 정신**이 무엇인지를 역사적 관점에서 찾아볼 수 있을 것입니다.[46]

예수의 바람, 성령의 바람

첫째, 완전성화로 경험되는 성결은 중생한 자에게 성령이 내주하는 사건 곧 성령세례인 바, 이는 인간의 윤리 도덕적 시도로 이루어질 수 있다고 믿는 '진보주의' 사상을 거부합니다.

하나님의 카이로스적 역사 개입이 아니고서는 인간의 이상과 신념으로써는 개인의 인격적 완성이 불가능함을 선언하는 것입니다. 이것은 '반(反)인본주의적 정신'의 반영이며, 역으로 그러한 정신은 하나님 우선성을 회복코자 하는 '신본주의'를 수립코자 함입니다.

둘째, 기독자의 완전으로 이어지는 성결은 성령세례에 의해 즉각적으로 이루어지는 것인 바, 점진적으로 변화된다는 주장과는 반대됩니다.

성결의 즉각성 혹은 순간성은 사람의 일과 하나님의 일 사이의 철저한 단절과 구별을 말하는 것인데, 성결 체험의 순간성을 믿는 것은 하나님의 절대적 섭리와 능력에 대한 신앙에 입각하여 인본주의의 간섭을 불허하는 '비타협적인 정신'을 드러냅니다.

셋째, 성결은 신비주의나 합리주의에 속한 관념의 세계가 아니라 죄로부터의 정결함을 실제로 경험하는 것이며, 나아가 이웃과 세상을 향한 거룩한 사랑을 실천하는 성품이요 또한 능력인 바, 이웃을 사랑하는 실천과 역행하는 모든 현실을 거부하는 '비판정신'으로 나타납니다.

교회가 노예제도를 허용하고, 상류층 신자들을 위한 교회좌석을 지정하는 제도와 같은 반인도주의적 행위를 비판하는 것은 이웃을 향한 거룩한 '사랑의 실천' 정신의 발효입니다. 그것은 또한 "깊은 영성"에는 무관심하고 "돈만 주면 뭐든지 하는"[47] 세속적 현실주의에 대한 비판 정신입니다.

넷째, 기독자 완전으로서의 성결은 하나님의 자녀 된 자들이 마음을 다하고 목숨을 다하고 뜻을 다하고 힘을 다하여 하나님을 사랑하는 행위입니다.

유일하신 하나님에 대한 이와 같이 철저한 사랑의 헌신은 교회 공동체의 조직에서 위임된 교권이 지배적이며 독단적인 권력으로 군림하는 것을 허용하지 않습니다. 뿐만 아니라 어떠한 형태의 또 다른 권력을 재생산하는 당파주의적인 구조도 부정합니다. 더구나 성결의 복음 전파를 방해하거나 저지하는 교권은 이미 그 자체가 교회이기를 부정하는 것이기 때문에 이에 대해서는 '개혁정신'에 입각하여 저항하지 않으면 안 됩니다.

다섯째, 성결은 그 자체로 누구를 또는 무엇을 개혁하고자 하지 않습니다. 오히려 성결은 모든 자들을 향해 가서 복음을 전하고자 합니다.

성령세례로서의 성결 체험은 세상을 향한 그리스도 십자가의 용서와 사랑을 전하는 복음 전도로 표현됩니다. 그러므로 "선교적이지 않은 성결은 가짜"[48]라고 말할 수 있었습니다. 사중복음은 복음이 들려지지 않은 곳으로 달려가는 힘이 있습니다. 성령세례는 선교적 정신을 불태웁니다.

우리는 이와 같은 정신을 새로이 교단을 형성한 웨슬리안 감리교회와 자유감리교회의 역사와 교리 및 장정에서 확인할 수 있었습니다. 이때는 아직 성결교회가 태어나지 않은 상황이었지만, 미국의 역사적 상황 속에서 이 두 교단이 성결교회의 뿌리를 파악하는 데 매우 중요한 배경이 됩니다.

그러므로 성결의 복음이 지니는 정신들, 즉 신본주의에 입각한 반인본주의 정신, 하나님의 신적 개입에 입각한 종말론적 비타협의 정신, 반인도주의적 현실에 대한 비판정신, 타락한 교권주의에 저항하는 개혁정신, 세계 선교 정신은 사중복음이 교회와 세상 가운데 전파되고 뿌리를 내릴 때 피어

오르는 복음의 정신입니다.

미국 성결운동의 제2단계 : 신유와 재림

우리는 제2단계의 시작을 만국성결교회(1922년에 필그림성결교회)로 발전하게 된 만국성결연맹의 창립해인 1897년으로 설정합니다.

중생과 성결을 중심으로 교단의 정체성을 이해해 오던 이전의 제1단계와는 달리 제2단계에서 비로소 신유와 재림을 성결운동의 주요 신조로 천명하고 나타났기 때문입니다. 그것도 새로운 교리를 추가적으로 더하는 것에 머무는 것이 아니라 "성서적 성결(Bible holiness)"을 보다 더 적극적으로 촉진하기 위한 목적을 가지고 있었다는 것입니다. 이에 대한 논의로 들어가기 전에 먼저 만국성결연맹이 태어나게 된 당시의 상황을 간략하게 고찰합니다.

미국 사회는 남북 간의 시민전쟁(1861~1864)을 4년 간 치르고 난 후 노예해방으로 인해 자유롭게 된 흑인들의 사회적 문제를 비롯하여 교회 안팎으로 수많은 이슈들로 들끓고 있었습니다.

노예제도 폐지 여부의 문제 때문에 감리교회는 여러 교회로 분리되어 나갔고, 그러는 동안 성결에 대한 관심이 현저히 저하되었고, 남감리교회와 북감리교회 모두 지역주의적인 애국심만 강조하다보니 용서보다는 복수심이 앞서게 되는 그러한 상황이 계속되었습니다.[49] 교회에는 성결은커녕 회심 체험도 없는 명목상의 신자들로 가득 차 있었기 때문에 무엇인가 획기적인 영적 쇄신을 위한 전환점이 마련되지 않으면 안 되는 그런 때를 맞고 있었습니다.

바로 그때 우드(John Allen Wood, 1828~1905)[50]가 살아있는 영적 삶을 회복하는 이상적 방안으로 과거부터 있어왔으나 한동안 사라졌던 캠프미팅(Camp Meeting)을 다시 생각해내었고, 이를 전국성결협회(National Holiness Association)의 초대 회장이 된 감리교 목사 인스킵(John Swanel Inskip, 1816~1884)[51]에게 제안했을 때, 이는 그에게 구름 사이로 햇살이 눈부시게 비치는 듯 새로운 계시로 다가왔다고 합니다.

그는 무엇보다도 완전성화의 촉진이라는 특별한 목적을 내걸고 1867년 6월에 필라델피아에서 첫 캠프미팅을 열었습니다. 그리고 7월에 초교파적인 '성결촉진 전국협회'를 뉴저지주 바인랜드(Vineland)에서 조직하였습니다.[52] 캠프미팅 참석자는 대부분 감리교도였고, 7개주 대표의 15개 교단이 동참하였습니다.[53]

1885년 5월에 시카고의 파크 애브뉴 감리교회에서 첫 성결총회(The First General Holiness Assembly)가 개최되어 신앙개조를 채택하였습니다. 이후 성결운동이 전국적으로 급속하게 번져나갔습니다.

1887년에는 67개의 캠프미팅과 11개의 이동식 교회미팅(Tabernacle Meeting)이 미국 남부와 남서부 쪽에서 활발하게 모였고, 미국뿐만 아니라 캐나다, 영국, 독일, 인도, 호주 등지까지 전파되었습니다.

1888년에는 매주 201회의 주별 캠프미팅에서 206명의 부흥사가, 1892년에는 매주 354회의 캠프미팅에서 304명이 활동했습니다.[54]

특히, 만국성결연맹이 태동한 기간인 1895년부터 1901년 사이 약 6년 사이에 대부분 감리교에 적을 두고 있었거나 성결운동에 참여했던 자들에 의해 거의 매년마다 한 개씩 생기다시피하여 10개의 성결그룹이 출현하였습니다.

1894년에 (1)신약성서 그리스도의 교회, (2)불타는 떨기나무운동, 1895년에 (3)제일나사렛교회, (4)미국오순절교회협회, 1897년에 (5)만국(사도)성결연맹, 1898년에 (6)선교교회협회, (7)텍사스성결교회그룹, (8)세계오순절동맹, (9)오순절연합, 1900년에 (10)독립성결교회가 설립되었습니다.

이들은 완전성화를 "순간적인 것"으로, 중생 이후에 오는 "두 번째 은총의 사역"으로 정의하였으며, 실제적인 체험을 강조하였습니다.[55]

이제 우리는 성결운동에 대한 이러한 배경 이해를 가지고 '만국성결연맹 (International Holiness Union & Prayer League, 1897)'에 주목하고자 합니다. 왜냐하면 이 연맹이 한국 성결교회의 신학적 정체성에 결정적으로 영향을 미친 신조를 제정하여 이후의 모든 성결교회가 그를 따라가고 있기 때문입니다.

이 모임은 1900년에 만국사도성결연맹으로, 1913년에는 만국사도성결교회라는 이름으로 그리고 몇 번의 명칭변경이 있은 후 몇 개의 성결그룹과 통합하면서 1919년에는 만국성결교회로, 1922년에는 필그림성결교회로, 그리고 마침내 1968년에는 웨슬리안 감리교회와 통합하여 웨슬리안교회 (The Wesleyan Church)[56]가 되어 오늘에 이르게 되었습니다.

한국 성결교회의 뿌리를 찾고, 더욱이 그 가운데 사중복음의 정신이 무엇인지를 찾아나가는 과정에서 만국성결교회를 이해하는 것은 직접적으로 가장 중요한 일입니다. 특별히 성결교회 창립자인 마틴 냅(Martin W. Knapp, 1853~1901)과 리스(Seth C. Rees, 1854~1933), 그리고 이들과 함께 신학적 발전을 도모한 성서학자 갓비(W. Godbey, 1833~ 1920)와 조직신학자 힐스(A. M. Hills, 1848~1935)의 생애와 사상을 살피는 것이 필요합니다.

이 중에서 사중복음의 정신을 이해하기 위해 우리가 먼저 살펴보아야 할 일은 만국성결교회의 역사, 기본교리, 내규와 생활지침 등을 제시해 놓은 『헌장』[57] 중에 명시되어 있는 몇 가지 주요항목에 초점을 맞추는 것 입니다.

냅은 리스와 함께 1897년에 '만국성결연맹과 기도연합'[58]을 신시내티에 있는 자신의 집에서 결성했습니다. 이 모임과 여기에서 제정된 헌법의 중요성 때문에 1897년이 성결교회 탄생의 원년으로 공식적으로 명시되고 있습니다. 만국성결연맹이 최초로 제정한 『헌장』은 헌법과 부칙으로 되어 있는데, 헌법 부문의 제1조는 이렇게 시작합니다.

마틴 냅

만국성결연맹은 교권적 단체(ecclesiastical body)가 아니라, 기독교 신앙인들의 형제적 연맹이다. 이는 교회 조직체(church organization)를 반대함이 아니요, 단지 모든 신앙인들로 하여금 깊은 영성(deep spirituality)을 증진토록 하기 위해 만들어진 것이다. 그러나 모든 교권적 교황주의(ecclesiastical popery)에 대해서는 반대하며, 죄 되지 않는 모든 사항에 대해서 개인적 양심의 자유를 주장한다.[59]

예수의 바람, 성령의 바람

만국성결연맹의 이와 같은 창립 취지는 교회 조직의 구조적 문제 이전에 교회 안에 있어야 할 "깊은 영성"의 부재와, 있어서는 안 될 "교권적 교황주의"가 교회를 지배하고 있기 때문에 신앙의 자유로운 양심에 따라 천하에 자신의 저항적 입장을 드러내기 위함이었습니다.

이에서 볼 때 성결교회의 탄생은 교권주의의 지배 하에서 훼손되고 있는 교회의 본질을 회복하기 위해 깊은 영성을 추구하는 가운데 태어난 영성공동체라 할 수 있습니다.

이들이 제시한 설립 목적에 분명히 적시되어 있는 점은 "죄인들에게는 성서적 중생이, 그리고 모든 신자들에게는 성령과 불의 세례가 중요함을 강조하기 위함"이라는 것과, "슬럼지역, 정글, 그리고 온 세상에 성결의 복음을 전파함으로써 승천하신 우리 주님의 대사명을 수행하기 위함"입니다.[60] 그래서 누구든지 이 만국성결연맹의 회원이 되기 위해서는 다음과 같은 신조에 동의해야 했습니다.

> 나는 그리스도에 의한 성령세례는 신자들을 위해 중생 다음에 오는 것이며, 믿음으로 받는 순간적인 경험이며, 모든 죄로부터 마음을 정결케 하는 것이며, 부름받은 모든 자들이 성공적으로 사명을 성취토록 능력이 주어지는 것임을 믿는다.
> 나는 우리 주님의 재림을 믿으며, 하나님의 말씀이 가르치는 신유를 믿으며, 이러한 진리들[재림과 신유]을 적절하게 강조하는 것(proper emphasis)은 참 성결을 증진하는 데 도움이 됨을 믿는다.[61]

이와 같은 신앙고백과 주장은 이전의 미국 감리교회사에서는 볼 수 없었던 획기적인 것이었으며, 감리교에서 나온 웨슬리안 감리교회나 자유감리교회에서도 찾아볼 수 없는 것이고, 심지어는 초교파적인 전국성결연합회에 소속된 성결운동 단체들에서도 쉽게 발견할 수 없는 신조였습니다. 이것을 천명하고 나선 것입니다.

특히 신유와 재림을 강조하되 그렇게 하는 목적이 "참 성결을 증진하는 데 도움이 됨"을 확신하기 때문이라는 점은 미국 성결운동사에서 새로운 획을 긋는 요체라 할 수 있습니다. 명실공히 사중복음이 역사적 맥락에서 현실적으로 구성되고 내용적으로 완성을 본 순간입니다.

한편, 연맹 창립자들은 3년 후 1900년 7월 3일 신시내티에서 열린 연례모임에서 만국성결연맹이란 최초의 명칭에 "사도적(Apostolic)"이란 말을 삽입하였습니다. 그리고 그 이유를 "사도적 원리와 실천으로 돌아가고자 하는 목표와 노력을 보다 충분하게 표현" 하기 때문이라고 별지에 따로 적시하였습니다.

그리고 헌법 제1조에 "사중복음(full gospel)은 사도들과 초대교회에서 실천했던 성서적 성결에 본질적인 것"이라고 밝히면서 연맹의 목적에 다시 "사중복음(Full Gospel)의 전파를 통해 성서적 성결(Bible holiness)을 증진하려 함"에 있다고 선언하였습니다.[62]

이로써 사중복음에는 그 자체를 각론적으로 중시하기 이전에 모든 각론들이 '성서적 성결'을 온전히 도모하는 데 궁극적인 목적이 있었음을 알게 됩니다.

그들이 사중복음을 주창할 때 특히 신유와 재림의 자리를 분명히 했는데, 신유는 "하나님의 말씀이 가르치는" 사실이라는 것과, 재림은 당시의 후천년적 재림론이 아닌 **전천년적 그리스도의 재림**(pre-millennial coming of Christ)이라는 것을 구체적으로 명시하였습니다.[63]

이는 당시 주류 감리교회의 신학적 흐름에서 볼 때 참으로 도전적이며 래디컬한 신학 선언이 아닐 수 없었습니다. 이것은 당시 교회의 모습이 지나치게 현실에 안주하는 낙관주의적 태도로 보인 것에 대한 신학적 경고의 의미가 강하게 담겨 있습니다. 왜냐하면 그들은 이미 헌법에까지 당시의 교회를 "차갑게 죽어버린 사회적 클럽(cold, dead social clubs)"이요, 아예 노골적으로 "타락한 교회(backslidden Churches)"라 결론져놓고 있기 때문입니다.

신유와 그리스도의 전천년적 재림 그리고 **세계 복음화**와 같은 주제는 세속적으로 타락한 교회가 무관심할 수밖에 없었던(so sadly neglected) 주제였습니다.[64] 성결이 믿음으로 성령세례를 통해 즉각적으로 경험될 수 있다는 사실에 회의적인 감리교회로서 신유와 전천년적 그리스도의 재림을 수용한다는 것은 어림도 없는 일이었습니다.

더욱이 이를 교단 헌법에 공동체적 선언으로 내놓는다는 것은 오직 만국사도성결연맹과 같은 래디컬한 성결운동 그룹에서나 할 수 있는 일이었다고 보는 것입니다.

그렇다면 만국사도성결연맹은 왜 이토록 래디컬한 입장을 취하였습니까?

첫째는 성서가 교회에 요구하는 삶의 윤리 기준이 '완전성화'의 삶이라는 것을 받아들였기 때문이며, 둘째는 이미 성서의 초월적 영감과 신적 권위가 "합리주의"라는 미명하에 "고등비평"과 "신신학"으로 거의 초토화 되어가고 있던 교회를 개혁하려 했거나, 적어도 그러한 급물살에 빠져들지 않으려 했기 때문이었습니다.[65]

그들이 래디컬해진 또 다른 이유가 있다면, 그것은 신학적 차원뿐만 아니라, 주류 교회의 많은 성직자들이 "돈만 주면 뭐든지 하는 목회(hireling ministry)"[66]를 하는 타락한 현실 가운데서 스스로 래디컬해지지 않으면 어느 누구도 도무지 현실을 돌파해 나갈 수 없었기 때문입니다.

이처럼 인본주의로 인하여 신학뿐만 아니라 윤리적 삶의 실천까지 총체적으로 타락해가는 교회 안에서 그들은 희망을 가지고 끝까지 남아있으면서 "깊은 영성"으로 교회를 갱신해보고자 했으나, 오히려 교단의 교권주의적 탄압으로 인해 사중복음 메시지 자체까지도 전할 수 없는 자리로 내몰리게 되었습니다.

그 대표적인 사례가 연맹 창립자였던 냅이 치사피크 지역 성결연합회(Chesapeake Holiness Union)가 주최하는 집회의 강사로 초대되었을 때, 해당 지역 감리교 연회에서 집회를 인도하지 못하도록 냅이 제재를 받았던 사건입니다.

냅이 그들의 결정에 불응하고 초청에 계속 임하자 그들은 냅이 소속된 미시건 연회에 냅의 불법성을 판단해 달라고 고소하였던 것입니다. 냅은 그에 대해 의연히 대처하여 승소하였지만 그것으로 끝내지 않고 감리교회의 교권주의에 저항하는 성결운동사적

　　　　　　　　　　　　　　예수의 바람, 성령의 바람

으로 매우 중요한 논박문『오순절적 저항』을 책으로 출판하여[67] 천하에 공포함으로써, 자신이 소속한 감리교회로 되돌아갈 수 없는 길을 가게 되었습니다.

이는 결국 교회가 어디로 가야 할 것인지에 대한 대답으로서 만국사도성결연맹이 가야 할 길은 '오순절의 성령세례로 태어난 초대교회'이며, 그것을 표현하는 말이 "사도적"이라는 말인 바, 이는 곧 모든 교회는 "사도적 실천, 사도적 방법, 사도적 권세"를 회복해야 할 것을 천명하는 것이었습니다.[68]

제2단계를 특징짓는 첫 번째 이슈 : 신유

만국사도성결연맹에 신유가 사대 신조 가운데 하나로 들어오기 전 이미 20여 년 전부터 신유 사역은 활발히 전개되어 왔습니다.

크게 두 가지 성향의 사역들로 나뉠 수 있겠는데, 먼저는 매우 공격적인 치유사역입니다. 특히 동종요법 의사였던 컬리스(Charles Cullis, 1833~1892)가 성결운동 내에서 신유사역의 전개에 미친 영향은 지대한 것이었습니다.[69] 그로부터 영향을 받은 자들 가운데 대표적인 인물들에는 인스킵, 보드만, 고든, 심슨 등이 있습니다.[70]

이들의 신유론은 그리스도의 구속론 선상에 있습니다. 즉, 그리스도의 십자가 사역이 이를 믿음으로 고백하는 자에게 지금 구원을 베풀듯이, 그와 같은 방식으로 그리스도에 대한 믿음으로써 질병으로부터 완전한 건짐을 받을 수 있다고 주장하는 것입니다.[71] 이는 믿음으로써 모든 질병의 퇴출을 '명령'하는 것입니다.

다른 한편에서는, 기존의 이러한 신앙 치유의 원리와 방식에 대해 긍정하면서도 새로운 입장이 개진되기 시작했습니다. 카터(R. Kelso Carter, 1849~1926)[72]는 신앙치유의 행위를 치유 명령이 아니라, 하나님의 섭리적인 뜻을 구하는 가운데 병 나음의 여부를 믿음으로 받아들이는 것이라 주장하였습니다.[73]

병 나음을 명령할 것일까요, 아니면 청원하는 것일까요?

만국사도성결연맹은 '청원'의 입장이었던 것으로 보입니다.

그런 점에서 신유에 있어서는 성결운동의 래디컬리즘을 보다 철저히 밀고 나간 그룹이 오순절교단이라 할 수 있겠습니다. 왜냐하면 그들에게 신유는 청원이 아니라 명령이었기 때문입니다.

갓비(William Godbey)는 웨슬리가 자신의 두통이 깨끗이 낫고, 타고 다니던 말이 절뚝거렸는데 기도로 나은 일과 그리고 갓비 자신의 치유 경험을 말함으로써, 신유의 복음을 말하지만 하나님의 섭리를 따르는 신앙치유의 입장에 서 있었습니다.[74]

반면, 신유운동에 대해 반대하는 목소리도 적지 않았는데, 대표적인 인물이 고전적이고 메소디스트적인 경향을 띤 전국성결협회(National Holiness Association)의 전국 지도부에 속한 로우리(Asbury Lowery, 1816~1898)였습니다. 그가 특히 치유론을 반대한 이유는 그것이 극단적으로 나갈 때, "우리의 관심이 성결로부터 새로운 것으로 옮겨 가고 육신의 치료가 영혼의 치유보다 더 중시되지 않을까"[75] 염려했기 때문이었습니다.

그러나 19세기 말에 성결운동 안에서 신유를 강조하는 것은 공통적인 특징이었고, 만국사도성결연맹의 멤버들은 더욱 그러했습니다. 데이튼은 신

예수의 바람, 성령의 바람

유운동의 역사적—신학적 맥락을 찾아 그 흐름을 잡아내는 과정에서 마지막 단계로 만국사도성결연맹의 핵심 멤버들인 갓비, 리스, 냅의 입장을 정당히 잘 밝혀놓고 있습니다.[76]

갓비는 신유를 말할 때 단지 그 자체의 가치만 보지 않고 완전성화를 위한 믿음의 과정에서 함께 일어나는 사건으로 봄으로써 신유를 강조하는 것은 결코 구속사에서 특이한 일이 아니라 "교회가 각성하고 온전한 성화의 높은 경지를 향해 계속 나아갈 때 전능하신 치유자에 대한 인식이 신약시대처럼 일반적인 일이 될 것이다"[77]고 봄으로써 오히려 자연스러운 일임을 주장합니다.

만국성결연맹을 창립하던 해 1897년에 리스는 『이상적인 오순절적 교회』를 통해서 신유운동을 강력히 변호하고 나섰습니다. 신유의 사역이 확대되면서 극단주의와 열광주의적인 행태가 여러 곳에 나타났는데 그로 인하여 신유사역 자체를 막는 일은 결코 정당치 못한 것이라 주장하였습니다. 그럴 때일수록 오히려 "주님의 치료하는 능력"이 임할 수 있도록 "서로의 신앙을 북돋우어" 줌으로써 "하나님과 그의 능력을 치료하고자 하는 의지를 신뢰하는 여린 나뭇가지의 순을" 보호해 주는 것이야말로 "그리스도인다운 행동"이라고 호소하였습니다.[78]

급진적 성결운동의 신유론은 일반적으로 "완전주의자들이 성결에 대한 가르침을 철저하게 밀고 나간 결과물"[79]이라고 내린 데이튼의 평가는 비판적으로 볼 필요가 있습니다.

그것은 성결을 철저히 추구한 결과로 신유의 사역까지 이르게 되었다고 이해할 소지가 있기 때문입니다. 그러나 오히려 그와 반대로 보아야 할 것입니다.[80] 즉, 신유의 은혜로 인하여 성결한 삶이 더욱 성숙해졌다 함이 옳습니다. 이는 만국사도성결연맹의 헌법에서도 신유가 "성결을 촉진하기 위한 것"이라 밝힌 것에 근거할 때 더욱 그렇습니다.

데이튼의 분석은 오히려 '신유와 성결' 간의 그와 같은 상호관련성이 있다는 것을 지시하는 것으로 족한 것으로 보입니다. 신유와 성결 간의 상호관련성은 당시 조직된 '신유협회(Divine Healing Association)'의 첫 회의에서 나온 자료에도 잘 나타나 있습니다. 즉, "구원이 없고는 치유 받을 수 없고, 구원과 치유 없이는 온전한 성화에 이르지 못한다"는 것입니다.[81]

컬리스나 보드만이나 심슨과 같이 냅의 경우도 신유를 구원론적인 차원 안에서 보았을 때는 "성결로부터 신유로(from Holiness to Healing)" 옮겨가는 성결 체험의 래디컬한 과정으로 이해하였습니다.

그러나 후에 냅이 신유를 오순절적 체험의 일부로 해석하기 시작했을 때부터는 성결을 철저히 밀고 나감으로써 오는 결과로서의 신유가 아니라, 성령에 의해 주어지는 은사로 보게 되었습니다.[82] 그리하여 궁극적으로는 성령이 직접적으로 역사하는 가운데 나타나는 은사로서의 신유로 인해 성결 체험이 보다 촉진되는 은혜를 경험하게 된다는 것입니다.

신시내티의 '구원공원 캠프미팅'을 주관했던 냅은 리스의 말을 인용함으로써 캠프미팅에서 일어난 신유운동의 정당성을 다음과 같이 주장하였습니다:

이 캠프미팅에서 성령은 다시 한번 성결운동의 가르침들 가운데서 치유를 다루게 하는 것은 '성결'에 해가 된다고 주장하는 자들의 어리석음을 꾸짖었다… 그러기에 우리는 여기에서 나타난 능력과 같은 능력이 나타나는 것들을 '곁길로 가는

것'이라고 경계하는 캠프에는 결코 참여하지 않았다.[83]

이처럼 신유는 주류 감리교가 반대하듯이 성서의 성결을 위한 '곁길 (side-track)'이 아니라 오히려 성결 체험을 더욱 강화하는 은총의 수단임을 만국사도성결연맹은 명백히 하고 있습니다.[84]

'참 구원(full salvation)'을 위해 전해져야 할 '참복음(full gospel)' 안에 신유와 재림을 포함시키기 시작한 성결운동의 제 2 단계는 성령세례를 통한 순간적 성결 체험으로까지 나간 제 1 단계의 성결운동을 더욱 철저하게 '사도적' 오순절 초대교회의 모습으로 밀고 나갔습니다.

이러한 입장은 주류 감리교회 측뿐만 아니라 뜻을 같이 하는 성결운동연합 모임 내에서조차도 매우 래디컬한 것으로 여겨졌습니다. 특히 당시에 영국 에든버러 태생의 남부 오스트레일리아의 회중교회 목사였던 도위 (John Alexander Dowie, 1847~1907)가 시카고 지역 부근에서 치유사역을 전개한 '도위 운동(Dowie Movement)'이 사회적 물의를 일으키는 상황이 전개되었습니다. 그들은 일체의 약을 금하면서 철저한 헌신을 요구하는 극단적인 신유사역을 시도하였기에 교계의 호응을 받을 수 없었습니다.

설상가상 격으로 뉴잉글랜드에서 온 '크리스천 사이언스'로 인하여 교계에 더욱 혼란이 야기되고 있었던 상황이었는데, 만국사도성결연맹의 리더들은 신유사역이 철저히 성경에 기초하고 있다는 확신을 가지고 있었기 때문에 현실적인 여러 가지 부담감과 압박에도 불구하고 끝까지 신유사역을 강행하였습니다.[85]

제2단계를 특징짓는 두 번째 이슈 : 재림

완전성화로서의 성결은 성령세례에 의한 즉각적이고도 순간적인 체험으로 시작되는 바, 이는 오순절 성령강림의 사건으로부터 시작되었다는 것이 만국사도성결연맹의 입장이었습니다. 그렇기에 그들은 보다 철저하게 오순절적 초대교회의 비전을 추구하였습니다. 그들의 관점에서 성결체험은 "말세"에 부어지는 성령에 의해 가능한 것이기 때문에 성령론은 자연히 종말론을 초대하는 구조였습니다.

이러한 맥락에서 오순절적 성령론은 오순절적 성결론을 불러오고, 오순절적 성결론은 오순절적 종말론을 불러옵니다. 오순절적 관점에서 보는 성령론, 성결론, 종말론의 특징은 오순절 초대교회의 '경험'에 의해 규정됩니다. 즉, 아버지께서 약속하신 성령의 임재는 "갑자기(suddenly)" "하늘에서 세찬 바람이 부는 듯한 소리"(행 2:2)가 들리듯이 누구도 예측치 못한 한순간에 갑작스러운 사건으로 받아들여진 경험이었습니다.

이처럼 성령의 강림이 순간적이었듯이, 그로 인한 성결도 성령의 순간적 임재로 인한 즉각적인 체험이 되며, 종말도 갑작스러운 주의 재림에 의한 순간적인 사건이 될 것으로 믿게 되는 것입니다.

이와 같은 흐름은 만국사도성결연맹의 헌장 제 16 조 '예수의 재림' 신조와 맥을 같이 합니다:

> 우리 주님은 인격적으로(personal) 오시며, 천년왕국 이전에(premillennial) 오시며, 또한 갑작스럽게(imminent) 오심을 우리는 믿는다.[86]
> 복음이 (온 세상에) 증거되고, 이스라엘 백성이 모이고, 적그리스도가 출현하고, 기타 예언된 일들이 나타나기까지 그가 그의 성도들과 함께 지상으로 내려오는

예수의 바람, 성령의 바람

일은 일어나지 않을 것이다.[87]

만국사도성결연맹이 고백하는 이러한 재림신앙은 당시 미국 교계에 확산되고 있던 다비(John Nelson Darby, 1800~1882)의 전천년주의와 유사하게 보입니다.

그러나 데이튼이 분석하듯이, 만국사도성결연맹의 오순절의 종말론은 "세대주의 등장과 병행하여 발전하고"[88] 있는 것으로 보아야 할 것입니다. 왜냐하면 나의 의견으로도, 비록 서로 간에 내용적인 유사성이 있다하더라도 다비와는 확실히 구별되는 '동기'를 가지고 있기 때문입니다.[89]

그것은 이미 앞에서도 보았듯이, 그 동기란 중생한 신자들이 성령세례로 말미암아 체험하게 된 성결의 은혜를 이 땅위에서 지속적으로 촉진하는 데 도움을 주려는 것입니다.

그러한 맥락에서 만국사도성결연맹이 견지하는 **휴거론**은 성결론의 관점에서 매우 중요합니다. 휴거론에서의 공중 혼인잔치는 성결론을 래디컬하게 밀고나가는 신학적인 장치의 역할을 하기 때문입니다.

그리스도의 보혈과 성령세례로써 성결한 자만이 그리스도의 공중 재림 시에 들림을 받게 됨으로 한 번 성결의 은혜를 받은 자는 끝까지 그 은혜 가운데 머물러야 한다는 메시지가 전천년주의(premillennialism)의 휴거론이요 또한 재림론입니다.[90]

한편, 무엇보다도 주류 감리교회가 후천년주의(postmillennialism)를 견지하고 있는 상황에서 냅과 같은 감리교 목사가 전천년주의 종말론에 입각하여 역사를 해석하고 교회를 이해한다는 것은 매우 래디컬한 것이어서 그것은 점진적 성화론과 순간적 성화론 사이의 격차만큼이나 그 차이가 큰 것이었습니다.

전천년적 재림 사상이 크게 지배하고 있던 곳 가운데 하나가 모리슨(H. C. Morrison, 1857~1942)을 중심으로 한 **켄터키 성결그룹**이었습니다.[91] 특히 냅은 갓비와 피켓(L. L. Pickett, 1859~1928)의 영향으로 전천년주의를 수용하여,[92] 오순절적 부흥의 경험을 확산하는 데 진력을 다하였습니다.[93]

냅은 전천년주의를 본격적으로 개진하면서 주류 감리교 신학이 견지하고 있는 후천년주의를 공격하였는데, 그 이유는 다음과 같습니다:

> 사탄은 성화되지 않은, 그래서 준비가 덜 된 신자들에게 이 진리[전천년적 예수의 재림]를 감추려고 언제나 힘써 왔다. 사탄은 사람들의 마음속에 헛되고 모호한 후천년주의적 재림사상을 주입하는 데 성공해 왔다. 후천년주의는 교회와 인간의 성취를 언제나 과장한다. 오직 재림의 주님만이 할 수 있는 일을 사람이 할 수 있는 것처럼 말한다. 그리고 천년왕국의 통치에 대한 많은 예언들을 하찮은 것으로 왜곡시켰으며, 최후심판 후에도 계속 존재할 것 같은 천상화(天上化)된 땅과 교회에 그 천년왕국의 예언들을 적용했다.[94]

다른 한편, 후천년주의에서 전천년주의로 신학적 전환을 시도하는 것은 개인에게나 그가 속한 공동체에게 하나의 혁명과 같은 일이 아닐 수 없습니다. 이미 앞에서 대표적으로 언급한 갓비[95]와 냅은 모두 후천년주의자들이었다가 전천년주의자가 되었습니다.[96] 우리는 이 지점에서 성결운동 제2

예수의 바람, 성령의 바람

단계가 지니는 래디컬한 사중복음의 정신을 찾을 수 있다고 봅니다.

후천년주의를 철저히 견지하는 감리교 신학의 입장에서 보면, 전천년주의를 수용하는 것은 알미니안이 되기를 포기하고 칼뱅주의자가 되는 것과 같았습니다. 왜냐하면 "인간의 자유와 그 의지의 혁신을 위한 복음적 동기의 설득 능력을 극대화하도록 훈련받았으며, 단지 하나님의 절대적 은총에 의해서만 구원을 받는 것을 반대하도록 가르친 알미니안"이 인간의 "지혜를 초월하고 있는 그리스도의 우주적 승리에서 오는 천년왕국 사상"을 그냥 받아들인다는 것은 "저항할 수 없는 은총을 믿는 옛 칼뱅주의자"[97]에게나 해당되는 것으로 보였기 때문입니다.

그러나 신학의 옛 전통으로 돌아가기보다는 "사도적" 오순절의 초대교회를 꿈꾸면서 성령세례를 통해 오순절의 부흥을 경험하기 원했기 때문에, 만국사도성결연맹의 리더들은 "점진적 변화를 통해서 역사 안에 있는 죄와 악을 몰아내는 데까지 이를 수 있는 과정을 강조하는"[98] 주류 감리교의 후천년주의를 거부하고, 천년왕국의 문을 여는 열쇠를 가지고 오는 예수 그리스도의 전천년적 재림 신앙을 과감히 받아들일 수 있었습니다.

갓비의 증언처럼, "성결한 사람치고 예수의 임박한 재림을 대망하지 않는 사람은 한 사람도 보지 못했다"[99] 즉, 재림의 임박성을 말하는 전천년주의는 성결의 은혜와 삶을 더욱 증진하는 데 기여하는 것이지 그 반대는 아니며, "성령과 불로 세례를" 받았을 때 후천년주의를 신봉하는 "메소디스트라는 것을 불살라" 버릴 수 있었던 것입니다.[100]

만국사도성결연맹의 사람들에게 성결과 천년왕국의 관계는 분명해졌습니다. 신자의 성결한 삶이 천년왕국을 도래케 하는 열쇠가 아니라, 예수의 재림이 천년왕국을 이 땅위에 오게 한다는 것입니다. 성결운동은 오직 "하나님의 백성들로 하여금 결혼 예복을 입도록 요청하는 것"[101]으로 그 사명을 다한다는 것입니다.

성결운동의 제2단계는 성결운동 그룹이 두 갈래로 나뉨으로써 자신의 정체성을 분명히 하는 기간이 되었습니다. 이때는 신유와 전천년적 재림 신앙의 수용 여부가 그 기준이 되었습니다. 이를 받아들인 그룹이 바로 한국 성결교회의 모체가 되었던 만국사도성결연맹입니다.

이들은 여타의 성결운동 그룹 가운데서 "급진적(radical)"이란 말을 들었을 정도이니 주류 감리교회가 볼 때는 '극단적' 열광주의 단체로 보였을 것입니다.

만국사도성결연맹이 제2단계의 문을 연 대표주자로서 사중복음의 신유와 재림을 뚜렷하게 신앙 공동체의 정체(正體)적 신조가 되게 한 그 정신이 무엇인지를 지금까지의 논의를 근거로 귀납적으로 추론할 때 거기에는 다음과 같은 중요한 정신이 총체적으로 작용했음을 밝힐 수 있습니다.

첫째, "모든 교권적 교황주의에 대해서 반대"[102]하는 반(反)인간 중심주의적 정신입니다.

교회의 머리가 조직의 권력을 장악하고 있는 인간이 되어서는 안 된다는 것입니다. 교회에서는 예수 그리스도를 보내시고 또한 그를 통해서 성령을 보내시는 하나님만이 지배하는 하나님 중심주의 정신입니다.

이는 냅이 치사피크성결연합회 부흥집회 인도 사건으로 야기되었던 법적 투쟁을 통해서 몸소 실천한 "오순절적 저항"의 정신입니다. 이는 역사

예수의 바람, 성령의 바람

적으로 "하나님을 하나님 되게 하라(Let God Be God!)"고 외친 루터와 맥을 같이 하는 종교개혁의 정신입니다.

둘째, 만국사도성결연맹이 성결운동을 한다는 것 때문에 주류 감리교 당국으로부터, 그리고 그것이 래디컬하다는 것 때문에 같은 성결운동 그룹 안에서도 갖은 불신과 외면 그리고 피해를 받는 가운데서도 신유와 전천년적 재림 신앙을 견지해 나갔던 가장 큰 이유는 그것이 "참 성결을 증진하는데 도움이 됨"[103]을 굳게 믿었기 때문입니다.

이는 곧 사중복음의 궁극적 목적은 "참 성결"에 있다는 사실을 천명함입니다. 사중복음은 교회 현장에서 성서적 순수 신앙만으로써 교회의 성결성 하나를 지키고 또한 전파하기 위해 값비싼 대가를 지불하면서 투쟁하여 얻어진 결실입니다. 신유와 재림으로 완성된 사중복음은 신학적 논리로 집성된 신조들의 묶음이 아니라 '성결'을 지상 최고의 가치로 여기는 생명의 메시지입니다.

셋째, 사도주의(Apostleship) 정신입니다. 냅과 리스는 1897년 처음 모임을 '만국성결연맹기도동지회'란 이름으로 시작하였다가 3년 후 1900년에 "사도적"이란 말을 넣었습니다. 그리하여 '만국사도성결연맹'이 되었습니다.

교회는 "사도적(Apostolic)"이어야 한다는 것입니다. 사도란 주 예수 그리스도로부터 보냄을 받은 자이며, 그에게는 자신을 보낸 오직 한 분만의 주가 계십니다. 그런 의미에서 사도적인 교회는 철저히 예수 그리스도만을 머리로 하는 예수 중심의 교회입니다.

또한, 사도적 교회는 주님으로부터 보냄을 받은 존재이므로, 다시 오실 주님의 임박한 재림을 기다리는 교회입니다. 사도적 교회는 주님으로부터 받은 성령의 권능으로써 현재에도 기사와 능력을 행하는 교회입니다.

넷째, 인간중심의 진화론적 낙관주의를 거부하는 정신입니다. 그리스도의 재림이 '갑자기' 어느 한순간에 와서 주님 맞을 준비가 되어 있는 자들을 공중으로 데리고 올라가 그들로 공중 혼인잔치에 참여하는 신부가 되게 한다는 신약성서의 전천년적 재림 신앙은 그러한 정신을 강화합니다.

이런 재림 신앙은 인간의 모든 낙관주의적 가능성과 교만을 일거(一擧)에 무력화할 수 있기 때문입니다. 또한 정한 때가 되어 주님과 함께 지상으로 내려와 천년왕국을 다스린다는 신앙은 인간의 책임과 한계, 그리고 하나님의 섭리와 능력을 분명히 알아 하나님처럼 되고자 하는 교만에 빠지지 않게 하고, 동시에 감당해야 할 일에 대해 책임을 지지 못하는 나태함에 빠지지 않도록 합니다. 이는 마치 하나님이 지상의 천년왕국 건설을 인간에게 다 맡긴 것처럼 생각하여 인간이 지상의 천년왕국을 건설해야 할 것으로 가르치는 후천년주의와는 그 정신이 전혀 다릅니다.

다섯째, 성서적인 메시지라는 확신을 가진 경우는 그것을 주장하거나 실천함에 어떠한 어려움이 따른다 하더라도 추진하는 정신, 곧 복음적 래디컬리즘(급진성, 과격성, 철저성)입니다.

만국사도성결연맹은 신유와 재림의 복음이 전개되기 시작은 했어도 신앙공동체적 연맹의 장정에 포함할 뿐만 아니라 연맹의 회원이 되려면 신유와 재림의 신앙을 고백해야 할 정도로 래디컬했던 것입니다.

특히 당시 **도위 운동**(Dowie Movement)이나 **크리스천 사이언스** 같은 그룹에 의하여 신유사역 자체가 거부되고 있는 상황 속에서 이단 시비에 걸

예수의 바람, 성령의 바람

려 어려움을 당할 수 있을 때임에도 불구하고 신유사역과 나아가서는 전천
년적 재림 신앙을 철저하게 주창하였습니다. 이것은 그들이 복음적 래디컬
리즘의 정신으로 완전무장을 했기 때문에 가능한 것이었습니다.

여섯째, 성결운동은 래디컬한 정신으로 과감히 추진하였지만, 성서적-
신학적 사고에 있어서는 논리적 객관성을 유지하는 중용의 정신을 가지고
있었습니다.

만국사도성결연맹이 사중복음의 성결지상주의를 천명한다고 해서 성결
의 경험이 신유를 가능케 하거나, 성결이 재림을 앞당길 수 있다고 여기지
않았습니다. 비록 성결이 성령세례로 인하여 주어지는 은혜의 사건이지만
그것은 여전히 유한성을 가진 인간의 차원이라는 점에 대한 명확한 인식을
하고 있었습니다.

그러므로 성결지상주의적인 사중복음일지라도 신유와 재림은 성결과 관
계없이 그 역사하심과 그 때는 전적으로 하나님에 의해 결정되고 실현된다
는 사실을 받아들일 수 있었던 것입니다. 즉, 신유는 성결 여부와 관계없이
성령에 의해 주어지는 은사(恩賜)요, 갑작스럽게 홀연히 임할 것이라는 주
의 재림은 신자의 성결 됨을 기다리지 않습니다. 재림은 전적으로 하나님
의 섭리적인 의지 안에서 이루어지는 것이기 때문입니다. 오히려 재림 신
앙이 하나님의 자녀가 성결한 삶을 견지하게 합니다.

주(註)

1) 기독교대한성결교회, 『헌법』(서울: 기독교대한성결교회 출판부, 2002 개정판), 13 (필자의 강조); 『교리 급 조례』참조하라. 본 장은 서울신학대학교 신학대학원 2012 년 10월 26일(성결인의 집, 존 토마스 홀) '종교개혁 기념강좌'에서 발표한 것임.

2) Melvin E. Dieter, *The Holiness Revival of the Nineteenth Century* (Lanham/London: Scarecrow Press, 1996), 1쪽에서 재인용; *Guide to Christian Perfection*, I (July, 1839), 13. "What Shall Be Done to Revive the Work of Holiness in the Church?"

3) 그 다음의 연구는 사중복음의 정신을 현대 교회와 현대 신학이 주제화하여 다루고 있는 종교다원주의, 탈식민주의, 신자유주의, 탈현대주의, 생태여성주의 등의 제 문제에 적용하여 해결책을 찾도록 하는 것이다. 그래서 사중복음이 좁은 의미에서 지난 세기 특정 지역의 성결운동과의 관계에서만 의미 있는 것인지, 아니면 현대 인류가 직면하고 있는 다양한 문제들에 대해서도 강력한 신학적 메시지가 될 수 있는 지를 확인할 수 있어야 할 것이다.

4) 우리는 Full Gospel의 Full을 '온전한'이란 말 대신에 '가득 찬', 혹은 '참된'이란 의미에서 '참'이란 용어를 사용할 것이다.

5) Donald Dayton/조종남 역, 『오순절 운동의 신학적 뿌리』(서울: 대한기독교서회, 1993); 원저명 *Theological Roots of Pentecostalism* (Francis Asbury Press, 1987); 그러나 웬 일인지 성결교회 학자들에게는 그의 연구가 그리 중요하게 취급되지 못한 경향이 있다. 아마도 책명으로 나와 있듯이 "오순절 운동(Pentecostalism)"의 신학적 뿌리를 다루었으니 성결교회와는 좀 거리가 있을 것이라는 선입견으로 인해 더욱 그럴 수 있었을 것이다. 그러나 데이튼의 연구는 철저히 사중복음의 신학적 배경을 탐구한 20세기 말 최고의 작품에 속한다고 할 수 있다.

6) 박명수, 『근대 복음주의의 주요흐름: 한국 성결교회의 배경에 대한 연구』(서울: 대한기독교서회, 1998). 여기에서는 앞에서 소개한 도날드 데이튼의 연구가 언급되지 않고 있다; 그의 박사학위논문(1992)에 기초한 『근대 복음주의의 성결론』(서울: 대한기

독교서회, 1997)은 사중복음의 못자리가 되었던 19세기 미국의 신학적 운동을 여섯으로 구분하여 이들이 "성결"을 이해한 방식과 내용을 다루어줌으로써 사중복음이 태어난 신학적 현장에 대한 이해를 돕는 데 기여하고 있다.

7) Misaeng Lee Choi, *The Rise of the Korean Church in Relation to the American Holiness Movement: Wesley's "Scriptural Holiness" and the "Fourfold Gospel"* (Lanham: Scarecrow Press, 2008), 36~58. 특히 만국사도성결연맹과 이를 시작한 마틴 냅과 셋 리스를 중심으로 다룬 것은 그간 소홀히 취급되었던 분야를 강조한 점에서 의의가 높다.

8) 서울신학대학교 성결교회신학연구위원회, 『성결교회신학』(서울: 기독교대한성결교회 출판부, 2007).

9) 조종남, 『사중복음의 현대적 의의』(서울: 대한기독교서회, 2009); 『성결교회의 신학적 배경과 사중복음의 유래: 이명직 목사님의 주창을 중시하여』(서울: 기독교대한성결교회 출판부, 1998); 『이명직 목사가 주창한 성결교회의 신학적 계통과 입장』(부천: 서울신학대학교 출판부, 1991); 목창균, 『성결교회 교리와 신학』(서울: 대한기독교서회, 2012).

10) 홍용표, 『한국성결교회사 110년 이야기 A: 혁신적으로 성결한 삶을 위한 혁신적 정직과 정사 시각에서 봄』(서울: 아카데미 킹북, 2011), 162~163; "한국 성결교회는 합법적으로는 미국에서 이미 1905년 12월에 윌리엄스가 세계선교국 총재, 카우만이 한국 총리로 임명되면서 한국 성결교회는 공식 출범되었다...만국성결교회는 세계선교국 산하 한국 성결교회 창립을 위해 1905년 총회 기관지 〈하나님의 부흥자〉와 공조를 하는 법인 해외선교국(The Foreign Missionary Board of the IAHUC)을 합법적이고도 공식적으로 확장, 개명하고, 한국 서울에서 첫 중앙성결교회 건물 확보(1907. 3)와 창립예배식(1907. 5. 30) 2년 전에 찰스 카우만을 극동선교부 한국총리로, 킬보른을 부총리로 임명하였던 것이다."

11) 현재 성결운동과 관련하여 접근할 수 있는 아카이브는 다음과 같다: 신시내티(Ohio 주)에 있는 God's Bible College 도서관 아카이브, 피셔스(Fishers, Indiana주)에 소재한 The Wesleyan Church World Headquarter의 교단 아카이브, Asbury

Theological Seminary 도서관 아카이브, Fuller Theological Seminary 도서관 아카이브 정도 유용하며, 그 외 그린우드(Greenwood, Indiana주)에 있는 OMS One Mission 본부의 아카이브는 전문적인 관리가 안 되어 있는 상태이다; 무엇보다도 사료편찬에 절대적으로 요구되는 1차 자료들을 공적으로 보관하는 아카이브의 상태가 열악하여 중요한 고문서들이 훼손되거나 분실되고 있으며, 존재한다고 하더라도 접근하기가 용이치 않은 안타까운 현실이다.

12) Donald Dayton, "'사중복음' : 환태평양 연속성의 열쇠,"『환태평양 시대의 웨슬리안 성결운동』환태평양 웨슬리안 성결신학자 학술대회 논문집, 서울신학대학교 성결교회역사연구소 편 (부천: 서울신학대하교 출판부, 2006): 16~25, 17; 데이튼은 사중복음을 "교회성장이나 보다 넓은 신학적 세계와 교회연합운동에는 별로 영향력이 없는 단순한 '전도표제'(evangelistic slogan)로만" 이해하고 있는 것에 비판적이다. 그의 표현으로는 "사중복음이 그동안 생각해 왔던 것보다는 훨씬 신학적인 유용성이 있음을 발견해 왔다"는 것이다.

13) M. Choi, *The Rise of the Korean Church*, 104.

14) Ibid.

15) John L. Peters, *Christian Perfection and American Methodism*, Forworded by Albert C. Outler (Grand Rapids: Francis Asbury Press, 1985), 90에서 재인용; C. D. Goodykoontz, *Home Missions on the American Frontiers* (Caldwell: The Caxton Printers, 1939), 157.

16) Peters, *Christian Perfection*, 92.

17) Peters, *Christian Perfection*, 92 재인용: *The Letters of the Rev. John Wesley*, VII, ed. John Telford (London: Epworthh Press, 1931), 276.

18) John Wesley/조종남 역,『웨슬레의 기독자 완전에 대한 해설』(서울: 한국복음문서간행회, 1996).

19) Peters, *Christian Perfection*, 94. 참조: *The Journal of the Rev. Francis Asbury*, II (New York: Bangs and Mason, 1821), 47, 174; John Atkinson, *Centennial History of American Methodism* (New York: Philips & Hunt,

예수의 바람, 성령의 바람

1884), 234.

20) John Fletcher, *Checks to Antinomianism*, I–IV (New York: J. Soule and T. Mason, 1820). For the Methodist Episcopal Church in the United States, 01/01/1820.

21) Peters, *Christian Perfection*, 100.

22) Ibid.

23) Richard Watson, *Theological Institutes; or A View of the Evidences, Doctrines, Morals and Institutions of Christianity*, vol. II (New York: Lane & Tippet, 1845).

24) Peters, *Christian Perfection*, 108f.

25) Adam Clarke, The Holy Bible containing the Old and New Testaments. The text carefully printed from the most correct copies of the present authorized translation, including the marginal readings and parallel texts with a commentary and critical notes designed as a help to a better understanding of the sacred writings. A new edition, with the author's final corrections, vol. 1~6 (New York: Abingdon-Cokesbury, 1832); 현재 GodRules.net이 제공하는 온라인 전자도서 *The Adam Clarke Commentary*로 접속이 가능함(www.studylight.org/com/acc). Adam Clarke, *Christian Theology* (London: Thomas Tegg, 1835); Samuel Dunn이 기존의 출판된 글들과 미출판된 글들 중에 선별하여 그의 생애와 함께 조직신학적으로 정리한 저술임.

26) Thomas Langford, *Practical Divinity: Theology in the Wesleyan Tradition* (Nashville: Abingdon, 1983), 56.

27) Adam Clarke, *Entire sanctification* (Louisville: Pentecostal Pub. Co., 1897); Christian Theology 제12장을 발췌한 내용임; 클라크가 그의 성서주석 집필을 마쳤을 때 "이제 일어나라, 그리고 성령의 세례를 충만하게 받아라!"라고 외쳤다 한다 (참조: Peters, *Christian Perfection*, 107).

28) *The Guide to Christian Perfection*, ed. Timothy Merritt, vol. 1~8 (Boston:

Rand, July 1839 ~ Dec. 1845); 이 잡지는 1873년의 통계에는 4만 3천부까지 판매되었다고 함; Peters, *Christian Perfection*, 109. 성화론에 대한 메리트의 저술로 다음을 참고하라: Timothy Merritt, *The Christian's Manual: A treatise on Christian Perfection, with directions for obtaining that state* (Cincinnati: Swormstedt & Poe, 1854).

29) 피비는 미국에 이민 오기 전에 영국에서의 웨슬리 부흥운동 기간 중 회심을 경험한 헨리 워럴(Henry Worrall)의 딸로 20세에 동종요법 물리사였던 남편 월터 팔머(Walter Palmer)와 결혼하였다. 얼마 후 남편도 같은 체험을 하게 되었고, 남편의 여동생 사라(Sara Langford)가 1835년에 감리교 여신도들과 함께 시작한 화요모임(Tuesday Meeting)을 함께 이끌면서 성화체험 이후에는 남편과 더불어 전국은 물론 1857년에는 캐나다를, 1859년에는 영국을 방문하여 몇 해를 머물면서 성결의 메시지를 증거하였다.

30) Peters, *Christian Perfection*, 112; Richard Wheatley, *The Life and Letters of Mrs. Phoebe Palmer* (New York: W. C. Palmer, Jr., 1876), 633.

31) Phoebe Palmer, *The Way of Holiness*: with notes by the way: being a narrative of religious experience resulting from a determination to be a Bible Christian (New York: Palmer & Hughes, 1867); 이때 이미 50판을 인쇄할 만큼 전국적으로 전파되었다.

32) *The Guide to Holiness* (Boston: Rand, 1846).

33) Peters, *Christian Perfection*, 112.

34) Merritt Caldwell, *The Philosophy of Christian Perfection*: Embracing a Psychological Statement of Some of the Principles of Christianity on which This Doctrine Rests; together with a practical examination of the peculiar views of several recent writers on this subject (Philadelphia: Sorin & Ball, 1848); 현재는 2012년에 출판사 Forgotten Books에서 Classic Reprint Series로 재발행판 나옴.

35) Peters, *Christian Perfection*, 121.

36) Peters, *Christian Perfection*, 122; William C. Hosmer, *Slavery and the Church* (Auburn: W. J. Moses, 1853).

37) Wesleyan Methodist Church, *Doctrines and Discipline of the Wesleyan Methodist Church* (Ann Abor, Michigan: N. Sullivan, 1842), 3~5: 크게 세 가지로 정리되는 바, 첫째는 감리교 내에 노예가 존재한다는 사실은 하나님의 뜻을 정면으로 어기는 일이기에 함께할 수 없는 것이며, 둘째는 감독제와 성직자의 권력 구조는 일반 목회자를 법적으로, 행정적으로 소외시키며 평신도의 권리를 박탈하는 행위요, 성도들이 공동체 안에서 마땅히 가져야 할 개인적 책임감을 파괴하는 것으로서 이는 초대교회의 이상과 어긋나는 것이기 때문에 보다 자유롭고 본질적인 원리 위에 세우고자 함이며, 셋째는 "온 세상에 성서적 성결을 전하는" 순수한 기독교를 추구하려고 본 교회를 나왔다고 선언한다.

38) A. T. Jennings, *History of American Wesleyan Methodism* (Syracuse: Wesleyan Methodist Publishing Association, 1902), 38; Peters, *Christian Perfection*, 126.

39) Peters, *Christian Perfection*, 127 recited: I. F. McLeister, *History of the Wesleyan Methodist Church of America* (Syracuse: Wesleyan Methodist Publishing Association, 1934), 29.

40) Ibid.

41) Ibid. "It is a distinct, instantaneous, and subsequent work to regeneration, and is wrought when the believer presents himself a living sacrifice, holy, acceptable unto God."

42) Free Methodist Church, *Book of Discipline* (Indianapolis: The Free Methodist Publishing House, 2008), 12.

43) *Book of Discipline*, 13.

44) Peters, *Christian Perfection*, 129; C. L. Howland, *The Story of Our Church, Free Methodism* (Winona Lake, Ind.: Free Methodist Publishing House, 1939), 31f.

45) 기독교대한성결교회, 『헌법』(서울: 기독교대한성결교회 출판부, 2002), 16: "그리스도로 말미암아 성령의 세례를 받음이니 곧 거듭난 후에 믿음으로 순간적으로 받는 경험입니다. 이 은혜는 원죄에서 정결하게 씻음과 그 사람을 성별하여 하나님을 봉사하기에 현저한 능력을 주심이다(행 1:4~5, 15:8~9, 1:8, 눅 24:49)…"

46) 최인식, "성령세례의 신학적 의의에 대한 고찰: 마틴 냅과 윌리엄 갓비를 중심으로," 『한국조직신학논총』 33집 (2012. 9): 37~73, 특히 54ff 참조하라.

47) *Constitution and By-Law of International Apostolic Holiness Union* (1902), 10.

48) Paul Westphal Thomas/Paul William Thomas, *The Days of Our Pilgrimage: The History of the Pilgrim Holiness Church* (Marion: The Wesley Press, 1976), 24 recited; Paul S. Rees, *Seth Cook Rees: The Warrior-Saint* (Indianapolis: Pilgrim Book Room, 1934), 142.

49) Peters, *Christian Perfection*, 132.

50) 그의 대표적인 저술; John A. Wood, *Perfect Love, or, Plain things for those who need them, concerning the doctrine, experience, profession, and practice of Christian holiness* (North Attleboro, Mass.: J. A. Wood, 1880).

51) 성화에 관한 그의 대표적인 글; John S. Inskip, "Entire Sanctification," in *True Method of Promoting Perfect Love* : From Debates in the New-York Preachers' Meeting of the Methodist-Episcopal Church, on the Question, What Are the Best Methods of Promoting the Experience of Perfect Love? by J. S. Inskip외 6인 (Reprint, New York: Foster & Palmer, 1867); 여기에 함께 실린 글: W. H. Boole, "Entire sanctification an instantaneous blessing"; J. A. Roche, "What are the best methods of promoting the experience of perfect love?"; G. A. Hubbell, "What are the best methods of promoting experience of perfect love?"; B. M. Adams, "Remarks on the promotion of perfect love"; John Parker, "The doctrine and experience of Christian holiness"; S. Dunn, "Statement of the doctrine of entire sanctification."

52) Peters, *Christian Perfection*, 134; National Association for the Promotion of Holiness; 초대협회장으로 Inskip이 임명되었고, Hamline, James Caughey, John A. Wood, Alfred Cookman 등과 같은 사람들이 후원하였다. 그리고 Palmer 부부가 미시건주, 일리노이즈주, 오하이오주, 미주리주 및 캔사스주 등지에서 대표적 역할을 수행하였다.

53) Peters, *Christian Perfection*, 136; Methodist Episcopal Church(MEC), MEC South, Free Methodist, Baptist, Missionary Baptist, Free Will Baptist, Evangelical, Presbyterian, Christian, Congregational, Methodist Protestant, Swedish Methodist, Wesleyan Connection, Church of God, Salvation Army 등 15개 교단.

54) Peters, *Christian Perfection*, 138. 1888년 당시 성결 관련 전문출판사만 4곳, 월간 성결잡지의 종류는 27개였다가 1892년에는 41개까지 늘어났다.

55) Peters, *Christian Perfection*, 50. 이들 중 불타는 떨기나무운동과 제일나사렛 교회는 이후에도 줄곧 독립적인 교단으로 발전되었으나 대부분은 성향이 비슷한 그룹과 통합을 이루었고, 그 중 절반은 1907~1908년 사이에 나사렛교단으로 통합되었다.

56) 웨슬리안 교단 세계 총본부는 현재 인디애나주 피셔스(Fishers)시에 위치하고 있다.

57) 교단의 교리와 법 및 행정 관련 제반 사항을 기록하고 있는 것으로서 Discipline 혹은 Manual로 표기하는데 우리는 『헌장』이라 통일하여 부르도록 한다.

58) International Holiness Union and Prayer League(IHU).

59) IHU, *Constitution and By-Laws* (Cincinnati: Revivalist Office, 1897), 2.

60) Ibid.

61) Ibid., 3 (필자의 강조).

62) International Apostolic Holiness Union, *Constitution and By-Laws* (Cincinnati: Revivalist Office, 1900), 2. 만국사도성결연맹의 창립자들은 공식문서에서 '사중복음(Fourfold Gospel)' 이란 용어를 거의 쓴 적이 없다. 그들은 오히려 '풀가스펠(Full Gospel)', 직역하면 온전한 복음, 가득 찬 복음이란 용어를 즐겨 사용

하였다. 한국 성결교회의 경우는 그 출발 때부터 앞의 두 용어를 함께 사용하였다. 풀 가스펠은 "순복음"이라 불렸고, 사중복음은 '사대복음', '사중교리' 등으로 쓰였으나 주로 '사중복음'을 사용하고 있다. "순복음"은 순복음교단이 주도적으로 사용하고 있기 때문에 풀 가스펠을 쓸 경우는 최근에는 '온전한 복음'이라는 표현을 선호하고 있는 듯하다.; 이러한 맥락에서 우리는 만국성결교회에서 사용하는 풀 가스펠을 사중복음으로 대치하여 쓴다.

63) *Constitution and By-Laws* (1902), 3.

64) Ibid.

65) Ibid., 4.

66) Ibid., 10.

67) Martin W. Knapp, *Pentecostal Aggressiveness; or, Why I Conducted the Meetings of the Chesapeake Holiness* Union at Bowens, Maryland (Cincinnati: M. W. Knapp, 1899).

68) *Manual of the International Apostolic Holiness Union and Churches* (Cincinnati: God's Revivalist Office, 1910), 5.

69) 참고: Charles Cullis, *Faith Cures; or, Answers to Prayer in the Healing of the Sick* (Boston: Willard Tract Repository, 1879).

70) 참고: W. E. Boardman, *The Lord That Health Thee* (London: Morgan and Scott, 1881); A. B. Simpson, *The Gospel of Healing* (New York: Christian Alliance Publishing, 1915, revised edition); A. J. Gordon, *The Ministry of Healing: Miracles of Cure in All Ages* (Boston: H. Gannett, 1882).

71) Melvin E. Dieter, *The Holiness Revival of the Nineteenth Century*, 252.

72) Robert Kelso Carter, *The Atonement for Sin and Sickness; or, a Full Salvation for Soul and Body* (Boston: Willard Tract Repository, 1884).

73) Ibid., 253; Dayton, *Theological Roots of Pentecostalism*, 211~212; William McDonald, *Modern Faith Healing* (Boston: McDonald and Gill, 1892); Carrie Judd Montgomery, *The Prayer of Faith* (Buffalo: H. H. Otis, 1880).

74) Willaim Godbey, *Spiritual Gifts and Graces* (Cincinnati: God's Revivalist Office, n.d.), 24~28, 30.

75) Asbury Lowrey, "Spirit Leading and Other Truths Carried to Excess," *Divine Life and Bible Expositor* 20 (May 1893): 33; Dayton, *Theological Roots of Pentecostalism*, 145 recited.

76) Dayton, 『오순절 운동의 신학적 뿌리』, 147ff, 191ff.

77) Willaim Godbey, *Spiritual Gifts and Graces*, 27.

78) Seth C. Rees, *The Ideal Pentecostal Church* (Shoals: Old Paths Tract Society, 1897); reprinted (Salem, OH: Schmul Publishing Co, 1998), 81; "Healing at Portmouth," *The Revivalist* 11, no.10 (Nov. 1897): 7. 이 외에도 리스의 신유 관련 글: "Divine Healing," *The Revivalist* 11, no. 7 (Feb. 16, 1899): 7; "Divine Healing," *The Revivalist* 11, no. 10 (March 9, 1899): 10.

79) Dayton, 『오순절 운동의 신학적 뿌리』, 149.

80) M. Choi, *The Rise of the Korean Church*, 41과 비교하라. 최미생은 냅의 경우를 들어 오순절적 체험의 관점에서 신유를 성화론의 급진화(radicalization)가 아니라, 성령의 은사로 보는데, 이에 동의할 수 있다.

81) Dayton, 『오순절 운동의 신학적 뿌리』, 151 재인용; John Alexander Dowie and Mrs. Dowie, *Our Second Years's Harvest* (Chicago: International Divine Healing Association, 1891), 172.

82) M. Knapp, *Lightning Bolts from Pentecostal Skies*, 125.

83) Martin Knapp, *Electric Shocks from Pentecostal Batteries*; No. II or, Pentecostal Glories from Salvation Park Camp-Meeting - 1900 (Cincinnati: M. W. Knapp, 1900), 3~4; Dayton, *Theological Roots of Pentecostalism*, 191 recited.

84) 이와 관련하여 Misaeng L. Choi, *The Rise of the Korean Holiness Church in Relation to the American Holiness Movement*, 45를 참고하라. 리스는 신유와 성결을 각각 오순절과 연결시켰다. "오순절이 왔을 때, 주님은 치료의 능력으로 임

했다."(Seth C. Rees, *The Ideal Pentecostal Church*, 54); "순전한 성결은 오늘
날 치유 사역의 부흥을 위해 반드시 필요한 것이다. 왜냐하면 오직 성령의 사역만이
하나님이 그의 능력으로써 강력하게 치유하신다는 굳센 믿음을 만드실 것이기 때문
이다."(Rees, ibid., 53).

85) Paul Westphal Thomas/Paul William Thomas, *The Days of Our Pilgrimage:
The History of the Pilgrim Holiness Church* (Marion: The Wesley Press,
1976), 17; 리스는 신유를 '곁길'로 비판하는 자들을 향해 만일 그렇다면 예수의 모
든 사역 역시 곁길일 수밖에 없다는 논리로 모든 비판에 대해 성서적으로 대처해 나
갔다(Seth C. Rees, *Fire from Heaven*, Cincinnati: God's Revivalist Office,
1899, 215).

86) *Manual of the International Apostolic Holiness Union and Churches*
(Cincinnati: God's Revivalist Office, 1910), 16.

87) Ibid., 17.

88) Dayton, 『오순절 운동의 신학적 뿌리』, 160.

89) 참조: 박명수, 『근대복음주의의 주요 흐름』, 199~210; 기본적으로 웨슬리안 성결
운동가들은 다비의 세대주의적 전천년주의에 대해서 강하게 비판하였다. 대표적으
로 Daniel Steele과 George Wilson이 있고, 이들과 유사한 입장으로 비판한 진보
적 감리교신학자로는 게렛신학교 조직신학자 Rall이 있다; 목창균, 『성결교회 교리
와 신학』, 251. 그도 성결교회의 재림론이 구조적으로 세대주의 종말론과 크게 다
르지 않지만, 성서해석이나 교회론과 같은 부분에서 차이가 있음을 주장한다.

90) William E. Blackstone, *Jesus Is Coming* (Chicago: Fleming H. Revell Co.,
1878; Reprint, Los Angeles: Bible House, 1916); Blackstone, *The Millenium*
(Chicago: Fleming H. Revell Co., 1904); William B. Godbey, *Church-Bride-
Kingdom* (Cincinnati: God's Revivalist Office, 1905); George D. Watson,
White Robes; or, Garments of Salvation and Spiritual Feasts (Cincinnati:
God's Revivalist Press, 1883).

91) M. Dieter, *The Holiness Revival of the Nineteenth Century*, 254.

92) Misaeng L. Choi, *The Rise of the Korean Holiness Church in Relation to the American Holiness Movement*, 41; Kenneth O. Brown, "Leadership in the National Holiness Association with Special Reference to Eschatology 1867~1919," (Ph.D. diss., Drew University, 1988), 268ff.

93) W. Godbey, *Six Tracts by W. B. Godbey*, ed. Donald W.『오순절 운동의 신학적 뿌리』(New York and London: Garland Publishing, 1985), vii~xvi; "Preface" by D. William Faupel; A. M. Hills, *A Hero of Faith and Prayer*, 154ff. 냅은 *The Revivalist*지를 통해 전천년주의 종말사상을 널리 전개하고자 하였다 (*The Revivalist* 11, no.3, March 1897:5).

94) M. Knapp, *Lightning Bolts from Pentecostal Skies; or, Devices of the Devil Unmasked* (Cincinnati: Office of the Revivalist, 1898), 136. 냅은 이 책 제10장에서 "그리스도 재림에 대한 오순절적 기다림"이란 제목으로 전천년주의적 재림론을 다루고, *Holiness Triumphant; or Pearls from Patmos: Being the Secret of Revelation Revealed* (Cincinnati: God's Revivalist Office, 1900)에서도 설명하고 있다.

95) William B. Godbey, *An Appeal to Postmillennialism* (Nashville: Pentecostal Mission Publ., n.d.)이 대표적이다.

96) 만국사도성결연맹이 결성될 당시 냅 그룹에서 함께 활동하던 A. M. Hills는 후천년주의자로 남았다. 결국 이 문제에 있어서만큼은 래디컬한 입장을 취할 수 없었다. 브릿지(Phineas Bresee, 1838~1915)와 함께 나사렛교단에서 활동하게 된 것도 그러한 신학적 이유가 있을 것으로 보인다. 그러나 그는 전천년주의를 부정할 수는 없었다. 그래서 그의 조직신학서 제4부 종말론 제1장에서 재림과 천년왕국 이론을 소개할 때 채프먼(J. B. Chapman, 1884~1947)의 전천년설과 자신의 후천년설을 동시에 제시하고 있다: A. M. Hills, *Fundamental Christian Theology: A Systematic Theology*, vol. 2 (Pasadena: C. J. Kinne Pasadena College, 1931), 339~360.

97) Dayton,『오순절 운동의 신학적 뿌리』, 182ff. Daniel Steele, *Steele's Answers:*

A Substitute for Holiness, or Antinomianism Revived (reprint, Salem: Schmul Publishers, n.d), 91ff.

98) Ibid., 183.

99) Ibid., 185 recited. William B. Godbey and Seth C. Rees, *The Return of Jesus* (Cincinnati: God's Revivalist Office, n.d.), 16.

100) Ibid., 184 recited. William B. Godbey, *An Appeal to Postmillennialists*, 6.

101) Ibid., 186 recited. *Electric Shocks from Pentecostal Batteries; or, Food and Fire from Salvation Park Camp-Meeting* (Cincinnati: M. W. Knapp, 1899), 122.

102) *Constitution and By-Law of International Holiness Union* (1897), 2.

103) Ibid.

제 4 장
사중복음의
정신적 유산과 신학방법

사중복음의 전통을 가진 한국 교단에는 대표적으로 기독교대한성결교회, 예수교대한성결교회, 기독교대한하나님의성회, 대한기독교나사렛성결회 등이 있고, 미국에는 하나님의 교회(그리스도), 하나님의 교회(클리블랜드) 등의 오순절 계열의 10여개 교단, 성결계통의 하나님의 교회(앤더슨), 웨슬리안 교회 및 사각복음 교회 등이 있습니다. 이 교단들은 자신들이 성장해온 역사적 상황 속에서 사중복음의 내용을 독자적으로 해석하고 발전시켜왔습니다.

오순절 계통에서는 고유한 신학적이며 실천적인 특성을 형성해 왔으나, 전반적으로 볼 때 사중복음이 기원했던 역사적 맥락에서부터 신학적으로 깊이 있게 그 정신을 찾아내는 데에 관심을 가졌던 교단들은 그다지 많아 보이질 않습니다.

이 말은 그들이 사중복음의 역사적–신학적 의의를 발굴하여 그 정신으로써 신학을 발전시켜 나갈 생각을 키우지를 못했다는 뜻이기도 합니다. 이들은 주로 19세기 중엽의 미국판 웨슬리안 성결운동의 후예들로서 신학적 기본 방향은 18세기 영국의 성결운동을 주도했던 존 웨슬리의 신학 전통을 거의 그대로 이어받는 것으로 만족했던 것으로 보입니다.

그러나 문제는 교회 현장의 목회적인 실천에서 생기는 이슈들이 웨슬리의 감리교적 전통 안에서 다 설명될 수 없었다는 데 있습니다. 교회 감독제도, 성결, 신유, 재림, 성령세례, 방언, 오순절 등과 같은 주제들은 단순한 것 같아 보였어도, 교회의 분열을 일으키거나 또는 통합의 계기로 작용할 만큼 교회 현장에서는 실제적이고 절실한 문제들이었습니다.

이러한 것들을 풀어가기 위해 과거의 신학 전통에 의존해 보려고 했을 때, 오히려 이러한 이슈들을 적극적으로 다룬다는 사실 자체가 분파적이고 비정통 내지는 이단적이라는 혐의를 받는 지경에까지 갔었기 때문에 결국은 독립된 자유로운 교파 형성의 길로 가게 된 것으로 보입니다.

사중복음이라 할 때도 그 기원에 대한 몇 가지 다른 관점들이 있기 때문에 어떤 관점이 사실(史實)적으로 가장 옳은 지를 밝히는 데는 현재로서 한계가 있을 수밖에 없습니다. 그렇기 때문에 우리는 모든 가능성을 열어두고 우리의 고유한 관점 하에서 사중복음적 신학의 방법을 모색해 나가야 할 것입니다.

이제 구원론을 비롯한 기독교 교리 해석의 규범이며, 영성생활의 방향이며, 신앙 윤리의 실천 원리이며, 목회와 선교의 케리그마인 '사중복음'의 '정신'을 바르게 이해할 뿐만 아니라, 그 정신에 입각하여 삶의 문제들을

예수의 바람, 성령의 바람

성서의 중심 주제들과 함께 신학적으로 어떻게 해명해 나가야 할 것인가라는 중대한 과제가 주어집니다. 달리 표현하여, 사중복음 신학방법론을 정당하게 세우라는 것입니다.

정신이란 마치 씨앗 속에 감춰진 생명력과 같습니다. 그러므로 모든 '정신'은 만들어지는 것이 아니라 태어난다고 말해야 합니다. 흙에 심긴 씨앗이 살아있으면 발아되어 흙의 자양분을 빨아들이면서 자신을 누르고 있는 흙을 뚫고 솟아나와 열매를 맺고 자신과 동일한 씨앗을 퍼뜨리듯이, 살아 있는 정신은 그 정신의 씨앗이 심겨진 시대와 전통과 환경이 어떠하든 그 가운데 자신에게 필요한 영양소를 찾아 자기의 것으로 삼아 고유한 생명력을 발휘합니다.

사중복음이란 씨앗은 자신의 고유한 정신을 유지하는 데에 많은 영양소를 필요로 하는데, 바로 그 영양소들이 무엇이며 그리고 그것을 어디서 어떻게 구해서 제공해야 할 것인지를 묻고 또한 찾아내어야 하는 것이 사중복음 신학방법론입니다.

우리는 사중복음의 몸을 이루고 있는 다음과 같은 네 가지 영역을 생각해 볼 수 있습니다.

첫째는 사중복음의 뼈대를 구성하고 있는 교리적 요소요, 둘째는 사중복음의 머리와 신경과 같은 영성적 요소요, 셋째는 사중복음의 얼굴과 같은 윤리적 요소요, 넷째는 사중복음의 손발과 같은 선교적 요소입니다.

이들은 사중복음의 정체성을 형성하는 독립된 특성을 지니지만, 서로 간에 떼어놓을 수 없는 유기적 연계성이 매우 강합니다. 여기에서 보다 중요한 사항은 사중복음의 교리, 영성, 윤리, 선교 등에 제공되는 영양소들이

'어떤 맥락'에서 주어졌는지를 파악하는 것입니다. 그에 따라 사중복음 정신의 특성과 실체가 드러나게 되기 때문입니다.

종교개혁 정신(Protestantism)과 사중복음 신학

성서적-실존적 방법

마틴 냅을 비롯한 래디컬 성결운동 그룹의 지도자들이 등장한 것은 새로운 교리를 만들어 주창하고자 한 것도 아니고, 새로운 종교를 형성하려고 종파를 형성하고자 했던 것도 아닙니다. 그들에게 유일한 관심은 성서의 핵심적인 가르침대로 사는 것이었습니다. 이에 방해되는 것들은 그것이 무엇이든지 아무리 스스로 권위를 내세우더라도 거부했으며, 오직 한 길로 돌아가고자 했습니다. 그곳은 오직 '성서'였습니다.

냅이 1900년에 '하나님의 성서학원'을 창립하고 "성서로 돌아가라 (Back to the Bible)"는 학원 모토를 설정한 것은 이들의 성결운동이 보여주는 래디컬리즘의 상징이라 할 수 있을 것입니다. 그리고 그들은 "성서적 성결"을 주창한 웨슬리를 다시 회복하고자 했습니다. 왜냐하면 19세기 중엽 이후 미국 감리교의 가르침과 달리, 성결에 대한 웨슬리의 이해가 '성서적'이었다고 보았기 때문입니다.

이러한 혁신적 태도는 사중복음 신학방법에 결정적으로 중요한 요소를 제공합니다. 이때 성서로 돌아가자는 것은 과거로 돌아가자는 것이 아니라, 오늘의 현실을 들여다보는 거울로 출발점을 새롭게 확인하는 데 의미를 부여합니다. 건강한 래디컬리즘은 기독교의 다양한 신학 전통과 대화할 때 그 전통들이 사중복음의 정신적 근원지인 성서의 정신에 충실한 것이면 그들이 직접적인 신학의 조상이 아니더라도 적극적으로 수용하는 자세를 취합니다. 성서적 가치가 긍정되는 한에서면 다양한 신학 전통들과의 폭넓은 신학적 연대를 이루는 것이 사중복음 신학의 래디컬리즘이 되겠습니다.

이처럼 혁신적인 태도가 빚어내는 신학적 특성은 동시대에 일반적으로 회자되고 있는 신학의 경향들에 대해서 매우 비판적인 입장을 취할 수 있습니다. 특히 성서의 특정 본문에 입각하여 신학적 주장을 전개해 나갈 때 현실 비판에 대한 대안이 일반적으로 '래디컬(radical)' 해서 주변의 전통들과 연대하기 어려울 수도 있습니다.

여기에는 강점과 위험성이 항시 공존합니다. 위험성이라면 그들이 근거하는 성서 본문에 대한 해석이 문제가 될 때 그리고 그 해석과 적용을 절대시 할 때 나타나게 되는 신학적 폐쇄성은 '성서적' 이라는 이름으로 우상적으로 변질되어 버릴 수 있다는 것입니다. 반면에 강점은 현실에 안주하여 절대적 기준을 잃고 있는 교회에 확실한 방향을 제시해 주는 것이 됨으로써 교회혁신을 강력하게 이끌 수 있다는 점입니다.

또한, 사중복음은 종교에 대한 합리적 이론을 추구하는 과정이 아니라 실존적 신앙생활의 현장에서 성서적 진리에 충실하고자 하는 과정에서 태어난 것이기 때문에 사중복음의 실존적 성격을 드러내어 그에 따라 신학을 전개하는 것이 사중복음 신학의 길이 됩니다.

신과 세계의 관계를 이성적 방법으로 밝히고자 했던 헤겔의 관점을 따르게 되면, 신에 대한 인식은 현실세계를 이성적으로 파악하는 일을 통해서 가능하게 됩니다. 이러한 주장이 가능하려면 인간 이성은 신을 알 수 있는 능력을 가지고 있다는 전제가 있어야 합니다. 우리는 이러한 태도를 합리주의적이라 부릅니다.

사중복음을 말하고 사중복음의 신앙에 따라 살고자 했던 자들은 하나님에 대한 합리적 지성을 체계화하고 논리적으로 전개하려는 데 관심을 두거나 하나님의 속성이나 본질에 대한 성서적 정의를 내리는 것에 갈증을 느낀 것이 아니라, 오히려 성서의 말씀 자체에 대한 절대적 신앙과 존경을 가지고 그 안에서 말씀하는 하나님의 명령에 따라 어떻게 하면 온전히 순종하며 살 수 있는 지에 더욱 큰 관심을 가지고 있었습니다.

그런 면에서 키에르케고르(Søren Kierkegaard, 1813~1855)가 취했던 실존주의적 관점을 공유합니다. 그에게 '실존'과 '불안'은 늘 함께하는 개념인데, 실존은 '이것이냐' 아니면 '저것이냐'를 선택해야 하는 자유로운 개인으로서 하나를 선택하면 하나는 거절되어야 하는데, 그 자체가 불안이기 때문입니다.

자유를 주장하지 않는 곳에는 불안이 없게 됩니다. 이것과 저것을 다 받아들이려는 변증법적 종합에는 불안이 없습니다. 인간의 실존을 심층적으로 분석했던 하이데거는 그의 책 『존재와 시간』에서 아우구스티누스나 루터의 저작에 불안의 정서가 존재론으로 들어와 있다고 분석한 바 있습니다.

신앙은 어떤 사유로만 머무는 것이 아니라 삶의 '결단'을 요구하는데, 결단을 위해서는 의지의 '선택'이 전제되어야 하는 것입니다. 선택의 자유를 사용함으로써 그에 대한 책임을 스스로 져야할 때 불안이 침투하는데, 신

예수의 바람, 성령의 바람

앙은 이를 하나님의 약속과 사랑으로 극복합니다.

신앙의 세계에서도 계속 긴장감을 가지면서 불안의 실존을 견디기 보다는 이를 최소화하거나 그 불안의 상태를 구조적으로 억압하기 위한 수단을 필요로 합니다. 이때 교리(敎理)라는 법이 그 역할을 감당하기도 합니다. 누구든지 교리를 받아들이면, 선택을 위한 자유를 사용하지 않아도 되기 때문에 불안으로부터 해방될 수 있는 것입니다.

그러나 마틴 냅이나 당시의 래디컬 성결운동에 참여했던 지도자들은 교황주의적인 교권을 휘두르고 있었던 감독제 하에서 교회의 헌법에 안주함으로써 얻는 안정보다는 신앙의 자유를 사용함으로써 오는 실존의 불안정을 받아들였습니다.

그들은 법의 필요성은 인정하나 그 법이 살아계신 하나님의 역사를 막는 장애물로 판단될 때는 언제든지 법을 넘어선 성령의 내적 확신을 가지고 엄격한 법 적용을 서슴지 않는 교권에 대해 저항했습니다.

성서적 신앙을 위해 실존적 결단을 함으로써 오는 불안을 그들은 피하지 않았고, 그것을 넘어서는 신앙의 확신 가운데 하나님의 뜻을 과감하게 펼쳐나갔습니다. 이러한 실존적 정신과 태도야말로 사중복음으로 신학 하는 길이 될 것입니다.

그러나 하나님을 "전적 타자(Wholly Other)"로 규정함으로써 신에 대한 이해는 인간의 이성으로써는 불가능하고 오직 신 자신에 의해서만 가능하다는 식의 인식론에 기초한 신학적 태도는 자신의 실존적 선택이나 결단을 절대화 하는 방향으로 오도될 수 있기 때문에 경계하지 않으면 안 됩니다.

다시 말해서, 성서와 성서적 전통으로 돌아가고자 하는 래디컬리즘이나 자유로운 선택과 책임을 강조하는 실존주의 자체는 얼마든지 허용이 됩니다. 그러나 그들이 주관주의에 빠질 수 있는 위험성이 있다는 것입니다. 그것은 정통주의나 규범적인 합리주의가 하나님을 율법적으로 혹은 합리적인 어떤 존재로 규정할 때, 그래서 더 이상 타자의 자유로운 실존을 인정할 수 없도록 할 때 그런 일이 있을 수 있습니다.

나의 주장이 성서에 기초해 있고, 절대타자의 계시에 대한 신앙에 근거해 있기 때문에 언제든지 어떠한 상황 가운데서도 '옳다'는 고집이 될 수 있는 위험성이 존재한다는 것입니다. 그러므로 신학적 사유와 논의의 지평에서 '절대'란 없다는 것을 인정하고, 신학의 장에서 성서의 원리와 성령의 원리 모두가 조화를 이루도록 해야 합니다.

차갑고 딱딱하게 굳어 움직이지 않는 마네킹이 아니라, 따뜻하고 부드럽게 살아 움직이는 유연한 몸과 같이 우리의 신학방법도 그러해야 할 것입니다. 사중복음적 신학에 어울리는 길은 바로 그런 것입니다.

성육신적 방법

역사적인 종교들이 보여주었던 가르침과 실천의 형태는 초자연주의적인 것과 자연주의적인 것, 또는 초월주의적인 것과 내재주의적인 것, 초역사적인 것과 역사적인 것 두 흐름 중에 어느 한 쪽으로 치우친 경향을 보여 왔습니다.

이런 현상이 불가피했던 이유는 종교는 언제나 신과 인간을 중재하는 자로 자임하여, 양자 간의 중재 과정에서 어떤 때는 신으로부터, 어떤 때는 인간으로부터 시작하지 않으면 안 되었기 때문입니다.

예수의 바람, 성령의 바람

인간으로부터 출발하면 신학적 주제들은 자연스럽게 자연적, 내재적, 역사적 범주 내에서 이야기가 되는 것이며, 신으로부터 출발하면 초역사적, 초월적, 초자연적인 실재 개념과 그런 틀로 전개되는 것입니다.

기독교의 오랜 역사 가운데 나타난 여러 신학의 유형들도 이러한 경향에서 크게 자유롭지 못합니다. 흔히 신학의 두 대립적 입장으로 정통주의와 현대주의를 두고 말할 때, 정통주의는 신으로부터 출발하고 현대주의는 인간으로부터 출발함으로써 비롯되는 신학 전개 방식의 차이를 극명하게 보여주는 대표적인 경우입니다.

신학의 정통주의와 현대주의가 서로 간에 논쟁자가 되기 시작한 것은 역사적으로 슐라이어마허(Fr. Schleiermacher, 1768~1834)로부터라고 할 수 있습니다. 슐라이어마허 이전의 신학에서 인간의 관점에서부터 신학의 주제를 설명해 나가는 것은 생소한 일이었고, 존재했다고 하더라도 지극히 소극적인 차원이었습니다.

그러나 슐라이어마허에게서는 하나님으로부터 인간에게가 아니라 인간으로부터 하나님에게로이며, 하나님의 계시로부터가 아니라 인간의 신앙으로부터이며, 또한 신앙을 "절대 의존의 감정"으로 보며, 그에 따라 신학을 계시의 학문이라고 하기 보다는 그의 조직신학서 제목인 『기독교 신앙론』(Die christliche Glaubenslehre, 1821)처럼 '신앙의 학문'으로 봅니다. 이는 기독교 신학사에 있어 신학방법론의 일대 전환을 이룬 중요한 사건이라 할 수 있습니다.

따라서 슐라이어마허 이후의 기독교 신학은 결국 슐라이어마허를 어느 정도 수용하고 어느 정도 거부하느냐에 따라서 자신의 신학적 입장과 특성을 결정하게 되었습니다. 그는 성서의 메시지를 교리화하여 진리로 주장해 왔던 정통주의적인 성서 해석에 맞서서 비도그마적인 해석을 취하였고, 또한 고전적 전통에 대해서는 비전통적인 해석을 추구했습니다.

성서 자체도 어떤 면에서는 도그마와 전통 속에 갇혀 있다고 보았기 때문에 성서의 텍스트 '자체'를 진리로 말하는 '주장들'에 대해 비판적으로 접근하였습니다.

슐라이어마허는 칸트의 경험론에 입각하여 진리에 대한 앎을 말할 때 진리 자체(Ding an sich)를 인식하는 것은 불가능하며, 오직 경험된 것만을 인식할 수 있을 뿐이라 보았습니다.

이처럼 정통주의의 도그마와 전통에 맞서 그 기저에서부터 새로운 패러다임을 제시한 슐라이어마허의 중요성은 결코 과소평가 할 수 없으며, 또한 지나치게 과대평가해서도 안 될 것입니다. 칼 바르트를 비롯한 소위 '신정통주의'는 당대의 소위 '자유주의' 신학에 대항하기 위하여 슐라이어마허를 근본적으로 극복하지 않으면 안 되었습니다.

슐라이어마허의 영향은 유럽 신학의 판도를 바꾸어놓을 만큼 대단하였기 때문에 그에게 '현대신학의 조상'이라는 별명까지 붙게 됩니다. 우리의 관심사에 초점을 맞춰 볼 때 슐라이어마허 방식의 신학적 사고와 관점이 지니는 영향사적 문제점은 신학이 마땅히 유지해야 할 주제들이 갖는 초월성, 초자연성, 초역사성 등과 같은 특성을 소홀히 하거나 때로는 아예 신학적 의제에서 제외시키는 데로까지 나가도록 영향을 미친다는 것입니다.

그러나 이를 적극적인 면에서 소화하여 계시의 내재성, 자연성, 역사성이라는 측면을 부각시킴으로써 교회의 사회적인 역할을 강화할 수도 있습니다. 그 대표적인 예가 소위 '세속화 신학' 입니다. 이들은 하나님의 내재성, 자비, 사회변혁, 보편적 문화, 현세의 문제에 역점을 두고 이를 성취하는 데 교회와 신학이 헌신해야 된다고 보았습니다.

이러한 방향으로 기독교의 본질이 이해되기 시작함으로써 신학적 주제 전 영역에 걸쳐 새로운 규범이 제시되었습니다. 성서, 하나님, 그리스도, 교회, 구원, 선교 등 모든 의제들은 정통주의적인 옷을 벗고 새롭게 해석되었습니다.

이에 직간접적으로 본회퍼(D. Bonhoeffer, 1906~1945)가 영향을 끼쳤고, 1960년대에는 하비 콕스(Harvey Cox, 1929~)가 적극적으로 세속화 신학을 전개하였고, 이것이 알타이저(Thomas Altizer, 1927~)를 비롯한 소위 '사신(死神)' 신학자들에 의해 대중화되면서 '신 죽음의 신학' 으로까지 나아갔습니다. 이들은 초월적 존재자로서의 하나님은 더 이상 어떤 측면에서도 경험될 수 없음을 명확히 하고자 했습니다.

신의 초월성은 성육신을 통해서 철저히 세속화 되어 세상의 질서 가운데 편입되었기에 더 이상 자신의 초월성을 주장할 수 없다는 것입니다.[1] 이러한 급진적 주장들은 카우프만(Gordon Kaufman)이나 트레이시(David Tracy)와 같은 현대 신학자들에 의한 수정주의 모델을 통해서 어느 정도 수정되고 있으나, 그것도 인간의 삶에 부족한 부분을 보완하는 기능적인 차원에서의 신적 초월성을 이야기할 뿐입니다.[2]

지금까지 정통주의 신학과 현대주의 신학의 대립 사이에 슐라이어마허 이후 현대주의 신학을 주도한 적이 있던 세속화 신학의 흐름을 살펴보았는

데, 사중복음 메시지가 선포될 당시 19세기말 북미의 상황, 특히 미감리교 신학에도 유럽의 현대주의 신학이 크게 영향을 미쳤었던 것을 확인할 수 있습니다.

한마디로, 당시의 신학은 한편으로는 현대주의에 영향을 받아 학문적인 논의에 참여할 수 있는 성직계급에 있는 신학자나 목회자들을 위한 비평적 스타일이 주류를 이루고 있었고, 다른 한편으로는 여전히 정통주의를 빙자하여 형성된 교파적 편견과 교리적 경직성에 매몰되어 있었습니다.[3]

이러한 상황에서 사중복음 신학자들은 교리적인 정통성을 내세워 교권주의로 빠지거나, 성서의 보편적인 해석을 요구하는 시대정신을 따라 인본주의로 세속화 하는 길 모두를 거부하고, 성서 자체가 제시하는 단순한 언어와 순수한 메시지에 충실하고자 했습니다.

그들이 성서의 단순성과 순수성을 그대로 받아들일 수 있었던 이유는 그것이 성령의 영감에 의해 기록된 것임을 확신할 수 있었기 때문입니다. 그리고 성령의 능력으로 단순하고도 순수한 성서의 진리와 예수 그리스도의 복음을 증언했던 사도들은 "본래 배운 것이 없는 보잘 것 없는 사람"(행 4:13)들이었고, 웨슬리의 성결운동을 일으켰던 설교자들 역시 평신도였던 점을 사중복음 신학자들은 놓치지 않았습니다.[4]

그러므로 사중복음 신학자들이 취한 그들의 신학방법은 '성육신적' 이라 해야 할 것입니다. 이때의 성육신은 신(神) 죽음의 신학자들이 사용했던 개념과는 근본적으로 다릅니다. 그들에게 성육신은 하나님의 초월성이 세속에 완전히 편입되어 더 이상 초월성을 발휘할 수 없도록 사라지고 세속화된 삶만을 말하는 인간 예수만이 있게 되는 것을 말하지만, 사중복음 신학자들의 성육신은 하나님의 하나님 되심이 조금도 변함없이 하나님이 인간 가운데 임재하는 '임마누엘'의 사건이 되기 때문입니다.

사중복음 신학은 '우리와 함께하시는 하나님'의 관점에서부터 하나님을 보고 동시에 인간을 보는 방법을 택합니다. 그러므로 성육신적 관점에서 예수 그리스도는 참 하나님이요 참 인간이라는 니케아 공의회의 고백을 참된 것으로 받아들일 수 있었습니다.

웨슬리 정신(Wesleyanism)과 사중복음 신학

성서적 체험의 방법

사중복음의 근본정신은 하나님 중심주의입니다. 이것은 성서가 말하는 것이고, 교회의 전통 특히 종교개혁의 정신이기도 합니다. 바로 이러한 하나님 중심주의는 합리적 이론으로 전개되기 보다는 신자들의 삶과 신앙의 체험 가운데 이야기될 수 있는 것입니다.

마틴 냅이 웨슬리의 정신을 신앙적 유산으로 이어받고 있는 감리교 목사로서 '래디컬 성결운동'을 일으킨 것도 성결을 이론적 학문의 영역으로 전개하는 것과는 달리 신자들의 삶과 교회 공동체의 변화를 촉진하기 위함이었습니다. 그 변화는 교회의 경험으로 혹은 개인적 체험으로 나타나는 것이기 때문에 사중복음 신학에서 경험은 없어서는 안 될 중요한 신학적 영역이 됩니다.

이와 같은 실존적 체험의 입장은 16세기 루터나 칼뱅에게, 그리고 18세

기 웨슬리에게도 동일한 것이었습니다. 특히 웨슬리에게 기독교는 "성서
적이며 체험적인 것"[5]이었습니다. 그래서 그러한 기독교를 추구했습니다.
웨슬리에게 성서와 체험은 존 캅(John Cobb)의 통찰처럼 대립적인 "맞선
원리"가 아니라,[6] 진리 인식에 대한 상호 검증적인 입장으로 서로를 향하
고 있기 때문입니다.

다시 말해서, 성서의 진리는 체험으로, 그리고 체험은 성서에 의해서 검
증될 수 있는 것입니다.[7] 캅의 말대로 체험은 성서의 시험장이며, 성서의
진리는 체험에서 증명된다는 뜻입니다.[8]

성서의 말씀에 근거한 믿음의 도리가 "인간적인 권위뿐만 아니라 신적
권위"에 의해 확신 가운데 전해지도록 하기 위해서는 그것이 자신에게서
체험되는 것이 필요했기 때문에 웨슬리는 성서적 체험을 추구했습니다.[9]

웨슬리가 개인의 신앙에 의한 성서적 체험을 강조했지만, 조종남 박사가
잘 밝히고 있는 바처럼 "웨슬리는 개인의 체험보다 그룹 곧 공동체의 체험
을 중요시했다"는 사실이 중요한 포인트입니다.[10]

다른 한편, 특히 웨슬리에게 올더스게이트 경험이 중요한 것은 다음과
같은 그의 고백에 근거한다고 볼 수 있습니다.

"성령이 내가 하나님의 자녀라는 것을 나의 영에게 증언하였고 이에 대
한 증거를 주셨다. 나는 즉시 아바, 아버지라고 외쳤다."[11]

윌리엄 캐논은 웨슬리의 설교를 분석한 후, "웨슬레는 그 자신의 경험을
토대로 믿는 자에게 확신감을 주는 성령의 직접적 증거는 칭의 자체의 자연
적 동반자요, 모든 하나님의 자녀에게 주어지는 것이라는 종교 생활의 원

예수의 바람, 성령의 바람

칙을 세웠다"고 밝힙니다.[12]

웨슬리가 이처럼 성서 말씀에 대한 체험을 강조하고 있다는 것은 오늘날의 관점에서는 별로 새로울 것이 없는 내용일 수 있습니다. 그러나 18세기 당시 영국에서의 상황에서 볼 때 웨슬리의 입장은 매우 래디컬해서 위험시되었습니다.

왜냐하면 영국 교회 대부분의 목사들은 웨슬리의 체험에 근거한 확증의 교리를 지지하지 않았을 뿐만 아니라, 일종의 광신으로 여겼으며, 공공연하게 적대적으로 대하였기 때문입니다.[13]

그러나 웨슬리에게 성령의 내적인 증거는 의심할 수 없는 사실이며, 그것은 양심에 의한 깨달음과는 구분되는 것이라 명확하게 말합니다. 즉, 양심은 사람의 상태와 조건, 감정과 기질을 아는 지식에만 적용되지만, 성령의 증거는 하나님이 그리스도 안에서 우리를 위하여 무엇을 하셨으며 그리스도의 영의 능력을 통하여 우리가 무엇이 될 것인가를 알게 해 준다는 점에서 다르다는 것입니다.[14]

이와 같이 성령의 내적 확증에 기초한 체험적 사실들은 웨슬리의 성서 이해와 기독교 신학의 체계에 결코 배제될 수 없는, 아니 당시 영국 교회의 '하이퍼 칼뱅주의(Hyper-Calvinism)'의 주장과는 현저히 다른 신학적인 토대를 이루는 것이었습니다.

웨슬리의 이러한 신학적 전통 위에 서 있던 감리교 목사 마틴 냅도 웨슬리와 전혀 다를 바 없이 '성서와 체험'의 기독교를 추구하였던 것은 19세기 말 미국의 감리교회와 당시의 영적 상황이 웨슬리의 영국 교회의 것과 유사하였기 때문이라고 볼 수 있을 것입니다.

무엇보다도 냅은 웨슬리보다도 더 강력한 성령의 확증으로서 '오순절 성령세례'를 강조하였는데, 이는 성서와 체험의 사실을 대립적으로 보지 않고 상관적으로 보는 웨슬리의 정신과 맥락을 같이 하는 것이라 볼 수 있습니다.

그러므로 19세기 말 냅의 사중복음적 오순절 성결운동이 당시의 성결운동 쪽에서도 '래디컬'하게 보였을지라도 기독교 정통에서 탈선하지 않았던 것은 성서와 체험 간의 긴장과 조화를 견지하였던 웨슬리의 신학적 전통이 받쳐주고 있었기 때문이라고 이해할 수 있을 것입니다.

성령의 초자연적 방법

사중복음 운동으로부터, 즉 래디컬 성결운동으로부터 태어난 성결교회에게는 그 이름이 지시하듯이 '성결'이야말로 교리의 중심축이라 할 수 있습니다. 성결은 성결교회만의 배타적인 이슈가 아니었고, 감리교를 비롯한 당시 대부분의 교회들이 추구했던 신앙생활의 보편적인 덕목이었고 또한 신학적 주제였습니다.

그러나 성결을 추구하는 방식과 전제에 있어서는 당시 주류 성결운동이나 감리교와는 다른 길을 갔습니다. 그래서 그들은 불가피하게 분리의 길을 걸을 수밖에 없게 되었기 때문에 자신들의 신학 전통을 스스로 세워나가지 않을 수 없었습니다.

이에 그들이 선택한 것이 '펜티코스탈(Pentecostal)'이란 말입니다. 이 개념은 다양한 면으로 이해되어야 하지만, 그 핵심에는 '하나님으로부터'라는 하나님 중심주의가 놓여있습니다. 물론 다른 성결운동도 그 패턴에서는 다를 바 없었지만, 성결교회는 하나님 중심주의를 '철저히(radical)' 밀고 나갔던 점에서 차별이 되었습니다. 그 중의 대표적인 것이 '신유'와 '재림'을 성결운동의 주요 메시지로 선포하는 것이었습니다.

그들이 이처럼 '오순절'이란 수식어를 중요하게 사용하는 이유는 성결운동 일반에서 강조하지 않거나 심지어는 터부시 여기는 주제들이라도, 그것이 성서에 기초한 것이며, 하나님으로부터 기원하는 것이라면 결코 피해서는 안 된다고 믿었기 때문입니다.

그러한 의미에서 초기 성결교회는 거의 모든 신학적 주제들에 대해 자신의 교리적이며 경험적인 입장을 기존의 감리교 교리와 여타 성결운동들의 가르침과 구별하고 강조하는 의미에서 '오순절'이라는 말을 붙였던 것입니다.

그러한 동기는 '성결'에도 동일하게 적용되어 '오순절 성화(Pente-costal sanctification)'로 통하였습니다. 이 말은 결국 중생, 신유, 재림 모든 복음이 성결과 불가분리의 관계에 있다는 사실을 천명하는 것이 되었습니다.

따라서 마틴 냅은 오순절 성화를 "오순절 초대교회가 선포하고, 고백하고 경험하고, 살아내었던 성화"라고 정의하면서, 이러한 사중복음적 성결운동을 비판하고 억누르려 했던 여타 집단들의 주장에 대하여 "사탄이 진실을 속여 팔아먹으려 했던, 메마르고, 차디차며, 논쟁적이며, 비평적이며, 독재적이며, 이론적이며 또는 광신적인 대용품"이라고 신랄하게 비판하였습니다.[15]

냅이 이야기하고 있는 이러한 오순절 성화의 내용들을 깊이 살펴보면 접근하는 방법이나 형식은 다르나 '하나님'이 행하신다는 그 본질에 있어서는 웨슬리의 성화론과 맥락을 같이하는 것으로 이해됩니다.

만국사도성결연맹이 자신의 헌장에도 밝혔듯이, 신유와 재림 신앙은 기독자의 완전과 같은 의미의 성결을 촉진함에 이바지하는 것이었지 저해의 요인이 아니었습니다.

성결교 웨슬리 역사학자 박창훈 박사에 따르면, 신유와 재림의 복음이 성결을 완성하고 유지하는 데 유익함을 체험하였던 성결교회 창립자들의 입장은 "'성결'에 대한 생각을 발전시키는 과정에서 '신유'와 '재림'이라는 주제에 강한 체험과 확신을 가지고 있었(던)" 웨슬리와 다를 바 없었습니다. 왜냐하면, 신유와 재림에 대한 웨슬리의 생각은 다음과 같이 이해될 수 있기 때문입니다:

> 웨슬리의 부흥운동과 성화에 대한 신학은 이성적으로만 설명할 수 없는 부분이 많다. 특히 신유와 재림에 대한 생각은 웨슬리 자신의 체험과 밀접하게 연관되어 있으며, 이 때문에 웨슬리의 부흥운동은 '성령의 특별 계시와 은사'를 강조하는 은사주의의 성격을 강하게 갖게 되었다.[16]

이러한 웨슬리의 정신은 미감리교의 가르침에서 오랫동안 다른 면을 강조하는 사이에 가려져 있었던 것으로 보입니다.

다른 한편, 성결교회의 사역자들을 양성하였던 '하나님의 성서학원'이 교과과정에 웨슬리의 저술 『기독자의 완전에 관한 해설』을 필독서로 지정하였던 일은 시사하는 바가 큽니다. 왜냐하면 이 책은 웨슬리의 성화론을 가장 핵심적으로 정리해 놓은 것이기 때문입니다.

주지하다시피 "기독자 완전의 교리는 웨슬리의 종교사상의 중심"입니다.[17] 웨슬리에게 이 교리가 자신의 신학에서 최고의 위치를 차지하는 이유는 이것이 성서 전체가 추구하는 중심 주제라는 확신 때문입니다.

이와 동일하게 사중복음 신학자들이 기독자의 완전론을 중시하는 이유는 하나님 사랑과 이웃 사랑이라는 완전론의 내용이 성서적이어서 그럴 뿐만 아니라, "거룩함이 없이는 아무도 주님을 뵈올 수 없다"는 말씀을 통해서 존 웨슬리와 동생 찰스 웨슬리가 복음주의적 자각을 가지게 된 것이 사중복음 신학자들과 공통된 경험이기 때문입니다. 성결의 체험 없이는 하나님에 대한 완전한 인식 역시 없다는 것입니다.

특별히 성결은 중생 이후에 오는 이차적 은혜이며, 이것은 '순간적' 사건이라는 가르침이 성서적이라고 보는 웨슬리의 경험은[18] 19세기말 미국의 교회가 세속화 되고 그와 더불어 교권주의화 되어 가고 있던 상황에서 혁신적으로 다시 회복해야 할 중요한 교리였습니다.

그러므로 사중복음 신학에서 추구하는 모든 교리와 윤리는 기독자의 완전이라는 성결에 초점이 맞춰지는 데 그 방법론적 특색을 드러냅니다.

그렇다면 기독자 완전론의 특징은 무엇입니까?

이것은 다시 말해서, 기독자의 완전을 신앙생활의 목표로 삼고 이를 신학적 주요 이슈로 삼고자 했을 때 기독자 완전을 경험할 수 있는 가장 적절한 방법에 대해서 묻는 것입니다.

이를 위해서는 "1725년부터 1777년 사이에 발표한 설교, 논설, 또는 시집 연회(年會)에서의 동역자들과의 대담 등에서 성결에 관한 것들을 발췌

하여 편집한"『기독자의 완전에 관한 해설』의 특징을 살펴보는 것이 가장 확실한 지름길일 것입니다.

첫째, 성서의 말씀을 직접 활용하여 **본문이 스스로 말하게** 하는 방법입니다. 기독자의 완전의 이론과 실천을 논하는 28개 항으로 구성된 이 작은 책자 안에 무려 248개의 성서구절들이 인용되고 있습니다. 뿐만 아니라, 인용된 본문을 자의적으로 해석하여 기독자 완전론을 구축하려 시도하지 않고 성서 본문 자체가 스스로 말하게 하고 있습니다.

둘째, 기독자의 완전은 신학자 자신의 신학적 모색에 의해 만들어진 것이 아니고, "자기의 영혼을 구원하고자 하는 일념에서" 성서를 읽는 가운데 성서 자체가 보여주는 "온전한 복음(the Whole Gospel)"으로 제시됩니다. 개개인이 선호하는 특정한 복음적 메시지에 한정짓는 것이 아니라, **초자연적인 주제**라 하더라도 자기의 이성적 판단 하에 가두지 않고 성서가 가르치는 바대로 믿고 받아들이는 것입니다.

셋째, 기독자의 완전을 위한 신학은 관념적 논리로써 정립되는 것이 아니라, 하나님과 이웃을 '사랑해야 한다' 그리고 '사랑할 수 있다' 는 명령과 권면에 대하여 **믿음으로 순종함**으로써 내 안에서 경험되는 사태(事態)를 다시 성서의 빛으로 확인하는 실천 과정에서 형성됩니다.

다시 말해서 성서의 명령을 나의 삶 가운데 실행해 옮기고 그리고 그 과정과 결과를 스스로 관찰하는 가운데 내 안팎에서 어떠한 변화가 감지되는지를 분별함으로써 얻게 되는 방식입니다. 그러므로 몸과 마음을 바쳐 사랑하는 행위 없는 '기독자 완전의 신학'은 없습니다.

넷째, 하나님께서 기독자의 완전을 명령하고 그 자녀들이 이 명령에 순종해야 하는 궁극적 목적은 오직 "하나님의 영광"(고전 10:31)을 위함입니다.[19] 이는 모든 실천적 행위와 그 결과를 통해서만이 아니라, 이를 이론적으로 분석하고 정립하는 학문적 과정 그 자체도 **하나님이 주체**가 되어 그가 주도적으로 진행해 나가도록 하는 것입니다.

소위 하나님께 대한 경건은 예배, 기도, 찬양 등에서만 요구되는 것이 아니라 이성을 통한 합리적 행위까지도 지배해야 함을 의미합니다. 이는 모든 일에 "하나님이 홀로 다스리(도록)" 하는 것이며, "떠오르는 생각마다 하나님을 지향하고 그리스도의 법을 순종(하는)" 것입니다.[20]

웨슬리에게 기독자 완전으로 이해되는 성결은 이처럼 철저히 성서적이며, 구원의 과정에 초자연적인 메시지에 개방적이며, 믿음에 근거한 실천을 중시하며, 하나님 중심적인 삶에서 비롯되는 것임을 알 수 있습니다.

기독자 완전으로서의 성결은 근본적으로 초자연적으로 임하시는 하나님의 역사에 대해 믿음으로 열려져 있지 않으면 성취될 수 없는 것이라는 사실은 웨슬리나 냅을 비롯한 초기 성결교회 지도자들 모두에게 공통된 정신으로 보입니다.

래디컬 성결운동은 18세기 영국적 상황에서 성령의 초자연적 역사를 개방적으로 수용하였던, 특별히 페터레인(Fetter Lane) 집에서의 오순절적 사건 이후에 보인 웨슬리의 정신을 19세기 말 미국의 상황에서 더욱 과감하게 표현하고 실천에 옮겼다고 할 수 있을 것입니다.

오순절 정신(Pentecostalism)과 사중복음 신학

대각성 부흥운동의 방법

19세기말 래디컬 성결운동의 사중복음과 그 정신을 이해하고 그 정신을 구현하는 데 적합한 신학 방법을 모색하기 위해서는 우선 이와 직접 연계되어 있는 대각성 운동 흐름의 핵심을 파악하는 게 필요합니다. 성격상 1, 2차와 3차를 구별하여 그 특성을 살펴봅니다.

1730년과 1740년 대 유럽뿐만 아니라 영국의 식민지였던 아메리카 개신교에 불었던 부흥운동을 일반적으로 제1차 각성운동 혹은 대각성운동이라 부릅니다. 이때 기독교인들은 의례에 치중하던 신앙생활을 떠나 인격적이고도 영적인 확신을 중시하였고 높은 도덕적 기준을 세워 놓고 실천하였습니다. 교리와 교권을 강조하였던 전통주의자들과 대조적으로 대각성 운동 리더들은 정서적이며 인격적인 헌신을 강조하였습니다.

이때 전통적인 교단들은 구조조정을 해야 했으나, 작은 교단이었던 침례교와 감리교는 대각성 운동을 계기로 크게 성장하기 시작하였습니다.

제1차 대각성 운동은 교회 내부적인 것으로 신앙생활의 자의식과 경건, 성례전 등에 영향을 미치게 되었는데, 이는 종교개혁적 복음주의 사상에 특별히 성령의 강력한 임재와 회심을 강조하였기 때문입니다. 영국에서는 조지 휫필드(George Whitefield)와 감리교의 존 웨슬리, 독일에서는 경건주의로 대표되는데, 부흥운동은 무엇보다도 미국의 뉴잉글랜드 지역에서 강력하게 일어났습니다.

미국에서는 조나단 에드워즈(Jonathan Edwards)로부터 부흥운동이 시작되었고, 영국의 순회 부흥사인 조지 휫필드가 미국을 방문할 때마다 그 운동을 이어갔습니다. 에드워즈의 신앙적 전통은 청교도와 칼뱅주의였지만, 이 전통에서는 매우 생소한 '즉각적이고 개인적인 종교 경험' 을 강조하였습니다.

휫필드도 같은 맥락에서 칼뱅의 이중예정론 같은 교리보다는 하나님의 자비하심을 강조하면서 누구든지 자신의 죄를 회개하면 구원받을 수 있다고 가르쳤습니다.

에드워즈나 휫필드와 같은 영적 리더들의 메시지는 격식을 차린 지성적인 강연에서와는 달리, 말씀을 듣는 자로 하여금 자신의 감정을 능동적으로 표현하고, 보다 적극적으로 각자의 집에서 성서를 공부하게끔 하는 붐을 조성하였습니다.

또 한편, 1790년경에 시작된 제 2 차 대각성 운동에서도 역시 성령의 역사와 회심, 그리고 성도들의 인격적이며 정서적인 확신 등이 강조되었습니다. 이로 인하여 1820년 이후 침례교와 감리교가 급성장할 수 있었고, 1840년대에는 최고조에 달하였습니다.

당시의 주도적인 사회 분위기는 회의주의와 이신론으로 지배되어 있었고, 그에 따라 기독교도 합리주의적인 색채를 강하게 띠고 있었던 것에 비하면, 대각성 운동은 그와 다른 길을 걷고 있었습니다.

전통적인 교회와 달리, 부흥을 갈망하는 교회는 모일 때마다 춤추고, 큰소리로 기도하고, 찬양하는 등 저들의 신앙적인 응답이 자유롭고 적극적이었습니다. 이러한 운동은 캠프미팅(Camp Meeting)을 통해서 더욱 활성화되었습니다.

1801년에 있었던 켄터키 주 캐인릿지(Cane Ridge) 캠프미팅에는 2만여 명이 모였었는데, 이 모임은 감리교와 침례교의 교회성장에 지대한 영향을 미치는 모델이 되었습니다. 이 당시 뉴욕을 중심으로 활약했던 리더는 찰스 피니(Charles Finney)였습니다.

제1, 2차 대각성 운동을 통해서 영혼구원을 향한 복음주의 운동이 활성화되었다면, 1850년대부터 1900년 초까지 있었던 제3차 대각성 운동은 세계선교를 강조하는 그룹과 사회참여를 강조하는 그룹 모두에게 영향을 미쳤습니다.

사회개혁 참여운동은 인류가 전 세계를 개혁하고 난 후에 그리스도께서 재림한다는 후천년주의 사상에 영향을 받았고, 반면에 세계선교 운동은 복음이 땅 끝까지 전파되고 난 후에 그리스도께서 재림한다는 전천년주의에 영향을 받았습니다.

무엇보다도 감리교 내부에서 일어난 성결운동은 부흥운동으로 태어난 결신자들이 한 번의 회심 사건을 넘어 완전한 성화에까지 이르도록 하는 것을 운동의 목표로 삼았습니다.

그러나 보다 급진적인 펜티코스탈 성결운동 그룹은 이보다 한 걸음 더 나아가 '성령세례'를 받는 단계까지 나아가는 것을 목표로 삼았습니다. 성도들이 성령세례를 통해 신유와 기적과 예언과 방언과 같은 특별한 은사를 받음으로써 복음을 보다 더 능력 있게 전파할 수 있다고 믿었기 때문입니다.

결국 대각성 부흥운동은 객관적인 하나님의 말씀에 대한 신자 개개인의 신앙적, 감성적, 의지적 반응을 자유롭게 표현하는 데 개방적이었고, 이것이 영적 활동의 부흥에 크게 영향을 미쳤음을 알 수 있습니다.

　　　　　　　　　　　　　　　　　　예수의 바람, 성령의 바람

급진적 성결운동도 이와 같은 흐름으로부터 나왔지만 부흥운동적인 특성을 신학적인 차원까지 끌어올리지 못했습니다. 실은 신학 자체에 대한 불신으로 인해 훌륭한 영적인 유산들에 대한 신학화는 시기상조였습니다.

대각성 부흥운동을 통해 이어받은 사중복음의 정신적 유산에는 영적 확신, 정서적이며 인격적인 헌신, 높은 도덕적 삶의 추구, 성령의 강력한 임재와 회심, 즉각적인 종교경험, 하나님의 자비하심, 감정의 능동적 표현, 춤과 찬양과 기도의 자유로운 표현, 성령세례를 통한 완전성화에 대한 갈망, 세계선교와 사회참여에 적극적인 참여 등과 같은 것들을 찾아볼 수 있습니다.

서구 교회의 신학적 주요 과제는 정통 교리를 확립하는 것이었기 때문에 신학 방법은 오랫동안 지성적이고 합리적인 분석과 종합의 길을 갔습니다. 그런데 대각성 부흥운동에서의 주요 관심사는 정통 교리를 깨닫는 것이 아니라, 들려지는 하나님의 말씀에 나의 감성과 영성이 얼마나 적극적으로 반응하고, 실제적인 삶에서 얼마나 인격적인 변화가 일어나느냐는 것이었습니다.

말하자면, 교리보다는 하나님 체험과 삶의 변화가 우선이었던 것입니다. 그러므로 특별히 성령의 감동으로 인한 하나님의 임재와 능력에 대한 경험이야말로 부흥운동의 신학적 강조점이 될 수 있는 것이고, 그것이 곧 사중복음 신학의 방법에 적용되는 점이라 할 수 있습니다.

후에 살펴볼 것이지만, 이것이 북반구 신학과 남반구 신학의 분기점이 되는 지점이 됩니다. 교리 중심에서 경험 중심으로, 지성적 관념에서 감성적 인격으로, 제도에서 운동으로 바뀌는 시점이 대각성 부흥운동 시기였습니다. 이러한 요소들을 강조하여 신학적 작업의 과정에 수용함으로써 또 하나의 부흥운동적 사중복음 신학 방법이 가능해질 수 있을 것입니다.

이 시기의 마지막 단계에 급진적 성결운동은 사중복음의 펜티코스탈리즘을 전개했던 것입니다.

래디컬 성결운동의 방법

래디컬 성결운동의 한가운데 태어난 만국(사도)성결연맹은 1897년 창립 당시부터 한국 성결교회가 창립된 지 120년이 다 되어가는 지금까지도 변치 않고 사중복음의 정신을 잘 표현해 주는 화두들이 전해져 오고 있습니다. 이들이 공동체적으로 공유하면서 추구했던 정신적 특징들은 그런 슬로건이나 다양하게 사용된 명칭들 속에서 파악될 수 있습니다.

그 첫 번째가 초기 『헌장』의 표지에 나타나고 있는 "모토"인데, "**본질적인 것에는 일치를, 비본질적인 것에는 자유를, 모든 일에는 사랑을**" 그리고 "**모든 것 위에 계신 하나님**"[21]이란 것입니다. 연맹의 회원이 되기 위해서, 다시 말해 일치를 위해 최소한의 본질적인 내용에 대해서 선서해야 하는 것이 있었는데 그것이 바로 사중복음이었습니다.[22]

두 번째 역시 냅이 창립한 '하나님의 성서학원과 선교훈련원(God' s Bible School and Missionary Training Home)' 이란 명칭과 "성서로 돌아가자(Back to the Bible)"란 성서학원의 모토와 "크리스천 군사 훈련소, 영적 연료 공급처, 구원의 빛 비추는 등대"라는 슬로건입니다.

예수의 바람, 성령의 바람

(좌) God's Bible School 홍보용 포스터 (우) 1897년 창립한 만국성결연맹의 헌법 표지

마틴 냅이 펴낸 주간지 정기간행물(God's Revivalist)

세 번째가 있는데, 이는 대부분의 사람들에게 알려지지 않고 있는 내용인 바, 만국사도성결연맹을 창립한 냅이 주관했던 정기간행물(주간, 월간)「하나님의 부흥사(God's Revivalist)」의 표지 타이틀에 붙어 있는 몇 가지 용어들입니다. 그 중 첫 번째로 타이틀 자체인 "하나님의 부흥사"라는 것, 두 번째는 "오순절적(Pentecostal)", "선교적(Missionary)", "비종파적(Unsectarian)", "성결(Holiness)"이라는 네 단어, 세 번째는 보조 타이틀인 "성서 변호자(Bible Advocate)", 네 번째는 "모든 자에게 열린, 현재적이며 완전한 구원(Salvation: Present and Full, Free unto All)"이라는 신앙지의 발간 모토입니다.

마지막 네 번째가 "만국사도성결연맹(International Apostolic Holiness Union)"이라는 공동체의 이름입니다.

이상에 열거된 것들은 비록 짧은 용어들이기는 하지만 소위 급진적인 성결운동을 자임하고 나섰던 저들에게는 결정적으로 중요한 신앙생활의 지침이 되었음이 분명할 것입니다. 이러한 것들이 현대의 한국 교회와 특별히 한국 성결교회에 중요한 이유는 카우만(Cowman) 부부가 이와 떼려야 뗄 수 없는 깊은 관계를 맺고 있었기 때문입니다.

한국에 사중복음을 전한 카우만 부부가 최종적으로 훈련을 받은 곳도 '하나님의 성서학원'이었고, 이들이 그곳에 가게 된 것도 '하나님의 부흥사'를 정기 구독하던 중 큰 깨달음이 있어 일부러 방문했는데, 그때, '하나님의 성서학원'에서 사역하는 자들의 헌신된 모습을 보고 감동이 되어 바로 학생으로 등록하여 성서학원이 자랑하는 제1회 졸업생이 되었다는 사실입니다.

또한, 카우만은 '만국사도성결연맹'의 세계선교국에 속한 선교사로서 극동지역을 책임 맡은 총리(superintendent)로 임명되어[23] 활동했기 때문에 연맹이 주창하고 고백하는 헌장의 내용에 대해 동의할 뿐만 아니라, 그와 같은 조직을 그대로 일본에도 적용하여 선교지에 필요한 연맹을 만들 정도였습니다.[24]

이와 같은 사실들은 카우만 부부가 사중복음적 훈련을 받았을 때의 정신을 이해하는 데 결정적으로 중요할 뿐만 아니라, 한국 성결교회의 신학적 뿌리를 이해하는 지름길이기도 한 것입니다.

우리는 앞에서 사중복음이 크게 성결운동의 두 단계를 거치는 동안 교회 현장에서 값비싼 대가를 치르면서 전개되었던 교회갱신 운동이요, 새로운 신학운동이요, 새로운 윤리적 실천운동이요, 또한 높은 차원의 영성운동의 결과로 나온 결정체라는 사실, 그래서 사중복음이라는 말보다는 오히려 "순복음" 혹은 "참복음(Full Gospel)"이라는 말을 선호하며 담대하게 사용할 수 있었다고 보았습니다.

그러므로 사중복음을 말할 때는 단순히 교의학적 주제를 다루듯이 중생, 성결, 신유, 재림 하는 식으로 접근해서는 사중복음의 본래적 생명력을 맛볼 수 없는 것입니다. 그러나 오늘날까지 사중복음에 대한 이해는 그처럼 비역사적 경직성, 교의적 폐쇄성, 현장 부적용성으로 인해 전혀 환영받지 못할 화석과 같은 "표제"로만 남아왔던 현실을 부정할 수 없습니다.

교의학적 관점에서 교리들을 체계적으로 전개하기 전에, 혹은 선교적으로 활용하기 전에 먼저 요구되는 것은 사중복음의 정신으로 우리 자신이 계몽되고, 감동을 받는 일일 것입니다. 그제야 비로소 살아있는, 그리고 살리는 '사중복음적인' 신학을 할 수 있을 것입니다.

이를 위해서 앞으로 좀 더 고찰해야 할 부분은 다음과 같습니다:

사중복음은 19세기 미국이라는 종교문화 가운데 형성되었기 때문에 이에 대한 연구가 필요합니다. 예를 들면, 완전사상, 청교도 정신, 경건주의라는 기독교적 정신을 배경으로 만났고, 또한 남북전쟁(American Civil War, 1861~1865), 실용주의적 아메리칸 경험주의 토양, 낙관주의, 존 번연의 꿈은 현재 이 땅에서 실현 가능하다는, 즉 죽음 후의 "그때"가 아닌 "지금"의 삶 가운데서 이루어질 수 있다는 정신적 사조, 초월주의(tran-scendentalism), 이상주의(idealism) 등 수많은 이념들과의 관계에 대한 것입니다.

사중복음은 위와 같은 여러 사조들 한 가운데서 자신만의 목소리를 내면서 성결교회라는 구체적인 신앙공동체를 형성하는 강력한 에너지원이 되었던 것입니다. 특별히 사중복음적 신학을 전개해 나감에 있어서는 자유의지(free will)와 원죄의 제거(eradication)를 다루어야 하는 인간론, 의와 거룩함의 전가(轉嫁, imputation)와 분여(分與, impartation)의 문제를 다루어야 하는 구원론, 성령세례와 성결을 다루어야 하는 성령론, 그리고 전천년주의(Premillenium)의 문제를 다루어야 하는 종말론 등 적지 않은 과제들이 우리 앞에 놓여있습니다.

우리는 이미 성결운동의 두 단계에서 각 단계마다 보여주는 사중복음의

예수의 바람, 성령의 바람

정신을 찾아보았습니다. 이제 그러한 정신을 가지고 '만국사도성결연맹' 교단을 이루고, 신앙지 「하나님의 부흥사」를 만들어 전국으로 배포하고, 헌신자들을 모아 훈련을 시키는 '하나님의 성서학원'을 운영하는 가운데 형성되었던 모토와 명칭과 슬로건이 의미하는 바를 정리함으로써 사중복음의 정신을 보다 깊고 폭넓게 바라볼 수 있을 것입니다. 여기에서 드러나는 정신을 통해서 사중복음적으로 신학함의 자연스러운 길이 보이게 될 것입니다.

(1) **모든 것 위에 계신 하나님** : 하나님보다 앞서거나 높아지거나 하는 모든 행위, 조직, 신학, 비전은 거부되어야 한다는 정신입니다.

(2) **본질적인 것에는 일치** : 참 구원을 위한 참 복음을 전함에는 하나가 되어야 한다는 사중복음에 대한 확고부동한 정신입니다.

(3) **하나님의 부흥사** : 사중복음은 하나님이 일으키는 부흥의 메시지라는 정신입니다. 사람의 지혜와 재간으로 부흥의 불길을 붙이려는 것이 아니라, 하나님의 불이 내리도록 하는 부흥의 일이 되어야 한다는 정신입니다.

(4) **오순절적** : 성령의 임재로 말미암는 성결과 능력이 아니면 참된 교회가 불가능하다는 정신입니다. 초대교회가 경험한 성령의 내주와 권능을 구하여야 부흥이 가능하다는 정신입니다. 여기에는 예수께서 그리스도이심을 순교적 각오로써 증거하는 마르투리아 정신, 곧 **순교 정신**이 있습니다. 또한 성령세례를 받아 이루어진 교회의 모습이 어떠해야 될 것인지에 대한 이상을 가지고 하나님의 백성들의 에클

레시아요, 예수 그리스도의 몸이요, 성령의 전을 온전히 이루어보고
자 교회를 설립하고 목회하고 편지로 권면했던 '사도들'의 정신, 곧
사도성이 '오순절적' 정신에서 핵심을 차지합니다. 그러므로 '오순
절적 교회'를 꿈꾸며 그 이상을 현실화 하고자 했던 급진적 성결그룹
이 거의 동일하게 선호했던 용어가 '오순절적'이라는 것과 '사도적'
이라는 것이었습니다.

(5) **선교적** : 인류의 삶은 유한합니다. 세상의 역사에는 반드시 끝이 있
습니다. 그리스도인으로 산다는 것은 이와 같은 종말론적인 세계 인
식과 신앙으로써 참 구원의 세계를 바라보며 사는 것입니다. 이때 그
리스도인이 해야 할 최우선의 과제는 땅 끝까지 복음을 전파하는 것
으로서 살아야 한다는 것이 선교적 정신입니다.

(6) **비종파적** : 성결운동은 분리를 목적으로 출발하지 않는다는 정신입
니다. 하나의 몸을 중시한다는 정신입니다.

(7) **성결** : 성결은 교회가 궁극적으로 경험하여 주의 재림 시까지 보전해
야 한다는 정신입니다.

(8) **하나님의 성서학원** : 모든 가르침은 하나님으로부터 시작해야 한다
는 정신입니다.

(9) **성서로 돌아가자** : 모든 가르침은 처음부터 마지막까지 성서로부터
조명되어야 한다는 정신입니다.

(10) **만국사도성결연맹**(International Apostolic Holiness Union) :
교회는 일체성(una), 거룩성(sancta), 보편성(catholica), 사도성
(apostolica)을 지녀야 한다는 정신입니다. '만국(International)'

은 보편성을, '사도(Apostolic)'는 사도성을, '성결(Holiness)'은 거룩성을, '연맹(Union)'은 일체성의 정신을 표현합니다.

이 모든 것들을 하나로 묶는다면 교회는 오순절의 사도적 정신으로 하나님 중심주의의 성결과 선교 공동체가 되어야 하며, 이를 위해서 교회는 철저히 성서로 돌아가야 한다는 것입니다. 이처럼 사중복음의 정신으로 태어난 성결교회가 자신의 정체성을 유지하기 위해 필요한 것은 무엇보다도 이러한 하나님 중심주의의 오순절 정신입니다.

그렇다면 이 오순절 정신의 원동력은 어디에서 오는 것입니까?

성결교회의 문을 연 초기 지도자들의 공통된 경험과 가르침은 한마디로 '성령세례(Spirit-baptism)'입니다. 성령세례 없는 오순절은 없습니다. 극단적으로 말하자면, 성결교회의 신학은 '성령세례 받은 자들의 신학'이라 말할 수 있습니다. 성령세례로 인하여 열려지는 영적인 세계에 대한 통찰 없이 사중복음 신학이나 성결교회 신학의 전개는 경건의 모양은 있으나 그 능력은 찾아볼 수 없는 신학일 수밖에 없을 것입니다.

성령세례에 대한 바른 성서적-체험적 이해야말로 예수의 바람, 성령의 바람으로 일어나는 수많은 생명 현상들을 신학적으로 해명해 내는 지름길이며, 그것이 사중복음 신학의 중심 과제가 될 것입니다.

주(註)

....

1) Thomas Altizer, *The Gospel of Christian Atheism*, 43ff. 『현대 웨슬리 신학』 제 1권 (서울: 대한기독교서회, 1998), 40쪽 참조.

2) David Tracy, *Blessed Rage for Order: The New Pluralism in Theology* (New York: Seabury, 1975), 34. 『현대 웨슬리 신학』 제1권, 41쪽 참조.

3) Wm. Godbey, etc., *Pentecostal Messengers* (Cincinnati, God's Revivalist Office, 1898), 25.

4) 앞의 책, 22.

5) Wesley, *Sermons*(Sugden), vol. 1, 31f. 조종남, 『요한 웨슬리의 신학』(서울: 대 한기독교출판사, 1984), 59; 김영선, 『존 웨슬리와 감리교신학』(서울: 대한기독교서 회, 2002), 65쪽 참조.

6) John Cobb, 『은총과 책임』 심광섭 역(서울: 기독교대한감리회 홍보출판국, 1997), 243. 김영선, 앞의 책, 66쪽 재인용.

7) 노로 요시오, 『존 웨슬리의 생애와 사상』(서울: 기독교대한감리회 교육국, 1993), 222. 김영선, 앞의 책, 66쪽 참조.

8) 김영선, 앞의 책, 67; John Cobb, 앞의 책, 244.

9) Wesley, *Journal* I, 472; 조종남, 앞의 책, 60쪽 참조.

10) 조종남, 앞의 책, 70.

11) Wesley, *Sermon* XI, part iii, sec. 6; 윌리엄 캐논, 『웨슬레 신학』(서울: 기독교 대한감리회교육국, 1986), 276쪽에서 재인용.

12) 캐논, 앞의 책, 276; Wesley, Sermon X, intro. sec. 2.

13) 캐논, 앞의 책, 277.

14) 캐논, 앞의 책, 280; Wesley, *Sermon X*, part I, secs. 8–9.

15) Martin Knapp, *Lightning Bolts from Pentecostal Skies; or, Devices of the Devil Unmasked*(Cincinnati: God's Bible School, 1898), 33.

16) 박창훈, 『존 웨슬리, 역사비평으로 읽기』(서울: 대한기독교서회, 2007), 86.

17) Timothy L. Smith, "웨슬리 신학의 역사적, 현대적 평가"『현대 웨슬리 신학』제1
권, 135.

18) Smith, 앞의 글, 140f.

19) 웨슬리, 『기독자의 완전에 관한 쉬운 설명』 조종남 역, (서울: 한국복음문서간행회,
1996), 15. 22.

20) 웨슬리, 앞의 책, 21.

21) *Constitution and By-Laws of the International Holiness Union* (1897):
"Mott: In Essentials, Unity; In Non-essentials, Liberty; In All Things,
Charity"; "God over All"(1900).

22) "I believe that Christ's baptism with the Holy Ghost, is subsequent to re-
generation, that it is for all believers, that it is an instantaneous experience,
received by faith, cleansing the heart of the receiver from all sin, and en-
duing him with power for the successful accomplishment of all to which he
is called. I believe in the return of our Lord, and Divine Healing as taught
in the Word of God, and that proper emphasis of these truths, serves to
assist in promoting true holiness." *Constitution and By-Laws of the In-
ternational Holiness Union (1900)*, 3.

23) *Manual of the International Apostolic Holiness Union and Churches* (1905),
23.

24) C. E. Cowman, "Holiness in Japan," *The God's Revivalist*, July 11, 1901:
5; 박명수, 『한국성결교회의 역사와 신학』(부천: 서울신학대학교 출판부, 2004),
310 재인용; "우리는 만국사도연맹과 같은 노선의 연맹을 만들었습니다. 이 타이틀
은 그대로 번역할 수 없기에 단순히 성결연맹(Holiness Union)이라고 부르고 있으
며...".

Regeneration
Sanctification
Divine Healing
Second Co...

제 5 장
사중복음의
오순절 성령세례

사중복음의 신학적 의의를 깊이 있게 고찰하고, 그것을 기초로 하여 사중복음적 신학을 전개하고자 할 때 가장 중요한 이슈가 바로 성령세례입니다.

성령세례 자체를 공동체의 핵심 교의로 다루기 시작한 것은 래디컬 성결운동과 그로 인해 태어난 성결교회가 시초에 해당한다고 말할 수 있을 것입니다.

성령세례는 신약성서 시대의 초대교회에서는 일반적인 신앙 체험에 속했던 것이지만, 그 자체가 무엇인지에 대한 개념 정리가 성서에 나타나 있지 않기 때문에 그에 대한 다양한 해석이 나올 수밖에 없는 형편입니다.

이러한 현상은 오늘날 한국교회와 신학계에서도 다르지 않습니다.

성령세례가 무엇이며, 그것은 어떻게 이루어지는지, 그리고 그것이 신학적으로 의미하는 바가 무엇인지 등의 질문은 타 전통보다도 오순절 성결

전통에서 가장 중요한 신학적—목회적 이슈입니다. 왜냐하면, 이 성령세례 (Spirit baptism)가 사중복음 신학을 결정짓는 가장 중요한 핵심 개념 중의 하나이자, 앞에서도 언급한 바와 같이 '사중복음 신학은 성령세례 받은 자의 신학' 곧 '성결한 자의 신학'이라고도 말할 수 있기 때문입니다. 성령세례는 사중복음 신학의 엔진입니다.

성령세례는 예수 그리스도의 사역으로서 세례 요한이 언급한 말, 즉 "나는 너희로 회개하게 하기 위하여 물로 세례를 베풀거니와 … 그[예수]는 **성령과 불로 너희에게 세례를 베풀 것**"(마 3:11; 비교 막 1:8, 눅 3:16, 요 1:33)이라는 것과, 예수께서 직접 언급한 말, 즉 "요한은 물로 세례를 베풀었으나 너희는 몇 날이 못 되어 **성령으로 세례**를 받으리라"(행 1:5)라는 사도행전의 증언에 기초합니다.

그러나 성령세례가 무엇인지에 대한 자세한 설명이 성서 자체에서는 발견되지 않기에, 이 용어의 개념은 목회 현장에서의 경험적 요소들과 결합됨으로써 매우 다양하게 이해되고 있습니다.

본 장에서는 성령세례에 관한 기존의 관점들을 유형별로 나누어 고찰한 후, 성령세례를 말한다는 그 자체가 지니는 신학적 의의를 거시적 관점에서 밝히는 데 초점을 맞추고자 합니다. 즉, 지금까지 학계에서는 성령세례라는 신학적 전문용어(technical term) 자체의 개념을 신앙생활의 개인적 영역에 국한하여 그 의미를 밝히는 데 집중해 왔다면, 우리는 그 위에 성령세례가 지니는 교회론적, 구원론적, 윤리적 혹은 교회 갱신적 차원을 **사중복음신학적 관점**에서 부각함으로써 성령세례의 신학적 의의를 심화코자 하는 것입니다.

성령세례는 신학적·이론적이면서도 동시에 역사적·경험적 차원을 고려해야 하기 때문에, 이를 위해서 우리는 성령세례론이 다양한 모습으로 나타났던 못자리인 19세기 미국의 교회사적 상황, 특히 성령세례에 대한 분명한 입장을 지닌 성결운동이 미감리교회와 실제적으로 충돌하게 되었던 구체적인 상황에 대한 역사적 고찰과 더불어 신학적 이해를 추구할 것입니다.

그 가운데서도 19세기 후반 미감리교에서 나와 성결교회의 창립자가 된 마틴 냅(Martin Knapp)[1]과 윌리엄 갓비(William Godbey)의 성령세례관을 고찰하고자 합니다.

그 주된 이유는 18세기 존 웨슬리를 통해 시작된 성결운동이 미감리교를 통해서 전해지다가 선교 1세기가 지나면서 교권주의와 세속주의로 말미암아 그 역동성을 잃게 되었을 때 마틴 냅을 중심으로 하는 성결 그룹에 의해서 교회 혁신 차원에서 성결운동이 새롭게 시작되어 오늘에 이르게 되었고, 더욱이 그 운동의 핵심에 "성결은 곧 성령세례"라는 신학적 주장이 있었기 때문입니다.

성결을 성령세례로 이해하는 성결운동은 성령세례를 단순히 개인적 차원으로만 본 것이 아니라 그리스도의 몸인 교회 공동체의 본질적 회복이라는 보다 넓은 차원에서 이해했던 것입니다.

교권주의(ecclesiasticism)와 **세속주의**(profanization)는 오늘날 우리와 직접 관계되어 있는 성결교나 감리교뿐만 아니라 여타의 교단 역시 거의

예수의 바람, 성령의 바람

동일하게 직면하고 있는 심각한 문제들입니다.

교회사 안에서 사라지지 않고 늘 교회를 타락케 하는 교권주의와 세속주의를 극복하여 교회의 혁신을 이룩하고자 할 때 성령세례는 결정적으로 중요한 요소가 됩니다. 그러므로 성령세례에 대한 바른 이해가 더욱 요청되는 바, 이를 위해서 조직신학적인 방법뿐만 아니라 교회사적인 접근과 성서신학적 해석을 통해서 성령세례의 신학적 의의가 교회론적 관점, 구원론적 관점 및 교회 혁신을 위한 윤리적 관점 등 다면적으로 밝혀져야 합니다.

본 장에서는 이와 같이 성령세례의 보다 확대된 신학적 의의에 대한 인식을 통해 교회 혁신의 엔진 동력으로서 성령세례의 중요성이 드러나게 될 것입니다.

성령세례론의 두 흐름

최근까지 성령세례에 대한 논의는 크게 웨슬리주의적 관점, 오순절주의적 관점, 은사주의적 관점, 가톨릭주의적 관점, 개혁주의적 관점 등 다섯 가지 방향에서 전개되어 왔습니다.[2]

이들 가운데 중요하게 다루어지고 있는 주제들은 다음과 같습니다: 1)성령세례는 교회의 성례전을 통해 받게 되는가?[3] 2)성령세례는 기독교인이 되는 것과 구분되는 별개의 경험인가?[4] 3)성령세례의 첫 증거는 방언인가? 4)성령세례에 대한 바울의 신학과 누가의 신학은 동일한가?[5] 5)성령세례와 성령충만은 동일한가?[6] 이와 같은 주제들에 대한 대답은 교단마다 자신들의 전통과 교회의 경험에 따라 다양할 수밖에 없는 것으로 보입니다.

여기에서는 보다 신학적으로 발전시켜 나가야 할 성령세례론의 의의를 밝히기 위하여 다양한 성령세례론을 특성별로 유형화하여 그 신학적 의의를 핵심적으로 정리하고자 합니다.

이와 관련하여 성결교 역사신학자 배본철 박사는 한국 신학계에서 성령세례론이 활발히 전개되었던 1970년대와 80년대를 기점으로 오늘날까지 성령세례론을 크게 여섯 가지 유형으로 정리함으로써 복잡한 성령세례론을 이해하는 데 기여한 바 있습니다.[7]

(1)봉사의 능력을 위한 성령세례, (2)정결과 능력의 성령세례, (3)그리스도의 전인적 통치로서의 성령세례, (4)중생=성령세례, 이후 성령충만, (5)방언의 표적을 중시하는 성령세례, (6)중생=성령세례, 이후 은사적 성령충만.

우리는 기존의 이론들을 좀 더 큰 틀에서 경험 중심적(Sensual) 복음주의 전통의 성령세례론[S형]과 교리 중심적(Dogmatic) 개혁주의 전통의 성령세례론[D형]으로 구분하여 살펴볼 것입니다.

경험 중심적 복음주의 성령세례론

경험 중심적 복음주의 전통의 성령세례론[S형]에서는 오순절 성령 강림의 사건은 구속론의 차원에서 유일회적으로 끝난 사건이 아니라 지금 여기에서도 일어나야 하고 또한 반복적으로 일어날 수 있는 경험 가능한 사건임이 강조됩니다.

이에 대한 선두주자는 종교개혁 이후 성령세례를 신학의 중심축으로 삼

예수의 바람, 성령의 바람

았던 최초의 인물인 18세기 영국의 **존 플레처**(John Fletcher)입니다. 그는 존 웨슬리가 후임자로 지목할 정도로 웨슬리의 신학사상에 철저히 서 있었던 자인데 성령세례에 대한 견해는 양자 간에 중요한 거리가 있었습니다.

웨슬리는 플레처가 강조하는 성령세례를 자신의 완전성화론에 적극 반영할 수 없었던 반면, 플레처에게 성령세례는 성화론에 필수불가결한 교리였습니다.

S형의 주요 특징들은 다음과 같이 몇 가지로 요약될 수 있습니다.

첫째, 성령세례는 중생 이후에 오는 두 번째 은총으로서 중생 시 임하는 성령의 역사와는 다르다. 대상은 오직 중생한 자다.

둘째, 성령세례의 목적은 이미 구원 받은 자에게 더해지는 '성화'[8] 또는 '능력'[9]에 있기 때문에, 구원과 직접 연관이 없다.

셋째, 성령세례는 성령을 처음 받는 것을 의미하는 것이 아니기 때문에, 필요한 경우 성령세례는 반복적으로 일어날 수 있다.[10] 이는 성령세례로 인하여 나타나게 되는 그리스도와의 연합, 정결, 봉사의 능력, 그리스도의 전인적 통치, 성령의 나타남 등과 같은 결과들이 단 한 번에 완성될 수 있는 변화의 경험들이 아니기 때문에 성령세례의 반복성을 말할 수 있게 된다.[11]

넷째, 성령세례는 중생 시의 성령의 역사와는 그 성격이 질적으로 다르지만, 시간적으로는 중생 시에 일어날 가능성도 있다. 그러므로 성령세례를 중생과 동일시하는 경우가 발생한다.

다섯째, 중생 시 영적으로 하나님의 자녀로 태어나는 때와는 달리 성령세례는 가시적으로 말할 수 있는 경험적 사건이다.

여섯째, 성령충만은 성령세례를 경험한 이후에 따라온다.

교리 중심적 개혁주의 성령세례론

교리 중심적 개혁주의 전통의 성령세례론[D형]은 유럽의 개혁주의 전통을 그 신학적 배경으로 하여 형성되었습니다. 지난 세기에 이르기까지 기독론 중심의 신학체계로 일관된 유럽신학의 상황에서 성령론 자체가 신학적으로 주목을 받은 적이 거의 없었기에,[12] 성령세례는 더욱 논의의 의제(agenda)로 취급될 수 없었습니다.

그리고 교리적인 차원에서 중생은 성령에 의한 사건이기 때문에 이와 별도의 또 다른 성령세례에 신학적 의미를 부여하는 것이 불필요한 일로 여겨졌습니다.

개혁주의 전통에 따른 성령세례론에는 크게 두 흐름이 있습니다. 하나는 중생과 성령세례를 하나로 보는 것이고[D-1형], 다른 하나는 구분해서 보는 흐름입니다[D-2형].

중생과 성령세례를 동일한 사건으로 보는 D-1형에서는 성령은 중생 시에 믿는 자에게 내주하는 바, 이를 성령세례라 할 수 있으며, 이는 단회적입니다. 그러므로 "성도가 중생 이후에 체험하는 성령의 특별한 체험을 성령세례라는 말로 설명하는 것은 잘못"입니다.[13] 오히려 중생 이후의 성령 체험은 "성령충만"이라 해야 한다는 것입니다.

여기에서 양자 간의 차이는, 성령세례는 성령의 최초 선물을 위해 적합한 용어(행 1:5, 11:16~17)이며, 성령충만은 성령세례 받은 사람에게 한 번만이 아니고(행 4:8) 계속적으로 나타날 수 있다는 것입니다.[14] 그러므로 성령세례는 성도가 첫 번째 경험하는 성령충만이라고 말할 수 있습니다.

바울이 열거한 성령의 다양한 은사들이나 열매들은 성령세례 시에만 배

예수의 바람, 성령의 바람

타적으로 받는 것이 아니라 오히려 성령 충만한 삶 가운데 나타난다는 것입니다.[15]

동일한 개혁주의 전통에서도 중생과 성령세례를 같은 사건으로 보지 않고 서로 구분하는 D-2그룹이 있습니다. 이의 대표적인 인물로는 마틴 로이드-존스(Martin Lloyd-Jones)입니다. 그는 개혁주의 입장을 견지하면서도 성령세례가 중생으로 희석되는 것을 막기 위해 성령세례를 고린도전서 12장 13절에 근거하여 성령에 의하여 베풀어지는 "성령의 기본세례"와 요한복음 1장 33절을 근거하여 예수에 의하여 베풀어지는 것으로서 신자들이 성령 충만한 가운데 사는 자들을 통해 특별한 사명을 감당토록 하기 위해 능력을 부어주는 "성령의 능력세례"로 나눈 후, 중생은 성령의 기본세례에 해당한다고 주장합니다.

중생 시에 성령은 신자들에게 들어가 그 안에 내주한다고 하며, 이를 로이드-존스는 성령의 '기본세례'라 하지만, 오순절 초대교회가 경험한 세례인 '능력세례'와는 무관하기 때문에 중생 시에 성령의 기본 세례를 받은 자는 능력의 세례를 받아야 한다는 것입니다.[16] 그러나 그에게 중요한 것은 중생과 성령의 내주를 동일하게 본다는 점입니다.[17]

우리는 이상에서 경험 중심적 복음주의 전통의 성령세례론과 교리 중심적 개혁주의 전통의 성령세례론의 특징을 살펴보았습니다.

양대 그룹의 이해가 서로 상충하듯 보이는 것은 누가에 의한 사도행전의 성령 이해와 바울에 의한 성령 이해가 상충하듯 보이는 것과 같은 이치입니다. 그러나 양대 전통에서 말하는 성령세례론은 누가의 선교론적 전개와 바울의 교회론적 접근을 대표하는 것으로서 두 세례론은 상보적인 이해에

도달할 필요가 있습니다.

지금부터는 성령세례론에 대한 기존의 경험적인 이해를[18] 보다 심화하기 위하여 경험 중심적 복음주의 전통에 서 있는 19세기말엽 성결운동 그룹의 대표적인 사람 마틴 냅과 윌리엄 갓비의 성령세례론을 세부적으로 살펴볼 것입니다. 그리고 이들을 통해서 성령세례론의 교회론적, 구원론적, 윤리적 의의를 드러내고자 합니다.

19세기말 미감리교회와 성결운동의 성령세례론

우리는 지금부터 성령세례가 지니는 교회론적, 구원론적 및 윤리적/교회갱신적 의의를 보다 깊이 이해하기 위하여 19세기 성결운동의 리더들 중의 한 명인 마틴 냅이 처했던 교회사적 상황을 대표적으로 소개하고자 합니다.

이로써 성결운동이 주창한 성령세례론이 어떠한 역사적 배경에서 태어나게 되었는지 알게 될 것이며, 또한 이를 통해 성서학자 갓비의 성령세례론도 같은 시대적 맥락에서 이해할 수 있을 것입니다.

마틴 냅이 부흥집회 때마다 주창하였던 "오순절적 부흥"에 대한 미감리교회와 냅 간의 입장 차이는 냅이 미감리교회로부터 분리되어 나올 수밖에 없었던 주요 이유들 중 하나입니다.

교회 당국 쪽에서 볼 때 오순절적 부흥운동은 교회 분열을 일으키는 행위였고, 냅 쪽에서는 성결을 모토로 하는 부흥운동이야말로 웨슬리가 추구했던 것이며 복음적인 요청이었기 때문에 오히려 이를 반대하는 쪽이야말로 세속주의와 야합한 자들이라 볼 수밖에 없었던 것입니다.

여기에서 우리의 주된 관심사는 냅의 오순절적 부흥운동의 중심에 놓여 있는 "웨슬리안 완전" 사상입니다. 즉, 회심한 자는 믿음으로 두 번째의 은혜를 경험할 수 있게 되는데, 그때 즉시로 원죄가 제거되며, 이로써 그는 세상으로부터 구별되며, 참된 신앙고백을 하게 되며, 그 신앙고백을 전함에 있어서 오순절적 저항과 능력을 드러내는 자가 된다는 것입니다. 이러한 것을 냅은 "웨슬리안 성결"로 이해하였습니다.[19]

반면에 교회 당국에서는 이와 다르게 회심과 성화의 구분을 두지 않고 있었기 때문에, 냅이 감리교에 의해 인증된 목사로서 회심 이후에 오는 소위 웨슬리안 완전을 전파하는 성결연맹의 집회에서 말씀을 증거하는 것을 극렬하게 반대했던 것입니다.

이에 대항하여 냅은 감리교 당국을 향한 자신의 반박문 "오순절적 저항"에서 웨슬리안 완전, 웨슬리안 성결이란 말과 함께 "참 구원(Full Salvation)"과 "완전 성화(entire sanctification)"라는 용어를 동일한 의미에서 사용합니다.[20] 이러한 역사적 맥락에서 볼 때 성화론에 대한 미감리교의 일반적인 가르침은 냅을 중심으로 하는 당시 성결운동권 쪽의 이해와 달랐다는 사실이 분명해집니다.

이제 우리는 냅의 성결론의 핵심이 무엇인지를 고찰해야 할 차례입니다. 이를 위해서 여러 자료가 요청되지만 그 중에서도 성령세례의 오순절적 특징을 포괄적으로 밝히고 있는 저서 『오순절 사중복음 신학』(Lightning Bolts from Pentecostal Skies, 1898)을 중심으로 그의 성령세례론을 살펴보고자 합니다.

냅은 오순절의 성령세례를 "번쩍하는 번개(lightning bolts)" 혹은 "오순절적 순결과 능력의 폭풍"으로 비유합니다.[21] 그 "오순절적 능력(Pentecostal dynamo)"으로부터 빛과 사랑과 능력의 영적 세계가 폭발적으로 나타났는데, 이로써 수많은 사람들은 촛불로 밝히던 옛 역마차와 같은 제 형식과 의식 그리고 메마른 신조와 낡은 경험들을 벗어버리고 참 구원(full salvation)이라는 환하게 비추는 전동차로 몰려들기 시작하였다고 합니다.[22]

이처럼 냅은 성령세례를 영적 세계에서 일어난 하나의 혁명과 같은 현상으로 보았습니다.

냅에 따르면, 성서에는 두 가지의 끈이 이어지고 있는데, 하나는 주홍빛을 띤 예수라는 끈이고, 다른 하나는 흰 빛을 띤 오순절에 부어진 성령의 약속이라는 끈입니다.

성서의 모든 약속들 가운데 하나님은 이 성령의 약속을 모든 세대를 향해 "그 약속(THE PROMISE)"이라고 높이 선양(宣揚)하였습니다. 선지자들은 그 약속에 대해 쓰고 노래했고, '왕의 강림' 뿐만 아니라 '성령의 강림'을 선포했습니다.

다른 모든 사실들보다 예수 자신이 이 약속의 성취가 이루어질 것을 예고하였고, 수압에 의해 지하수가 저절로 솟아나는 샘과 같이 성령이 넘쳐 흘러 죄와 형식주의(formality)의 사막을 낙원으로 변화시키게 될 것이라

예수의 바람, 성령의 바람

하였습니다. 그러므로 하나님의 백성들에게 성령의 오심과 내주하심과 깨끗케 하심과 채우심은 최상의 경험이 될 것이라 보았습니다.[23]

성화는 이러한 성령세례의 열매인데, 이는 예수께서 자기를 믿는 자들에게 성령으로 세례를 주심으로써 일어나는 일입니다. 이처럼 예수는 성령세례자이며 동시에 성화자이기 때문에 그에게 성령세례를 받은 자는 오순절적 성화를 체험하게 되고, 또한 오순절적 성화를 체험한 자는 예수로부터 성령세례를 받은 자가 되는 것입니다.[24]

이와 같은 주장은 마틴 냅에 의해 창시된 만국성결교회의 헌장 제8조 22항과 제11조 26항에서도 동일하게 확인이 됩니다.

완전 성화는 그리스도에 의한 성령세례다.[25]
성화는 성령과 불에 의한 세례와 동일하며 동시적이다.[26]

그렇다면 냅과 성결운동이 당시의 미감리교회와 달리 성화와 성령세례를 동일시하며 동시적 사건으로 보았던 이유는 무엇입니까?

냅은 그의 저서 『오순절 사중복음 신학』에서 성령세례를 "오순절적(Pentecostal) 세례"라 하여 모두 마흔 항목으로 그 의미를 밝혀 놓았는데, 그 중에서 다음과 같은 주요 주제들을 파악하면 그 이유를 확인할 수 있을 것입니다.

1. 성령세례는 "아버지께서 약속하신 것"(눅 24:9)이다. 성령세례에 대한 약속은 갈보리에서 성취된 약속들보다 훨씬 더 많이 더 강도 높게 제시되어 있다(요 14:16, 15:26, 16:13, 행 18장 등).[27]

2. 성령세례는 신자들이면 마땅히 받아야 할 것으로서 하나님의 명령이다(엡 5:18).

3. 성령세례를 수여하는 자는 예수 자신이다(행 2:33).[28] 그러므로 성령세례에 대한 비판은 곧 예수를 향한 것이요, 성령세례를 반대하는 것은 곧 예수를 반대하는 것이다.

4. 성령세례와 불세례는 하나의 세례다(엡 4:5). 성화의 경험 이후 또 다시 불세례를 받는 것이 아니다. 성령세례로 이미 불이 임하였다.

5. 성령세례는 정화, 능력, 자유의 세례다. 중생은 생명을 부여하며, 성화는 정결(purity)과 힘(energy)을 준다.[29]

6. 성령세례는 육체의 일을 죽이고(carnality-killing) 두려움을 쫓아내고 기쁨을 가져오는 세례다.

7. 성령세례는 하나 되게 하는(unifying) 세례다(고전 12:13). 성령세례는 신조들이나 전통들의 모든 장벽들을 태워버리고 거룩한 사랑의 끈으로 결합시킨다. 중생은 믿는 자들을 하나님의 가족이 되도록 하고, 성령세례는 하나님의 가족을 분리하고 파괴하는 모든 요인들을 제거한다.

8. 성령세례는 능력 있는 기도(prevailing prayer)를 하기 위해서 필수적으로 받아야 할 세례다(롬 8:26). 오직 성령세례에 의해서만 마음의 육적 욕망이 소멸될 수 있으며, 그로써 하나님과의 힘 있는 교통이 이루어진다.

9. 성령세례는 영적으로 묶여 벙어리가 된 자의 혀를 풀어주어 하나님과 자유롭게 소통할 수 있도록 하는 세례(tongue-loosening baptism)다.[30]

10. 성령세례는 회심 이후의 신자들에게만 임한다. 즉, 불신자가 예수를 그리스도로 받아들이는 회심 시에 일어나는 사건이 아니다. 회심은 구원을

예수의 바람, 성령의 바람

위한 구명보트이며, 성령세례는 구원받은 자를 위한 옷과 음식과 같다.

11. 성령세례는 죄 사함을 받음으로 죽은 영혼이 다시 살아나 생명의 책
에 그 이름이 기록되는 중생의 사건, 신자의 전 존재가 예수의 재림 시에 영
화롭게 되는 사건과 마찬가지로 "순간에(instantaneous)" 원죄의 뿌리가
제거되고 성령으로 가득 채워지는 사건이다(말 3:1, 행 2:2-4). 성령세례
는 인간적인 노력이나 교육에 의하여 점진적으로 이루어지는 것이 아니고,
예수 그리스도에 의하여 집행되는 사건이다.[31]

12. 성령세례는 믿음을 가지고 하나님께 자신을 철저히 내어맡기는 자
에게 주어진다(행 5:32, 갈 3:14). 성령세례는 이를 사모하고, 기도하고,
금식하고, 그것을 위해서 자신을 희생하는 자에게 은혜의 선물로 온다.

이러한 냅의 성령세례론은 앞에서 살펴본 바 경험 중심적 복음주의 전통
에 속하는 것입니다. 냅은 자신에게 주어진 어떤 감동이 하나님의 뜻으로
부터 온 것인지 아니면 인간적인 것인지를 구별하는 데 네 가지 정도의 기
준이 있다고 보았습니다. 즉 '성서적인가, 도덕적으로 옳은가, 섭리적인
가, 그리고 합리적인가' 라는 물음에 긍정적이어야 합니다.[32]

이 중에서도 특별히 '성서적' 인지의 여부는 그에게 가장 중요한 규범이
었지만, 냅은 그의 사역 후반기에 들어서면서 오순절적 토네이도와 홍수와
같은 경험이 지배적으로 되었습니다.[33]

그의 성령세례 이해는 누가나 바울 어느 쪽에도 편향되지 않고 주제와 관
련된 성서 본문들에 충실히 뿌리내리면서도 각각의 사항들은 개인적인 혹
은 공동체적인 경험을 반영하고 있는 것으로 보입니다.

성령세례의 신학적 의의

마틴 냅의 성령세례론에서 강조되는 주요 이슈 중 하나는 '예수' 께서 성령으로 세례를 주는 자라는 것과 그 성령은 철저히 '예수' 를 증거하는 영이라는 사실입니다.

이것은 복음서와 사도행전에 명확히 나타나는 것이지만 이러한 사실이 지니는 신학적인 의미에 대해서는 성서학계 안에서 지금까지 큰 관심사가 된 적이 없어 보입니다. 우리는 기독론적으로 정향되어 있는 성령세례에 대해서 크게 세 가지 관점으로 살펴볼 것입니다.

첫째는 성령으로 탄생된 교회는 예수를 증언하며 예수의 사명을 이어가는 예수 공동체라는 교회론적인 관점과, 둘째는 중생 시 성령의 외부적인 작용과 달리 내적으로 임재하는 성령의 성육신이라는 구원론적인 관점, 그리고 셋째는 성령세례는 교회갱신을 위하여 교권주의와 인본주의에 대하여 근본적으로 부정하는 교회갱신 및 윤리적인 관점입니다.

교회론적 관점: 교회의 정체성은 예수

예수에 의한 성령세례는 공동체의 정체성에 위기가 왔을 때 강조되어야 하고, 그렇게 될 수밖에 없는 사건입니다.

성령세례는 예수의 공생애 초기 세례 요한이 등장할 때 언급되고 난 후 예수의 공생애 말기에 나타납니다.

예수는 세례 요한을 통해서 "성령으로 세례를 베풀 자"로 소개되면서 그의 모든 생애가 성령과 더불어서 그리고 성령의 능력으로 활동하는 것으로 묘사됩니다. 그리고 생애의 마지막 시간에 "성령을 받으라"(요 20:22)고, 또한 "내가 내 아버지의 약속하신 것을 너희에게 보내리니 너희는 위로부터 능력을 입히울 때까지 이 성에 유하라"(눅 24:49)고 말씀하셨습니다.

그래서 그 약속을 믿고 기도하며 기다렸던 자들에게 성령세례가 임했는데, 이는 예수께서 역사상의 모든 생애를 마감한 후에 일어났습니다. 곧 오순절 마가의 다락방이라는 곳에 모인 120명의 제자들에게 임한 성령강림 사건입니다.

이를 누가는 "하나님이 오른손으로 예수를 높이시매 그가 약속하신 성령을 아버지께 받아서 너희 보고 듣는 이것을 부어 주셨느니라"(행 2:33)고 증언하였습니다.

이렇게 임하게 될 성령을 예수는 "보혜사 곧 아버지께서 내 이름으로 보내실 성령 그가 너희에게 모든 것을 가르치시고 내가 너희에게 말한 모든 것을 **생각나게** 하시리라"(요 14:26)고 말하며, "내가 아버지께로서 너희에게 보낼 보혜사 곧 아버지께로서 나오시는 진리의 성령이 오실 때에 그가 **나를 증거하실 것이요**"(요 15:26)라고 다시 말합니다.

이처럼 성령이 오셔서 할 일은 예수를 생각나게 하고 또한 예수를 증거하도록 한다는 것입니다. 이는 예수께서 승천하기 전에 "오직 성령이 너희에게 임하시면 너희가 권능을 받고 예루살렘과 온 유대와 사마리아와 땅 끝까지 이르러 **내 증인이 되리라**"(행 1:8)는 등의 말씀에서 볼 수 있듯이, 예수께서 보내시는 성령은 보혜사로서 예수를 나타내는 영으로 규정되어 있습니다.[34]

이와 같이 성령에 대하여 예수께서 기독론적으로 그 성격을 규정하고 있는 이유는 무엇입니까?

기독론적으로 규정된 성령세례에 대한 신학적 의의를 밝히려면 먼저 그 배경에 대해서 고찰할 필요가 있습니다. 이를 위해서 우선적으로 관심을 갖게 되는 것은 예수 공동체가 서 있었던 삶의 자리입니다.

그에 입각해서 볼 때 성령세례에 대한 기독론적 정초(定礎)는 초기 예수 공동체에게는 거의 절대적인 것이었다고 할 수 있습니다. 예수 공동체의 정체성 문제가 걸려 있었기 때문입니다.

당시 예수를 따르던 제자들은 대부분 사회적으로 낮은 신분에 속해 있었으나 여전히 유대인, 즉 유대교인들이었습니다. 그들에게도 여전히 율법이 있었고, 회당과 매일 지켜야 할 할라카(halacha, 규례)가 있었습니다. 외면상으로 볼 때 그들은 다른 유대교의 랍비 공동체와 크게 다를 바 없었습니다.

이러한 상황에서 선생이신 예수께서 떠나 없게 된다면, 그때까지 형성되었던 예수 공동체의 고유한 정체성이 계속 유지되기 어렵게 될 것임은 자명한 사실이었습니다.

그러므로 예수께서 떠나셔야 된다는 기정사실을 눈앞에 두고 예수께서 해야 할 일은 예수를 따르던 무리들이 언제 어디서든지 예수의 영으로 토라와 할라카를 해석하고, **예수의 가르침대로 믿고 실천할 수 있도록 그들에게 예수와 동일한 영을 부어주는** 일이었습니다.

그래서 그 영은 "보혜사"라 불려야 했고, 그 영이 할 일은 오로지 예수를 기억나게 하고, 예수의 가르침대로 살 수 있도록 능력을 베풀고, 예수를 증거하는 일을 하게 하는 것이었습니다. 철저히 기독론적으로 오리엔테이션

예수의 바람, 성령의 바람

된 영이어야 했습니다.[35]

제자들은 예루살렘을 떠나기 전에, 즉 역사적 예수가 함께하지 않는 예수 제자 공동체로 출발하기 전에 예수께서 보내시는 보혜사 성령을 받아 그동안 예수와 함께했던 모든 순간과 모든 말씀들을 확증하는 시간을 가져야 했습니다. 그래야 앞으로 나사렛 예수 없이도 예수의 삶과 가르침, 그의 정신으로 충만한 예수 공동체로서의 교회를 이루어 갈 수 있었기 때문입니다. 그것이 약속대로 이루어진 때가 바로 오순절이었습니다.

그러므로 철저히 기독론적으로 정향된 성령이 강림한 오순절의 성령세례는 역사적 예수가 예수 이름으로 모인 공동체에 초월적으로 임재하게 된 첫 번째 사건이 되었습니다.[36] 그들에게 불었던 '성령의 바람'은 곧 '예수의 바람'이었습니다.

즉, 오순절 전까지는 시공간에 제약을 받은 유대–그리스도인들에 의한 지역적이고 민족적이고 시대적인 예수 공동체가 있었다면, 오순절 이후부터는 탈민족, 탈지역, 탈시대적인, 즉 이전과는 아예 차원을 달리하는 영적인 예수 공동체로 거듭 태어나게 된 것입니다.

마틴 냅과 그 성결운동 단체들이 예수의 오순절 성령세례를 강조한 것도 동일한 맥락입니다.

19세기 말 미감리교회가 보였던 바와 같이, 예수 공동체 안에서 예수의 이름은 있어도 예수의 영, 곧 예수로 정향된 성령의 임재를 경험할 수 없었던 자들이 캠프 집회를 통해 성령세례를 체험하게 되었고, 그로써 영적 공동체로서의 예수 공동체에 대한 믿음을 확인할 수 있었습니다.[37]

그들은 교회의 정체성 확인에 머무르지 않고 성령세례를 통해 온 세계에 예수 그리스도의 복음을 증거해야 한다는 소명감으로 충만하게 되어 '만국성결교회(The International Apostolic Holiness Church)'를 창립하게 까지 되었습니다. 오순절의 성령은 예수를 증거하는 영이었기 때문입니다.

그리하여 세계만방에(International) 예수의 초기 공동체에서 일어난 사건으로서의(Apostolic) 오순절 성령세례(Holiness)의 메시지를 전하고자 교회 개혁적이며 세계선교적 차원에서 만국성결교회가 태어난 것입니다.

구원론적 관점: 성령의 성육신

마틴 냅은 그의 동역자인 신약학자 윌리엄 갓비(William B. Godbey, 1833~1920)가 집필한 많은 저술들을 자신이 운영하던 출판사를 통해 출간함으로써 성결운동의 성서 신학적 기초를 확립하였습니다.

성결운동에서 오순절 성화 사상을 전개하는 데 가장 탁월한 신약성서 학자로 알려진 갓비에게[38] 성령세례는 "성령의 성육신(incarnation of the Holy Ghost)"으로서 "그리스도의 성육신"과 더불어 복음 이해의 양대 축을 이루는 사건입니다.

냅은 "성령의 성육신"이라는 용어를 사용하지 않았지만 이 개념은 당시의 성결운동에서 중요한 성서신학적인 기초 역할을 하였습니다.

갓비는 요한복음을 주석하면서 회심(conversion)시에 성화된다는 가르침, 즉 예수를 믿을 때 "내주하는(indwelling)" 보혜사로서의 성령을 받는다는 주장은 진젠도르프식 사견(邪見)으로서 강력하게 배척합니다. 그것은 "세상은 그를 받을 수 없다"는 주님의 말씀을 정면으로 반박하는 것이기 때

문입니다.[39)]

예수께서 보내시는 보혜사 성령은 교회에 보내진 것이지, 세상으로 보내진 분이 아니라는 것입니다. 거룩하게 하는 보혜사의 사역은 그리스도인들을 위한 것이지 죄인들을 위한 것이 아닙니다. 세상은 성령을 보지도 알지도 못하기 때문입니다.[40)] 그러므로 회심과 성결은 질적으로 전혀 다른 사건입니다.[41)]

중생과 성화의 질적 차이는 중생과 성화 시에 성령이 하는 역할과 위치의 차이에서 비롯됩니다. 즉, 성령이 죄인을 중생케 할 때 그의 역할은 계몽자(illuminator), 선생, 안내자, 보호자인 반면, 이미 중생한 그리스도인들에 대한 성령의 역할은 실제로 그들에게 들어가 그들 안에 거하심으로써 그들을 거룩하게 하는 것입니다.[42)]

오순절 성령세례를 경험하기 전의 상태, 곧 중생의 상태에서는 누구든지 "밖에서부터 외부적으로(extrinsically, from without)" 역사하시는 성령에 대해서 알 뿐입니다.[43)] 성령은 오순절 강림 이전에도 이미 활동하고 있었지만, 예를 들면, 히브리 선지자들 '위에' 또는 삼손 '위에' 임하여 일정 기간 동안 그들에게 역사하였을 뿐이지, 그들 '가운데' 내주하지는 않았다고 보는 것입니다.[44)]

이러한 맥락에서 오순절 성령강림으로 말미암는 성령세례 사건은 예수 그리스도의 성육신 사건과 차원을 같이 합니다.[45)]

하나님의 아들이 베들레헴에서 태어남으로써 나사렛 예수라는 인간의 세계에 들어왔듯이, 성령이 오순절 예루살렘에서 제자들에게 들어옴으로써 성령의 성육신 시대를 열 수 있게 되었습니다. 이제 성령은 비로소 성령

세례를 받은 자들 "안에서(intrinsically)" 역사하게 됩니다.[46]

성령세례를 받은 자들은 영적으로, 지성적으로, 육신적으로 신적인 뜻을 이행하는 성령의 인격적 도구인 성령의 사람으로 살아갑니다.[47] 이러한 성령의 성육신 사건으로서의 성령세례는 교회가 실제적인 힘을 발휘하여 세상을 그리스도에게로 복종케 하려 할 때 이루어져야 할 필수적인 전제조건입니다.

성령의 내주함이 의미하는 바는 성령을 모시게 된 자들의 주권자가 되었다는 것이기 때문에, 성령은 그들을 통하여 예수 그리스도를 능력 있게 증거할 수 있게 됩니다.

성령의 성육신이 역사상 늦게 일어나게 된 이유는 율법을 어긴 인류를 위한 속죄와 화해의 사역을 위한 그리스도의 성육신이 먼저 와야 했기 때문입니다.[48] '예수의 바람'이 먼저 분 것입니다. 그리고 '성령의 바람'이 불어 왔습니다.

그러므로 하나님의 자녀들에게 이루어지는 성령의 성육신은 예수 그리스도의 복음이 전파되는 과정에서 최고의 영광으로서 성서가 말하는 "하나님의 나라"가 임하는 사건과 맥을 같이 할 수 있는 신학적 의의가 있습니다.[49]

또한, 성령의 성육신으로서의 성령세례를 통해 성령의 내주함을 경험하는 자는 "다가올 세대"(히 6:5)에 재림하는 예수와 함께 오게 될 영광스러운 천년왕국을 미리 맛보는 자리에까지 나갈 수 있습니다. 그러므로 복음의 가장 커다란 최후통첩(ultimatum)은 성령의 성육신 사건인 성령세례입니다.

우리 안에서 성령의 성육신 사건이 일어났다면 우리는 실제로 예수와 하나가 된 것입니다. 성령은 예수의 영과 다름 아니기 때문입니다.[50] 이 지점에서 성령세례가 성화를 위해 지대한 구원론적 의의를 가지고 있음을 알게 됩니다.

윤리론적 관점: 인본주의에 대한 저항

중생 이후에 성령의 세례로써 두 번째의 은총을 경험한 성령의 사람은 철저히 성령의 법에 따라 살아가는 존재입니다. 그렇기에 성령의 사람은 성령의 법과 거슬리는 모든 것과 대항합니다.

예수께서 당대에 교권주의와 세속주의가 뿌리내리고 있는 인본주의에 대하여 저항하였듯이, 예수에 의해 성령세례를 받은 사람도 역시 교권주의와 세속주의를 비롯한 모든 인본주의에 대하여 비판하며 저항합니다.

이와 동일한 맥락에서 성령의 감동으로 예수가 하나님의 아들이요 그리스도임을 믿어 신앙의 영적 세계로 새롭게 태어난 중생은 전적으로 하나님의 은혜이기에 그 가운데 인간의 공로는 설 자리가 없습니다. 그러므로 중생한 자들에 의한 영적 공동체나 그들의 개인적 삶은 인본주의와 서로 대척관계일 수밖에 없습니다.

그럼에도 반(反)인본주의적 예수영성 공동체이어야 할 교회 안에 교권주의나 세속주의가 잡초처럼 자라서 옥토를 황폐하게 만들어버리는 원인은 어디에 있습니까?

영의 세계에로 거듭난 자라도 옛 본성 자체가 제거된 것은 아니어서 성령의 법과 육체의 법을 '함께' 따르기 때문입니다. 그 틈에 육체의 법을 따르는 인본주의가 예수 공동체 안에서 자연스럽게 세력을 확장하게 되는 것입니다.

성령의 외적인 은혜의 역사로 중생했으나 인본주의에 의해 장악되어버린 그리스도인들이 예수에 의한 성령세례를 받게 될 때, 비로소 성화의 삶이 시작됩니다. 즉, 중생 이후에 성령의 법을 따르지 않고 육체의 법을 따르면서 살던 것들에 대해 철저히 회개하게 되고 영적으로 다시 한 번 더 새롭게 갱신하게 되는 경험을 합니다.

또한, 중생한 자로서 예수를 주(主)라 고백하고 있음에도 불구하고 실제적인 삶에서의 주인은 예수 아닌 다른 무엇이 차지하고 있음을 회개합니다. 이로써 성령세례자인 예수의 영, 곧 그의 보혜사 성령이 회개하는 그에게 충만히 내주합니다.

성령은 예수를 증거하는 영으로 보냄을 받았기 때문에, 이제 성령의 내주를 경험한 그는 오직 예수의 영으로 가득 찬 삶을 살게 되며 그를 나타내는 증인이 됩니다.

그러므로 성령세례를 받은 자들의 삶 가운데서는 예수 외의 다른 존재들이 주권을 행사할 수 없게 됩니다. 오직 예수만이 개인이나 공동체의 머리가 됩니다.

성령세례를 받은 자들은 이제 신앙 공동체에 잠입해 예수 중심의 신앙 공동체성을 파괴하는 제도적 교권이나 세속적 권력과 대적하여 싸우게 됩니다.

예수의 바람, 성령의 바람

이와 같은 일은 성령세례를 받은 예루살렘 공동체에서부터 일어나기 시작했습니다. 그들은 자신의 정체성을 예수 안에서 확고히 할 뿐만 아니라, 예수 외의 어떤 사도들이나 여타의 권위들이 예수를 대신할 수 없음을 공표할 수 있었습니다. 또한 유대교의 교권주의자들을 피해 다녔던 사도들은 성령세례를 받은 이후부터 그들과 정면으로 부딪칠 만큼 담대해졌습니다. "이스라엘 집안은 확실히 알지니 너희가 십자가에 못 박은 이 예수를 하나님이 주와 그리스도가 되게 하셨느니라."[51]

성령을 선물로 받는 일도 여전히 "예수의 이름으로" 세례를 받고 죄 사함을 받을 때만 가능한 것으로 공표하였습니다(행 2:38). 하나님의 능력으로 치유하는 것도 "나사렛 예수의 이름으로"(행 3:6,16, 4:10,12) 가능한 일임을 드러내었습니다.

유대교의 교권주의자들이 사도들을 향해 "경고하여 도무지 예수의 이름으로 말하지도 말고 가르치지도 말라"(행 4:18) 할 때, "하나님 앞에서 너희의 말을 듣는 것이 하나님의 말씀을 듣는 것보다 옳은가 판단하라"(행 4:19)고 담대히 인본주의적 교권의 탄압에 대항하여 물러서지 않았습니다.

초대교회에 일어났던 성령세례의 사건은 19세기 말엽 마틴 냅과 성결운동 안에서도 일어났던 것을 앞에서 이미 살펴보았습니다. 그들에게서 성령세례는 개인의 성화로 한정되는 사건이 아니었습니다.

성령세례를 강조했던 "부흥운동은 이름뿐인 기독교와 전통적 교회들에 대해서 나름의 방식으로 저항" 하는 행위였습니다.[52]

또한, 성령세례는 예수께서 여전히 교회의 주가 되신다는 것을 교회 안

밖으로 드러내는 **선교적** 사건으로 이어졌습니다.[53] 성령은 철저히 예수의 주 되심을 증거하는 보혜사로 역사하기 때문이었습니다.

교회를 잠식하는 인본주의에는 세속적 인본주의뿐만 아니라 종교적 인본주의가 있습니다. 이에 가장 대표적인 것이 교권주의(ecclesiasticism), 교리주의(dogmatism), 교회주의(churchism)라 이름 지어 부를 수 있는 것입니다. 이들은 19세기말 성결운동이 돌파하고 나가려 했던 교회 내의 장벽들이었습니다.[54]

종교적 인본주의로 단단히 무장된 이와 같은 장벽들을 발파할 수 있는 힘은 오직 성령으로부터 나오는 권능뿐이었습니다. 그러므로 이를 저항하기 위해서는 성령세례를 경험한 개인과 공동체가 나타나야 했습니다.

이는 회심 시 성령의 감동으로 예수를 그리스도요 주로 고백함으로써 중생한 자들이 물세례 신자의 단계를 넘어 시온산까지 올라가 불세례를 받을 때 비로소 가능한 일입니다.

그렇게 해서 갓비(W. Godbey)가 래디컬하게 주장하는 대로 중생의 단계에서 성화로까지 나가지 못하면 결국 종교적 의식주의자, 도덕주의자, 박애주의자, 교회주의자, 인본주의자로 떨어져버려 예수의 영성을 더 이상 찾을 수 없는 상태에 이를 수 있을 것입니다.[55]

성결운동가들은 이들에게 "그 날에 하늘은 불타서 없어지고, 원소들은 타서 녹아버릴 것"(벧후 3:12)이라고 경고할 뿐만 아니라, 회개할 것과 성령의 불로 세례를 받을 것을 권고하였습니다.[56] 성령세례는 교회가 교권주의와 세속주의에 대항하여 교회 자신을 예수 공동체로 지키는 가장 중요한 은총의 사건이 되는 것입니다.

우리는 지금까지 성령세례론이 크게 경험 중심적 복음주의 전통[S형]과 교리 중심적 개혁주의 전통[D형]이라는 두 방향으로 논의되고 주장되어 왔던 내용들을 분석한 후, 성령세례가 어느 방향에서 이해되는 것과 관계없이 공히 성령세례 자체가 지니는 신학적 의의를 세 가지 관점에서 고찰하였습니다.

특히 마틴 냅과 윌리엄 갓비가 활동했던 19세기말 미국의 교회사적 상황 안에서 그들의 성령세례론을 조명함으로써 성령세례가 지니는 신학적 의의를 부각코자 했습니다.

그리고 그와 같은 성령세례의 신학적 의의는 당시 교권주의와 세속주의의 도전으로 말미암아 교회의 본질과 정체성의 위기를 경험했던 미감리교회뿐만 아니라, 오늘날 21세기 한국교회를 위해서도 동일하게 받아들여야 한다는 필연성을 갖는다는 사실을 발견하게 됩니다.

성령세례의 신학적 의의를 결론적으로 요약하면 다음과 같습니다.

첫째, 성령세례는 그 행위의 주체가 예수일 뿐만 아니라, 성령의 주된 사명이 예수 그리스도를 알게 하고 증언하는 것이므로 성령세례를 통해 신자와 신자 공동체의 정체성은 오직 예수에게 있음을 확인케 한다.

그러므로 개인의 신앙과 교회 공동체의 정체성이 도전받고 있는 포스트모던 시대에 성령세례는 기독교의 자리매김을 확고히 해주는 견인차와 파수꾼의 역할을 할 것이다.

둘째, 성령세례는 신자와 그 공동체 안에 내적으로 임재하는 성육신적 사건으로서의 지대한 신학적 의의를 지닌다. 이는 우리가 성령으로 거듭난 사실을 성령의 내주하심과 동일하게 생각함으로써 오는 신앙생활의 많은 혼란을 해결할 수 있도록 한다.

우리가 필요해서 성령을 부를 때 항상 오시는 것을 성령의 내주하심으로 착각하고 있는 한, 성령은 우리 안에서 주인의 역할을 하지 못하는 고로 우리의 삶과 인격을 근본적으로 변화시킬 수 없게 되는 것이다.

마지막 셋째로, 성령세례는 우리로 하여금 하나님의 높은 뜻을 굴절시키고 거역하는 모든 인본주의적 공격에 대해 힘 있게 대항하도록 윤리적 실천의 능력을 부여한다.

이는 개인의 대사회적 윤리실천을 가능하게 할 뿐만 아니라, 이를 통해서 교권주의와 세속주의에 물들어가고 있는 교회를 개혁하고 갱신하는 일에 능동적으로 참여하도록 한다.

이와 같이 성령세례가 지니는 신학적 의의(意義)는 우리 자신 안에 성령이 내주하는 우리가 성전인 사실(고전 3:16)을 확신케 함으로써 우리의 삶을 더욱 거룩한 데로 나가게 하며, 우리가 지체로 속해 있는 한국교회가 참된 예수 공동체의 본질을 지켜나가도록 하는 데 기여할 것입니다.

성령세례가 중생 시에 임하든, 중생 이후에 받든지 최종적으로 중요한 사실은 "성령의 성육신"으로서의 오순절적 성령세례가 신자와 교회 공동체 안에서 경험되어야 한다는 점입니다.

성령세례 받은 것 같은데 나중의 행동을 보면 그렇지 않은 면들이 나타나곤 하는데, 이러한 혼란을 어떻게 극복할 것입니까? 이것이 성령세례에 대한 보다 깊은 경험과 신학적인 이해가 필요하게 되는 이유입니다.

주(註)

1) 박명수, "마틴 냅(Martin W. Knapp)"(1), 「활천」 518호 (1997. 1), 59. "만국성결 교회는 마틴 웰스 냅과 셋 쿡 리스(Seth C. Rees)에 의해서 시작되었다. 그러나 초기 의 성립 단계에서 냅이 좀 더 주도적인 일을 감당했다."

2) 월터 카이저 외 4인, 『성령세례란 무엇인가: 성령세례에 대한 다섯 가지 관점』Chad Owen Brand 편, 이선숙 역 (서울: 부흥과개혁사, 2010).

3) 참고: L. S. Thornton, *Confirmation: Its Place in the Baptismal Mystery* (London: A.&C. Black, 1954).

4) 참고: James D. G. Dunn, *Baptism in the Holy Spirit: A Re-examination of the New Testament Teaching on the Gift of the Spirit in Relation to Pentecostalism Today* (London: SCM Press, 1970).

5) Roger Stronstad, *The Charismatic Theology of St. Luke* (Peabody, MA: Hendrickson, 1984); William W. and Robert P. Menzies, *Spirit and Power: Foundations of Pentecostal Experience* (Grand Rapids: Zondervan, 2000).

6) John R. W. Stott, *The Baptism and Fullness of the Holy Spirit* (Leicester: InterVersity Press, 1964).

7) 배본철, "성령론 딜레마: 한국교회 성령세례론 유형 분석", 『존 웨슬리의 신학과 개혁신학』 한국개혁신학회편 (서울: 한국개혁신학, 2006), 103-121.

8) 성령세례를 성화와 능력 양자 모두로 이해하는 그룹은 미국의 근대 웨슬리안 성결운 동에 참여했던 자들이 주를 이룬다. 그 중에서도 우선은 성화라는 특징을 지닌다: Phoebe Palmer, Martin W. Knapp, William Godbey, Thomas Cook, A. M. Hills, George D. Watson 등.

9) 성령세례를 능력의 은사로 이해하는 그룹은 주로 전통 오순절주의(Classical Pentecostalism)와 은사갱신운동(Charismatic Renewal)에 속한 자들이 대부분이다: Charles F. Parham, W. J. Seymour, John L. Sherill, Dennis J. Bennett, Francis MacNutt 등.

10) John Fletcher, *Fletcher on Perfection* (Louisville: Pentecostal Pub., n. d.), 19. "If one powerful baptism of the Spirit seals you unto the day of redemption, and cleanses you from all moral filthiness, so much better. If two or more are necessary, the Lord can *repeat* them."(필자의 강조)

11) John R. Rice, *The Power of Pentecost* (Murfreesboro: Sword and the Lord Pub., 1949), 155f. 이와 유사한 입장을 취하고 있는 자들: 한영태, 『삼위일체와 성결』(서울: 성광문화사, 1992), 275, 박명수, 「활천」473 (1993. 3), 99; (배본철, "성령의 딜레마...", 112쪽 참조).

12) 예외가 있다면 폴 틸리히의 신학을 예로 들 수 있겠는데, 그도 자신의 조직신학의 성령론을 미국적 상황에서 완성하였다. Paul Tillich, *Systematic Theology* (Chicago: CUP, 1951-1963); 『조직신학 I-V』유장환 역(서울: 한들, 2001-2008).

13) 박형룡, "성령세례와 성도의 구원"「신학정론」12(1994. 5): 24-55, 39. "개인 성도가 교회의 일원이 되는 순간은 언제인가. 그 순간은 개인 성도가 칭의를 받는 순간이요, 중생하는 순간이요, 구원을 받는 순간이요, 성령세례를 받는 순간이다. 여기서 우리는 중생과 성령세례가 개인 성도의 구원 경험 중 같은 경험을 가리키고 있음을 알 수 있다. 중생과 성령세례는 같은 경험을 다른 관점에서 설명하고 있는 것이다."

14) 박형룡, 앞의 글, 41; E. F. Harrison, *Acts: The Expanding Church* (Chicago: Moody Press, 1975), 51-52.

15) 이와 같은 D-1그룹에 속한 자들: Charles Hodge, B. B. Warfield, Abraham Kuiper, Richard B. Gaffin, John R. Stott, Bill Bright, Billy Graham 등.

16) Martin Lloyd-Jones, 『성령세례』정원태 역(서울: 기독교문서선교회, 1986), 131. "성령세례는 우선적이고 필수적으로 능력세례이다." 배본철에 따르면(앞의 글, 104), 성령세례를 통한 봉사의 능력을 말하는 다음과 같은 자들은 기본적으로 개혁주의 입장에 서 있는 자들이다: Asa Mahan, *The Baptism of the Holy Ghost* (New York: Palmer & Hughes, 1870), 52ff. D. L. Moody, *Secret Power* (New

York: Fleming H. Revell, 1881), 49,51. R. A. Torrey, *The Baptism with the Holy Spirit* (New York: Fleming H. Revell, 1897), 18. D. M. Lloyd-Jones, 『성령론』 홍정식 역편(서울: 새순출판사, 1986), 104.

17) Lloyd-Jones, 『성령세례』, 32.

18) 본 논문에서는 S그룹에 한정하고, D그룹의 성령세례 이해는 다른 기회에 다루어야 할 것이다.

19) Martin Knapp, *Pentecostal Aggressiveness; or Why I Conducted the Meetings of the Chesapeake Holiness Union at Bowens, Maryland* (Cincinnati: Publisher of Gospel Literature, 1899), 20(이하 PA). "Wesleyan Perfection clearly embraces a second work of grace, subsequent to conversion, by faith, *instantaneously eradicating inbred sin* and accompanied by separation from the world, suitable confession, Pentecostal aggressiveness and power in propagating it... This we understand to be *Wesleyan Holiness*, the great object of Methodism."(필자의 강조).

20) PA, 27.

21) M. W. Knapp, *Lightning Bolts from Pentecostal Skies; or, Devices of the Devil Unmasked* (Cincinnati: God's Bible School Bookroom, 1898), 7 (이하 LB로 표기함).

22) LB, 7.

23) LB, 13.

24) LB, 33. "*All who have this baptism have Pentecostal sanctification; all who have Pentecostal sanctification have this baptism.*"(Knapp의 강조)

25) Manual, 13.

26) Manual, 15.

27) LB, 13.

28) LB, 33.

29) LB, 15-17.

30) LB, 20.

31) LB, 27.

32) Martin Knapp, *Impressions* (Cincinnati: Revivalist Publishing Co., 1892), 52ff.

33) Leon O. Hynson, "The Wesleyan Quadrilateral in the American Holiness Tradition," in: *Wesleyan Theological Journal* (March 1985), 30.

34) W. Godbey, *Commentary on the New Testament*, vol. 2: The Gospels of Matthew, Mark, Luke, and John, Harmonized – Part II (Cincinnati: God's Revivalist Office, 1900), 408 (이하 ComNT). "The Holy Ghost is the Spirit of Jesus, His great work being to reveal, magnify, and glorify the Son of God in the salvation of the world... The Lord's true disciples, like the Holy Ghost, are always magnifying Jesus and witnessing to His glory."(408); "the grand office of the Holy Ghost is to reveal to us the things of Christ... is to reveal the wonders of the Christhood, the stupendous latitude, longitude, and altitude of redeeming love, shining down into the deep interior of the human spirit, irradiating the mind, interpenetrating our entire spiritual being..."(414).

35) W. B. Godbey, *Satan's Side-Tracks for Holiness People* (Nashville: Pentecostal Mission Pub., no date), 23. "His mission on the earth is to get us all to follow Jesus... He(Holy Ghost) always leads us right in the track, with our eye on Jesus."(필자의 강조).

36) 누가는 사도행전을 통해서 오순절 성령세례 사건이 계속해서 일어나고 있는 선교 현장에 대해서 보도하고 있다. 즉, 사마리아인의 성령세례(행 8:14-15), 바울의 체험(행 9:17-18), 고넬료와 이방인들의 성령세례(행 10:44-48), 에베소 제자들의 성령세례 체험(행 19:1-7) 등과 같은 것이다.

37) Wallace Thornton, "God's Trustee: Martin Wells Knapp and Radical Holiness," in: *From Aldersgate to Azusa Street*, by Henry H. Knight III (Eugene,

Or: Pickwick Pubns, 2010): 148-157.

38) William Kostley(ed.), *Historical Dictionary of the Holiness Movement*, Second ed. (Lanham: The Scarecrow Press, 2009), 129. 갓비는 자신의 말년에 들어서서는 냅이 세운 '하나님의 성서학원(God's Bible School)'에서도 가르쳤다.

39) ComNT 2, 397.

40) 상동.

41) W. B. Godbey, *The Incarnation of the Holy Ghost* (Louisville: Pentecostal Pub., 1908), 39. 갓비는 성령에 의한 중생과 동일한 성령에 의한 성화는 시간적으로는 혹 동시적일 수도 있다고 시간적인 문제에 대해서는 제한을 두지 않는다.

42) ComNT 2, 397. "while in the case of the sanctified, He is actually *dwelling in* them, having taken up His *abode in* the heart, there to abide a blessed, Heavenly Guest, filling the soul with perennial sunshine..."(필자의 강조).

43) ComNT 5: Acts-Romans, 25.

44) ComNT 5, 25; Godbey, *The Incarnation of the Holy Ghost*, 41. "Before the incarnation of the Holy Ghost *in* human bodies, he operated *extrinsically* on the people."(필자의 강조).

45) W. Godbey, *The Incarnation of the Holy Ghost*, 39.

46) ComNT 5, 26. 33.

47) ComNT 5, 26.

48) *The Incarnation of the Holy Ghost*, 42.

49) 앞의 책, 43.

50) ComNT 5, 26.

51) 행 2:36.

52) Donald Dayton, 『다시 보는 복음주의 유산』 배덕만 역 (서울: 요단출판사, 2003). 225.

53) Wallace Thornton, Jr., "The Revivalist Movement and the Development of a Holiness / Pentecostal Philosophy of Missions," in: *Wesleyan Theological*

예수의 바람, 성령의 바람

Journal (March, 2003), 171. 175.

54) Godbey, *Satan's Side-Tracks*, 27.

55) W. B. Godbey, *Spiritual Gifts and Graces* (Cincinnati: God's Revivalist Office, 1895), 3.

56) W. B. Godbey, *The Victory of Christ* (Cincinnati: God's Revivalist Office, n. d.), 39.

Regeneration
Sanctification
Divine Healin
Second C

제 6 장
사중복음 신학의
구성과 내용

지금까지 우리는 19세기 말 미국에서 일어난 성결운동의 역사적 맥락에서 사중복음의 정신, 그에 입각한 사중복음 신학의 방법론적 특성들, 그리고 가장 핵심적인 이슈로서 성령세례까지 고찰했습니다. 이제는 이에 기초하여 사중복음 신학의 구성과 그 내용에 대하여 살펴보도록 하겠습니다.

성결교회의 정체성을 대변해 왔던 사중복음이 전도표제의 차원을 넘어서 기독교의 사상과 교리를 체계적으로 정립할 수 있는 신학의 도구와 틀이 될 수 있는 가능성을 제시하고자 합니다.

여기에는 두 가지의 길이 가능할 것입니다.

첫째는 사중복음의 정신에 따라 성서의 주제들과 교회의 삶 그리고 사회적 제 현상에 대하여 '사중복음적인' 입장을 표하는 것입니다.

둘째는 중생, 성결, 신유, 재림이라는 사중복음 각개의 의제를 성서적이고 교리적으로 전개하고, 이를 삶의 현실에 해석학적으로 풀어내어 윤리적 실천의 원리를 찾아내는 것입니다.

이러한 두 가지의 길을 통하여 우리는 '사중복음적 신학' 혹은 '사중복음의 신학'을 논함으로써 통합적으로 '사중복음 신학'을 제시할 수 있게 됩니다.

사중복음적 신학: 사중복음 정신으로 신학하기

지금까지 살펴본 사중복음의 정신에 따라 '사중복음적' 신학을 하게 된다면, 다음과 같은 방향의 신학적 과제들이 자연스럽게 주어질 것입니다.

즉, 사중복음 신학은 '삼위일체 하나님 중심적 교회혁신의 신학'을 지향하며, '성서적 계시 체험'을 중시하며, '종말론적 하나님 나라의 선교'에 헌신하며, 오순절적 교회를 태어나게 한 '성령세례를 통한 성결신학'을 추구한다는 것입니다.

교회신학: 삼위일체 하나님 중심적 교회혁신

사중복음의 기원적 콘텍스트에서 볼 때 사중복음의 가장 우선적인 신학적 주제는 '하나님' 자신입니다.

그런데 그 하나님은 단순히 교리나 전통, 신학이나 예전에서 불리는 명목상의 존재가 아니라, '살아계신' 그래서 인격적으로 지금 우리와 '관계하는' 분입니다.

살아계신 하나님에 대한 체험적 고백은 옛 언약의 백성인 이스라엘의 역사에서나 새 언약의 백성인 교회의 역사 모든 경우에서 발견되는 사실입니다. 우리는 살아계셔서 지금 우리와 관계를 가지시는 인격적 하나님을 묘사할 때 '삼위일체 하나님'이라 합니다.

사중복음이 하나님의 살아계심을 증거할 수 있다면 이미 가장 중요한 사명을 다한 것이라 말할 수 있습니다.

하나님이 살아계심을 진정으로 믿는다면 하나님의 백성인 교회는 오직 하나님의 주권 하에서 하나님의 영광을 위하여 그의 말씀과 인도하심만을 절대적으로 따르는 공동체가 될 것이기 때문입니다.

그러나 이스라엘과 교회의 역사를 포함하여 전 인류의 삶에서 항상 문제되었던 점은 하나님의 자리에 사람이 들어가 하나님을 대신하는 것이었습니다. 다시 말해서 입으로는 하나님을 불렀으나 하나님이 살아계심을 마음으로 믿지 못하였고, 그러므로 삶의 중심에 하나님이 존재할 수 없었습니다.

특히 성결운동이 미국의 감리교 안에서 일어났을 때 그 운동은 교회의 세속화와 교권주의로 말미암아 타락한 교회 현실에 대한 비판적 성찰에 근거를 둔 운동이었습니다. 그 바탕에는 인본주의가 교회의 정신을 지배하고 있다는 비판적인 경각심이 강하게 내재해 있었습니다.

그러므로 성결운동에는 교회를 잠식하고 있는 인본주의에 대항하는 신학적인 성찰과 메시지가 전면에 부각될 수밖에 없었습니다.

성결운동의 문헌들에는 교의학적으로 볼 때 성부와 성자와 성령이 각기 다루어지기도 하지만, 삼위일체적인 하나님 중심주의 신학사상이 두드러

예수의 바람, 성령의 바람

집니다.

달리 말하여, 성부 하나님이 이야기될 때 성자와 성령 하나님이, 성자 예수 그리스도가 신적 차원에서 소개될 때 아버지와 성령이, 그리고 성령의 역사가 나타날 때 성부와 성자가 그 가운데서 함께 있음이 경험된다는 것입니다.

한국의 성결교회가 전개한 사중복음을 고찰할 때,[1] 그 가운데 '삼위일체론'의 신학적 구조가 나타나고 있는 것을 어렵지 않게 확인할 수 있습니다.

즉, 사중복음에 나타나는 아버지 하나님, 아들 예수 그리스도, 그리고 아버지와 아들에 의해 보냄 받은 성령은 모두 동일하게 신적 실재(實在)이면서 동시에 각기 고유한 신품(神品)을 지닙니다.

특히 이명직의 『기독교의 사대복음』은 의도적으로 어떤 신학적인 기획에 의해 진행한 것 같이 보이지 않지만 그 가운데는 하나님의 말씀과 성신의 역사와 그리스도의 보혈의 공로가 동일하게 신적 차원에서 인간의 구원과 치유를 위해 절대적인 하나님의 지혜와 능력으로 임하는 것으로 나타납니다.

그러한 신적 행위에 따라 중생, 성결, 신유, 재림의 복음이 철저히 삼위일체 하나님 중심적 메시지의 원천이 되고 있습니다.

사중복음의 정신은 마틴 냅이 창립한 '하나님의 성서학원'이 내세웠던 교훈 그대로 '만물 위에 계신 하나님(God over All)' 한 마디 안에 모든 것이 함축되어 있다고 보아도 과언이 아닙니다.

하나님보다 앞서거나 하나님을 피해서 할 수 있는 일은 아무것도 없습니다. 모든 것은 하나님에 의해 지배되어야 합니다. 이것이 사중복음적 정신에 의한 중심 메시지입니다.

이 메시지가 제일 먼저 그리고 철저히 적용되어야 할 대상이 바로 교회입니다. 교회야말로 하나님이 직접 다스리시기 위해 세상 가운데 자기의 백성을 불러 모은 공동체이기 때문입니다.

다시 말해서, 교회에서 하나님이 하나님으로서 그 주권과 권능을 드러내지 못한다면 그것은 더 이상 교회일 수 없으며, 그렇다면 차라리 하나님의 부재를 선언할지언정 하나님의 임재를 말할 수 없기 때문입니다.

그러므로 누구든지 사중복음의 정신으로 신학 한다고 했을 때 그는 제일 **먼저 삼위일체적으로 살아계셔서 우리와 관계하시는 하나님의 교회를 생각하게 됩니다.** 그리고 과연 현재의 교회가 살아계신 '삼위일체적인 하나님'의 교회인지 여부를 묻습니다.

사중복음적으로 신학을 한다는 것은 곧 삼위일체 하나님에 의하여 교회가 지속적으로 혁신되어야함을 말하며, 적극적으로 그 일에 참여하는 것입니다.

그러므로 '교회를 교회 되게 하는 것'은 사중복음적으로 신학함의 중요한 이유가 됩니다.

여기에서 무엇보다도 교회에 대한 사중복음적인 관점은 교회 공동체가 교권주의와 세속주의에 지배되고 있지 않은지를 보는 것입니다.

사중복음 신학은 중생한 교회, 성결한 교회, 신유로 회복된 교회, 주의 재림을 기다리는 교회를 이상(理想)으로 삼습니다.

이로써 세상의 가치와 풍습이 교회의 판단과 행위의 기준이 되거나, 혹은 인간 중심의 교권이 절대화 되어 하나님의 말씀과 성령의 인도는 명목뿐이고, 특정 상황에 대처하기 위해 만들어진 제도와 법과 이를 사사로이 적용함으로써 교회의 영적 공동체성을 훼손하는 것에 대해 강력한 저항의 태도로써 신학을 전개합니다.

하나님의 주권에 도전하는 인본주의 사상과 전통에 대하여 단호히 대처하는 저항성이 사중복음적 신학의 원천 에너지입니다.

하나님의 이름으로 인본주의와 그로 인한 교권주의와 세속주의적인 행위를 절대화할 때 사중복음은 그것을 하나님을 대적하는 우상(偶像)으로 규정하여 비판합니다. 이를 위한 사중복음 신학의 가장 강력한 무기는 성서와 성령의 감동으로 깨닫는 계시 체험입니다.

계시신학: 성서적 계시 체험

삼위일체 하나님 중심성은 신적 진리에 대한 절대적인 확신 없이 구축될 수 없습니다.

하지만 그 확신의 근거에 대한 객관적인 규범을 말한다는 것은 하나님 자신 외에는 그 누구에게도 가능치 않다는 데 문제가 있습니다.

규범 자체가 스스로 자신의 규범성을 드러낼 때만 규범의 객관성이 인정될 수 있기 때문에, 모든 진리는 자기 선언적일 수밖에 없습니다. 결국은 자기 선언으로써 자기의 존재 자체를 입증해야 합니다.

'나는 야웨다.', '나는 만왕의 왕이다.', '나는 세상의 빛이다.' 등과 같은 식의 자기 선언으로 자신을 드러내는 것입니다.

모든 존재자의 존재를 가능케 하는 존재 자체, 즉 만물의 창조자이신 삼위일체 하나님만이 할 수 있는 이러한 진리 선언에 대해서 인간이 관계할 수 있는 길, 즉 지성적으로 이해를 가능하게 하는 길은 오직 '믿음' 뿐입니다. 하나님의 자기 계시의 내용은 그에 대한 믿음으로써만 그 참됨의 여부가 파악됩니다.

그렇다면 인간이 하나님에 대하여 능동적으로 말하는 것은 불가능한 일입니까?

아닙니다! 불가능하지 않습니다. 하나님에 대하여 말을 할 수 있고, 뿐만 아니라 말을 해야 합니다.

하나님의 자기 계시가 먼저 있습니다. 그리고 인간은 그 계시 가운데 스스로를 정의하면서 드러내신 하나님을 만나게 됩니다. 우리는 이를 인간의 하나님 계시 '경험' 이라 말할 수 있습니다.

말하자면, 하나님이 우리를 만나러 오시기까지 우리는 하나님에 대하여 아무것도 보고 듣고 말할 수 없는 어둠 가운데 있을 뿐입니다. 그러나 그가 오시면 모든 것이 열려 보이게 됩니다. 마침내 인간은 하나님에 대해서 말할 수 있게 됩니다.

하나님은 창조자로서 그가 지은 인간에게 자기가 누구인지 무엇을 원하는지를 보여주시기를 원합니다. 그러므로 하나님을 알기를 원하는 자들은 언제나 하나님의 자기 계시의 빛 가운데서 그를 만나는 경험을 할 수 있는 것입니다.

예수의 바람, 성령의 바람

하나님께로 나가고자 하는 자들 가운데 그를 만나지 못했다고 하면 그 문제는 하나님에게 있는 것이 아니고 자기 자신에게 있다고 해야 할 것입니다. 왜냐하면 하나님은 자신이 만든 우주만물 삼라만상을 통해서 일차적으로 자신의 능력과 메시지를 보여주시기 때문입니다. 따라서 하나님이 없다든지 하나님을 모르겠다고 말할 수 없는 것입니다.

단지 이때 문제가 되는 것은 하나님의 자기 계시에 대한 인간의 경험이 얼마나 참된 것이냐는 것입니다. 즉 나의 종교적 경험이 하나님의 자기 계시로부터 나온 것인지, 아니면 내가 종교적 상상력을 가지고 만들어낸 신적인 형상에 의한 자기 투사인지 어떻게 분별할 수 있는지에 대한 문제입니다.

이러한 문제를 정당하게 풀기 위해서는 기준이 필요합니다. 참 계시와 참 경험을 분별할 수 있는 모범적 텍스트가 있어야 하는 것입니다. 말하자면 규범이 필요한 것입니다.

사중복음 신앙 전통에서 삼위일체 하나님이 우리의 삶에 중심임을 가장 직접적으로 고백하는 것은 '성서'를 하나님의 말씀으로 믿는다는 것입니다. 이 말은 곧 인간의 다양한 진리 인식과 진리 주장이 하나님의 자기 계시로부터 나온 것인지의 여부를 판단하는 절대 기준이 바로 성서라는 의미입니다.

'사중복음적'이라 함은 '삼위일체 하나님 중심적'이며 또한 '성서적'인 것임을 말합니다. 다시 말해서 어떠한 진리 주장도 성서적인 판단을 거치지 않고서 하나님으로부터 나온 것임을 받아들일 수 없다는 것입니다.

이처럼 성서를 진리 파악의 절대 규범으로 삼는 근거는 성서 스스로가 그와 같은 권위를 지니고 있기 때문입니다.

성서 자체가 지니는 내적인 통일성과 진정성은 성서를 대하는 자들에게 성서가 신적인 영감에 의해 기록된 것이 아니라고 그 누구도 부정할 수 없도록 하는 힘에 의해서 인정되고 있습니다.

성서는 하나님의 자기 계시 사건들을 모두 다 말하기보다 하나님 자신을 알 수 있도록 가장 잘 지시할 만한 사건들을 보여줍니다. 이를 위해서는 선택과 집중의 원리가 적용되어야 했습니다.

성서의 내용은 이스라엘 백성과 교회 공동체를 여러 나라와 민족들 가운데서 불러내셔서 그들을 대상으로 행하시고 말씀하신 것들을 중심으로 이루어지게 했습니다.

이스라엘과 교회는 모두 하나님의 백성으로 하나님의 자기 계시가 히브리 성서인 타나크(토라: 율법서, 느비임: 예언서, 케투빔: 성문서)에 나타나 있다고 확신해 왔습니다. 그러나 성서가 '어떻게' 스스로 하나님의 말씀인 것을 드러내고 있는 지에 대한 이해는 하나님의 백성들이 속해 있는 전통들에 따라 현저한 차이를 보입니다.

그러나 모두에게 가장 중요한 점은 성서의 기록이 '하나님'의 영감(靈感)에 의해 기록된 것이며, 그러므로 저자들이 받은 그 영감을 오늘의 독자가 받아 읽게 되면 저자들을 통해 전하고자 했던 하나님의 뜻이 가감 없이 전달될 수 있다고 믿는 지의 여부입니다.

사중복음 전통에서 삼위일체 하나님 중심주의와 성서 제일주의 정신을

예수의 바람, 성령의 바람

가장 잘 표현해 주는 것은 소위 급진적 성결운동의 리더이자 성결교회의 창립자인 마틴 냅이 세운 최초의 신학교 '하나님의 성서 학원(God's Bible School)'이라는 교명과 성서학원이 제창한 '성서로 돌아가자(Back to the Bible)'라는 학원의 모토에 단순하고도 분명하게 나타나 있습니다.

이것은 인간의 과학적인 판단과 주장이나 세상의 다양한 학문과 지식을 부정하는 것이 아니라, 이러한 과학적 혹은 학문적인 가치 기준에 따라 성서가 판단되고 그로써 상대화 되는 것을 부정하는 것입니다.

사중복음적 정신으로 신학 함은 성서의 메시지를 통해서 세상의 학문과 인간의 모든 합리적 지성들의 가치들을 정립해 주는 데까지 나아갑니다.

다른 한편, 보다 일차적으로 추구하는 것은 성서에 나타난 하나님의 자기 계시 사건이 단순히 문자로 혹은 역사적 지식의 나열로 전달되거나 알고 있는 것으로 끝나는 것이 아니라, 그 사건을 통해서 하나님을 만나고 그가 계시하는 바 하나님의 뜻을 내 것으로 깨닫는 데까지 나아가는 것입니다.

즉 성서의 내용을 이스라엘과 교회를 향한 율법 조문으로 아는 것이 아니라, 삼위일체 하나님의 능력과 사랑과 공의로 살아있는 말씀으로 받아들이도록 하는 것이 사중복음적 신학의 근본정신이요, 그 전통이 추구하는 바입니다.

그러므로 사중복음 신학은 '지성화'를 넘어서며, 신앙고백의 '교리화'를 넘어서며, 공동체적 삶의 '제도화'를 넘어서고자 합니다.

이는 우리가 사중복음의 정신을 학문과 교리와 제도를 통해서 잘 확립해 나가는 일의 필요성을 인정하고 또한 그러한 노력을 게을리 해서는 안 되는 것임을 분명히 하지만, 사중복음의 정신이 학문, 교리, 제도에 갇혀버릴 수 있는 위험성을 언제나 경계하지 않으면 안 된다는 것입니다.

달리 말하자면, 사중복음이 적극적으로 취하고자 하는 것은 삼위일체 하나님을 오늘 우리의 삶 한가운데서 만나고 그의 임재를 경험하는 가운데 그의 뜻을 발견하여 하나님의 영광을 나타내는 데 일차적 목적이 있지, 학문과 교리와 제도의 정립 그 자체가 목적일 수 없다는 뜻입니다. 이들이 필요한 경우는 사중복음의 정신이 그 정체성의 훼손을 경험하게 되고 공격을 받게 될 때 이를 방어하고 든든히 지키기 위할 때라고 할 수 있습니다.

이런 맥락에서 볼 때 사중복음이 '전도표제' 인가 아니면 '신학' 인가라는 논의보다는, 오히려 사중복음의 정신을 가장 잘 나타낼 수 있으며 이를 잘 방어할 수 있는 길이 무엇인가를 묻는 것이 시의적절한 일일 것입니다.

이와 관련하여 마지막으로 중요한 이슈는 사중복음의 정신에 입각한 성서적 계시 경험의 신학을 말하기 위해서 놓쳐서는 안 될 일로서 성서의 교훈과 계시 사건들을 히브리 영성에 기초한 나사렛 예수 그리스도의 삶과 말씀의 관점에서 바라보아야 한다는 것입니다.

이 점이 중요한 이유는 서구교회 이 천년의 역사를 되돌아 볼 때 히브리 영성보다는 헬라의 지성에 입각하여 성서가 주지주의적으로 해석되어 온 경향이 강하기 때문입니다. 이에 대한 철저한 반성과 저항의 정신 가운데 사중복음이 태어났다는 점을 결코 잊어서는 안 됩니다.

우리의 신학 행위는 영적인 차원을 무엇보다 중시하지만 동시에 역사적인 반성의 차원 또한 중요하게 다룹니다. 그런 맥락에서 미감리교의 주류

예수의 바람, 성령의 바람

신학이 서구의 헬라적인 지성주의에 입각하여 합리성과 인간성을 강조하는 틈에 성서 자체의 역사적이며 문화적인 콘텍스트인 이스라엘 역사와 히브리적인 영성을 상실하였거나 혹은 의도적으로 배제해온 면이 있음을 직시할 필요가 있습니다.

반면에 래디컬 성결운동의 사람들, 특히 윌리엄 갓비 같은 경우는 성서와 이스라엘 땅은 분리될 수 없는 상관 관계성을 지니기 때문에 이스라엘을 가보지 않고서는 성서주석을 할 수 없다고 할 정도로 히브리적인 영성의 중요성을 인식하고 있었습니다. 그는 1895년에 첫 이스라엘 여행에 나섰고, 그 후에도 여러 번 방문하였습니다. 『거룩한 땅』(Holy Land, 1895), 『성지의 예수 발자국』(Footprints of Jesus in the Holy Land, 1900) 등의 책을 출판하였습니다.[2]

사중복음의 정신은 성서적으로 나사렛 예수에 그 초점이 모아져있습니다. 결국 예수 그리스도의 영성을 떠난 사중복음은 없습니다. '예수의 바람'이 불지 않는 곳에서는 사중복음의 정신이 살아날 수 없습니다.

사중복음적으로 신학을 한다는 것은 단순히 표현하여 예수의 생각과 예수의 느낌을 앞세워 오늘의 문제를 생각하고 행동에 반영하고자 함입니다. 1세기의 예수 영성을 21세기 삶의 현장에 변질됨 없이 끌어올리는 작업이야말로 사중복음 신학의 본질적인 사명에 해당합니다. 팔레스티나에서부터 불기 시작한 '예수의 바람'이 지구촌 구석구석까지 불도록 해야 합니다.

그러므로 예수 그리스도 이전 아담부터 세례 요한까지 이스라엘 가운데서 일어난 성서의 사건과 이야기들은 모두 예수에게 모아지며, 예수 그리스도 이후 베드로부터 요한계시록의 인류 최후 역사에 이르기까지의 모든 사건은 예수 그리스도의 삶과 가르침으로부터 조명되고 판단되어야 합니다.

사중복음 신학은 예수의 영성을 현대 이스라엘과 교회에 비추어 줌으로써 학문과 교리와 제도에 사장(死藏)될 수 있는 성서의 계시 경험들이 지금 나에게 살아계신 하나님의 임재와 능력으로 생생하게 다가오도록 해야 합니다.

선교신학: 종말론적 하나님나라 선교

사중복음의 중생, 성결, 신유, 재림의 복음 모두는 내용적으로 종말론적인 하나님의 나라와 인류 구원을 위한 메시지를 선포합니다.

이에 따르면, 세계는 하나님에 의해 선하고 아름답게 창조되었지만 인간의 불순종과 교만에 의한 타락으로 자연과 인류의 역사가 고통과 죽음의 현실 가운데 처하는 운명에 떨어져 있으며, 세상은 절망적 파국의 종말을 맞이하게 되어 있습니다. 이것이 성서가 증언하는 피조세계의 종말론적 현실입니다.

그러나 하나님은 인류의 조상이 타락하는 순간부터 인간의 운명을 구원할 계획을 가지시고 세상의 역사를 섭리(攝理)하십니다. 곧 하나님 나라의 선교라 말할 수 있는 것이며, 이 선교의 궁극적인 목적은 인간을 포함한 모든 피조물의 구원입니다.

만물의 구원을 위한 사중복음의 정신은 관념적 사유의 상태로 남아 있기를 거부합니다.

하나님의 백성은 인생을 낭만적으로 향유하며 철학적 지혜를 즐기며 자연의 신비로운 조화를 노래하기도 하지만 거기에 머물러 있을 여유가 없습니다. 그들은 구원의 완성을 이루어가야 할 종말론적인 실존이기 때문입니다.

구원을 향한 인류의 역사가 종말론적이라 함은 하나님의 뜻과 행위가 구원에 총집중되어 있다는 말입니다.

구원의 완성을 위한 여정(*ordo salutis*)은 하나님의 은혜와 예수 그리스도의 희생과 성령께서 돕는 역사에 우리가 참여하는 전 과정을 통해서 이루어집니다.

그러므로 성서의 모든 메시지도 궁극적으로 구원의 완성을 말하는 하나님의 나라에 맞춰져 있습니다.

하나님의 나라는 하나님의 임재와 다스림이 온전히 이루어지는 때를 말합니다. 이때의 완성은 오직 하나님 자신에 의해서 이루어지며 인류의 역사는 하나님 나라의 완성을 기다리는 역사라 할 수 있습니다.

하나님께서는 민족적인 차원에서 하나님의 나라를 경험하도록 역사상 '이스라엘'을 선택하여 부르셨고, 하나님 자신이 이스라엘의 왕으로서 다스리는 섭리를 아브라함 선택 이후 지금까지 지속하고 있습니다. 아브라함과 맺은 하나님의 언약은 하나님의 편에서 반드시 성취하실 것입니다.

이처럼 미래에 성취될, 이스라엘을 통한 하나님 나라의 영광을 예견할 수 있는 이유는 하나님의 신실하심에 따른 섭리가 있음을 믿을 수 있기 때문입니다.

종말에 세계의 모든 민족은 이스라엘 민족을 향한 하나님 나라의 완성을 보게 될 것입니다. 그 일은 예수께서 유대인의 왕으로 오셨으나 그들이 배척한 것을 회개하고 예수 그리스도를 그들의 왕으로 받아들이는 때 민족적인 차원에서 하나님 나라의 완성을 경험하게 됩니다.

그렇다면 선택함을 받지 못한 이방민족은 어떻게 이스라엘 민족 공동체가 누리게 될 하나님의 나라를 경험할 수 있습니까?

이는 아브라함을 믿음의 조상으로 삼고 예수 그리스도를 주로 믿는 믿음으로 말미암아 하나님의 자녀가 된 신분으로 교회 공동체 안에 들어옴으로써 가능하게 됩니다.

하나님이 이스라엘과 맺은 언약 밖의 민족들에게도 있게 될 하나님의 임재와 다스림의 역사는 이스라엘의 경우보다 못하지도 낫지도 않은 것입니다.

다만 이스라엘이 먼저 택함을 받은 것은 역사 안에서 하나님의 나라가 어떻게 이루어질 수 있는지, 혹은 하나님의 나라가 거부될 수 있는 경우는 어떤 것인지를 알게 하며, 그래서 구원의 역사가 무엇인지를 밝히 계시하기 위함입니다.

그러므로 인류 구원을 위한 하나님의 계획이 담긴 복음이 예루살렘에서부터 시작하여 유대와 사마리아와 땅 끝에 이르기까지 전파되어야 하는 것은 무엇보다도 긴급한 종말론적인 과제입니다.

삼위일체 하나님께서는 이 일을 예수 그리스도의 유대인 열두 제자 공동체를 통해서 그리고 성령 받은 백이십 명의 초대교회를 통해서 시작케 하였

예수의 바람, 성령의 바람

습니다.

언약 밖에 있었던 이방 민족들이 이스라엘 백성들과 같이 아브라함과 이삭과 야곱의 하나님을 자신의 하나님으로 부를 수 있게 된 것은 전적으로 먼저는 하나님의 은혜요, 다음은 이스라엘에게 빚진 바 된 것입니다.

예수 그리스도의 십자가와 부활을 통해 계시된 구원의 길은 오직 믿음뿐이며, 따라서 우리는 그리스도를 믿는 신앙을 통해서만 하나님의 나라가 우리 안에서 값없이 은혜로 이루어지는 것을 경험하게 됩니다.

사중복음은 중생, 성결, 신유, 재림의 메시지를 통해서 하나님의 나라가 개인적으로 그리고 교회 공동체적으로 어떻게 이루어지는 지를 가르쳐 줍니다.

1897년 성결교회를 창립한 마틴 냅이 3년 후 1900년에 '하나님의 성서학원(God's Bible School)'을 세울 때 교명에 '선교훈련원(and Missionary Training Home)'을 덧붙였던 것은 결코 우연한 것이거나 자의적인 발상이 아니었음을 알 수 있습니다. 그들이 중점적으로 가르친 사중복음 자체가 땅 끝까지 나갈 것을 명하는 종말론적인 선교를 요청하고 있기 때문입니다.

이 '하나님의 성서학원 및 선교훈련원'에서 최초의 아시아 선교사로 파송된 자가 바로 찰스 카우만(Charles Cowman) 부부라는 사실, 그리고 이들의 제자들(정빈과 김상준)에 의해 한국 민족에 사중복음이 전파되었고, 1907년 이 땅에 성결교회가 세워졌다는 사실은 선교사적 차원에서 그리고 세계 교회사적으로 매우 중대한 일이 아닐 수 없습니다.

사중복음은 이미 앞에서 고찰한 바와 같이 삼위일체 하나님 중심성을 가지고 있으며, 성서적 계시의 지성화, 교리화, 제도화보다는 살아있는 경험적 사실로서 계시를 받아들이고자 하는 강한 특성을 지닙니다. 이러한 사중복음의 본질적인 특성들은 종말론적인 하나님 나라의 선교를 교회의 가장 긴급한 실천 과제로 받아들이게 합니다.

다른 말로 강조한다면, 선교적이지 않으면 사중복음적이지 않다고 할 것이며, 종말론적인 하나님 나라 선포에 무관심하거나 침묵하는 신학은 더 이상 사중복음 신학일 수 없다는 것입니다.

이러한 사중복음적 정신은 하나님 나라의 복음을 전파하는 차원에서의 선교, 그래서 삼위일체 하나님 나라의 교회 공동체를 세워나가는 선교에만 국한되지 않습니다.

사중복음적 정신은 이미 세워진 교회가 종말론적인 하나님 나라의 선교 공동체인지 여부에 대하여 민감하게 반응하게 됩니다.

다시 말하여, 교회가 종말론적인 영성을 잃어버린 채 현실에 안주하여 세상적인 가치관을 여과 없이 받아들임으로써 하나님 나라의 완성을 파괴하는 것에 대해 저항합니다.

사중복음의 선교적인 관심은 먼저 기존의 교회가 교회로서의 본질을 지속적으로 유지해 나가는 데 있습니다.

마틴 냅은 이러한 관심을 표현할 때 교회가 얼마나 '사도적(Apostolic)' 인지를 묻습니다. 그래서 성결교회의 이름에는 여러 형용사가 붙게 되었는데 초기의 교회명 가운데 '만국사도성결연맹 및 교회(International Apostolic Holiness Union and Church)'에서 볼 수 있듯이 사중복음에 입각한 성결교회의 창립 정신에는 교회의 사도성이 매우 중요한 요소로 작

예수의 바람, 성령의 바람

용하고 있는 것입니다.

이처럼 종말론적인 하나님 나라의 선교를 감당해야 할 사중복음적인 교회는 사도적이어야 하며, 그렇지 않았을 때는 오순절적인 교회 혁신을 위한 저항의 신학을 감행하게 됩니다. 이러한 신학의 길을 가게 하는 원동력이 사중복음의 정신입니다. 그 정신이 발현될 때 사중복음의 급진성, 과격성, 철저성 즉 복음적 래디컬리즘(radicalism)을 보게 되는 것입니다.

성결신학: 펜티코스탈 성령세례

사중복음의 정신이 복음적 래디컬리즘으로 현저히 나타난 사건이 있었는데, 그것은 미감리교회의 교권주의와 대치했던 마틴 냅(M. W. Knapp)의 저항운동으로 표출되었습니다.

이미 앞장에서 상세히 살펴본 바와 같이 미감리교회가 사도성을 잃고 인본주의에 빠져 교권주의를 확대해 나갔을 때 냅은 미감리교의 타락한 교권주의에 대해 '펜티코스탈 저항(Pentecostal Aggressiveness)'의 태도를 분명히 했습니다. 여기에서 '펜티코스탈'이라 함은 물론 사도행전 2장에 나오는 오순절 성령의 임재 사건을 전제한 말입니다.

우리는 여기에서 펜티코스탈 사건이 지니는 바른 의미를 확보하기 위하여 이 말이 그간 세계 교회에 일반적으로 회자하고 있는 은사주의의 입장에서 이해되는 것을 경계합니다. 특히 한국에서 '오순절' 전통에 서 있는 교회들이 보여 왔던 특성에 비추어 볼 때 더욱 그러합니다.

오순절 성령 임재의 사건이 지니는 중요한 신학적 의미를 꿰뚫어 본 신학자가 있었는데 폴 틸리히(Paul Tillich)가 그 중의 한 사람일 것입니다. 그는 그의 『조직신학』에서 인류 역사 속에 나타난 성령의 현존을 말할 때 오순절 사건을 탁월하게 풀이하고 있습니다. 여기에서는 그가 부각한 다섯 가지의 의미가 무엇인지만을 제시합니다.

틸리히는 오순절주의 학자는 아니지만, 그의 신학이 오순절 성령의 현존 사건과 바울의 성령 신학에 기초하고 있다고 본다면 오순절 사건에 대한 해석에서 매우 균형 있는 펜티코스탈 신학의 요소들을 찾아낼 수 있을 것입니다.

첫째는 '황홀경(ecstasy)'의 창조입니다. 이 황홀경은 그것을 담는 영적 구조를 이탈하지 않은 통일성을 유지하기에 신비주의로 빠지지 않습니다.

둘째는 '신앙(faith)'의 창조입니다. 예수 그리스도의 십자가 죽음으로 그에 대한 모든 신앙이 위태롭게 되었을 때 오순절은 불확실한 그리스도 신앙을 확실성의 빛 가운데로 회복했습니다.

셋째는 '사랑(love)'의 창조입니다. 성령의 임재로 교회는 자기희생적인 사랑의 상부상조 공동체가 되었습니다.

넷째는 '통일성(unity)'의 창조입니다. 성령의 임재로 서로 다른 개인들, 민족들, 전통들이 잃어버린 원시적인 통일로의 재결합이 일어났습니다.

다섯째는 '보편성(universality)'의 창조입니다. 성령의 활동으로 인해 교회는 선교적인 공동체가 되었습니다. 모든 개인들과 집단들을 향해 개방적이 됨으로써 교회의 보편성을 확보하게 되었습니다.[3]

성결교회를 창시한 마틴 냅이 '펜티코스탈'이란 말을 사용했을 때는 적

예수의 바람, 성령의 바람

어도 틸리히가 신학적으로 풀이한 오순절 사건이 지니는 이상의 다섯 가지 의미는 최소한 유지하고 있었다고 해야 할 것입니다. 왜냐하면 냅이 집필한 근 20권의 저술에서와 그의 실천적인 삶 속에서 그와 같은 요소들을 어렵지 않게 발견할 수 있기 때문입니다.

아무튼 이러한 오순절 사건이 지니는 신학적 의의를 펜티코스탈이라고 할 때 마틴 냅이 '펜티코스탈 저항'을 외친 것에는 중대한 의미가 포함되어 있다고 보아야 합니다. 사중복음이라는 텍스트에 그와 같은 펜티코스탈 저항 정신이 두텁게 깔려있다는 사실을 간과해서는 안 됩니다.

이러한 정신을 망각한 상태로 사중복음 자체만을 교리적으로 말할 때, 그것은 더 이상 사중복음적일 수 없다는 것입니다. 사중복음적으로 신학을 전개하고 실천한다는 것은 펜티코스탈의 황홀성, 신앙, 사랑, 통일, 보편성을 새롭게 창조해 나간다는 깊은 신학적 의미가 있습니다.

이 지점에서 놓쳐서는 안 될 중요한 사중복음 신학의 의제가 있습니다. 그것은 '성령세례'입니다. 이에 대한 성서적, 역사적, 신학적 논의들은 특별한 합의점 없이 다양한 방향으로 이미 무수히 이루어진 바가 있습니다.

그러나 중요한 점은 이 의제에 대한 보편타당한 명제를 추구하는 것이 아니라, 구원의 여정에서 성령세례 그 자체가 목적이 아닌 이상 성령세례가 무엇을 위해 존재하며 그것이 왜 중요한지를 밝히는 것입니다.

여기에서 누구에게나 분명한 것은, 오순절의 성령세례는 예수께서 제자들에게 약속한 "다른 보혜사"(요 14:16)이며, 그 보혜사 성령을 예수께서 "아버지께 받아서" 베푸신 세례라는 것입니다(행 2:33).

요한복음 14장 16절은 이렇게 말씀합니다: "내가 아버지께 구하겠다.

그리하면 아버지께서 **다른**(alon) 보혜사를 너희에게 보내셔서, 영원히 너희와 함께 계시게 하실 것이다."

이때 성령을 '헤테론(heteron)'이 아니라 '알론(alon) 파라클레톤 (parakleton)'이라 말씀합니다. 여기서 주목할 것은 '헤테론'이나 '알론' 모두 '다르다'는 의미로 사용되나, '헤테론'은 질적으로 완전히 다른 것이어서 서로 치환(置換)할 수 없는 때 사용되는 것인 반면, '알론'은 존재의 형태적인 면에서만 다를 뿐, 질적으로는 동일하기 때문에 서로 교환될 수 있는 때 적용할 수 있는 말이라는 점입니다.

그렇다면 하나님 아버지께서는 아들의 모습으로 한 번 보혜사를 보내셨고, 또한 동일한 보혜사를 다른 모습 곧 성령의 모습으로 보내실 것이라는 말씀이 됩니다. 곧 하늘에서 불어오는 거룩한 생명의 바람인데, 먼저는 '예수의 바람'이었으며, 다음은 '성령의 바람'이었습니다. 모두는 다 같은 바람으로 '하나님 아버지의 바람' 외의 다른 것이 아닌 것입니다.

이제 예수 그리스도와 성령의 관계성이 이와 같이 이해될 수 있다면, 성령세례의 목적은 분명해집니다. 곧 예수께서 승천하시면서 "내가 세상 끝날까지 항상 너희와 함께 있을 것이다."(마 28:20)라고 하신 약속을 실천코자 함과 다름이 아닙니다.

다시 말하자면, 요한복음에서 "다른 보혜사를 너희에게 보내셔서, 영원히 너희와 함께 계시게 하실 것이다."라고 말씀하듯이, 하나님의 백성들에게 **임마누엘**의 하나님이 되시고자 함입니다.

하나님이 당신의 자녀들 안에 거하시고자 함은 무엇 때문입니까? 하나님의 거룩한 형상을 회복코자 함이 아니겠습니까? 이에 대한 성령의 열정

예수의 바람, 성령의 바람

은 지대합니다.

> 너희는 너희가 하나님의 성전인 것과 하나님의 성령이 너희 안에 계시는 것을 알
> 지 못하느냐. 누구든지 하나님의 성전을 더럽히면 하나님이 그 사람을 멸하시리
> 라. 하나님의 성전은 거룩하니 너희도 그러하니라. (고전 3:16~17)

성령세례는 하나님이 예수로 말미암아 그리스도인으로 거듭난 자들 가운데 영원히 거하심으로써 그들로 하여금 거룩한 자로 살도록 성령께서 그들에게 보냄을 받는 개별적인 사건입니다.

사중복음적 성결신학은 성령 임재의 성령세례 경험이 있는 자들에 의해 비로소 시작될 수 있습니다. 성결신학은 하나님 아버지의 거룩함을 닮아가는 것을 추구합니다. 적어도 이 일은 사람의 힘으로 되는 것이 아니라, 성령의 임재로부터 시작되는 것임을 사중복음 신학은 말합니다.

그러므로 사중복음의 정신으로 신학 하는 길에 성령세례는 가장 강력한 추진력이면서 동시에 가장 난해한 주제가 되기도 합니다.

성령세례가 신학적으로 중요한 이슈로 등장하기 시작한 것은 존 웨슬리와 동역했던 존 플레처(John Fletcher, 1729~1785)부터라 할 수 있습니다. 그리고 마틴 냅을 중심으로 전개된 미국의 '급진적 성결운동'에 의해 목회와 선교 현장에서 적극적으로 실현되어야 할 가장 중요한 아젠다(agenda)가 되었습니다.

따라서 성령세례론이 전제되지 않은 성결신학이나 사중복음적 신학 하기는 없다고 보아야 할 것입니다.

이상으로 '사중복음적 신학 하기'의 특성과 방법에 대해 고찰해 보았습니다. 이제 이와 같은 신학적인 사고와 방법이 구체적으로 결실을 맺는 실천적인 길이 논의되어야 합니다.

그렇다면 과연 사중복음적으로 신학 하기는 무슨 실천으로부터 시작될 수 있습니까?

이에 대해 성결운동의 전통에서 제안할 수 있는 것이 있다면 그것은 한 마디로 '기도'라고 할 수 있을 것입니다.

만일에 사중복음 신학을 '기도의 학'으로 이해한다면 이제까지 이야기한 사중복음 신학의 방법론적 특성을 실천적으로 전개함이 가능해질 것으로 보입니다.

기도의 언어와 기도의 삶으로 사중복음 신학이 정당히 전개될 수 있다고 주장한다면, '기도의 학'에 대해서 앞으로 더욱 심도 있게 고찰해야 할 과제를 지닙니다.

기도는 하나님 앞으로 나가는 삶입니다. 코람 데오(coram Deo), 하나님 앞에 서 있다는 의식으로부터 시작해서 그로 끝나는 것이 기도입니다.

이러한 기도는 인간의 대립적인 양극성과 상대적인 판단을 궁극적인 의지를 가진 분 앞에 내려놓는 것입니다. 이때 내가 사용했던 언어로 빚어진 관념, 비전, 판단, 확신 등 나로부터 나온 모든 것들을 하나님 앞에서 상대화시킵니다. 아니, 내가 그 앞에 가면 상대화되어 버립니다.

이러한 기도의 삶을 통해서 성서의 텍스트가 살아있는 메시지로 들리기 시작하며, 성령의 보호하심을 받고 진리로 가르침을 받습니다.

기도야말로 '예수의 바람, 성령의 바람'이 하늘로부터 삶의 구석구석까지 통하도록 불어와 모든 닫힌 문을 열어주는 은혜의 열쇠요, 사중복음 신학이 그 은혜의 역사를 생명력 있게 담아냄으로써 '살리는' 신학이 될 수 있도록 하는 원천적 힘이요, 또한 길이 될 수 있을 것입니다.

사중복음의 신학: 사중복음의 교의신학적 전개

전통적으로 사중복음은 중생, 성결, 신유, 재림이지만, 이명직 목사님의 『기독교의 사대복음』은 중생, 성결, 재림, 신유의 순서로 설명되어 왔습니다. 그러나 이 순서에 어떤 고정적인 원칙이 있는 것은 아니고, 사중복음을 이야기하는 자의 신학적인 관점에 따라 순서를 자유롭게 재배열하는 것이 가능하게 열려 있는 것으로 보입니다.

다음 장에서 보게 될 '글로벌 신학'의 틀로서 사중복음을 이해할 때는 전통적인 순서가 신학 발전의 전개 역사의 관점에서 매우 잘 부합하는 것 같습니다.

그러나 우리는 사중복음 신학의 교의학적 체계를 세워나가는 데 한국성결교회의 역사적 경험에 입각하여, 그리고 예수 그리스도의 말씀 선포와 생애의 관점에서 재림, 신유, 중생, 성결 그리고 다시 재림이라는 순환적 구조로 이야기를 전개하고자 합니다.

예수 그리스도께서 처음부터 전하기 시작한 복음은 '하나님의 나라'였습니다.

예수께서는 이 하나님의 나라가 완성되는 시기를 그의 '재림'으로 증거하였고, 하나님 나라가 현재적으로 이 땅에서 가능하다는 것을 능력 있게 보여 준 것이 '신유'였습니다.

하나님 나라가 가까이 왔음을 선포함과 동시에, 신유와 이적을 통해 하나님 나라가 실재적인 것임을 확신케 함으로써 모든 인류가 자신의 인생관을 이 세상 중심으로부터, 혹은 자기중심으로부터 하나님 중심으로 바꾸는 '회개'를 촉구하였습니다.

그리고 누구든지 하나님의 나라에 실제적으로 참여하기 위해서는 먼저 회개함으로써 자신의 죄로부터 해방되어야 함을 가르치셨습니다. 왜냐하면 공의의 하나님 나라와 죄는 병존할 수 없기 때문입니다.

그러나 여기에서 문제는 '어떻게' 내가 이미 지은 죄와 그리고 앞으로 짓게 될 지도 모르는 죄로부터 자유하게 될 수 있겠느냐는 것입니다. 다시 말해서 어떻게 '거듭남' 혹은 '중생'이 가능할 수 있느냐는 것입니다. 성서의 일관된 가르침은, 이를 가능케 하는 길은 죄 용서받음 곧 사죄의 은총을 받는 것 외에는 다른 것이 없다는 것입니다.

이에 대해 성서가 결정적으로 증언하고 있는 것이 바로 예수 그리스도의 십자가입니다. 즉 그리스도 예수께서 나의 죄를 위해 대신 피 흘리신 사건이 십자가라는 것이며, 이것이 믿어지는 것, 즉 십자가 신앙이 주어지는 것이 은혜이며, 이것을 가능케 하신 분이 성령이라는 것입니다.

십자가에서 흘리신 예수 그리스도의 보혈이 자신의 죄책을 대신하였다는 메시지는 죄책으로부터 자유코자 하는 자들에게는 유일무이한 복음인 것입니다. 그러므로 누구든지 십자가의 은총을 믿는 자는 죄로부터 해방되

예수의 바람, 성령의 바람

어 새로운 삶을 사는 하나님의 자녀로서 하나님의 나라에 실존적으로 참여할 수 있게 됩니다.

이처럼 믿음으로 하나님의 자녀가 됨으로써 하나님 나라의 실존에 들어갔지만, 하나님 나라의 본질인 '거룩함' 혹은 '성결'에 참여하는 것은 또 다른 문제인 것을 알게 되었습니다.

문제는 이때에도 '어떻게' 성결함이라는 하나님 나라의 본질에 참여할 수 있겠는가라는 것입니다.

하나님 나라에 대한 불완전한 실존적인 경험은 성령세례를 받음으로써 성령의 내주(內住)를 통해서만 극복될 수 있다는 것입니다. 이것이 성결의 복음입니다.

거룩하지 않으면 하나님을 볼 수 없기에, 성결은 재림을 통해 이루어지는 완성된 하나님의 나라에 참여하는 조건이라는 것이 사중복음이 도전하는 복음적이며 성서적인 교의라 할 수 있습니다.[4]

재림의 신학

예수께서는 일생 '하나님의 나라'를 전하시고, 아버지의 소명에 따라 십자가를 지기 전에 '재림'을 약속하셨습니다. 이 재림은 전천년설의 입장이 되었든 후천년설의 입장이 되었든 요한 계시록의 관점에 따를 때는 그가 복음으로 제시하신 하나님의 나라는 이 땅 위에서 경험되는 천년왕국으로 그 일시적인 완성을 보게 되며, 그 이후 영원한 하나님 나라의 시작점이 됩니다. 이에 대해서는 복음서, 바울서간, 요한문서마다 제시하는 체계가 달라 하나의 통일된 천국관을 그리는 것은 어려운 일로 보입니다.[5]

그러나 인류에게 들려진 최대의 복음은 '하나님의 나라가 가까이 왔다'는 메시지가 담고 있는 '하나님의 나라'라는 사실에 대해서는 이의가 있을수 없습니다. 달리 말하여, 불의한 인간들이 아니라 공의로운 하나님 자신이 피조물을 직접 다스린다는 소식이야말로 참 복음이란 말입니다.

영적 생명을 잃었던 인류가 하나님의 말씀으로, 예수 그리스도의 보혈로, 성령의 능력으로써 다시 하나님의 생명을 찾아 하나님과 이웃 간의 사랑을 찾을 수 있게 하겠다는 것이 중생과 성결의 복음이라면, 재림의 복음은 세상에 만연한 불의와 죄악으로 인하여 고통당하고 있는 만물 위에 하나님의 공의(公義)로운 나라를 이룩할 것이라는 약속의 말씀입니다.

공의가 짓밟힌 곳에서의 생명과 사랑의 노래란 물을 잃은 물고기와 같이, 살았다 하나 죽은 것과 같은 것입니다. 그러므로 생명과 사랑의 역사는 공의 실현의 복음, 곧 하나님 나라의 복음을 기다립니다.

한국 기독교의 여러 교단 중에서 특히 성결교회는 바로 예수 그리스도의 재림(再臨)에서 그 공의 실현의 복음을 들은 대표적인 경우입니다.[6]

그런데 안타까운 것은, 이와 같은 중생, 성결, 신유, 재림의 복음이 지니는 본질적인 특성이 오랫동안 몇 가지로 크게 오해되어 왔던 점입니다. 그중의 첫째가 이들은 모두 사회구원과는 무관한 개인구원을 위한 복음일 뿐이라는 것이며, 둘째가 이 세상에서의 삶을 위한 것이 아닌 죽음 후의 내세를 위한 복음이라는 것입니다.

다시 말하면, '내 죄가 사함 받고 깨끗해져서 주님 오시는 날 들림을 받아 천국에서 영원토록 살게 하는 복음'이라는 식으로 그 본질의 전체성이

예수의 바람, 성령의 바람

심하게 훼손되거나 왜곡되어 왔습니다.

그러나 중생과 성결, 그리고 신유와 재림의 복음은 개인을 위한 복음 이전에 "인류" 공동체를 향한 것이며, 인류만이 아니라 하나님이 창조한 "만물(萬物)"이 들음으로써 그 능력을 힘입어야 할 하나님의 말씀이라는 사실입니다. 그 중에 특히 재림의 복음이 무엇보다도 요청되는 이유를 『기독교의 사대복음』은 이렇게 말합니다.

> 금일의 시대는 이 말삼으로 표시할 수 있나니, 즉 '대개 창조함을 받은 만물이 다지금까지 함께 탄식하고 고로움을 받는 것을 우리가 아나니라' 하는 말삼이니라 … 아 – 말세로다. 이 중에서 만물은 신음하고 탄식하나니라 … 세상에는 이러한 죄악의 대탕류가 흘러 휩쓸고 있는대 정치, 교육, 사회개량 문제 등등 떠들지만 정의의 정치, 교육 쇄신, 사회개량, 신생활 운동을 부르짖는 자신이 공의를 행하고 자신이 먼저 쇄신하고 개량하고 신생활에 들어가야 할 것이니라.[7]

중생과 성결의 복음이 인류 전체를 향한 것이어도 그 출발은 이미 주신 말씀, 오신 예수 그리스도의 십자가와 부활의 사건, 이미 강림하셔서 능력으로 일하시는 성령을 내가 믿는 것에 기초하는 것이라면, 재림의 복음은 하나님이 보실 때 "때가 차매" 그리스도이신 예수를 이 땅에 보내셨던 것과 마찬가지로 하나님의 정하신 때에 아들 예수 그리스도를 이 땅에 다시 보내실 것이라는 객관적 사건에 기초합니다.

즉, 우리의 신앙 유무를 떠나서 재림의 주는 이 땅에 오셔서 공의의 심판을 행하실 것이며, 그 가운데서 믿음의 백성들을 구원하실 것입니다.

따라서 재림의 복음은 다른 복음에 비하여 매우 객관적이며 공적이며 대

사회적인 특징을 지닙니다. 『기독교의 사대복음』은 재림의 복음이 어떤 점에서 강력히 요구되는 지를 이렇게 말합니다.

각설하고 언제나 누구가 이 시대를 이 세계를 어떻게 공의롭게 만들고 죄 없고 전쟁 없고 만물의 탄식이 변하야 자유해방을 찬송하게 만들가, 인생으로는 없고 오직 예수 그리스도 강림하사 철장으로 도기 부시듯 죄악의 단결, 불의한 제도와 조직을 다 타파하고 천년간 왕국을 지상에 건설하실 터인대 그 때에는 사단 잡아 무저갱에 가두고 죄 없고 전쟁 없고 참으로 평화롭고 자유롭고 사랑과 희락으로 충만하고 찬송으로 충만한 우주의 대희년이 오나니 이것은 전세계 인류가 고대하는 예수 그리스도의 강림이니라.[8]

우리는 여기에서 재림의 복음이 목적하는 바와 이를 이루기 위해 관계하는 일들이 무엇인지를 알 수 있습니다. 재림의 복음은 개인에 관계하기 이전에 먼저 "이 시대"와 "이 세계"의 문제를 향한 것입니다.

흔히 오해하듯이 재림의 복음은 저 세상을 위한 것이 아닙니다. 오히려 이 시대와 이 세계를 위한 복음입니다. 그렇기에 예수 그리스도께서 이 땅으로 "강림(降臨)"하는 것입니다.

예수의 강림이 목적하는 바가 무엇입니까?

"공의"를 통한 "자유해방"입니다. 더 구체적으로는 죄 없고, 전쟁 없고, 만물의 탄식이 없는 세상을 이루기 위해 주께서 강림하십니다.

이를 위해서 "죄악의 단결, 불의한 제도와 조직"을 타파하여 "우주의 대희년"을 오게 하겠다는 것이 재림의 복음이 약속하는 것입니다. 이처럼 재림은 인류 공동체를 하나님의 공의로써 새롭게 하고자 하는 공의의 신학을 위한 확고한 기반이 됩니다.

사중복음 신학은 과거와 현재와 미래의 모든 일들을 진리로써 심판하시려고 다시 오시는 예수 그리스도에 대한 믿음 안에서 이해합니다.[9]

그리스도의 재림 교리는 "값진 진리"이며, 하나님의 백성들에게 "영광스러운 소망"입니다.

그리스도가 예상치 못한 때에 갑자기 인격적으로 재림하는 것은 '거룩한 삶'과 '세계 선교'를 위한 열심을 강화하는 힘이 됩니다. 예수 그리스도의 재림으로 말미암아 모든 악에 대한 완전하고도 궁극적인 승리가 있을 것이라는 모든 예언들은 성취될 것입니다. 그러므로 사중복음 신학은 재림의 빛 아래에서 평가되어야 합니다.[10]

재림에 대한 성결교회의 이와 같은 이해는 주로 내세에 초점을 맞추어 왔습니다. 그래서 오늘보다는 내일, 현재의 역사보다는 미래의 약속에 집중합니다. 이러한 이해는 현실도피의 의도가 아니라면, 오늘의 역사가 고난의 길 가운데 있을 때에 보다 큰 의미를 지니는 신학적 입장입니다.

따라서 사중복음 신학은 이러한 전천년적(pre-millennial) 재림과 종말관이라는 우리의 전통적인 유산을 보다 보편적인 가치로 해석해 내어 현실 가운데 적용시켜 재림 신앙의 역동성을 드러내야 합니다.

이때 재림의 복음은 '공의(公義)'에 따르는 주님의 심판과 직결됩니다. 공의로 심판하시는 주 예수 그리스도가 다시 오신다는 것은 기존의 모든 불의와 부정과 부패에 대해 하나님의 절대적 심판이 내려진다는 것입니다.

그러므로 사중복음 신학은 성도로 하여금 내세에 대한 소망을 가지고 주님 맞을 준비를 하게 하되, 이 땅 위에서도 하나님의 공의로운 뜻을 이루는 일에 참여토록 하는 과제를 지닙니다.

공의로 심판하는 주님의 재림을 믿기 때문에, 불의한 정치와 부패한 문화와 생태 환경을 파괴하는 등의 이기주의에 대항하여, 정치개혁과 문화변혁과 생태정의를 이루는 것과 같은 일들에 앞장서도록 사중복음 신학이 기여해야 합니다.

재림의 복음은 세상의 불의와 죄악에 대한 하나님의 최종적인 공의의 실행을 약속하고 있습니다. 이는 인간 스스로의 힘에 의해서가 아니라, 하나님의 약속 안에 있는 그리스도의 재림을 통해서 실현될 공의의 세상에 대한 약속입니다.

예수 그리스도의 재림 이후의 천년왕국은 여전히 역사 한가운데서 이루어지는 것임으로, 재림의 복음은 탈(脫)역사적이 아니라 역사 참여적인 공의 실현의 하나님 나라에 대한 비전입니다.

재림의 복음은 중생, 성결, 신유의 복음과 마찬가지로 개인을 넘어 사회적 지평을 포함하고 있습니다. 동시에 구원의 현실을 막연히 죽음 이후로 향하게 하기보다는, 다시 오셔서 공의의 판결을 하실 이 땅으로 옮겨놓습니다.

재림의 복음은 단순히 개개인의 실존에서가 아니라 분명한 시점에 일어날 객관적 사건을 지시하며, 공적이며 사회적인 사건을 의미합니다. 그리스도의 다시 오심을 통해 죄와 악으로 만연된 이 땅은 공의의 심판을 통해 정화되고 새로운 창조를 경험하게 됩니다.

재림의 복음이 포함하고 있는 공의의 신학은 '하나님 나라'의 희망과 완

예수의 바람, 성령의 바람

성을 주제화하고 있습니다. 따라서 '하나님 나라'의 희망에 대한 교회적 참여를 유도하며, 교회의 본질적 사명인 선교의 긴박성을 다시금 일깨웁니다.

무엇보다도 래디컬 성결운동 그룹이 교회 안에서 핍박을 받고 갈라져 나올 수밖에 없었던 이유는 무엇보다도 이들의 재림 신학이 주류 교회들의 재림 신학과 상반적이기 때문이었습니다.

특히 당시 교권주의(ecclesiasticism)와 교황주의(Popery)에 사로잡혀 있던 자들에게는 인간 중심의 교회주의로써 지상에 천년왕국을 세우게 되면 그리스도가 다시 오신다는 후천년적(postmillennial) 낙관주의가 지배적이었습니다.[11]

그러나 성결교 지도자들은 기성 교회들의 후천년적 재림론을 '악마적인' 사상으로 판단하고, 타락한 교회 중심의 천년왕국론에 대항하여 이 땅 위에서의 하나님 나라는 오직 예수 그리스도께서 공의의 왕으로 오심으로써 비로소 시작된다는 예수 중심의 천년왕국론을 믿고 주장하였습니다.

다시 말해서, 당시 교권주의와 세속주의로 타락한 교회를 혁신할 수 있는 희망은 예수께서 '순식간에' 재림하셔서 그가 주도적으로 이 땅 위에 직접 천년왕국을 세우는 길 외에는 없다고 믿었던 것입니다.[12] 이것은 후천년주의자들의 관점에서는 현실도피적이거나 역사 발전에 무책임한 신앙적 태도로 보일지 모르지만, 성결교의 전천년주의자들에게는 처음부터 끝까지 '하나님이 만물을 다스림(God over All)'에 대한 일관된 신앙이요, 또한 신학적 입장이기도 한 것이라 볼 수 있습니다.

전천년적 재림신앙은 결코 탈역사적인 삶으로 이끌지 않고, 오히려 철저히 하나님 중심주의로 살면서 '현재'의 순간순간에 책임적인 응답을 하게 합니다.

마태복음 24장과 25장에 나오는 예수 그리스도의 말씀은 주의 재림 시에 일어날 일에 대한 것으로서 이때 재림을 기다리는 자의 삶이 어떠해야 할 것을 명확히 가르쳐 주고 있습니다.

첫째는, 믿는 자들을 속이는 미혹, 수많은 난리들, 기근, 지진과 같은 자연재해, 불법이 만연한 사회, 거짓 선지자들의 등장, 사랑이 없는 사회, 참 신앙인에 대한 박해 등과 같은 일들이 일어날 때, 이를 피하는 현실도피적인 삶을 살라고 하지 않고, 도리어 "끝까지 견디는 자"가 되어야 할 것이고, "천국 복음이 모든 민족에게 증언되기 위하여 온 세상에 전파"하는 삶을 살아야 할 것을 말씀하고 있습니다(마 24:4~14).

둘째는, 주의 재림이 언제 임할지 아무도 모르나 그 징조들을 통해서 그때가 "가까이 곧 문 앞에 이른 줄"(마 24:33) 알아 항상 "깨어" 있어 주님을 맞이할 수 있도록 "준비하고" 있어야 한다고 말씀하십니다(마 24:42~43).

셋째는, 자기가 맡은 일이 무엇이건 간에 "충성되고 지혜 있는 종이 되어...때를 따라 양식을 나눠 줄 자"(마 24:45)가 되어야 한다고 가르치십니다.

예수께서는 주님이 다시 오시는 마지막 때는 마치 "노아의 때"와 같다고 말씀하셨습니다. 그때는 마치 "사람들이 먹고 마시고 장가들고 시집가고 있으면서 홍수가 나기까지 깨닫지 못하였(던)"(마 24:38~39) 것과 같을 것이라는 것입니다. 그러나 노아만큼은 하나님의 말씀에 순종하여 자기만의

예수의 바람, 성령의 바람

구원이 아니라 모든 생명의 구원을 위한 방주를 만들어 새로운 세계를 준비하는 자가 되었습니다(창 7:7~9). 노아는 하나님이 창조한 모든 생명들을 보존하여 공의의 심판 후에 올 보다 정의롭고 평화로운 세상을 준비하는 삶을 살았던 것입니다.

전천년적 재림 신앙을 가진 자들은 후천년주의자들보다 거짓 선지자, 거짓 그리스도의 미혹에 쉽게 빠질 수 있습니다. 그렇게 될 때 전천년적 재림 신앙 자체가 곡해되어 반사회적이고 반역사적인 사교(邪敎)로 비판받을 수 있는 것입니다. 그러므로 더욱 깨어 기도하여 시험에 빠지지 않도록 하면서 주께서 오심을 준비하는 충성되고 지혜로운 종들이 되어야 합니다.

한국 성결교회의 역사를 돌이켜 보면, 잘못된 종말론을 따르다가 사이비 교주가 된 자들이 있었던 반면에, 재림에 대한 바른 신앙으로 말미암아 환난의 때에 순교의 피를 뿌린 자들이 있었던 것을 기억할 필요가 있겠습니다. 세계 교회의 역사상 재림의 복음을 순교의 정신으로 증거한 증인으로 소개되어 부족함이 없는 교회가 한국 성결교회입니다.

신유의 신학

신학은 '무엇'이나 '어떻게'를 묻는 것 이전에 '왜'를 묻는 것으로부터 시작된다고 볼 수 있습니다.

같은 원리로 신유의 신학을 이야기해야 할 때는 '신유는 무엇이며, 그것은 어떻게 이루어지는가?'라고 묻기 이전에, '하나님은 왜 신유의 기적을 베푸시는가?'라는 물음을 통해서 신유가 하나님 나라라는 복음에서 차지하는 의의가 무엇인지를 알 수 있게 됩니다.

예수께서 많은 병자들을 고치시고, 이적을 통하여 굶주린 자들을 먹이시고, 귀신들린 자에게서 귀신을 쫓아내고, 심지어는 죽은 자들까지 살리시는 기적을 일으키신 궁극적인 이유는 무엇입니까?

무엇보다도 일차적인 이유는 병들고, 가난하고, 억압당하고, 삶의 절망 가운데 있는 백성들을 불쌍히 여기셨던 때문이었겠습니다.

그러나 보다 궁극적인 원인은 하나님 나라의 복음을 믿지 않는 자들에게 하나님의 나라가 멀리 있는 것이 아니라, 하나님 중심으로 사는 자들의 삶 속에서 능력으로 나타난다는 것을 보여주기 위함이었습니다. 그래서 저들이 인간 중심주의에서 **하나님 중심주의**의 삶으로 방향을 전환토록 하기 위함이었습니다. 즉 **회개하도록** 함이 신유의 기적을 행하였던 이유였다고 할 수 있습니다.

다시 말해서, 하나님의 나라는 존재한다는 것, 즉 하나님 나라의 임재 신앙을 확신케 해 주기 위해서 많은 기적, 특히 인간에게 가장 피부에 와 닿는 병 고침의 역사를 일으켜 주셨다고 할 것입니다.

> 내가 하나님의 성령을 힘입어 귀신을 쫓아내는 것이면 **하나님의 나라가** 이미 너희에게 임하였느니라(마 12:28)

하나님의 능력이 나타남으로 하나님의 통치 즉 하나님의 나라가 임재하는 것을 경험하는 통로는 단지 개별적인 몸의 질병 치유에 제한되는 것이 아닙니다. 하나님 나라의 임재는 다양한 방식으로 나타날 수 있겠기 때문입니다.

중요한 것은 현상적으로 나타나는 기적적인 사건들이 우연하게 일어난

예수의 바람, 성령의 바람

것이 아니라, 진리의 말씀과 성령의 역사로 일어난 하나님의 행위에 의한 것이라는 것을 볼 줄 알고, 또한 그렇게 인정할 수 있느냐는 것입니다.

그리고 이보다 중요한 것은 인간 중심주의로 살았던 삶을 하나님 중심주의로 전환하는 회개에 이르는 것이라 할 수 있습니다. 신유와 같은 하나님 나라의 임재 사건을 눈으로 보고 몸으로 체험하였으면서도 하나님 나라에로의 회개에 이르지 않는 것은 심판의 대상이 될 수밖에 없을 것입니다.

> 그때에 예수께서는, 자기가 기적을 많이 행한 마을들이 회개하지 않으므로,
> 꾸짖기 시작하셨다.
> "고라신아, 너에게 화가 있다. 벳새다야, 너에게 화가 있다.
> 너희 마을들에서 행한 기적들을 두로와 시돈에서 행했더라면,
> 그들은 벌써 굵은 베 옷을 입고, 재를 쓰고서, 회개하였을 것이다.
> 나는 너희에게 말한다.
> 심판 날에 두로와 시돈이 너희보다 견디기 쉬울 것이다.
> 화가 있다. 너 가버나움아, 네가 하늘에까지 치솟을 셈이냐?
> 지옥에까지 떨어질 것이다.
> 너 가버나움에서 행한 기적들을 소돔에서 행했더라면,
> 그는 오늘까지 남아 있을 것이다.
> 나는 너희에게 말한다.
> 심판 날에 소돔 땅이 너보다 견디기 쉬울 것이다."(마 11:20~24)

예수께서 신유를 비롯한 기적을 행하신 이유는 이처럼 분명하였습니다.

병든 자들, 배고픈 자들의 현실적인 필요를 채워주고자 함이 목적이 아니라, 그러한 초자연적인 은사(恩賜)를 베푸심은 하나님 나라에로의 초대를 위한 것이었습니다.

기적을 체험하고도 하나님 나라에 대한 소망을 갖지 않고 여전히 땅의 것을 찾기 위해 예수께로 오는 것은 어리석은 일이요, 구원과는 아무런 관계가 없는 일일 수밖에 없습니다.

그러므로 신유의 본질을 밝히고자 하는 신유 신학 역시 하나님 나라에 집중하게 됩니다.

신유 신학의 관점에서 볼 때 하나님의 나라는 이성에 의한 합리적 사유의 틀에 갇히지 않고 초자연적으로도 시공간의 제약 없이 임재하는 것입니다.

따라서 하나님의 나라는 과학의 힘으로 이루어지거나 설명될 수 있는 성질의 것이 아니고, 오직 기도를 통해 받을 수 있는 하나님의 은사일 뿐입니다.

사람의 힘으로 이루어지는 것이 아니라 은혜로 받는 선물이기 때문에 교만과 자랑의 여지가 있을 수 없고, 오히려 나타난 은사로 인하여 신적 경외심과 겸손만이 따르게 됩니다.

우리의 관심을 '몸'으로 돌려보겠습니다.

인간의 '몸'은 생로병사(生老病死)의 자연적 질서를 벗어날 수 없는 유한한 실재입니다. 그러나 한 인간으로 태어나면 죽지 않고 생명을 영원히 누리고 싶고, 늙지 않음으로 늘 젊음을 유지하고 싶고, 병들지 않아 늘 건강한 삶을 살고 싶은 것이 모든 인류의 바람입니다.

또한, 몸은 인간의 영혼과 유기적으로 결합되어 있기 때문에, 단순한 자연 물질의 차원에서 이해될 수 없는 또 다른 측면이 있습니다. 그러므로 몸에 대한 바른 신학적 이해가 있을 때 신유의 복음이 보다 더 깊이 있고 폭넓

예수의 바람, 성령의 바람

은 신유의 신학으로 전개될 수 있으며, 한 걸음 더 나아가 온 우주의 회복까지도 바라는 복음적 신학으로 전개될 수 있습니다.

> 의약의 힘을 빌지 않고 하나님의 권능을 힘입어 기도함으로 직접으로 병이 낫는 것을 신유라 하나니라. … 기독교의 신유라는 것은 엇떠한 것인가? 신자가 질병에 있을 때에 하나님의 약속하신 성경의 말삼을 믿고 하나님을 대상하야 그 병을 곳쳐 주실 줄로 믿고 기도하야 하나님의 능력으로 곳침을 받는 것이 신유니라.[13]

신유에 대한 이와 같은 정의에 따르면, 신유(Divine healing)란 인간이 자신의 힘으로써가 아니라 하나님이 그의 능력으로 고치신다는 것이며, 그의 능력 행하심은 하나님의 약속에 대한 믿음과 기도로 이루어진다는 것입니다.

그러므로 신유의 복음이란 인류의 '개인적 몸' 과 '공동체적 몸' 에 당한 질병으로부터 놓임을 받아 건강을 회복케 하시는 하나님의 뜻이며, 하나님의 역사(役事)입니다.

성결교회 헌법 제6조에 의하면, 신유란 "신자가 하나님의 보호로 항상 건강하게 지내는 것과 또는 병들었을 때에 하나님께 기도함으로 나음을 얻은 것"입니다.

질병이 아담의 타락으로 인한 것이라면, 신유는 그리스도의 사역으로 말미암은 것이고, 신유의 가능성은 예수 그리스도의 부활을 통해서 주어진 것입니다.

『성결교회 헌법해설집』은 신유에 대해 다음과 같이 설명합니다.

신유는 두 가지 의미에서 해석할 수 있다. 하나는 우리가 병에 걸리지 않고 건강하게 사는 것이 하나님의 은총, 즉 신유의 은혜라 할 수 있으며, 다른 하나는 혹 질병에 걸렸을 때 하나님의 능력으로 병 고침을 받는다는 것이다. 이는 전인 구원의 복음이다. 즉 복음은 영혼과 육신으로 구성된 사람을 위한 것이다.[14)]

이러한 신유는 사람이 할 수 없는 것을 하나님이 고치고 '회복' 시킨다는 것입니다.

살아 있는 모든 피조물은 인간의 타락성 때문에 파멸의 위협과 위기에 직면해 있습니다.

그러므로 사중복음 신학은 신유의 신앙과 교리를 질병에 걸린 자들에 대한 신적인 치유뿐만 아니라, 생명을 지닌 모든 존재들의 생명 회복을 추구합니다.

신유의 복음은 인간의 유한한 물리적 현실 가운데 하나님의 나라가 초자연적으로 임재하심에 대한 약속입니다. 하나님은 영적 차원만 아니라, 물질적 차원까지도 주재하시는 분임을 고백하는 것이 신유의 신앙입니다.

이와 같은 신유의 복음은 개개인의 영혼과 몸의 문제를 넘어 공동체적인 몸의 치유와 회복을 주제화함으로써 전 지구적 문제 해결에 대한 희망을 갖게 합니다.

첫째, 인간의 몸은 개체와 전체로 분리될 수 없는 유기체입니다. 유기적 관계의 파괴가 몸의 질병으로 나타난다고 할 때, 몸의 치료는 유기적 관계의 회복을 의미하며 하나님의 창조질서의 회복과 보존의 차원을 지시합니다.

둘째, 유기체적 관계성의 의미를 상징하는 '몸'의 치유와 회복을 말하는

예수의 바람, 성령의 바람

신유의 복음은 이제 인류와 자연 모두를 포괄하는 공동의 몸인 '지구' 적 문제를 신학적 사유 안에 둠으로써 영성신학의 개인적인 차원과 더불어 공동체신학의 차원에서 신유의 복음을 다룰 수 있게 됩니다.

셋째, 신유의 복음이 전개하는 회복의 신학은 생태신학, 문화신학, 정치신학 등의 제 방법을 수용하여 포괄적인 지구신학으로 전개함으로써 신유의 복음이 지니는 영향력을 보다 폭넓게 적용시킬 수 있습니다.

그러나 이 모든 것과 더불어 신유의 복음은 예수 그리스도를 높이고 찬양하는 데로 나가지 않으면 안 됩니다. 다시 말해서, 예수를 높이지 않고 그에게 영광을 돌리지 않는 초자연적인 어떠한 회복도 펜티코스탈 신유는 아닙니다.[15]

사도 베드로가 병자를 고친 후 사도행전 4장 10~12절에서 예수 그리스도를 이렇게 증언합니다.

너희와 모든 이스라엘 백성들은 알라. 너희가 십자가에 못 박고 하나님이 죽은 자 가운데서 살리신 **나사렛 예수 그리스도의 이름으로** 이 사람이 건강하게 되어 너희 앞에 섰느니라. 이 예수는 너희 건축자들의 버린 돌로서 집 모퉁이의 머릿돌이 되었느니라. 다른 이로써는 구원을 받을 수 없나니 천하 사람 중에 구원을 받을 만한 다른 이름을 우리에게 주신 일이 없음이라 하였더라.

베드로는 병자가 나은 사건 그 자체보다 이를 행한 자가 예수 그리스도라는 사실을 알리고 그의 이름을 높이는 데 보다 더 집중하였습니다. 예수께서 낮게 하셨기에 그의 이름만이 우리를 구원할 수 있다고 예수 그리스도만을 높였습니다. 이것이 참된 오순절적 신유의 모습입니다.

중생의 신학

사중복음의 신학에서 전통적으로 첫 교의 신학적 주제는 중생(重生)입니다. "중생은 곧 영으로 나는 일이니 신비에 속한 영적 변화이며 모든 사람이 자기의 죄를 회개하고 십자가에 달려 속죄의 피를 흘리신 예수 그리스도를 믿을 때, 성령의 역사로 새 생명을 얻어 그 사람의 심령의 인격 전체에 근본적 일대 변혁을 일으키는 것이니 이는 진실로 천국복음"입니다.[16]

사중복음 신학은 이와 같이 "신비에 속한 영적 변화"의 본질이 무엇인지를 드러내며, 그러한 변화에 이르는 바른 길을 제시해야 하는 사명을 지닙니다. 왜냐하면 만물 가운데 인간의 생명보다 귀한 것이 없으며, 바로 그 생명 현상에 "근본적 일대 변혁을 일으키는 것"이 중생이기 때문입니다.

이 중생은 "성령의 역사로 사람의 영혼에 새 생명을 주입하여 새로운 피조물이 되게 하고(고후 5:17), 새 마음을 갖게 하며(롬 12:12), 새 사람이 되게 하는 것(엡 4:24)"입니다.[17] 다른 말로 "영적 변화"이며 "신인격"의 창조를 말합니다.[18]

사중복음 신학은 중생으로 말미암는 이러한 "새 생명", "새로운 피조물", "새 마음", "새사람"을 위한 신학입니다. 그런데 일반적으로 이러한 가치를 추구하는 것은 개인 구원의 문제만을 집중하는 것으로 곡해(曲解)되고 있습니다.

그 이유 중의 하나로 사중복음이 다루는 주제와 그 범위를 말합니다. 중생, 성결, 신유, 재림 등은 오직 개인의 구원에만 관련되어 있다는 평가입니다.

그러나 이것은 깊이 있는 정당한 분석에 근거한 판단이 아닙니다!

예수의 바람, 성령의 바람

사중복음의 모든 주제들은 개인 이전에 '인류 전체'가 직면한 공동체적 문제이지, 특정한 개개인의 문제가 아닙니다. 중생의 복음은 한마디로 전 인류에게 가장 중요한 '생명'의 문제이기 때문에 특정 개인이나 교단의 문제가 아닌 인류 전체를 위한 글로벌 이슈(global issue)입니다.

환언하면, 중생이 중요한 글로벌 이슈가 되는 것은 그것이 나 개인의 실존적인 문제이기 전에 인류 전체에 예외 없이 해당되는 보편적인 과제이기 때문입니다.

요한복음의 표현으로는 천국을 보지 못하고 있는 세계, 육으로 태어난 세계, 어두운 것을 좋아하는 세계, 육의 일만 하는 세계, 거짓을 말하는 세계, 도적질하는 세계, 그리고 마귀의 자식이 된 세계는 새로운 삶, 새로운 생명으로 거듭 태어나지 않으면 안 됩니다.[19]

오늘날 이슈가 되고 있는 사회의 특별한 현상들, 예를 들어, 인권 문제, 여성 문제, 정치 문제 등을 신학적으로 논하는 것은 오히려 중생의 문제보다 더 좁은 특정 그룹에 속한 개인들의 문제일 수 있습니다.

적어도 성결교회는 중생의 복음을 특정 그룹이나 개인들에게만 들려지거나 적용되어야 할 것으로 보지 않고, 온 인류가 모두 듣고 깨닫고 믿어 하나님의 생명 가운데 참여해야 할 것으로 이해하고 있습니다. 다시 강조해야 할 것은, 이러한 이해는 중생에 한정된 것이 아니라 성결, 신유, 재림 모든 주제에 해당되는 것이라는 점입니다.

마틴 냅에 따르면, 참된 중생자는 충성자가 되는데, '교권주의적 교회위원회(ecclesiastical church committees)'나 '타락한 교회의 세상적 방법(worldly methods of backslidden churches)'에 충성하는 것이 아니라 그리스도에게 충성을 다하며, 그 충성의 표현은 그를 사랑하고 그의 계명을 지키는 것이며, 그가 보기에 기뻐하는 자가 되는 것입니다.[20]

그러나 온전히 거룩해져 있는 상태에 있는 것은 아닙니다. 거듭나 있다고 하더라도 '아직 육적인(yet carnal)' 것이 혼재한 상태입니다. 다시 말해서 육적인 것이 '제거되지(eradicated)' 않았습니다. 영혼의 상태는 하나님 중심으로 서 있으나, 삶의 현실은 정욕의 지배를 극복하지 못하고 있습니다.

이러한 상태를 이야기하는 데 전통적으로 '원죄'의 개념이 요청되어 왔습니다. 원죄의 '쓴 뿌리'가 여전히 남아 있기 때문이라고 그리스도인들의 불순종을 설명하는 것입니다. 뭔가 영적으로 혹은 실질적으로 한 단계 비상하지 않으면 안 되는 상태, 즉 쓴 뿌리를 제거하여 근본적으로 깨끗케 하는 세례가 필요함을 느끼는 단계가 중생입니다.

중생 이후의 성화와 비교할 때, 중생은 박해를 '견디는' 은혜 가운데 있다면, 성령세례는 박해 가운데서도 한없이 '기뻐하는' 은혜를 경험하는 것입니다. 또한 중생은 자신의 영혼을 세상의 죄로부터 분리하는 정도이지만, 온전한 성화는 세상의 티끌을 깨끗이 제거하는 데로 나아갑니다.[21]

다시 돌아가, 그렇다면 **중생은 어떻게 가능합니까?**

길은 하나입니다. 하나님만이 이를 가능케 하십니다. 사람으로 되는 일이 아니라, **하나님만이** 하실 수 있습니다. 그러한 대선언(大宣言)이 중생의 복음입니다.

하나님 나라의 비전을 보고, 그 나라의 임재를 믿는 자들이 그 나라의 백

예수의 바람, 성령의 바람

성이 되는 길이 무엇이냐 물을 때, 방법은 하나님 외에 이를 가능하게 하실 분이 없다는 것입니다.

중생의 삶은 하나님 나라의 실존에 참여하는 것입니다.

하나님 나라의 궁정을 향하여 가는 것이 아니라, 그 궁정 안으로 들어가 그의 백성으로, 그의 자녀로 사는 것입니다.

오늘날 생명공학은 생물학적 생명을 복제하는 단계까지 이르렀습니다. 그러나 그것은 결코 복음이 될 수 없습니다.

하나님 나라의 백성이 되는 길에 대해서 『기독교의 사대복음』은 하나님 곧 삼위일체 하나님에 의해 가능하며, 하나님이 하시는 중생을 인류가 "회개"[22]와 신앙으로 받으면 된다는 길을 제시합니다.

더 구체적으로, 중생은 하나님의 말씀과 성령으로, 십자가로 이루어집니다. "말씀은 생명의 역사요, 십자가는 구속의 역사"이기 때문입니다.[23]

삼위일체 하나님이 하신다는 것은, "하나님의 말씀", "성신의 능력", "그리스도의 보혈"에 의해 생명의 새로운 창조가 이루어진다는 것입니다.[24] 즉, 하나님 편에서 먼저 행하신 것에 대해서 인간이 회개와 신앙으로 응답함으로써 새로운 생명이 주어지는 것을 말합니다.

여기에서 하나님의 은혜와 인간의 신앙 모두가 강조되어야겠지만, 우선적인 것은 하나님이십니다! 복음의 주체는 하나님일 뿐이지, 인간의 종교적 행위가 결코 아니기 때문입니다.

사중복음 신학의 기초는 삼위일체 하나님과 그의 은혜이며, 이외에 다른 어떠한 인간적 개념이 신학적 토대에 간섭해 들어올 수 없습니다.[25]

다른 한편, 『기독교의 사대복음』은 하나님의 중생케 하는 은혜의 사건에 대한 인간의 응답으로서 철저한 "회개"를 요구합니다. 이 회개에는 5단계가 있는데, 곧 각성, 통회, 고백, 변상, 그리고 사죄의 단계입니다.

하나님의 은혜에 대한 인간의 응답으로 이루어져야 할 이와 같은 회개의 각 단계에도 삼위일체 하나님의 구체적인 역사가 개입합니다. 각성을 위해서는 하나님의 말씀이, 통회와 고백과 변상에는 성령의 능력이 임해야 하며, 사죄의 확신을 위해서는 그리스도 보혈의 은혜가 부어져야 합니다.

인간이 하나님의 나라에 참여하는 생명의 삶을 상실한 것은 '죄'로 인함임을 『기독교의 사대복음』은 명확히 지적합니다.[26]

다시 확인하건데, 중생의 문제가 개인적이지만 않고 인류 공동체의 신학적 이슈가 되는 이유는, 죄 문제란 개개인의 차원을 넘어 인류 전체와의 관련에서 보지 않으면 풀리지 않기 때문입니다.

인류 모두가 죄로 인한 죽음으로 말미암아 영적 맹목(盲目)이 되어 참된 생명의 나라, 곧 하나님의 나라를 상실하였는데, 이때 하나님의 말씀과 성신의 능력, 그리고 그리스도 보혈의 공로가 주어진 것입니다. 새로운 생명으로 다시 태어날 수 있는 기회가 주어졌습니다.

누구든지 회개와 신앙으로 이 놀라운 은총을 받아들이기만 하면 하나님의 자녀가 됨(成子)으로써 그리스도의 생명과 한 가지의 생명을 갖게 된다는 것(골 3:3~4)이 바로 중생의 복음입니다.

그러나 중생을 경험한 자는 하나님의 자녀가 된 기쁨 가운데 머무르지 않고 거룩하게 하는 성령세례를 갈구하게 됩니다. 참된 중생의 표시는 거룩함에 대한 갈망으로 나타납니다. 그러므로 성령으로 거듭난 중생자는 성결의 은혜를 위하여 기도하고, 찾고, 기다리는 가운데 받은 후, 그 은혜를 다시 전하는 자가 됩니다.[27]

중생의 복음은 온 인류에게 약속하신 하나님의 구원을 의미하며, 동시에 온 인류가 당면한 문제 상황을 고발하고 있습니다. 생명의 원천이신 하나님과 분리된 인류가 직면하고 있는 죽음의 현실이 그것입니다.

중생은 죽음의 세력에 반하여 생명의 약동을 가능하게 하시는 하나님의 약속입니다. 중생의 복음에는 이를 가능하게 하시는 하나님과 이에 대한 인간의 응답인 회개와 신앙이 상관적으로 연결되어 있습니다. 생명을 약속하시는 성부 하나님과 이를 현실화하신 성자 예수 그리스도와 인간의 회개와 신앙의 응답을 통해 이를 현재화시키시는 성령, 곧 삼위일체 하나님이 바로 중생을 가능케 하시는 주체입니다.

중생의 복음은 온 인류가 당면한 생명 파괴와 죽음의 현실에 대한 고발이며, 동시에 이에 대한 해답입니다. 이러한 중생의 복음은 죽음의 세계를 생명의 현실로 바꾸시는 하나님의 창조적 생명 사역을 지시하는 '생명의 신학'으로 전개할 수 있습니다.

중생에 기초한 '생명의 신학'은 죽음과 생명 파괴의 원초적인 뿌리인 인간의 죄와 악을 고발하고, 공동체적 현실 속에 편만해 있는 반(反)생명적인 현실을 예언자적 통찰력으로 직시하며, 죽음의 세력에 반하는 하나님의 생명의 현실을 정치, 경제, 사회, 예술, 생태 그리고 종교문화의 영역까지 확대하여 신학적 주제로 전개해 나가는 공동체 신학이어야 합니다.

사중복음의 중생 신학은 인간의 공로가 아니라 하나님의 은혜를 말합니다. 자아가 아니라 천부 하나님이 거듭나게 하십니다. 행위가 아니라 믿음으로 그 나라에 참여합니다.

성결의 신학

예수께서 하나님 나라가 가까이 왔다는 소식을 전파하였을 때, 이에 대한 반응은 크게 두 가지로 나타났습니다.

하나님의 나라를 구원의 복음으로 듣고 받아들인 자들과 심판으로 여겨 거부한 자들입니다.

하나님 나라의 복음을 받아들인 자들은 이 복음을 전한 예수가 곧 그리스도임을 믿게 되었으며, 그리스도 예수를 영접하여 그의 말씀을 따라 사는 것이 하나님 나라의 자녀 곧 그의 백성이 되는 길인 것을 알았습니다.

그러므로 예수 그리스도를 믿고 따르는 제자들이 전한 복음의 핵심은 '예수께서 그리스도'라는 것이었습니다. 그리고 그를 믿으면 하나님의 자녀가 된다는 것이었으며, 그렇게 될 때 예수께서 전한 진리와 자유와 평화의 하나님 나라를 경험할 수 있다고 한 것입니다.

그러나 신약성서에 나타난 초대교회의 모습을 보면, 그 가운데 예수께서 전한 하나님의 나라와는 무관한 세상 나라의 모습들이 여러 형태로 나타납니다.

예수를 믿고 하나님의 자녀가 되었음에도 불구하고 믿기 전의 세상적인

예수의 바람, 성령의 바람

옛 사람으로부터 자유롭지 못한 삶 가운데 있는 것입니다.

하나님 나라의 궁정에는 들어왔으나 아직 내실 깊숙한 곳으로까지는 아닌 것이며, 자녀의 신분은 회복했으나 자녀의 권세는 행하지 못하고 있는 상태이며, 죄책으로부터는 벗어났으나 죄를 이기는 단계에는 다다르지 못한 모습입니다.

성서는 이를 가리켜 거듭났으나 아직 '거룩함'에 이르지 못한 것으로 보고 거룩한 자, 곧 성결한 자가 되어야 할 것을 말씀하고 있습니다.

> 오직 너희를 부르신 거룩한 이처럼 너희도 모든 행실에 거룩한 자가 되라. 기록되
> 었으되 내가 거룩하니 너희도 거룩할지어다 하셨느니라(벧전 1:15~16)

『기독교의 사대복음』은 성결을 크게 두 가지로 나누어 말합니다.

첫째는 "하나님께서만 가지신" 절대적 성결(사 57:15)입니다. 이는 "악으로 시험을 받지도 않고 그 성결하심은 잃어버리지도 않이 하시는 성결"로서 이와 같은 성결은 "천상천하에 없고 오직 하나님"에게만 있는 것입니다.

둘째는 앞에서 인용한 말씀인 "인간의 성결"로서 상대적 성결(벧전 1:15)입니다. 이것은 하나님이 그 자녀들에게 원하시는 성결이며, 하나님에 의해서만 이루어질 수 있을 뿐 인간 스스로 이루지 못하는 성결입니다.[28]

그러면 왜 이러한 성결이 우리에게 필요할까요? 중생의 복음을 가지고는 부족한가요? 『기독교의 사대복음』은 그 이유를 다음과 같이 밝힙니다:

성결은 우리 인생에게 절대로 필요하니, 유전하는 죄를 멸하며, 정과 욕을 이기며, 습관에서 버서나기 위하야 필요하니라.[29)]

한마디로, 인류가 겪는 모든 문제의 가장 뿌리 깊이 박혀 있는 "유전죄"로부터의 자유함을 위한 복음이 곧 성결의 복음인 것입니다.

『기독교의 사대복음』은 유전죄를 "죄의 몸"(롬 6:6), "속에 거하는 죄"(롬 7:20~21), "얽매이기 쉬운 죄"(히 12:1), "쓴 뿌리"(히 12:15), "유전된 죄"(시51:5), "이심(二心)"(약 4:8), "옛사람"(엡 4:22) 등과 같은 성서의 표현과 동일한 것으로 이해합니다.

이와 같은 유전죄가 중생한 자들에게도 여전히 남아 있을 수 있기 때문에, 이로부터 "잘 분노함"(창 4:5, 눅 15:29~30), "시기함"(창 4:8, 요일 3:12, 삼상 18:7~11), "교만"(약 4:6), "허영심"(갈 5:26), "이기심"(빌 2:21), "거짓말"(마 15:19), "다언(多言)" 또는 "과언(過言)"(엡 5:3~4) 등의 행동이 유발됩니다.

이러한 유전죄로부터의 자유함은 어떻게 가능할까요?

사람의 힘으로는 안 되며, 오직 하나님에 의해서만 가능합니다. 즉, 삼위일체 하나님의 은총으로써 그리고 은총을 받아들이는 믿음으로써 유전죄와 정욕과 옛 습관으로부터 자유롭게 될 수 있습니다. 이것이 성결의 복음이 약속하는 것입니다.[30)] 말씀으로, 성신으로, 예수의 보혈로, 기도함으로, 믿음으로 정결해 질 수 있을 뿐입니다.[31)]

특별히 히브리서 13장 12절에서 "그러므로 예수도 자기 피로써 백성을 거룩하게 하려고 성문 밖에서 고난을 받으셨느니라"고 말씀하고 있는 것처

예수의 바람, 성령의 바람

럼 예수 그리스도께서 고난 받으시고 피 흘리신 데는 자기의 백성을 거룩하게 하려는 목적이 있었다는 점을 잊지 말아야 합니다. 그런데 현대 교회의 현실에서는 보혈에 대한 이러한 신앙을 찾아보기가 쉽지 않습니다.[32]

중생은 세상을 포기하는 데까지 이르지만, 성결(entire sanctification)은 세상을 향해 가는 마음과 더불어 원죄를 태워버립니다.[33]

하나님의 자녀 된 자들을 거룩하게 하는 길은 오직 하나님 자신에게서만 나올 뿐입니다. 그것은 결정적인 순간에 하나님이 엘리야에게 불로 응답하듯이 우리의 심령 가운데 있는 '쓴 뿌리'를 불로 태워버리는 것입니다.[34]

이와 같이 해서 유전죄가 없어지는 것은 "하나님의 하신 일을 믿는 그 순간에 소멸되는 것"인데, 이는 "법적 성결"의 차원에서 그렇습니다. 즉, 순간적으로 이루어지는 **법적 성결**은 이사야나 바울의 경우처럼 "역연순간(亦然瞬間)" 곧 믿음에 의한 동시적 순간의 사건입니다. 그리고 이후 정욕이나 관습으로부터의 자유함은 철저히 우리 자신이 얼마나 십자가의 삶을 사는지에 달려 있습니다.

그래서 『기독교의 사대복음』은 다음과 같이 맺습니다: 성결은 "나 자신의 책임에 있나니 수시(隨時)하야 십자가에 못박음으로 성결케 되나니라 (갈 5:24, 눅 9:23)."[35]

사중복음 신학은 교리를 가르치고 전하는 것으로 머물지 않고 그 교리가 궁극적으로 신자들과 교회의 삶 가운데 경험되는 자리까지 나가는 것을 지향합니다.

그 가운데서도 사중복음 신학은 특히 "모든 교인에게 성결의 은혜 즉, 성령세례(聖靈洗禮)를 전하여 교회로 하여금 거룩하게"(제1조) 하는 것을 목적으로 삼습니다. 이를 위해서 "성결의 체험을 받도록 지도"(제4조) 할 뿐만 아니라, "모든 생활로써 본을"(제4조) 보이기에 힘써야 한다고 가르칩니다.

신학 이론을 지적으로 전달하는 것이 나무를 심어 자라게 하는 것이라면, 자란 나무는 열매를 맺어야 합니다. 그것이 바로 교회가 성결의 은혜를 체험케 하는 데까지 요구하는 것입니다. 그래서 교회는 "중생한 처지에 있는 신자들이 성결의 은혜를 체험하도록" 인도해야 합니다(제6조).

이와 같은 맥락에서 "성도로 이룬 공동체가 그리스도의 몸이심을 섬김의 생활로 증거하는 기독교대한성결교회는 마땅히 도덕과 신앙의 체험을 높은 성결의 차원으로 성취하기 위한 부단한 실천이 우리의 생활규범임을 믿는다"고 가르칩니다.

또한,「우리의 신앙고백」제4조는 성결의 체험에 대해서 다음과 같이 말합니다.

> 우리는 그리스도의 보혈로 죄사함과 구원에 이른 성도의 인격과 생활이 웨슬레가
> 천명한 성화와 성결의 자리로 성숙하여짐을 주장한다. 이 성결의 체험은 우리의
> 선각자들의 귀중한 유산이며 우리는 힘써 그 높은 도덕과 영성의 표준을 생활하
> 고 그 소중한 전통이 우리 성결인의 영광임을 믿는다.

이러한 성결의 보편적 가치는 교리적 차원에서도 드러나고 있듯이 '사랑'으로 드러납니다.[36] 성결한 자의 완전성은 오직 '사랑'으로써만 온전히 표현될 수 있기 때문입니다.

예수의 바람, 성령의 바람

성결의 사중복음 신학은 이러한 하나님과 나의 실존적인 관계에서 일어나는 내면적 성결을 '사랑의 영성신학'으로 주제화합니다.

성결한 삶을 위한 외적인 '성별' 운동은 부정(不淨)으로부터의 격리와 이를 하나님의 사랑 안에서 거룩하게 하는 운동이라는 두 측면을 띠면서 '사랑의 공동체신학'을 형성하게 됩니다.

회심 전 상태의 우리는 "죄를 짓지 않을 수 없어"라고 말했고, 회심 후 예수를 믿되 오순절의 성령세례를 받기 전에는 "죄 짓지 않기가 힘들어"라고 말했지만, 성령세례 이후에는 "하나님께서 나에게 모든 은혜를 충만히 주시어 모든 일을 감당하고도 남음이 있다"고 외치는 자가 됩니다.[37]

그런데 과연 성령세례 후의 성결한 삶은 실제로 가능한 것입니까?

오늘날 많은 신실한 그리스도인들은 이러한 물음에 회의적입니다. 사실 성결한 삶에 대한 간증을 듣기가 어려워진 것만큼은 분명합니다. 오히려 신앙적으로 존경받던 인물들로서 사회적으로 지탄 받는 일들이 비일비재한 현실이라 더욱 그러합니다.

21세기의 신앙인들은 성결에 대한 비관론이 지배적인 시대를 살고 있습니다. 성결을 추구하면 추구할수록 성결론은 더욱 비현실적인 신학 이론이요, 지나친 낙관론에 사로잡힌 요청이 아니냐는 물음이 성결 공동체들 가운데서도 확산되어 가고 있는 듯이 보입니다.

이러한 현실은 19세기 말 미감리교회나 주류 성결운동을 전개하는 자들 안에서도 동일하게 발견되었던 현상이었습니다.

그래서 성결을 복음의 영적 능력으로 이루어진 인격과 삶의 변화로 보기

보다는 신앙과는 독립된 윤리 도덕적 차원에서 이해하는 쪽으로 쏠리기 시작했습니다.

이러한 때에 래디컬 성결운동 그룹은 무엇보다도 전천년주의적 예수의 재림 신앙에 입각하여 임박한 주님의 재림을 선포하였습니다. 그리고 그리스도의 재림을 맞이하는 자의 조건이 성결임을 강조하였습니다.

이것은 초대교회 시대의 사도들의 메시지에도 잘 나타나 있습니다.

평강의 하나님이 친히 너희를 온전히 **거룩하게** 하시고 또 너희의 온 영과 혼과 몸이 우리 주 예수 그리스도께서 **강림하실** 때에 **흠 없게** 보전되기를 원하노라 (살전 5:23).

주지하다시피, 초대교회는 오순절 성령 강림을 경험하였거나 그 연장선에서 성령세례를 경험한 교회였습니다. 그럼에도 불구하고 교회 내에는 여전히 세속적인 많은 불의와 부정한 것들이 제거되지 않고 있었던 것입니다.

하나님의 자녀들이 성령세례를 통하여 죄와 싸워 이길 수 있는 거룩한 능력을 받았음에도 불구하고 여전히 죄를 짓고 있는 모습은 마치 원죄가 없는 타락 전 아담의 경우와 유사합니다.

거기에는 거룩한 삶을 살지 않으면 안 되는 종말론적 각성과 긴장감이 현저히 떨어진 상태였던 것을 알 수 있습니다. 한마디로, 성결의 목적이 근시안적이거나 지극히 현세적이었습니다.

초대교회의 사도들은 이러한 점을 직시하고 예수 그리스도의 재림 메시지를 복음으로 전하면서 거룩하게 살아야 할 이유와 성결의 삶을 끝까지 유

예수의 바람, 성령의 바람

지하지 않으면 안 되는 필요성을 말씀해 주었습니다.

"거룩하지 않으면 하나님을 볼 수 없다"(히 12:14)고까지 강하게 교훈하고 있습니다. 주 예수 그리스도께서 곧 다시 오신다는 메시지야말로 이 땅 위의 하나님의 자녀들이 끝까지 견디면서 하나님의 말씀대로 거룩한 삶을 사는 자들로 남게 하는 복음이요, 또한 그 능력이 되었습니다.

> 너희도 길이 참고 마음을 굳건하게 하라. 주의 강림이 가까우니라(약 5:8).

> 그러나 각각 자기 차례대로 되리니 먼저는 첫 열매인 그리스도요 다음에는 그가 강림하실 때에 그리스도에게 속한 자요(고전 15:23).

> 너희 마음을 굳건하게 하시고 우리 주 예수께서 그의 모든 성도와 함께 강림하실 때에 하나님 우리 아버지 앞에서 거룩함에 흠이 없게 하시기를 원하노라 (살전 3:13).

주 예수 그리스도께서 다시 오실 마지막 때가 가까웠을 뿐만 아니라, "어느 날에 너희 주가 임할는지" 알지 못하기 때문에 하나님의 자녀들은 항상 깨어 있어야 하고, 준비하고 있어야 하고, 충성되고 지혜 있는 종이 되어야 한다는 것입니다(마 24~25장).

베드로 사도도 "만물의 마지막이 가까이 왔으니 그러므로 너희는 정신을 차리고 근신하여 기도하라"(벧전 4:7)라고, 또한 베드로후서 3장 3~14절을 통해서 더욱 종말론적인 긴장감을 가지고 거룩함을 좇을 것을 주문하고 있습니다.

먼저는 이것을 알지니 말세에 조롱하는 자들이 와서 자기의 정욕을 따라 행하며 조롱하여 이르되 주께서 강림하신다는 약속이 어디 있느냐 … 주의 약속은 어떤 이들이 더디다고 생각하는 것 같이 더딘 것이 아니라 … 너희가 어떠한 사람이 되어야 마땅하냐. 거룩한 행실과 경건함으로 하나님의 날이 임하기를 바라보고 간절히 사모하라 … 그러므로 … 주 앞에서 점도 없고 흠도 없이 평강 가운데서 나타나기를 힘쓰라.

그러므로 성결의 능력은 성령세례로부터 나오지만, 성결한 삶을 지속적으로 유지하는 힘은 재림에 대한 소망으로부터 나온다고 할 수 있습니다.

양과 염소를 나누고, 지혜로운 처녀와 어리석은 처녀를 나누고, 게으르고 악한 종과 작은 일에도 충성한 종을 나누는 주님이 곧 오실 것을 믿고 소망 중에 기다리는 자들만이 거룩한 신부로, 왕 같은 제사장처럼 성결을 지켜 나가는 자로 끝까지 남을 수 있을 것입니다.

개혁주의 전통의 가르침처럼 성결을 죄의 '억압'으로 볼 것인가, 아니면 웨슬리안 성결 전통에서처럼 원죄의 '제거'로 볼 것인가 하는 식의 실존적으로는 도저히 입증되기 어려운 교의학적 논쟁들은 이미 구태의연한 것이 되어버린 지 오래됩니다.

어떤 신학적인 전통에 서 있든 간에, 누가 성결의 열매를 맺는 삶을 실제로 사는가가 중요한 것이지, 당파적인 신학적 주장의 자가(自家) 논리가 중요한 것이라 볼 수 없습니다.

예수 그리스도께서는 하나님의 나라를 소개하시고, 그 나라가 권능으로 실재할 수 있음을 신유와 기적으로 보여주셨습니다. 이에 하나님 나라의 삶과 정 반대의 방향에서 살고 있는 백성들을 향해 자기중심에서 하나님 중심으로의 삶으로 전향할 것을 외치셨습니다.

그리고 예수 자신의 십자가를 통해서 하나님 나라 안에서의 중생한 자의 삶이 가능함을 보여주셨습니다. 예수 십자가의 피에 대한 믿음은 범죄한 영혼을 용서하여 죄책으로부터 자유하게 하는 능력으로 나타났습니다.

그러나 예수의 복음은 이로써 그치지 않고, 하나님의 자녀가 된 자들은 소극적으로 죄 짓는 일에서 자유로울 뿐만 아니라, 하나님과 같이 거룩해 질 수 있다고 이야기합니다.

그것이 곧 성결의 복음과 재림의 복음인 것입니다. 다시 말해서 예수께서는 제자들에게 성령의 강림과 주님 자신의 강림을 약속해 주신 것입니다.

신자들은 성령의 강림으로 말미암는 성령세례를 통해서 성결과 능력의 사람이 될 수 있습니다. 그러나 성결을 체험한 자들이 지속적으로 거룩한 삶을 살 수 있도록 하는 것은 주님의 재림 신앙인 것입니다. 왜냐하면 주님 다시 오실 때는 죽은 자나 산 자 모두 그의 공의로운 심판을 받게 되기 때문입니다.

주의 재림을 믿는 자들은 위로부터 받은 성령세례의 은혜를 결코 값싸게 다룰 수 없습니다. 그러므로 성결한 삶의 가능성에 대한 비관론으로 빠진 현대의 성결인들에게 다시 한 번 더 요청되는 것은 곧 임하게 될 하나님 나라의 왕으로 오실 예수 그리스도의 재림에 대한 철저한 신앙입니다.

사중복음 신학의 원리와 특징

사중복음 신학은 사중복음적인 정신과 교의학적 사중복음 이해에 기초하여 성서의 진리를 오늘의 삶을 위해 해석하고 적용하는 노력을 통해서 체계화 될 수 있습니다. 그렇다면 사중복음 신학이 체계적으로 구성되는 데는 어떠한 원리가 적용되는 지를 이야기할 필요가 있습니다.

회개 · 복음 · 실천의 상호성

호세아 선지자는 이스라엘 백성들에게 이렇게 말씀합니다. "주님은 만군의 하나님이다. '주님'은 우리가 기억해야 할 그분의 이름이다."(호 12:5).

이처럼 구약의 선지자들은 이스라엘을 향하여 하나님이 그들을 어떻게 부르고, 구원하고, 축복했었는지를 기억하고 오직 하나님만을 섬길 것을 선포했습니다. 그 길만이 이스라엘의 희망이었기 때문입니다.

교회의 희망 역시, 교회의 머리 되시는 예수 그리스도를 바르게 기억하는 것이었습니다. "나를 기억하여라."(고전 11:24) 이것이 주님이 제자들을 향해 당부하신 말씀입니다. 아무리 멀리 떠나 있어도, 주님을 기억하고만 있다면 반드시 다시 돌아갈 수 있을 것이기 때문입니다.

주님이 승천한 지 2,000년이 넘은 오늘날 우리는 '예수'를 과연 얼마나 제대로 알고 그 예수를 얼마나 기억하고 있습니까? 아니, 교회는 왜 예수 그리스도를 기억해야 합니까? 왜 '예수의 바람'이 여전히 불어와야 합니까?

예수의 바람, 성령의 바람

그 대답은 분명합니다. 예수 그리스도만이 교회의 생명이요, 본질이기 때문입니다. 예수께서 오순절에 제자들에게 성령세례를 베푸신 가장 우선되는 이유는 무엇이었습니까? 제자들의 심령에, 그들의 몸에 예수의 영을 가득 채워 예수의 사람으로 사는 공동체를 이루라 하심이 아니었습니까?

그러므로 예수 그리스도를 기억하지 않는 교회는 더 이상 교회로서 존재하기를 거부하는 것과 다름이 없습니다.

신학이란 무엇입니까?

그런 의미에서 신학이란 교회로 하여금 자신을 세우신 예수 그리스도를 기억하게 하면서 복음의 관점에서 교회의 자기 모습을 성찰하도록 하는 행위라 할 수 있습니다. 이러한 자기 성찰 없이 신학은 교회를 위한 좋은 '옷'이 될 수 없을 것입니다.

사중복음 신학 역시 궁극적으로 '복음' 자체이신 예수 그리스도를 기억하며, 그를 따르는 삶을 살며, 그를 증거하는 공동체를 이루어, 이 땅 위에서 그를 왕으로 모시며 하나님의 나라를 이루며 사는 것을 목적으로 삼습니다. 이를 위해서 자신의 현재 모습을 교회의 출발점인 복음으로부터 객관적으로 새롭게 반성하는 정신운동이 신학입니다. 그러므로 신학은 언제나 '회개 · 복음 · 실천'의 세 요소를 요청합니다.

이러한 맥락에서, 우리가 구체적으로 사중복음 신학을 논한다는 것은 한국 교회의 '실천'을 '복음'의 관점에서 성찰하는 것입니다. 그 실천이 과연 복음에 입각한 실천이었으며, 또한 그것이 복음을 위한 실천이었는지를 묻는 것입니다. 그리고 복음에 준하지 않은 실천에 대해서는 구체적으로 '회개'할 내용이 무엇인지를 밝혀 주는 것입니다.

특별히 성결교회는 지난 2007년 '창립 100주년 신학선언'에서 백년간의 실천 가운데 복음에 합당하지 못한, 회개해야 할 잘못된 실천을 명확히 지적해 놓은 바 있습니다:

> 우리는 … 지난 일제 치하 말기 교회의 일부 지도자들이 신사참배를 한 일, 그리스도 안에서 하나 되지 못하고 교단을 분열시킨 일, 독재자들의 불의에 항거하지 못하고 침묵으로 타협했던 일들도 있었다. 우리는 이러한 일들을 깊이 회개한다.[38]

회개 없이 복음의 문은 열리지 않습니다. 100년을 넘게 지내온 성결교회는 현재, 사중복음에 대한 "처음 사랑"을 버림으로써 짠 맛을 잃은 소금과 같은 성결교회가 되지 않았는지 성찰하여, 과거의 "처음 사랑"(계 2:4)을 "기억"해 내야 합니다. 왜냐하면 "너를 책망할 것이 있나니 너의 처음 사랑을 버렸느니라"(계 2:4)라고 에베소 교회에 하신 말씀으로부터 우리 모두 결코 자유로울 수 없는 현실을 살고 있기 때문입니다.

처음 사랑에서 이탈된 것을 발견하여 "회개"한 후, 다시 "복음" 신앙으로 재무장하여(막 1:15), 복음을 전하고 그 정신을 "실천"하는 교회가 되어야 할 것입니다. 그리고 오늘의 시대에 실천을 위한 복음의 내용이 무엇인지를 새롭게 해석하여 제시하는 것이 사중복음 신학의 역할입니다.

'에클레시아' 셈퍼 레포만다(ecclesia semper reformanda)!

'교회는 항상 혁신되어야 한다!' 이는 종교개혁 당시의 슬로건일 뿐만 아니라, 지상에 존재하는 모든 시대 모든 장소의 교회들에 적용되는 영구불변의 진실입니다. 이에서 자유로울 수 있는 교회는 이 땅 위에 어떠한 형태로도 존재하지 않습니다.

교회 혁신을 위한 신학의 중요한 역할이 여기에 있습니다.

특히 사중복음 신학은 19세기 말 사중복음이 출현한 기원적 사태에서 볼 때 교회의 갱신과 개혁을 위한 사명을 지니고 있음을 기억해야 합니다. 교회의 혁신은 내용적으로 목회와 신학의 혁신으로 가능해집니다. 그리고 목회의 혁신은 먼저 신학의 혁신을 전제합니다. 그러므로 사중복음 신학은 그 자체로서 혁신적 신학이지 않으면 안 됩니다.

혁신적인 신학은 앞에서 언급한 대로 회개 · 복음 · 실천의 요소를 통해 스스로 '항상 혁신되는 신학'이어야 합니다.

'테올로기아' 샘퍼 레포만다(theologia semper reformanda)!

'신학은 항상 혁신되어야 한다!' 우리는 사중복음 신학이 '사중복음적 정신'으로 문제를 대하며, '사중복음'의 교의학적 주제를 실천에 옮기는 때, 사중복음 신학이 목회 혁신에 기여할 수 있을 것이라고 확신하는 것입니다.

이미 앞의 여러 장에서 다양한 각도로 사중복음의 정신과 역사적−신학적 유산이 무엇인지를 밝힌 바에 기초하여 볼 때, 사중복음적 관점에서 혁신되어야 할 현대 신학의 방향은 크게 세 가지로 요약할 수 있습니다.

첫째는 합리주의에 포로가 되어 있는 신학의 혁신입니다.

이것은 전형적으로 대부분 서구 개신교 신학의 전통에 서 있는 신학 그룹에 해당되는 문제입니다. 합리주의는 결국 하나님의 교회 안에 인본주의와 세속주의를 끌고 들어와 복음을 조롱하는 데로까지 나갔습니다. 종교개혁 500주년은 북반구 중심의 합리주의 신학으로부터 혁신적으로 벗어나서 펜티코스탈 정신으로 예수를 다시 기억해내야 하는 전환점으로 삼아야 합니다.

둘째는 **제도주의**에 포로가 되어 있는 신학의 혁신입니다.

이것은 전형적으로 가톨릭에서 발견되는 것이지만, 개신교도 가톨릭교회 못지않게 제도주의에 포획되어 신학의 바벨론 포로를 경험하고 있습니다. 제도주의는 교회를 통한 은총의 수단들을 절대화하는 우(愚)를 범함으로써 교권주의와 교황주의를 계속적으로 재생산해내고 있습니다.

셋째는 **은사주의**에 포로가 되어 있는 신학의 혁신입니다.

은사주의는 전형적으로 대부분 오순절 카리스마 전통에 서 있는 신학 그룹에 의해서 지지되고 있습니다. 이들은 은사주의의 마력에 매어버려 은사 자체가 목적이 되거나, 알게 모르게 아예 복음과 은사를 바꿔버리는 현실까지 이르렀습니다.

이성, 제도, 은사 이 모든 것은 신학이 다루어야 할 주제들이지, 이들에 의해 신학이 얽매이거나 그 틀 안에 갇혀 밖으로 나오지 못한다면, 이야말로 혁신의 대상이 되지 않을 수 없는 문제입니다.

그러나 문제는 오랜 세월동안 나이테를 두텁게 둘러온 합리주의, 제도주의, 은사주의의 전통을 뚫고 새롭게 나아갈 혁신적인 신학의 길을 누가 무슨 수로 제시할 수 있겠는가 하는 것입니다.

여기에서 우리는 지금까지 밝혀온 **오순절(Pentecostal) 사중복음**의 정신이야말로 교회의 신학과 목회를 얽어매고 있는 쇠고랑을 끊어버릴 수 있는 힘이라 확신하고 있습니다. 왜냐하면 그 정신은 오순절 초대교회를 세운 사도들이 가지고 있었던 것이요, 그 정신은 예수 그리스도로부터 나온 것이요, 예수께서는 그 정신으로 당시의 모든 합리주의, 제도주의, 은사주의를 깨고 하나님 중심주의를 견고히 세워놓으셨기 때문입니다. 우리는 그 예수의 정신을 '아바정신(ABBA-Spirit)' 이라 불렀습니다.

결국 예수의 정신을 담아내고 있는 사중복음의 **아바정신**으로 신학함은 **사도 정신**을 드러냄이요, 예수 그리스도의 복음을 목숨 다하여 증거하는 **순교 정신**을 드러냄이요, 가난한 자를 섬기는 **나눔의 정신**을 드러냄입니다. 이러한 아바정신은 오순절 초대교회를 설립하고 그들을 가르치며 목회하였던 사도들의 삶과 메시지 가운데 녹아있습니다.

이와 같은 아바정신의 사중복음 정신을 따라 오순절 초대교회와 같이 사도 정신과 순교 정신과 나눔의 정신을 회복하여 실천할 때 '목회 혁신' 이 자연스럽게 열매로 나타나게 될 것입니다.

예수 그리스도에게서 아바정신이 발현된 때는 언제였습니까?

'기도' 하실 때였습니다. 그 중에서도 특히 십자가를 앞에 두고 겟세마네에서 어두움 가운데 기도할 때였습니다. 그러므로 사중복음 신학은 또 다시 '기도의 학' 으로 시작되지 않으면 안 된다는 결론에 이릅니다. 신학이 기도의 언어를 놓칠 때 합리주의, 제도주의, 은사주의라는 곁길로 **빠져버**려 다시 돌아오기 힘들게 되는 것이라 할 수 있습니다. 그러나 신학이 기도의 언어를 유지할 때는 이들의 견제와 억압으로부터 자유롭게 될 수 있을 것입니다.

따라서 기도하는 신학자를 통해 신학의 혁신을 기대하고, 기도하는 목회자를 통해 목회의 혁신을 기대할 수 있는 이유는 이미 신구약 성경전서와 교회사가 그것을 입증하고 있기 때문입니다. 아브라함, 모세, 다윗, 예수, 바울, 요한, 아우구스티누스, 루터, 칼뱅, 웨슬리, 플레처, 냅, … 이명직, 이성봉, 문준경 등 허다한 인물들에게서 동일하게 한 가지 발견되는 것은 모두 '기도의 사람' 이었다는 것입니다.

결국 '아바정신' 은 우리로 하여금 겟세마네로 가게하며, 마가의 다락방으로 가게 하여 '아바, 아버지' 의 뜻을 구하며, 그에 따라 순종하면서 '아바' 가 그의 원대로 행하시도록 맡겨드리도록 하는 것임을 알 수 있습니다.

사중복음 신학이 혁신적이 될 수 있는 이유는 사중복음이 태어날 때 바로 그와 같은 아바정신에 따라 하나님 중심주의로 모든 교권주의와 세속주의에 대항하여 일어난 역사적 실체요 또한 증언이기 때문입니다. 그 정신과 실천의 삶을 이어받아 오늘의 목회 혁신과 신학 혁신을 이룩해야 하는 것이 바로 사중복음 신학의 핵심적인 사명이요 과제인 것입니다.

사중복음 신학의 범주 · 방법 · 원천

미국에서 시작된 래디컬 성결운동이 한국 땅에까지 와서 전해진 사중복음과 그 정신이 뿌리를 내리기 시작한 후, 자라면서 무성히 뻗어난 가지들에 달린 많은 열매들을 지탱하기 위해서 굵은 줄기가 필요했습니다. 초기의 성결인들은 이를 위해 지체 없이 '신경(信經, credo)' 을 선언하였습니다. 『조선야소교 동양선교회 성결교회약사』에 실린 내용입니다.

조선 예수교 동양선교회 신앙 개조는 그리스도와 그 사도들로 나타내심과 요한 웨슬레의 성경 해석의 근본적 교리와 만국 성결교회의 신앙 개조를 토대로 주 강생 1925년에 공포하여 성서 학원과 모든 교회와 신도들에게 가르쳐 영구히 지키는 신경이다.

이 신앙개조는 한 세기가 넘은 오늘에도 성결교회와 사중복음 신학의 변함없는 지계석(地界石)임이 확인되고 있습니다!

성결교회의 신경(信經)은 가깝게는 마틴 냅과 셋 리스에 의해 중생, 성결, 신유, 재림의 사중복음 신앙에 기초하여 창립된 만국성결교회의 강령(Manual)을 모체로 삼았습니다. 한국 성결교의 초대 지도자들은 이 신경이 궁극적으로는 예수 그리스도와 그의 사도들로부터 연원된 것이며, 이를 바르게 해석하여 전수한 존 웨슬리의 신앙 전통 가운데 있음을 천명한 것입니다.

이에 근거하여 사중복음 신학은 개신교 복음주의의 보편성과, 웨슬리와 만국성결교회의 신학적 독특성을 연결시켜 성결교회의 고유한 신학적 정체성을 확립함으로써 성결교회신학은 "개신교 복음주의 웨슬리안 사중복음 신학"이라고 부르게 되었습니다.[39] 이러한 신학적 정의는 다음과 같은 내용을 지시합니다.

1. 사중복음 신학은 개신교적 원리인 '오직 성서', '오직 은총', '오직 믿음'을 신학의 범주로 삼는다.
2. 사중복음 신학은 웨슬리신학의 전통을 따라 성서, 전통, 이성, 경험의 종합적 방법을 신학의 방법으로 삼는다.

3. 사중복음 신학은 중생, 성결, 신유, 재림의 복음을 인류의 '온전한 구원'을 위한 **원천**으로 삼는다. 이를 위해 사중복음의 정신을 폭넓게 적용한다.

사중복음 신학은 삼위일체 하나님의 구원 사건에 대한 증언인 '성서'를 하나님의 말씀으로서의 복음과 율법으로 받아들이고, 이 말씀에 대한 책임적인 응답의 결과로서의 개인적 '경험'을 신학에 반영하며, 교회 공동체의 신앙적 삶의 유산인 '전통'과, 계시에 대한 신앙적인 입장들을 지성적으로 변증하는 것을 통해 무분별한 율법주의나 신비주의에 빠질 수 있는 위험성을 비판적으로 성찰하는 '이성'적 차원을 신학의 중요한 요소로 수용합니다.

사중복음 신학은 '성서'를 신학적 판단과 신앙생활의 제일규범으로 삼으며, 신앙적 '전통'들을 성서적 관점에서 '비판적으로' 수용하는 종교개혁신학의 입장에 서 있습니다.

또한, 사중복음 신학은 신학적인 판단 과정에서 웨슬리 신학과 마찬가지로 '경험'을 중요시합니다.

경험이란 하나님과의 인격적 만남을 뜻하며 동시에 교회 공동체의 경험을 의미하기 때문에, 단순히 인간 내부로부터 나오는 구성물이 아니라, 하나님의 주체적인 행위에 대한 인간의 응답에 의한 경험을 뜻합니다.

사중복음 신학은 웨슬리가 언급했듯이 '비이성적인 종교는 거짓 종교'라는 신학적 판단을 수용하여 신학이 반이성주의, 열광주의, 신비주의로 변질되는 것을 거부하며, 동시에 인간 이성의 이름으로 성서의 계시적 우위를 부정하는 자유주의적인 태도도 거부합니다.

성결교회가 궁극적으로 추구하는 '참 구원(Full Salvation)' 이란 전적으로 신적 은총의 결과이며, 선행적 은총으로부터 시작하여, 깨우치는 은총, 의롭게 하는 은총, 성결하게 하는 은총, 영화롭게 하는 은총으로 심화되어 가는 과정을 거쳐서 완성됩니다.

그러므로 온전한 구원 곧 '참 구원' 은 전적으로 하나님의 은총으로 비롯된 결과이지만, 구원의 대상이 되는 인간에 의한 수용적 응답이 따를 때 비로소 온전한 구원을 경험하게 되는 것입니다.

선행 은총에 의한 사중복음 신학의 구원관은 죄에 대한 하나님의 심판을 은총의 그늘 아래 숨겨두지 않으며, 루터의 이원론에서 은총에 비해 부정적으로 평가받던 율법도 하나님이 주신 은총의 수단으로 적극적으로 이해합니다.

사중복음 신학의 구원론은 오직 은혜와 믿음으로 말미암아 구원을 얻는다는 종교개혁 전통에 서 있으면서도, 구원의 여정에 인간의 참여와 책임을 강조하는 웨슬리안 전통을 따르며, 그 구원의 폭과 깊이는 영혼만이 아닌 육체와, 개인만이 아닌 사회 그리고 온 우주만물을 포괄하는 '참 구원' 의 특징을 보여주고 있습니다.

사중복음 신학은 '참 구원' 이란 그리스도로 말미암아 우리의 죄책뿐 아니라, 우리를 죄의 부패성에서 해방하는 '성령세례' 없이는 불가능함을 가르칩니다.

성결교신학이 명실공히 '개신교 복음주의 웨슬리안 사중복음 신학' 으로서의 자신의 전통을 신학적으로 체계화하기 위한 우선적인 과제는 무엇보다도 '사중복음의 정신'을 심화시키는 것이며, 이를 통해 사중복음 교의학을 생명력 있게 수립하는 것입니다.

이에 대한 기초는 마틴 냅의 『오순절 사중복음 신학』(1898)과 이명직의 『기독교의 사대복음』(1952)에 의해 놓인바 되었습니다. 이것은 사중복음의 내용을 성서에 입각하여 함축적으로 소개한 매우 중요한 출발입니다.

사중복음 교의학은 이 유산을 이어받아 기독교 신앙의 다양한 주제들을 사중복음의 관점에서 새롭게 신학적으로 체계화시킨 것을 말합니다.

사중복음 신학은 중생, 성결, 신유, 재림의 주체이신 '삼위일체 하나님'을 중심축으로 하는 신학(Trinitarian theocentric theology)'으로 전개될 것이며, 그분과의 관계 안에서 구원의 대상이 되는 '인간'과 '세계'를 신학적인 주제로 삼아 포괄적인 신학으로 구성해야 할 것입니다.

사중복음 신학에서는 사중복음의 고유성이 분명히 제시되는 한편, 온 인류가 함께 당면하고 있는 보편적이며 현실적인 문제에 대한 성서적인 대답이 제시될 수 있습니다.

사중복음과 마주하고 있는 현실적이며 보편적인 문제 상황은 한편에서는 실존적인 상황 속에서 고민하고 있는 구체적인 인간 개개인을 지시합니다. 그리고 다른 한편에서는 이들 개개인이 처해 있는 공동체적 상황을 의미하고 있기 때문에, 사중복음 신학은 한편에서는 개인적 차원의 '영성신학'으로, 다른 한편에서는 '공동체신학'으로 전개되어야 합니다.

사중복음 신학이 지시하고 있는 **영성신학과 공동체신학**이라는 이 두 가지 신학적 적용 방향은 사중복음 신학을 개인과 사회, 실존과 역사 사이의 양자택일 앞에서 균형 있는 신학으로 이끌어 나갈 것입니다.

예수의 바람, 성령의 바람

개개인의 신앙 이해와 신앙적 실천을 염두에 두고 있는 영성신학과, 온 인류의 현실을 하나인 전체로서 사유하는 공동체신학, 이 양자의 균형은 사중복음 신학이 과거에 보여 왔던 개인구원 중심적인 신학의 차원을 넘어, 인류 공동체를 위한 신학으로 발돋움할 수 있는 기초적인 틀을 이룹니다.

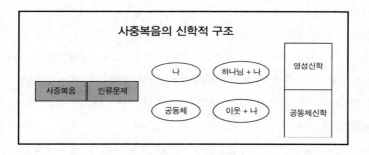

주(註)

1) 사중복음에 대하여 체계적으로 연구한 다음의 문헌을 참고하라: 이명직,『기독교의 사대복음』(1952);『신약전서사경보감』; 김상준,『사중교리』; 이성봉,『사중복음: 성결교교리』(서울: 성청사, 1984); 이성주,『사중복음: 성결교교리』(안양: 성결교신학교출판부, 1984); 이현갑,『사중복음: 한국성결교회의 신학화』(서울: 청파, 1999);『기독교 사중복음』(서울: 청파, 1995); 조종남,『성결교회의 신학적 배경과 사중복음의 유래: 이명직 목사님의 주창을 중시하여』(서울: 기성출판부, 1998); 성결신학연구소(편),『한국성결교회와 사중복음』(안양: 성결대학교 성결신학연구소, 1998); 허은수 편저,『사중복음: 성서에서 본』(서울: 청파, 1991); A. B. Simpson,『사중복음』손택구 역(서울: 예수교대한성결교회출판부, 1980) 등.

2) William Godbey, *Holy Land*(Cincinnati: God's Revivalist Office, 1895); *Footprints of Jesus in the Holy Land*(Cincinnati: God's Revivalist Office, 1900).

3) 틸리히,『조직신학』제4권, 유장환 역 (서울: 한들출판사, 2008), 227-229.

4) 이하의 중생, 성결, 신유, 재림에 논의는『성결교회신학』에서 필자가 집필했던 제1부 총론 중에서 제4장의 내용을 기초하였으며, 부분 발췌하여 인용하였음을 밝힌다: 서울신학대학교 성결교회신학연구위원회 편,『성결교회신학』(서울: 기독교대한성결교회출판부, 2007), 70~90.

5) 김희성,『하나님의 나라』(부천: 하나님의 나라 & 성서연구소, 2010), 346.

6) 재림에 대한 다음의 문헌을 참고하라: 이병돈,『예수님의 재림과 요한계시록 강해』(서울: 예찬사, 1993). 목창균, "세대주의 종말론: 이병돈 목사의 재림론을 중심으로," 성신연세미나 발표.

7)『기독교의 사대복음』, 106-107.

8)『기독교의 사대복음』, 107.

9) 그러므로 성결교회는 모든 자로 하여금 "재림의 주를 대망"(제1조) 하도록 하는 것을 목적으로 삼는다.

10) 성결교회는 이와 같은 맥락에서 "구약성경의 예언의 중심이 그리스도의 수육탄생(受

肉誕生)이라면 신약 성서의 중심은 그리스도의 재림이라 할 수 있나니 우리는 공중
재림(살전 4:16-18)과 지상재림(행 1:11)을 믿는다"(제6조)고 밝힌다. 또한, "재림
은 신앙생활의 요소이며(살전 3:13) 소망이요(살전 2:19-20) 경성이 된다(마
24:44, 25:13)"(제6조).

11) Martin Knapp, *Lightning Bolts from Pentecostal Skies; or Devices of the Devil Unmasked*(Cincinnati: M. W. Knapp, 1898), 145. 157. 이하 Lightning Bolts로 표기함.

12) Lightning Bolts, 159.

13)『기독교의 사대복음』, 162. 164.

14)『기독교의 사대복음』, 7-8.

15) Lightning Bolts, 130.

16)『헌법』 제6조.

17) 서울신학대학교 성결교회신학연구위원회,『성결교회신학용어사전』(서울: 기독교
대한성결교회출판부, 2005), 361.

18)『기독교의 사대복음』, 27. 중생에 대해 논한 아래의 자료를 참조하라: 권종수. "한
평생 중생과 성결을 외친 김태구 목사: 미주 증경총회장/산호세중앙교회 원로목
사".「활천」510(1996): 95-101. 홍성국. "중생의 능력을 되찾는 길: 야고보서와
중생의 도리(1)".「활천」503(1995): 67-72. 홍성국. "중생의 본질과 변화: 야고보
서와 중생의 도리(2)".「활천」504(1995): 83-88. 이명직. "중생(요한복음 3:5)".
다시 듣는 그때 그 말씀.「활천」475(1993): 67-72. 서정식. "중생의 은혜(디도
3:1-7)".「활천」407(1984): 14-17. 박제원. "중생(벧전1:3-12).「활천」
444(1990): 61-64. 한영태. "중생: 성결의 전단계".「활천」422(1987): 52-58.
허은수. "성서에서 본 사중복음: 중생".「활천」427(1988): 49-56. 주병진. "중생
의 증거".「활천」442(1990): 57-60. 김경식. "성서에서 본 중생론".「활천」
403(1983): 47-51. 김정호. "중생하지 아니하면 천국시민 아니다".「활천」
378(1976): 33. 백수복/신광철. "중생의 검토: 서울 신학생 상대 조사, 통계, 분석,
연구 보고(상)".「활천」321(1963): 27-36. 백수복/신광철. "중생의 검토: 서울 신

학생 상대 조사, 통계, 분석, 연구 보고(하)" 「활천」 322(1964): 23-31. 오영필. "중생론: 우리의 교리 '전도표제를 중심하여'". 「활천」 351(1970): 12-15. 토마스, 존. "중생". 「활천」 88(1930): 18-22. 송태용. "중생의 사람". 「활천」 140(1934): 22-25. 웃드, L. A. "중생에서 성결에 이르는 시간". 「활천」 147(1935): 27-30. 엔. 따불유. 엔. "중생과 완전한 성결". 「활천」 194(1939): 29-30. 일교역자. "중생에 대한 강화". 「활천」 83(1929): 3-7. 소국. "조선아 거듭나라(중생)". 「활천」 232(1947): 26-28.

19) 「신약전서사경보감」, 33.

20) Lightning Bolts, 50.

21) Lightning Bolts, 54. 57.

22) 이천영, "성결교회 60년사의 회고," 「활천」(1967. 5): 19-23: "중생은 구원의 중심이었으니 다른 교파에서도 전하는 바이지만 죄인이 회개하고 중생해야 구원받는다는 진리는 기독교의 입문이었나니 성결교회는 이를 특별히 강조하여 회개의 운동을 전개하였던 것이고…"

23) 「신약전서사경보감」, 33.

24) 「기독교의 사대복음」, 36-37. 40-41.

25) 이건, "순복음이란 무엇이뇨," 「활천」(1928. 2): 27-28. "순복음이라 함은 무엇이뇨 즉 예수 그리스도가 선전하시고 성취하여 놓으신 속죄, 구령의 도를 직접 전하는 것이 곧 순복음이다. 과연 속죄는 기독교의 專有的 敎義다."(27) "그러면 순복음의 내용은 무엇인가? '하나님의 말씀을 혼잡케 아니하고 오직 진리를 나타냄이니'(고후 4:2). 성경 그대로 믿고 그대로 전하는 것이다. … 순복음적 신앙이란 그 내용이 기독의 처녀탄생, 부활, 승천, 재림(천년기전 재림) 등 교리를 그대로 믿으며, 사죄, 성결, 신유에 대한 실험을 확실히 가지는 것이다. 신앙으로 의롭다함을 믿으며, 신앙으로 성결함을 받아 성신충만함을 얻으며, 신앙으로 부활함을 얻음을 확실히 아는 실험적(實驗的) 신앙을 말하되 [이것을] 순복음이라 한다."(28)

26) 「기독교의 사대복음」, 29-31.

27) Lightning Bolts, 66.

28)『기독교의 사대복음』, 59. 성결에 대하여 논한 다음의 문헌을 참고하라: 이명직. "성신세례,"「활천」254(1954): 46-49. 이건, "홍수의 세례와 세계의 중생,"「활천」195(1939): 3-7. 김익두, "성신세례,"「활천」140(1934): 18-21. 힐쓰, A. M. "성결의 세례"(1-4),「활천」97(1930): 12-16,「활천」98(1931): 13-16,「활천」99(1931): 74-76,「활천」101(1931): 215-219. 길보른, "교역자와 불세례,"「활천」6(1923): 1-3. 나까다주지, "불세례,"「활천」513(1996): 35-39. 박훈용, "성결교리의 형성 과정,"『활천』423(1987): 21-30; "성결(성별회)과 영성훈련,"「활천」542(1999): 60-64; "성결의 체험, 우리의 정체성입니다,"「활천」559(2000): 10-15: "성결의 개관,"「활천」544(1999): 56-60; "성결은 성령세례입니다."「활천」545(1999): 54-58; "성결은 원죄의 부패성을 정결케 씻음 받는 은혜이다."「활천」546(1999): 52-56.

29)『기독교의 사대복음』, 62.

30)『신학대강』, 237.

31) Lightning Bolts, 34.『성결에 대하여』이명직목사 저작전집 제3권(서울: 기성출판부, 1991), 320-321.

32) Lightning Bolts, 34.

33) Lightning Bolts, 34.

34) Lightning Bolts, 45.

35)『기독교의 사대복음』, 75.

36) 임종우, "성결의 복음(2),"「활천」292(1958), 9-12. 나까다 주지, "불세례," 홍순균 역,「활천」513(1996), 35-39.『성결교회헌법 해설집』, 7.

37) Lightning Bolts, 42.

38)『성결교회신학』, 1223.

39)『성결교회신학』, 61.

제 2 부
사중복음 정신으로 신학하기

제 7 장
사중복음 정신과
글로벌 신학의 패러다임

오늘날의 삶이 얼마나 '글로벌' 하게 돌아가는지를 알 수 있는 가장 손쉬운 길 중의 하나는 한 지역의 생산품이 얼마나 손쉽게 전 지구적으로 알려질 수 있는 지 인터넷 상품 광고를 보는 것입니다. 예를 들어, 한국의 한 시골에서 복분자를 재배하여 숙성시켜 팔고자 하면 'Korean Raspberry Wine' 이라 하여 자신의 인터넷 홈페이지나 인터넷 블로그에 올려놓습니다. 그 순간 그의 제품은 얼마나 잘 팔리는지의 여부를 떠나 세계인 누구에게나 접근 가능한 '글로벌 상품' 이 되는 것입니다. 현대는 아무리 사소한 것이라도 인터넷에 오르는 순간 더 이상 '로컬(local)' 로 묻혀 있는 것이 없는 그런 '글로벌(global)' 한 세상입니다. 곧 '글로컬(glocal)' 한 세상을 우리는 살고 있습니다.

그러나 여기에서 분명한 것은 복분자가 글로벌한 게 아니라 '인터넷' 이라는 통신망이 글로벌한 것이라는 점입니다. 복분자 광고가 지방 신문에만 나온다면 그 상품이 글로벌하게 될 가능성은 매우 적을 것입니다. 어떤 것이 글로벌 상품이 되고 안 되고는 그 상품의 질 이전에 '글로벌 네트워크'에 접속되어 있는 지의 여부에 달려 있는 것입니다.

21세기 세계 기독교(World Christianity)는 지금 교파주의라는 지역성 (localism)을 넘어서 상호소통하지 않으면 안 된다는 세계성(globalism)의 필요를 그 어느 때보다도 절실히 느끼고 있는 상황에 직면해 있습니다. 문제는 지역적인 신학을 글로벌 신학으로 변신케 해 줄 '신학의 글로벌 네트워크'가 나오지 않고 있다는 것입니다.

고도의 전문 지식과 새로운 기술을 가지고 창조적이며 모험적인 경영을 전개하는 마이크로소프트(MS)사나 페이스북(Facebook)과 같은 '벤처 기업(venture business)'이 나타나 글로벌 경제를 이끌고 가듯, 기독교계에도 그와 같은 '벤처 신학(venture theology)'이 필요한 상황입니다.

19세기 말 미감리교의 교권주의와 세속주의에 대항하여 오순절의 초대교회와 성서로 돌아가게 하는 "번갯불(Lightning Bolts)" 같은 사중복음 곧 '참복음(Full Gospel)'의 힘이 성결교회를 태어나게 했다는 것은 주지의 사실입니다. 말하자면 새로운 벤처 신학을 시도한 것이라 할 수 있습니다. 그러나 성결교회가 조직적인 모습을 차차 갖추면서 **하나님 중심주의의 오순절적 래디컬리즘**이 사라지기 시작했고, 그 결과 '사중복음'은 콘텍스트 없는 교리적 슬로건 형태로만 보존될 뿐, 오순절적 교회 혁신이나 하나님 나라의 종말론적 임박성을 선포하면서 성결한 삶과 복음 전파를 위한 그 본연의 힘으로 활용되지 못했습니다.

그러나 사중복음은 그 의미를 캐물으면 물을수록 그 안에 복음의 능력과 지혜가 가득 차 있다는 것을 발견하게 됩니다. 이것은 성결교회에만 주어진 것이 아닌, 너무도 커다란 가치가 있는 인류 모두의 자산이라고 말해야 할 것입니다.

본인은 2002년부터 서울신학대학교에서 시작된 성결교회신학 연구 프로젝트를 기획하여 동료들과 함께 10년 이상 진행해오고 있습니다. 서울신학대학교는 1911년 세워진 경성성서학원으로부터 시작되었는데, 이는 1900년에 래디컬 성결운동의 과정에서 만국성결교회의 창립자 마틴 냅이 설립한 하나님의 성서학원을 그 모델로 하여 그들의 기도와 헌금으로 세워진 사중복음의 전당입니다. 이러한 역사적인 흐름 속에서 사중복음을 꾸준히 연구해온 바 그 소감을 우선 이야기한다면, 사중복음은 마치 우라늄 원석과 같다는 것입니다. 지구상 물리 세계에서 가장 무거운 원자가 우라늄(Uranium)이라고 말할 수 있다면, 기독교 역사상 가장 중후한 메시지는 '사중복음'이라고 주저함 없이 말할 수 있습니다.

우라늄이 그렇듯이 사중복음도 그냥 교회와 선교 전선에서 사용될 수 없는 대상입니다. 자연 상태의 것으로는 우라늄 235, 237, 238 세 종류가 있다고 합니다. 우라늄이 막대한 에너지로 나타나게 하려면 우라늄 원자핵에 중성자를 충돌시켜야 하는데 이에는 고도의 과학 기술이 필요합니다. 지상에 존재하는 우라늄 중 90% 이상이 우라늄 238인데, 이는 그냥 두면 하나의 돌덩어리에 불과합니다. 그러나 여기에 중성자를 충돌시키면 플루토늄 239로 변하게 되고, 이에 다시 중성자를 가하면 상대적으로 안정적인 두 가지 물질로 변화하면서 막대한 에너지가 나온다고 합니다.

예수의 바람, 성령의 바람

사중복음은 이러한 우라늄 238과 비교 가능할 것입니다. 그 자체로 놔두면 큰 힘이 발휘될 수 없는 것이기 때문입니다. 그러나 빠른 속도로 중성자를 충돌시켜 핵반응을 일으키게 하면, 그 과정에서 엄청난 빛과 에너지가 발산하게 되듯이, 사중복음의 하나님 중심주의라는 원자(原子)에 중성자와 같은 시대적인 무거운 '실존(實存)'을 강렬히 부딪히게 하면 이때 사중복음이 핵융합과 분열의 과정을 거치면서 생명, 사랑, 회복, 공의, 희망 등과 같은 하나님 나라의 빛과 에너지가 강렬하게 발현하게 됩니다.

그럼에도 불구하고 우리는 이러한 신학적 작업 과정을 통해서 사중복음이 줄 수 있는 에너지를 얻는 일에 적극적이지 않았습니다. 그 결과 세계 교회가 직면하고 있는 수많은 신학적인 문제들을 해결하는 데 사중복음이 거의 역할을 하지 못하고 있는 것이 오늘의 현실입니다.

사중복음은 결코 성결교회만의 배타적인 소유물이 아니라, 오히려 세계 교회를 위한 영적 유산입니다. 마치 유대인이 율법을 지켜왔듯이 성결교회는 사중복음을 보존해왔습니다. 그러나 그것으로 사중복음에 대한 사명을 다한 것이라 볼 수 없습니다. 지금부터라도 사중복음을 성결교회와 세계 교회를 위한 글로벌 신학으로까지 발전시켜 나가도록 해야 할 것입니다.

우리는 사중복음이 21세기 세계 기독교를 네트워킹 하는 신학, 곧 글로벌 신학의 패러다임을 제공할 뿐만 아니라 다가오는 종말론적 하나님 나라의 신학을 재림의 빛에서 제시하는, 신학계에서의 우라늄과 같은 존재임을 밝히고자 합니다.

글로벌 신학의 패러다임

글로벌 신학 패러다임으로서의 사중복음

본서 제1장에서 본 것처럼 지난 한 세기는 가톨릭을 포함하여 교회들 간의 전 세계적인 연합과 교류를 위한 글로벌 네트워크를 만들어왔던 시대였습니다. 세계복음주의동맹(WEA), 세계교회협의회(WCC), 오순절세계협회(PWF) 외 로잔세계복음화위원회(LCWE)와 같은 국제적인 교류 및 협력기구가 3년에서 7년 주기로 총회를 가지고, 그 사이에는 분과 위원회 모임들이 활발히 진행되고 있습니다. 이러한 활동을 통해서 이들은 교파주의를 넘어선 탈지역적인 네트워크를 만들어 글로벌 기독교를 지향하고 있는 것입니다.

그런데 문제는 이와 같은 국제적인 연합기구들이 서로 '깊이 있게' 연대할 수 없다는 현실입니다. 그들은 틀림없이 서로 간의 장점과 약점을 잘 파악하고 있기 때문에 정말 적극적으로 동역하기를 희망하고 있는 것으로 보입니다. 하지만 그 실현 가능성은 매우 희박해 보입니다. 왜냐하면 각 개의 국제기구들은 초교파성을 천명하고 있지만 함께 모일 때 그 중심에서부터 일치된 고백을 가지고 연대할 수 있도록 하는 '글로벌 신학'의 부재를 경험하기 때문입니다.

현재 세계 교회는 각기 자신의 교파 교회가 만든 신학의 옷을 입고 한 자리에 모여 예배를 드리고 사명 선언문을 만들고는 하지만 WEA, WCC, PWF, Vatican 모두 각자의 소속 기구에 충실할 뿐, 창조적인 참여가 쉽지 않은 상황입니다. 자신들의 신학을 견지한 상태에서 자신과 다른 신학을

예수의 바람, 성령의 바람

이해하거나 수용하는 데는 낯설음과 정체성 혼동의 불안감을 해소하기 어렵기 때문입니다.

세계 교회는 연대를 위하여 국제적 기구(Alliance, Council, Fellow-ship)를 만들어 회원 확보의 외연을 계속 넓혀 가고 있으나, 신학적 네트워크 확대는 더 이상 진행시키지 못하는 것으로 보입니다. 오히려 각 기구 내의 회원 교파 교회들 간의 신학적 충돌마저도 해결하지 못하는 일들이 다반사로 나타나고 있는 현실입니다.

예를 들어, 대한민국의 대통령이 독일에 공식 방문 시 연회장에서 한복을 입는 것은 매우 자연스러운 일일 것입니다. 그런데 그가 차이나복을 차리고 갔다면 그것은 있을 수 없는 일이겠습니다. 그러나 그가 중국 방문 시 연회장에 중국 전통 의상을 입고 나타났다면 양국 간의 친밀한 우호의 표현이 될 수 있을 것입니다.

옷을 하나 입는 데도 이와 같이 원리와 원칙이 있는 것처럼, 세계적으로 다양한 교회들이 자신들의 정체성과 부합한 신학에 기초한 초교파적인 협력을 추구하는 데 있어서도 동일한 원리가 적용되지 않을 수 없습니다. 그러한 원리를 제시하는 것이 우리가 필요로 하는 '글로벌 신학'입니다.

외형적인 틀로만 보면 성서의 메시지에 근거하여 '교회 일치'를 추구해 나가자고 호소하면서 지구적인 이슈들을 다루고 있는 WCC의 소위 '에큐메니컬 신학'이 글로벌 신학이 될 수 있는 것으로 보입니다. 그러나 문제는 복음주의 신학에 기초한 WEA 가입 교회들이 '에큐메니컬 신학'과 거리를 두고 있다는 데 있습니다. 이러한 모습은 역으로도 마찬가지입니다.

양자가 서로 거리를 두거나, 심지어 격렬히 반대하는 입장을 표명할 때 그 원인을 '비성서적'이기 때문이라 주장하기도 하지만, 그것은 성서해석의 다양성을 수용할 수 있는 큰 틀의 글로벌 신학이 부재하기 때문이라 말하는 것이 옳을 것입니다.

설령 실제로 신학적인 아젠다에 대하여 본질적인 견해 차이로 대립이 된다고 할 때라도 양자의 신학적 주장들이 하나님의 나라를 위한 일이 분명하다면, 그 차이를 상호 조율할 수 있는 원리와 방책이 얼마든지 나올 수 있을 것입니다. 이와 같은 이야기가 이상적으로 들릴 수 있지만 이런 낙관적 신념이 있는 한, 우리는 얼마든지 글로벌 신학의 가능성을 말할 수 있겠습니다.

이제 우리는 21세기의 글로벌 신학을 좁은 의미로 다음과 같이 정의하고 이야기를 계속하고자 합니다: '글로벌 신학은 WEA의 복음주의 신학, WCC의 에큐메니컬 신학, PWF의 오순절주의 신학을 한 틀 안에서 상호 교차적으로 이해하고 수용할 수 있는 패러다임을 제공하는 신학이다.'

그렇다면 과연 어떤 것이 이 모든 신학의 전통들을 한 틀에 담아 서로가 그 안에서 소통할 수 있도록 하는 글로벌 패러다임이 될 수 있겠습니까?

제1장에서 말했던 하나의 '마늘통'과 그 통 안의 각 방에 있는 '마늘쪽'들을 가지고 비유로 설명해 보겠습니다. 세계 교회의 초교파적인 신학들은 개별적인 '마늘쪽'들과 같고, 글로벌 신학은 초교파적인 신학들을 담고 있는 '마늘통'과 같다고 할 수 있습니다.

이러한 구조를 가진 패러다임이 지금까지 세계 교회의 장에서 이야기된

예수의 바람, 성령의 바람

적이 없습니다. 여기에서 우리는 중생, 성결, 신유, 재림이라는 네 쪽의 방을 가진 사중복음이라는 통을 21세기 글로벌 신학의 패러다임으로 제시코자 합니다.

사중복음의 기원과 정신에 대해서는 제1부에서 상세히 소개한 바와 같이, 우리가 세계 교회 앞에 내놓고자 하는 사중복음은 19세기말 미국에서 일어난 급진적 성결운동의 핵심적인 요체였습니다. 이 사중복음이 잠시 나타났다가 완전히 사라지지 않고 21세기까지 유지되고 있는 것은 미국 만국 성결교회(International Holiness Church)의 후예들과 기독교 선교 교회 (Christian & Missionary Alliance), 국제 사각복음 교회(International Church of the Foursquare Gospel), 그리고 오순절 전통의 교회들이 교리로 혹은 전도표제로 나름대로 잘 보전해왔기 때문입니다.

그러나 사중복음은 한국 성결교회를 비롯한 일부 중소 교파에서 여전히 전도표제로만 이해되고 있을 뿐이어서 오늘에 이르기까지 글로벌 신학을 위한 잠재적 가능성은 차치(且置)하고서라도 그 본래의 신학적 가치마저도 제대로 주목받지 못했습니다.

오늘날 아마도 사중복음의 신학적 가치를 가장 폭넓게 이해하고 있으면서, 복음주의 진영이 사중복음을 새로운 각도로 보아야 한다고 신학논의의 주요 의제로 삼고 있는 학자는 도날드 데이튼(Donald Dayton) 박사인 것으로 보입니다.

데이튼의 두드러진 주장 중의 하   좌로부터 필자와 Melvin Dieter, Donald Dayton, 박창훈 박사

나는, 현대적인 관점에서의 '복음주의'는 중생, 성결, 신유, 재림이라는 사중복음의 맥락에서 제대로 이해될 수 있다는 것입니다. 기존의 복음주의 개념은 개혁주의적인 입장을 반영하는 데는 어느 정도 유용할 것이지만, 웨슬리안이나 오순절 전통의 신앙 체험을 설명하는 데는 한계가 있다는 분석입니다.[1]

아무튼, 사중복음에 대한 논의는 아직 특정 교파주의 전통들 안에서만 어느 정도 이루어지고 있을 뿐, 사실 이것도 신학적으로 큰 발전이라 평가할 수 있지만, 그것으로 사중복음의 잠재적인 가치가 드러난 것으로 보기에는 턱없이 부족하기 때문에 사중복음 전통은 보다 폭넓은 연구가 이루어져야 할 분야입니다. 오늘날 용어로 말하자면, 사중복음은 21세기 신학계에 '블루 오션(Blue Ocean)'입니다.

다른 한편, 여기에서 두 가지 정도 분명히 경계해야 할 부분이 있습니다.

우선은, 사중복음을 특정 교파, 특히 성결교회의 전유물이라 생각해서 신학적 논의의 마당에 올릴 수 없는 주제로 단정해서는 안 된다는 점입니다. 단언컨대, 사중복음이야말로 21세기 세계 교회의 맥락에서 재발견해야 될 가장 보편적인 그리고 가장 긴급한 주제들 중에 하나라 말할 수 있습니다.

다른 하나는, 사중복음을 특정한 신학 전통, 특히 웨슬리 신학의 한 지류로 이해하여 웨슬리 신학을 말하면 충분하기 때문에 사중복음은 더 이상 신학적으로 말할 이유가 없으며, 한 걸음 더 나아가 사중복음은 신학적으로 전개될 수 있는 것이 아니라 단정해 버림으로써 신학적 탐구의 길을 근본적으로 차단해서는 더 더욱 안 된다는 것입니다.

사중복음은 그 자체로 어떤 신학 전통에도 예속되지 않는 성서 자체가 증언하는 메시지이며, 그럼에도 불구하고 동시에 사중복음은 특히 성결교회의 정체성을 견지하는 신학적인 견인차 역할을 감당하는 데 조금도 부족함이 없었던 교의(敎義)이기도 하다는 사실을 인식할 필요가 있습니다.

이처럼 글로컬(glocal)한 사중복음을 가지고 21세기 북반구와 남반구 교회 모두가 입고 한자리에 나올 수 있는 옷, 곧 '글로벌 신학'을 만드는 작업은 우선적으로 성결교회에게 주어진 신학적 사명과 특권이라 할 수 있습니다.

북반구와 남반구 신학의 특징

그렇다면 사중복음이 어떤 차원에서 21세기 세계 교회의 교파주의 신학들을 한데 아우를 수 있는 글로벌 신학의 패러다임이 될 수 있다는 말입니까?

이를 밝히기 위해서는 차분하게 지난 이천 년 동안 전개되어온 신학의 흐름을 큰 틀에서 살펴볼 필요가 있습니다. 이러한 일은 매우 무모한 시도가 될 수도 있는 것이 사실입니다. 그러나 지난 5세기 동안 형성된 개신교 신학의 전통만이라도 몇 가지로 유형화하여 고찰하는 일이 전혀 불가능한 일은 아닐 것입니다. 이러한 분석과 종합의 일은 학자들에 의해 종종 있어 왔었고, 서로 다른 서술들은 학자마다의 특색 있는 역사관으로 보아 왔습니다.

우선, 세계 교회를 지정학적인 측면에서 살펴보는 게 좋겠습니다.

16세기에 개신교 신학의 전통이 시작되면서 20세기 초반까지 약 4세기 동안의 신학은 인류가 사는 지구의 북반구인 유럽과 북아메리카의 교회를 중심으로 형성되었습니다.

지구 북반구의 교회를 '북구(Northern)' 라 하지 않고, '서구(Western) 교회' 혹은 '서구 기독교' 라 불러왔습니다. 이는 복음의 전파가 예루살렘을 기점으로 서쪽으로부터 이루어지면서, 지구의 서쪽 지역부터 교회가 생기고, 또한 신학이 발전되면서 기독교라는 종교 체계가 형성되었기 때문으로 보입니다. 그래서 주로 백인으로 나라를 이루고 있는 유럽 대륙, 그리고 17세기부터는 보다 순수한 신앙을 유지해 보고자 하는 비전을 가지고 나라를 세운 북아메리카 대륙이 기독교와 동일시 될 정도로 서구는 곧 기독교로 이해되었습니다.

이러한 서구 기독교는 지정학적으로는 지구의 북반구에 자리 잡고 있다는 특징이 있습니다. 그리고 백인들이 주를 이루며, 경제적으로 부강한 나라를 건설하였고, 더욱 많은 부를 누리기 위하여 지구의 남반구, 즉 남아메리카, 아프리카, 아시아의 여러 나라를 점령하여 식민지로 삼았습니다. 이와 더불어 북반구의 교회들도 경쟁적으로 선교사를 파송하여 남반구에 교파주의 교회와 신학교를 세워 남반구의 교회를 형성하기 시작한 것은 19세기와 20세기에 그 절정을 이루었습니다.

남반구에 복음이 전파되어 그로부터 태어난 교회는 아쉽게도, 아니 애석하게도 자신의 신학을 만들지 못했습니다. 백인 선교사들과 백인 신학 교수들에 의해 신학 훈련을 받되, 선교지의 문화와 역사와 종교의 맥락에서 필요로 하는 신학이라는 옷을 지어 입는 훈련을 받지 못했습니다. 대신 서구 기독교를 만든 서구의 신학 교과과정을 그대로 현지 신학교에 이식하여 교육함으로써 현지의 교회 지도자 양성에 신학적으로 볼 때 낭비와 불필요한 요소들이 아직도 잔존하고 있는 실정입니다.

그럼에도 불구하고 남반구의 선교지 교회들은 특히 20세기에 들어와서 왕성한 부흥을 경험하였습니다. 그 결과 지난 한 세기 동안 교회의 성장이 마침내 북반구의 서구 기독교를 능가할 정도가 되었습니다.

지구의 남반구에 있는 아시아, 아프리카, 남아메리카 대륙의 나라와 민족들은 북반구의 나라들보다 경제, 정치, 문화적으로 매우 열등하고 열악한 처지라는 것은 오늘날도 크게 다르지 않습니다. 여전히 서구의 부요한 나라들이 설정해 놓은 세계화의 시스템과 신자유주의 시장경제 체제와 군사, 문화, 교육 전 분야에 걸쳐 종속적인 상태에서 크게 벗어나지 못하고 있는 형편이라는 것이 주지의 사실입니다.[2]

그런 가운데서도 교회의 현실만큼은 다른 현상을 보이고 있습니다. 북반구의 교회는 오랜 역사의 교회들이 문을 닫는 일들이 속출하고 기독교 인구가 감소하고 있는데, 남반구의 교회는 북반구의 서구 교회와는 비교도 할 수 없을 만큼 엄청난 속도로 부흥을 경험하고 있다는 사실입니다. 이러한 교회의 부흥은 20세기에 이어 21세기에 들어와서도 계속 진행 중입니다.

지금까지 세계 교회를 북반구와 남반구로 나누어 그 현실을 지정학적인 관점에서 살펴보았습니다. 물론 이러한 지정학적 구분이 세계 교회의 성격을 나누는 데 절대적일 수는 없겠습니다. 한국은 위치적으로 북반구에 있으니 말입니다. 그러나 서구 교회에 의한 피선교 지역이요, 남반구 대부분의 나라처럼 20세기에 들어와서 서구 문화의 영향을 크게 받은 나라이기 때문에 상징적으로 포함시킬 수 있을 것입니다. 아무튼 이러한 기준에 따라 두 그룹으로 나누어 보는 데는 적지 않은 유익이 있어 보입니다.

그러면 북반구의 서구 기독교와 남반구 기독교에서의 신학 방법론적인 특징들을 살펴보도록 하겠습니다.

먼저 결론부터 말하자면, 북반구 교회는 '텍스트' 중심의 신학을, 남반구 교회는 '콘텍스트' 중심의 신학을 전개해나가는 차이점을 보여 오고 있습니다. 텍스트 중심은 보다 합리주의적인 성향을, 콘텍스트 중심은 보다 경험주의적인 성향을 띠는 방법론을 채택하게 되었습니다.

텍스트 중심의 북반구 교회라 하더라도 다시 크게는 칼뱅주의와 웨슬리주의 신학으로 나뉘어 신학적 재생산을 계속해 나가는 큰 흐름을 유지하고 있습니다. 물론, 독일을 중심으로 북유럽 쪽으로 루터주의 신학이 지배적인 것도 사실이며, 미국을 중심으로 침례교회의 신학 역시 강세를 이루고 있는 것도 분명합니다. 그러나 21세기 서구 교회의 신학적 주류는 칼뱅과 웨슬리로 가닥이 잡힌 것을 부정할 수 없습니다.

그런데 웨슬리가 '칼뱅과 자신은 머리카락 하나의 차이밖에 없다'고 말한 바와 같이 양자는 종교개혁적인 큰 틀에서 볼 때 한 가족이 아니라 할 수 없을 것입니다.

그렇다면 이들의 특징이 무엇인지를 묻게 될 때, 무엇보다도 우선적인 것은 '성서'라고 대답해야 할 것입니다. 그래서 텍스트 중심이라고 성격 규정을 하게 된 것입니다.

왜 성서가 북반구의 신학을 결정하는 요인이 되었겠습니까?

그것은 16세기 이후 북반구의 가톨릭과 개신교 사이의 종교적 대립 상황 때문이라 할 수 있습니다.

루터나 칼뱅 모두 교회를 가톨릭의 잘못된 가르침, 곧 그들의 신학이 비

성서적인 것을 지적하면서 가톨릭 신학의 개혁을 주창하였습니다. 그러므로 개신교 신학은 성서를 교회의 절대적 규범으로 설정하게 되었고, 천 년 이상 된 가톨릭의 전통적인 교리의 오류를 비판하고 옳은 대안을 제시하기 위해서 **교의학**(敎義學, Dogmatics)이 발전할 수밖에 없었던 것을 알 수 있습니다.

아무리 철옹성 같이 높이 쌓아 올린 교리적 전통도 성서와 성서에 기초한 교리적 규범에 비추어 맞지 않을 시에는 즉각적으로 개혁의 대상으로 여기게 됩니다. 그러므로 서구 신학은 성서와 교리라는 '텍스트' 중심의 신학 방법론적 특성을 갖게 되었다는 것입니다. 이것은 그가 교황이었든 평신도였든 관계없이 모든 자에게 적용되는 가치 기준이었습니다.

반면, 남반구 교회는 북반구 교회의 신학적 성향과 다른 모습으로 형성되었습니다. 남반구의 교회는 기본적으로 복음 전도 지향적이 되었습니다. 이미 가톨릭교회와 문화가 형성된 상황에서 그들과 교리적으로 대립각을 세워야 하는 북반구와는 달리, 남반구는 대부분 비기독교적이고 토착 종교들의 문화에 의해서 지배된 곳이어서 전투적인 선교를 통해서 복음이 선포되어야 했고, 기독교 복음이 토착 종교들의 가르침보다 우월하다는 것이 가시적으로 경험되어야 했습니다.

그러므로 남반구에서는 성서나 교리보다는 영적 지도자의 카리스마와 신앙적 체험에 입각한 변화가 더욱 중요한 기준이 되었습니다. 거기에는 병자의 치유와 무너진 사업의 성공 신화와 깨어진 가정의 회복 등 가시적으로 생생하게 들리는 이야기가 있어야 합니다. 따라서 대형 집회를 인도하는 부흥사나 대형 교회를 담임하는 목회자의 성공담 속에서 실천신학적 규범을 찾는 특징이 있다고 볼 수 있습니다.

불변하는 초시간적 '텍스트' 중심의 신학이 요구되었던 북반구 교회와는 달리, 남반구 교회는 변화의 굴곡이 많은 '콘텍스트' 중심의 실천신학 내지는 부흥신학을 수립해 나갔습니다. 그러므로 선교사들에 의해 서구교회적인 체제로 가르치는 신학 교육이 남반구에서 제대로 뿌리 내리기를 기대하는 것은 어려운 일이었습니다. 한 세기 이상 신학교 교육 따로, 현장 경험 따로 이루어지는 이원화된 교육을 해왔던 것입니다.

북반구와 남반구 신학의 구심점 역시 달랐습니다. 북반구의 신학에서는 기독론이었고, 남반구에서는 성령론이었습니다.

왜 북반구에서는 기독론 중심의 신학이 꽃을 피울 수 있었습니까?

예수 그리스도는 성육신 하신 '하나님의 말씀(logos)'으로서 성서와 교리가 따라야 하는 불변의 진리요 또한 규범이 될 수 있었기 때문입니다.

또한 예수 그리스도는 교회의 머리가 되고, 교회는 그리스도의 몸으로서 이해되었으므로 가톨릭교회와의 신학적 대결에서 기독론은 북반구 신학의 강력한 보루가 될 수 있었습니다.

반면에, 남반구에서는 성령론 중심의 신학을 전개해 나가는 것이 선교지 교회에서는 유력했습니다. 로고스 중심의 엄격한 윤리적 실천을 요구했던 서구의 기독론적 신학은 가난하고 억압받는 대중들에게는 오히려 무거운 짐이 될 수 있었습니다.

그러나 성령 중심의 메시지는 의지적이며 윤리적인 결단 이전에 믿고 회개하면 성령의 은사를 받아 능력 있는 삶을 살 수 있게 한다는 것이었기 때문에 기독론적 메시지보다는 더 강력한 복음으로 수용되었습니다. 누구든지 예수를 믿고 성령을 받으면 축복 받고 능력의 사람이 된다는데, 이와 같은 메시지에 불이 당겨지지 않을 수 없었을 것입니다. 성령론적 사역은 실존적으로 소망도 없고 아무런 대책도 없는 소외된 민중들에게 더 말할 나위 없이 폭발적인 힘으로 작용했습니다.

남반구 교회에서 오순절 은사주의 운동이 20세기 내내 지속되어온 것도 이러한 배경에서 어렵지 않게 이해될 수 있는 현상이었습니다. 이런 오순절 은사주의 운동과 신학이 북반구에서 보편적으로 일어날 것을 기대하는 것이 어려운 일이라는 것은 누구든지 동의할 수 있는 것으로 보입니다.

이처럼 기독론과 성령론을 지역적으로 구분하여 이야기할 수 있는 것처럼, 북반구에서는 **바울**의 교회서간과 목회서간이 바른 교회를 세워야 하는 종교개혁자들의 입장에서는 우선적으로 중요한 텍스트가 되었습니다.

반면에, 남반구에서는 북반구와 달리 **누가**의 사도행전과 복음서가 필수적인 규범서 역할을 했습니다. 여기에서는 북반구에서처럼 누가를 역사가로서만 보는 것이 아니라, 당당한 신학자로서의 고유한 위치를 지정해주고자 했습니다. 사도행전은 남반구가 밀고 나가야 할 교회 개척과 성령의 부흥 운동의 성서적 근거와 당위성을 확고히 해 주는 데 결정적인 역할을 하고 있습니다.[3]

북반구의 신학은 크게 칼뱅주의와 웨슬리주의 둘로 양분할 수 있지만 기본적으로는 종교개혁주의요, 성서와 교리에 입각한 텍스트 중심의 신학적 특징이 있다고 이야기했습니다.

여기서 우리가 다음의 주제로 자연스럽게 넘어가기 위해서는 칼뱅주의와 웨슬리주의의 주된 특징을 먼저 밝히는 것이 도움이 될 것 같습니다. 웨슬리가 칼뱅과 자신이 큰 차이가 없다고 말한 것은 사실입니다. 그 핵심은 모두가 '믿음'을 절대적인 것으로 강조하였기 때문입니다. 오직 믿음만이 구원의 조건이라는 것입니다.

그러나 웨슬리가 활동했던 18세기 영국에서 경험한 칼뱅주의는 16세기에 칼뱅이 스위스 제네바에서 그리고 『기독교강요』에서 보여준 것과는 현저히 달랐습니다.

웨슬리가 영국에서 경험한 칼뱅주의는 소위 "극단적 칼뱅주의(Hyper Calvinism)"였습니다. 이것은 한 마디로 율법폐기론 혹은 율법무용론을 주장하는 칼뱅주의였습니다. 이에 따르면, 인간의 구원의 여정에 뿐만 아니라 구원받은 자의 삶 가운데도 율법에 대해서 어떠한 선한 역할도 기대할 수 없다는 것입니다.[4]

웨슬리는 이에 대해서 "사랑으로써 역사하는 믿음"을 강조했습니다. 다시 말해서, 믿음이로되 사랑이 따르는 믿음이어야 한다는 것이었습니다. 그러므로 18세기 영국의 종교적 현실에서 '사랑'을 강조하는 신학은 이미 예견된 것이나 다름없었습니다.

16세기 제네바의 칼뱅은 가톨릭교회가 빠졌던 인간의 공로주의에 맞서서 하나님의 주권적 행위에 대한 전적인 신뢰와 맡김의 신학을 강조하였고, 18세기 영국의 웨슬리는 극단적인 신본주의에 대항하여 구원받은 자의 책임과 사랑의 실천을 강조하는 소위 '기독자의 완전(Christian per-

예수의 바람, 성령의 바람

fection)'의 신학을 주창하였습니다.

북반구의 이러한 신학적 흐름이 20세기 초까지 분명히 나타났던 반면, 남반구에서는 한마디로 오순절 은사주의 운동이 주도적인 흐름으로 정착되었습니다. 남반구 교회가 경험하기 시작한 성령의 부흥은 북반구의 전통적인 신학으로써는 담아내지 못하는 한계가 20세기 동안 분명히 나타났던 것입니다.

북반구와 남반구의 신학을 포괄하는 사중복음

지난 20세기에는 언급하기에 일렀던 '세계 교회(world church)' 혹은 '세계 기독교(world Christianity)'라는 개념을 쓰지 않으면 안 되는 분명한 변화를 경험하는 시대가 바로 오늘날 우리가 사는 21세기입니다. 그동안 남반구의 기독교는 북반구의 서구신학에 의해서 형성되고 이야기될 수 있는 것으로 알아왔었지만, 지난 한 세기 간 교회의 부흥을 강력하게 경험하기 시작한 남반구가 서구신학의 한계를 깨닫기 시작하면서 자신들의 교회를 위한 옷은 자신들이 만들어 입어야 한다는 현실에 눈을 뜨기 시작했습니다.

남반구의 기독교가 북반구의 기독교와 동등한 위치에서 교회의 사명을 논하게 된 21세기의 세계 기독교는 더 이상 서구 중심으로 선교나 교육, 사회실천의 여러 가지 사명들을 이전의 방식처럼 일방적으로 수행해 나갈 수 없는 '글로벌'한 현실을 보다 적극적으로 받아들이고 있습니다.

그 가시적 현상이 세계 기독교를 대변하는 WEA, WCC, PWF, Vatican이 각기 스스로 글로벌한 신앙고백과 사명 선언문들을 쏟아내고 있으며, 그 내용들에는 강조점과 출발점에서의 차이를 보이지만, 그들의 신앙이나 사명의 본질적인 성격은 삼위일체 하나님의 부르심에 응답하는 교회의 참 모습들을 잘 보여주고 있습니다.

이제 남은 중요한 과제는 우리가 제기한 것처럼, 사중복음(Fourfold or Full Gospel)이 WEA의 복음주의 신학, WCC의 에큐메니컬 신학, PWF의 오순절주의 신학을 한 틀 안에서 상호 교차적으로 이해하고 수용할 수 있는 패러다임을 제공함으로써 명실공히 글로벌 신학으로까지 나갈 수 있는 지를 확인하는 것입니다.

그 가능성에 대해서는 이미 앞에서 간략하게나마 언급했기 때문에, 이제는 사중복음이 글로벌 신학의 패러다임이 될 수 있는 신학적 근거에 대해서 살펴보도록 하겠습니다.

21세기 글로벌 신학의 대전제는 크게는 텍스트에 기초한 기독론 중심의 북반구 신학과 콘텍스트에 기초한 성령론 중심의 남반구 신학을 모두 아우를 수 있는 틀을 제시할 수 있어야 한다는 것입니다.

그리고 한 걸음 더 나아가, 또 다른 대전제는 북반구의 칼뱅주의 전통과 웨슬리주의 전통을 균형 있게 수렴할 수 있어야 하며, 남반구의 은사주의 오순절 전통과, 종말론적 지평에서 새로이 등장하게 될 하나님 나라 도래의 신학을 통전적으로 소화할 수 있는 틀이어야 합니다.

우리는 그것을 정확히 사중복음의 전통에서 보는 것입니다.

사중복음이란 성서의 구원 메시지가 '참복음(Full Gospel)'으로 들리도록 하기 위해 중생, 성결, 신유, 재림의 주제 중 어느 하나도 빠짐없이 한 틀 안에서 유기적으로 온전하게 다루어져야 한다는 표제적인 신학 패러다임이며, 또한 제1부에서 상세히 살펴본 바와 같이 신학적인 대 선언입니다.

여기에서는 사중복음이 어떤 맥락에서 북반구와 남반구의 제 신학들을 담아내는 글로벌 신학 패러다임이 될 수 있는 지 서론적인 점만 이야기해 볼 수 있겠습니다.

우리는 '교회는 몸이요, 신학은 옷'이라고 이야기했습니다. 그런데 지금 우리가 말하는 교회는 지역의 개 교회(local church)가 아니고 세계 교회(world church)이며, 그래서 세계 교회에 필요한 '글로벌 신학'이라는 옷에 대한 것을 살피고 있습니다.

옷이라 하면 사람의 몸 특히 두 다리와 두 팔이 들어가는 옷을 생각하게 됩니다. 이 생각을 가지고 글로벌 신학이라는 옷에 대해서 이야기해 보면 될 것 같습니다. 제대로 된 옷이라면 양팔과 양다리가 다 들어가는 옷이어야 합니다. 한 다리만 들어가거나, 저고리는 입었는데 아랫도리를 위한 바지가 없다면 '옷을 온전히 입었다'라고 말할 수 없을 것입니다.

이제 우리는 사중복음의 중생, 성결, 신유, 재림을 은유적으로 사람의 좌우 팔다리로 그려보겠습니다.

이때 사중복음의 '중생'과 '성결'은 왼팔과 오른팔을 위한 두 소매가 달린 **저고리**가 됩니다. 그리고 '신유'와 '재림'은 오른쪽 다리와 왼쪽 다리가 들어가는 **바지**가 됩니다.

북반구의 신학은 글로벌 신학의 '저고리'에 해당하며, 그 중 칼뱅신학은 왼팔 소매요, 웨슬리신학은 오른팔 소매가 됩니다. 그리고 남반구의 신학은 '바지'로 볼 수 있으며, 그 중 은사주의 신학은 바지의 오른쪽이요, 종말론적 하나님 나라의 신학은 왼쪽이라 비유해 볼 수 있습니다. 이에 대해서 좀 더 자세히 고찰해 보겠습니다.

북반구 신학의 패러다임

북반구의 칼뱅주의 신학: 중생 패러다임

칼뱅주의 신학은 '믿음으로 의롭다 함(以信得義)'이라는 종교개혁의 규범에 입각하여 16세기 가톨릭의 공로주의에 저항하는 '오직 믿음으로 말미암는 중생'의 복음적 가치를 드러내는 데 결정적으로 이바지했습니다.

칼뱅

칼뱅(Jean Calvin, 1509~1564)이 그토록 논란이 많았고, 또한 이미 그러한 논란을 예상했었던 '이중예정'의 교리를 끝까지 밀고 나갔던 것도 결국은 '오직 믿음으로만 구원을 받는다'는 중생의 복음을 수호하기 위한 것이었습니다.

이러한 중생의 복음에 기초한 그의 개혁주의 신학은 북반구 신학의 중요한 신학적 패러다임이 되었습니다. 물론 남반구의 신학에도 결정적인 기초가 된 것도 간과해서는 안 될 것입니다.

칼뱅의 개혁주의 신학은 그 시발점에 있어서 로마 가톨릭교회의 집에서 분리되어 나온 개혁 교회를 위해 만든 옷이었습니다. 로마교회는 개신교와

예수의 바람, 성령의 바람

의 신학적 논쟁에서 성서와 더불어 교회 전통을 최고의 권위로 삼았던 반면, 개혁주의 교회는 오직 성서만을 최종 권위로 받아들였습니다.

그러므로 개혁주의 신학은 언제나 성서 텍스트에 입각한 신앙생활을 강조하였던 것이며, 칼뱅 자신이 일부 제외한 신구약 성경전서 전권을 주석하게 된 것도 그러한 배경에서 이해할 수 있는 것입니다.

이 개혁주의 신학의 출발점은 인간 중심의 공로주의에 대한 저항정신이었으며, 이를 통해서 하나님 중심의 은혜와 믿음으로 하나님의 주권을 강조하는 전통을 세웠습니다. 이러한 개혁주의 신학 전통은 글로벌 신학의 사중복음 패러다임을 구성하는 두 요소인 저고리와 바지 중에서 저고리의 왼쪽 소매인 '중생'에 해당한다고 볼 수 있습니다.

중생은 복음이신 예수 그리스도를 믿음으로써만 의롭게 되어 하나님의 자녀로 새롭게 태어날 수 있다는 종교개혁의 가장 중추적인 가르침입니다. 그러므로 글로벌 신학에서 사중복음의 중생은 천 년 간의 중세 스콜라신학을 혁신했던 파격적인 신학 패러다임입니다.

종교개혁자들이 가톨릭 신학에 맞서 중생의 복음을 이처럼 고양(高揚)한 것 그 자체가 신학적 행위였습니다. 그 이유는 믿음 외의 다른 무엇을 더함으로써 이루어지는 중생의 길을 용인한 가톨릭 신학을 비판하면서 오직 믿음으로만 되는 중생을 주장하였기 때문입니다. 구원은 오직 믿음으로 말미암는다는 성서의 진리가, 오랜 시간에 걸쳐 믿음 이외의 다른 인위적인 것들이 조금씩 더해짐으로 말미암아 변질되었다는 사실을 드러낸 것은 신학의 본질을 깊이 있게 파악했을 때만 가능한 일이었습니다.

결과적으로부터 볼 때, 루터와 칼뱅 같은 16세기의 종교개혁자들은 21

세기에 도래할 '글로벌 신학'의 기초를 감당할 중생의 신학적 패러다임을 확보하기 위하여 전 생애를 던진 글로벌 신학의 선구자들이었다고 말할 수 있을 것입니다.

북반구의 웨슬리주의 신학 : 성결 패러다임

16세기 이후, 특히 종교개혁에 기초한 칼뱅의 개혁주의 정신은 전 유럽에 영향을 미쳤고, 북쪽 섬나라 영국의 국교회 신학도 개혁주의 신학을 자신의 뼈대로 삼았습니다. 그러나 18세기 웨슬리가 활동하던 당시 영국을 지배하고 있던 신학 사상은 '급진적 칼뱅주의(Hyper Calvinism)'였습니다. 웨슬리가 보았을 때 이 사상의 가장 커다란 문제점은 '율법무용론 혹은 율법폐기론(Anti-nomianism)'이었습니다.

웨슬리

웨슬리도 역시 칼뱅의 개혁주의 전통 위에 서서 그 정신을 전적으로 받아들여 하나님의 은혜와 믿음으로 말미암는 신생[중생]을 자신의 신학적 출발점으로 삼았습니다. 그런데 중생한 후 그리스도인의 삶은 그 이전과 다른 무엇이어야 하지 않느냐는 지극히 당연한 물음에, 그것은 하나님의 은혜에 대한 책임적 응답인 '성화(sanctification)'의 삶이라는 결론에 이르렀습니다. 그것은 '하나님 사랑과 이웃 사랑'으로 완성되는 것이었습니다.

이러한 신학 사상을 전개해 나가고자 했을 때, 그는 영국교회의 전통이나 율법폐기론자들이 가르치는 '이중예정론'이 신학적으로 가장 커다란 걸림돌이 되는 것으로 판단하여, 이에 대해 강력한 저항과 비판의 소리를 내

예수의 바람, 성령의 바람

었습니다. 이처럼 웨슬리는 그들의 치명적인 곳, 아킬레스건(Achilles 腱)을 건드림으로써 영국교회 당국과 갈등 관계를 가질 수밖에 없게 되었고, 결국 자신이 형성한 메소디스트 공동체를 위한 신학의 옷을 스스로 만들어 입지 않으면 안 되었습니다.

마침내 웨슬리는 자신이 메소디스트 공동체를 위해 만든 옷에 '기독자 완전(Christian Perfection)'의 신학, 또는 '성화의 신학'이라는 이름을 갖게 되었습니다. 이 신학의 특징이 중생한 자의 계속적인 성숙과 사회적 책임을 아울러 강조하는 '성화'로 나타남으로써, 하나님의 은혜와 주권을 강조하는 개혁주의 신학과 대립적인 것으로 보일 수밖에 없었던 것입니다.

이미 유럽은 신학적으로 루터와 칼뱅의 개혁주의가 무르익어 개신교 정통주의를 굳혀 가고 있었기 때문에, 영국에서 거절당한 새로운 사상, 곧 신자의 책임적 응답을 강조하는 웨슬리의 이러한 성화의 신학이 종교개혁의 본고장으로 들어가는 것은 어려웠습니다. 그러나 영국의 식민지였던 북미주로 웨슬리의 메소디스트 식의 복음 전파는 유럽과는 달리 환영받는 분위기였습니다.

그 결과 웨슬리주의는 선교 1세기도 채 되지 않아 북미주에서 가장 커다란 영향력을 미치는 미감리교회(Methodist Episcopal Church)를 이룰 수 있었습니다. 영국에서 시작된 웨슬리의 성화 신학이 비록 유럽에서는 빛을 드러낼 수 있는 기회를 갖지 못했지만, 북아메리카 지역에서는 동부에서 남부, 그리고 서부에 이르기까지 전 지역으로 뻗어나갔던 것입니다.

특별히 미국 시민전쟁(1860~1864) 이후 노예 해방으로 말미암는 사회적인 대갈등과 혼란, 그리고 유럽으로부터 엄청난 이민자들이 유입됨으로써 오게 된 정치, 경제, 문화, 인종 및 종교 간의 첨예한 복합적인 문제들을 풀어나가는 데 미국의 제1 교단으로서 감리교회가 그 책임을 다해야 했습니다. 미감리교는 웨슬리의 최우선적인 관심사였던 성화의 신학을 사회적인 차원에서 실현코자 했다고 평가할 수 있을 것입니다. 우리는 그것을 웨슬리의 표현대로 교회 공동체의 책임 있는 '사회적 성화(social sanctification)'의 실천으로 이해할 수 있을 것입니다.

이와 같은 웨슬리 신학은 글로벌 신학을 위한 사중복음의 '성결' 패러다임에서 자신의 고유한 신학적 비전을 전개해 나갈 수 있습니다.

사중복음에서의 성결은 중생 이후에 따라오는 '제2 은총의 역사(second work of grace; Second blessing)'입니다. 다시 말해, 성결은 중생과의 연속적인 관계에 있으면서도 복음의 새로운 국면을 열어 보이는 은총의 사건입니다. 이것은 신앙생활에서의 놀라운 '패러다임 전이(Paradigm shift)'입니다.

그러므로 사중복음에서 '중생 패러다임'의 칼뱅주의는 공로주의라는 시대적 문제의식으로부터 하나님의 '은혜'와 '신앙'의 절대적 가치를 확립하는 신학을 전개하는 과제를 수행하였고, '성결 패러다임'의 웨슬리주의는 율법무용론이라는 신학적 문제와 맞서 신자의 '책임'과 '성화'의 당위성을 강조하는 신학을 열어놓았습니다.

이처럼 유럽과 북아메리카 두 지역을 아우르는 두 신학 전통은 오늘날의 WEA와 WCC 안에 녹아 있으면서 20세기의 교회가 감당해야 할 사명들을

예수의 바람, 성령의 바람

실천하는 데 신학적인 역할을 담당하고 있습니다.

그러나 '글로벌 신학'의 관점에서는 이들 신학 전통들이 북반구의 종교적, 사회적 상황 속에서 태어난 서구 교회들에게 유효한 서구의 지역신학(Local theology)이라는 것입니다. 따라서 이들 지역과 상황이 다른 남반구 지역에서 북반구의 신학은 그 적용이나 변용의 폭이 넓지 않다는 한계성을 태생적으로 지니고 있습니다.

그럼에도 불구하고 소위 '서구신학'은 그동안 남반구 교회를 지키는 보호자 역할을 자임해 왔습니다. 이를 비판적으로 표현하자면, 북반구의 기독교는 20세기말까지 남반구 피선교지 교회의 신학적 주권을 허용해주지 않았습니다. 그 결과 서구 기독교의 태도가 제국주의적으로 비춰지게 되었고, 이에 저항하여 소위 '탈식민주의(post-colonialism)' 신학이 등장하는 지경까지 이르게 되었습니다. 서구신학에 대한 비판적인 의식은 20세기 중반 남반구 일부 교회들로부터 형성되어 왔으나, 본격적으로 대안적인 사고를 가지고 고유의 신학운동을 시작한 것은 21세기에 들어서면서부터라고 볼 수 있겠습니다.

신학적 패러다임 전이

이제 우리가 남반구의 신학에 대해서 얘기하기 전에, 여기에서 한 가지 짚고 넘어가야 할 사항이 있습니다. 북반구에서의 신학 지형을 칼뱅주의와 웨슬리주의로 구분할 때 양자 사이에 분기점을 제공한 사람이 있었다는 것입니다. 네덜란드 출신 라이덴(Leiden)대학 신학 교수 알미니우스(Jacobus Arminius, 1560~1609)입니다.

알미니우스

알미니우스는 그 시대의 극단적인 칼뱅주의자들이 주장하는 '무조건적인 선택'과 '제한된 속죄'와 같은 사상에 반대하여, 타락한 인간에게도 믿음에 이를 수 있도록 충분한 은총이 성령에 의해 부여되었다는 '선행은총(prevenient grace)론'을 제시하였습니다. 이 사상은 당대에 칼뱅주의자들의 도르트 회의(Synod of Dort, 1618~19)에서 알미니우스의 사상을 요약한 "항의자들의 5개조(Five Articles of the Remonstrants, 1610)"와 함께 정죄되었습니다.

그런데 영국에서 알미니우스의 사상을 적극적으로 수용하여 18세기 극단적 칼뱅주의자들에 대항하는 신학 이론을 삼은 자가 있었는데, 그가 바로 존 웨슬리였습니다. 웨슬리는 메소디스트 운동을 전개하는 가운데 걸림돌이 되는 율법폐기론을 거부하는 신학 원리로 알미니우스의 사상을 적극적으로 수용하였습니다. 그래서 알미니우스주의가 메소디스트 신학 전통의 틀이 되었고, 또한 이 정신은 메소디스트 운동이 북미주로 이동하면서 신대륙에서 꽃을 피웠습니다.

이로써 북반구의 신학 지형은 유럽의 칼뱅주의와 더불어 북미주의 알미니우스-웨슬리주의라는 두 신학 패러다임으로 이루어짐으로써 북반구 고유의 기독교신학 전통을 구축했다고 볼 수 있습니다.

이처럼 칼뱅주의에서 웨슬리주의가 갈라져 나오게 된 '패러다임 전이(paradigm shifts)'는, 굳이 토마스 쿤(Thomas Kuhn, 1922~1996)의 이론을 빌리지 않더라도, 기존의 패러다임으로써는 새로운 상황을 담아낼

예수의 바람, 성령의 바람

수 없게 되었기에 나타나는 자연스러운 현상 중의 하나였습니다. 유럽 가톨릭 배경에서의 칼뱅주의는 영국과 북미주의 새로운 상황을 설명하는 데는 한계를 가질 수밖에 없었기 때문입니다.

다시 말해서, 16세기의 맥락에서 칼뱅의 신학 전통에서는 설명하기 어려운 새로운 아젠다가 종교개혁 주변 지역, 즉 18세기 영미권에서 발생했고, 이에 대한 책임적인 참여로 나타난 것이 알미니우스–웨슬리주의 신학 전통이라 할 것입니다. 이것은 최초의 것과 나중의 것 간에 어떤 것이 진실이고 어떤 것이 잘못된 것인가를 묻기 보다는 새로운 문제의 출현, 혹은 간과된 문제의 등장으로 인해 접근 방식 자체를 달리해야 하는 것을 의미합니다.

문제 보기의 시각 조정이나 대답을 위한 새로운 방식을 도입하는 데 전통을 보수하려는 자들의 저항과 필살의 공격이 있을 수 있는 것은 어느 영역에서나 존재 가능한 일입니다. 칼뱅이 그렇게 공격당했고, 알미니우스가 당했고, 웨슬리도 그러했습니다.

남반구 신학의 패러다임

남반구의 오순절 은사주의: 신유 패러다임

이제 우리는 북반구에서 눈을 돌려 남반구의 교회와 신학의 모습을 살펴보려 합니다.

남반구 기독교의 특징에 대해서는 이미 앞에서 다루었듯이, 남반구의 교회는 서구 교회의 선교에 의해서 태어났습니다. 그렇기에 북반구의 기독교는 자신들이 만들어 오랜 세월 동안 입어왔던 칼뱅 신학이나 웨슬리 신학을 남반구 교회에도 입히는 것을 당연한 것으로 생각하였습니다.

남반구 교회는 한 세기 동안 몸에 맞지 않는 북반구의 신학을 익히고 교회에 적용하려고 애를 써왔습니다. 그런데 남반구의 선교지 교회는 북반구와는 전혀 다른 종교적, 문화 사회적 환경 가운데서 태어나고 활동했기 때문에, 북반구 신학의 패러다임으로써는 그들의 종교적 체험과 교회적 사명을 다 담아낼 수 없었습니다. 신학 훈련에 대한 이러한 자각을 갖기 시작한 것은 그리 오래된 일이 아닙니다.

19세기 말과 20세기 초에 북반구의 선교사들에 의해 세워진 남반구의 교회들에서 북반구에서는 찾아볼 수 없었던 영적 부흥 운동들이 있었습니다. 우리는 그것을 통틀어 '오순절 운동(Pentecostal movement)'이라 부릅니다. 오순절 운동의 핵심에는 '은사주의 운동(Charismatic movement)'이 있습니다.

이 오순절 은사주의 운동(Pentecostal-charismatic movement)은 특정 신학 전통 안에서 기획된 선교 전략에 의해서 시작된 것이 아니었습니다. 말 그대로 이것은 신약시대의 초대교회 때 예루살렘에 있었던 오순절 사건처럼 하나님이 주권적으로 성령을 보내심으로 말미암아 나타난 운동이었습니다. 그러나 주지하다시피, 서구신학의 관점에서는 이러한 남반구의 오순절 운동이 매우 생소한 것이었고, 심지어는 이단적이기까지 한 것으로 거부되기 일쑤였습니다.

오순절 운동의 불이 지펴진 것은 19세기 말 사회적으로 그리고 교회적으

　　　　　　　　예수의 바람, 성령의 바람

로 매우 혼란스러운 미국에서였습니다. 1860년대에 남북전쟁을 치룬 이후의 미국의 국내적 상황은 무질서와 혼란 그 자체였으며, 장로교와 감리교모두 남과 북으로 교단이 쪼개지는 아픔을 경험하는 가운데 있었습니다. 특히 웨슬리주의에 입각한 미감리교는 사회적 이슈들에 깊이 관여하는 동안세속주의와 교권주의에 노출되어 있었고, 교회는 성화의 메시지를 상실하는 정체성의 위기까지 경험하게 되었습니다.

이러한 위기적 상황 속에서 성결의 메시지를 전하려 한 자들이 전국성결연합회(National Holiness Association)를 구성하여 성결운동을 북미주전역으로 확산하기 시작했습니다. 성결운동이 이렇게 전개되는 가운데 오순절 운동의 불씨가 한 젊은 감리교 부흥사였던 마틴 냅(Martin Knapp, 1853~1901) 목사에게 떨어진 것입니다.

성령세례를 받은 이후 냅의 모든 삶, 즉 그의 메시지와 활동은 온통 '오순절적(Pentecostal)'이었습니다. 그는 실로 '오순절 부흥사(Pentecostal Revivalist)'라 불릴 만했습니다. 그의 모든 화두가 '오순절'이었음은 물론, 모든 일을 오순절에서 시작하여 오순절로 결론지었습니다. 그 자신 질병으로부터 고침을 받는 신유의 체험을 가졌고, 성령세례를 통하여 성결함과 권능을 경험하였습니다. 오순절적 부흥을 경험한 냅은 부흥사로 전국을무대로 삼아 활동하였고, 오순절적 메시지를 담은 정기 신앙 간행물을 출판하여 오순절 운동을 확산시켰고, 성서학원을 세워 선교사 훈련을 하였고, 가난한 자들을 돌보는 구제 사업을 대대적으로 벌였습니다.

미감리교 목사로서의 그의 오순절적 부흥 메시지는 교단 신학과 많은 차이를 내고 있었기 때문에 교단과 충돌하여 교단 내의 재판위원회에까지 소환되어 법정 투쟁을 하였고, 자신의 무죄와 정당함이 인정이 되기는 하였지만, 냅은 감리교 목사의 신분으로 오순절적 메시지를 전하는 것에 한계를 경험하였습니다. 결국 그는 자신이 받은 은혜와 은사대로 자유롭게 활동하기 위해 교단을 탈퇴하였습니다.

이러한 현상은 북반구 신학의 한 축을 이루었던 웨슬리주의가 칼뱅주의로부터 나올 때 알미니우스나 웨슬리가 겪었던 갈등 구조와 다르지 않았습니다. 마틴 냅에 의해 오순절주의가 직접적으로는 웨슬리주의로부터, 그리고 간접적으로는 칼뱅주의로부터 독립하여 나가게 된 사건은, 글로벌 신학의 관점에 볼 때, 북반구의 텍스트-교리 중심의 신학으로부터 남반구의 콘텍스트-경험 중심의 신학이 독립을 선언한 것으로 볼 수 있습니다.

역사적으로 볼 때, 냅의 오순절주의는 냅과 그의 동료 셋 리스(Seth C. Rees)에 의해 출발한 '만국성결교회(International Holiness Church)'의 신학적 지계석(地界石, boundary stone)이었으나, 이를 계승 발전시킨 자는 오히려 성결교에서 오순절 교단으로 간 그의 제자 윌리엄 시무어(William Joseph Seymour, 1870~1922)였습니다.

윌리엄 시무어

시무어는 냅이 세운 '하나님의 성서학원' 출신으로 성결교회에서 목사 안수를 받은 자이지만, 찰스 파함(Charles Parham)이 텍사스 휴스턴에 세운 성서학원에서 수학한 후 방언(glossolalia)이 성령 받은 증거라는 신학을 발전시켰습니다.

무엇보다도 오순절 운동이 가시적으로 역사의 전면으로 부각될 수 있었던 이유는 성령세례와 방언의

예수의 바람, 성령의 바람

직접적 연관성을 주장했던 시무어에 의해 폭발된 소위 '아주사 거리 부흥회(Azusa Street Revival)' 때문이었는데, 이 사건이 그 자신의 신학적 확신을 뒷받침해 주었습니다.

이 부흥회는 1906년에 시작되어 1909년까지 지속되었는데, 이때 수많은 영적 은사들이 나타남으로써 '오순절주의(Pentecostalism)'의 역사적 출현을 본격적으로 전 세계에 알리는 사건이 되었습니다. 그러므로 20세기 오순절 교단들의 대부분이 '오순절 은사주의 운동'의 원형을 시무어에게서 찾는 데는 큰 이의가 없는 것으로 보입니다.

이와 같은 오순절-은사주의는 글로벌 신학의 사중복음 안에서 비유로 이야기한 바지 오른쪽 파트인 '신유 패러다임'에 해당된다 할 수 있습니다. 신유(神癒, Divine Healing)는 은사운동에서 가장 힘 있게 드러나는 성령의 역사로서 하나님 나라의 임재를 가시적으로 드러내는 사건입니다. 그러므로 성령의 은사인 신유가 없는 오순절 은사주의 운동은 처음부터 생각할 수 없는 일이었습니다.

복음전도 현장과 교회의 탄생에서 나타나는 성령의 은사들은 북반구 교회가 신학적으로 다루어 본 경험이 거의 없다시피 하기 때문에, 남반구 교회가 콘텍스트 기반의 은사 체험들을 성령론에 기초하여 은사주의 신학을 스스로 정립해야 할 과제를 부여받은 것입니다.

무엇보다도 북반구의 칼뱅주의에 입각한 텍스트 중심의 교리신학은 성령세례나 성령의 은사들이 신약의 성서시대에 일회적으로만 나타났던 것이고 더 이상의 은사는 있을 수 없다고 가르치기 때문에, 칼뱅주의로부터는 은사주의 신학을 기대할 수 없었습니다.

20세기에 들어와 남반구 교회에 나타난 오순절 은사운동은 양면성을 보여 온 바, 한편에서는 임박한 주의 재림을 의식하여 매우 피안적으로 보였던 점이 있는 반면, 다른 한편에서는 매우 현세적인 안위와 축복을 갈구하는 모습을 보였습니다. 이는 남반구의 정치, 경제, 문화, 사회 제반의 상황이 북반구와는 달리 가난, 억압, 불평등, 인권, 소외, 질병 등으로 인하여 삶의 현실 안에서 희망을 찾을 수 없었던 것과 깊은 연관이 있었다 할 것입니다.

이러한 상황에서 성령세례에 대한 메시지는 성령을 받으면 성령의 은사들을 받게 되고, 그렇게 되면 능력 있는 삶을 살 수 있다는 방향으로 먼저 전달됨으로써, 오순절 운동의 핵심인 성령세례는 '은사주의(charisma-tism)'를 축으로 이해하게 되었습니다. 여기에서는 '급진적 성결운동 (Radical Holiness Movement)'의 '성결-오순절주의(Holiness-Pen-tecostalism)'에서 성결을 성령세례로 이해했던 것과는 달리, 성령세례를 능력으로 보는 전통이 강화되었습니다.

그래서 오순절 교회는 중생, 성결, 신유, 재림이라는 사중복음에 성령세례를 별도로 추가하여 소위 '오중복음'을 주장하게 되었습니다.

이렇게 남반구의 오순절 신학은 성령세례를 성결-오순절주의의 성령세례와 달리 성결이 아닌 능력으로 이해함으로써 보다 강력한 오순절-은사주의 운동의 문을 활짝 열어놓을 수 있었고, 그 결과 20세기에 오순절-은사주의 운동의 절정기를 이루었습니다.

아무튼 21세기 현재에 이르기까지 남반구의 신학은 북반구의 서구신학에서 다루지 못한 성령의 은사 체험들을 바르게 다룸으로써 그 고유한 지역

예수의 바람, 성령의 바람

신학의 사명을 다하게 될 것입니다.

남반구의 은사주의 신학이 나옴으로써 북반구의 칼뱅주의와 웨슬리주의 신학과 더불어 서로 간에 신학적으로 공명(共鳴)하도록 하는 '글로벌 신학'을 보다 적극적으로 이야기해야 하고 또한 이야기할 수 있는 세계기독교적 상황이 형성되었다고 볼 수 있습니다.

남반구의 오순절 하나님의 나라 신학 : 재림 패러다임

남반구 교회의 오순절 운동 안에는 은사주의 운동뿐만 아니라, 아직은 가시적으로 크게 부각되고 있지 않지만, 현대 21세기를 지배하게 될 새로운 운동이 발흥하게 될 것입니다. 곧 '오순절적 하나님 나라 운동' 입니다.

지난 한 세기 동안 일어난 오순절 운동은 특별히 은사주의 운동으로 주도되어 왔는데, 이에 대한 신학적인 반성과 평가들이 다각도로 이루어지고 있습니다. 특히 그 가운데 주목해야 할 것은, 20세기 오순절 은사주의 운동이 1세기 초대교회의 오순절 운동과 과연 본질적으로 맥락을 같이 하는 것인지의 여부를 묻기 시작했다는 것입니다. 다시 말하면, '1세기 오순절 운동의 핵심이 은사주의였던가? 아니면 보다 더 근본적인 무엇이 있었던 것은 아니었는가?' 라는 물음입니다.

이러한 질문이 생기게 된 것은 은사주의 운동에 따르는 부작용에 대한 비판이 강하게 대두되어왔기 때문만은 아닙니다. 오히려 은사주의의 신유 패러다임만으로써는 설명할 수 없는 '오래된 주제' 가 때가 이르러 새롭게 대두되었기 때문으로 볼 수 있습니다. 그 오래된 주제란 성서시대부터 이천년 교회사를 통해서 간헐적으로 나타났던 '종말론적 하나님 나라' 라는 주제입니다.

그러므로 지난 20세기 남반구의 교회가 처했던 상황에서 '오순절적 은사주의 운동'과 '종말론적 하나님 나라 운동'이 동시적으로 일어났다고 보아야 할 것입니다. 은사주의 운동이 신자 개인들과 지역교회들의 실존적인 문제를 해결하는 차원에서 교회 성장과 연계되었었다면, 하나님 나라 운동은 사회와 민족적인 차원에서 반(反)신앙적인 시대정신과 대항하는 것으로 나타났었다는 특징을 보입니다.

우리는 지난 세기에 일어난 역사적인 사건들 가운데 종말론적인 하나님 나라 운동을 두 가지 방향으로 살펴볼 필요가 있습니다.

첫째는 남반구 교회의 해방운동으로서, 이는 다양한 형태의 '상황신학(Contextual theology)'으로 나타났습니다.

남반구 교회의 상황신학이란 무엇입니까?

상황신학이란 한마디로, 인간의 삶을 억압하고 파괴하는 불의의 현실과 대항하고 나섬으로써 해방을 선언하고 해방의 실천에 참여하고 있는 교회를 위한 옷이라 할 수 있습니다. 해방의 논리는 과거로부터 끌어올리는 것이 아니라, 미래로부터 가지고 오는 것이었습니다. 이를 위해서는 미래로부터 다가오는 '희망'을 이야기할 수 있어야 합니다.

지난 세기 초반부터 전 세계를 파국적 분위기로 몰아넣었던 두 차례에 걸친 세계대전(The World War I, II)을 경험한 서구의 학계는 종말론에 보다 깊은 관심을 보여준 바 있습니다. 이때 '희망'을 이야기한 그룹이 있었습니다. 그 가운데 블로흐와 몰트만이 있습니다.

예수의 바람, 성령의 바람

마르크스주의자인 블로흐(Ernst Bloch, 1885~1977)는 그가 집필한 세 권으로 된『희망의 원리』(Das Prinzip der Hoffnung, 1938~1947)를 통해 '과거'에 머물고 있는 추상적인 지식체계에 대해 비판하면서 '미래'의 절대적 완전을 꿈꾸는 유토피아를 말하고 있습니다.

블로흐의 비판에 따르면, 마르크스 이전에 존재하는 인간의 지식들은 모두 과거를 서술하고 있을 뿐, 미래를 예기(豫期)하지 못하며, 또한 미래를 위해 보다 나은 것을 계획하기 보다는 현재까지 존재하는 것들을 해석하는 것에 안주하고 있는 수준이라는 것입니다. "참된 창세기는 맨 앞에 있지 않고, 맨 뒤에 있다"고 말하는 그의 주장은 마르크스적 무신론에 입각하고 있음에도 불구하고, 종말론적 관점에서 신학을 디자인하는 자들에게, 특히 몰트만에게 적지 않은 통찰력을 주었습니다.

종말론적 희망의 신학자로 알려진 몰트만(Jürgen Moltmann, 1926~)은 1964년에 출판한『희망의 신학』을 통해서 20세기 신학계에 종말론을 유행시킨 바 있습니다. 그리스도인들에게 신앙과 희망은 밀접한 관계인데, 그리스도 신앙이 곧 '부활과 재림의 그리스도에 대한 희망'을 갖게 하기 때문이라는 것입니다. 신학도 종말론적인 미래의 목표 없이 참된 신학을 할 수 없으므로 "종말론은 끝이 아니라 시작이어야 한다"는 것이 몰트만의 종말론적인 주요 신학 패러다임입니다.[5]

몰트만식의 이러한 종말론적인 신학은 북반구의 유럽과 북미주 교회들에게서는 큰 반향을 불러일으키지 못한 것으로 보입니다. 그 대신 남반구 교회들에게는 자신들이 직면한 문제들을 신학적으로 담아내는 데 필요한 상황신학을 구성함에 있어서 매우 시의적절한 후원자가 되어, 해방신학,

민중신학, 여성신학, 생태신학, 흑인신학, 종교해방신학 등에 두루 영향력을 행사했다고 할 수 있을 것입니다.

그러나 엄밀히 말하자면, 이러한 상황신학은 성서적 종말론이나 마르크스—블로흐식의 유토피아 사상을 통해서 상황신학의 근본적인 과제가 그러한 틀에서 제대로 설명될 수 없었던 것으로 보입니다.

왜냐하면 우리의 논의 맥락에서 볼 때, '남반구 교회가 자신의 상황신학이란 옷을 만들고자 했을 때 그 옷감이 몰트만이 말하고자 했던 예수 그리스도의 부활과 재림에 기초한 종말론이었는가? 아니면 블로흐가 제시했던 절대적 완성의 유토피아를 위한 마르크스식의 혁명적 종말론이었는가?' 라는 근본적인 질문이 여전히 남아 있음을 부인할 수 없기 때문입니다.

아무튼 남반구의 불의한 사회적 상황 속에서 교회가 불의의 실체와 대항함으로써 정의와 평화의 사회를 꿈꾸며 현실의 부조리함을 극복해 나가도록 하는 데, 종말론적인 희망의 신학이 고난당하는 교회들에게 힘이 된 것만큼은 사실일 것입니다.

그러나 복음의 해방적 모티브는 사중복음의 '신유 패러다임'에서 바로 이해될 수 있다는 것이 우리의 확신입니다. 신유란 좁게는 사람의 신체적인 불균형을 유발하는 질병으로부터의 해방이지만, 넓게는 사회적인 불균형을 초래하는 불의한 제도와 통치로부터 해방되는 것도 포함하기 때문입니다.

종말론적 하나님 나라 운동의 또 다른 차원은 재림 신앙을 지키다가 순교의 피를 흘린 교회들에 의한 '오순절 성결운동(Pentecostal—Holiness movement)'입니다.

　이때의 '오순절' 성결운동은 삶의 내용으로서의 성결을 지향하기 때문에, 은사주의적으로 오리엔테이션 된 오순절주의와 구별됩니다. 따라서 은사주의를 넘어선 오순절 성결운동은 새로운 '재림 패러다임'에서 제대로 이야기될 수 있습니다.

　재림의 빛에서 주도되는 오순절 성결운동은 예수 그리스도의 순교적인 십자가 영성, 즉 '아바 정신'으로 충만함으로써 예수 그리스도를 증언하는 삶, 심판의 주로 다시 오시는 주님의 공의를 따라 사는 삶, 재림의 주님을 신랑으로 맞이하는 정결한 신부의 삶을 실천하는 것입니다.

　특별히 성결교회는 이러한 오순절 성결운동이 보여주는 구체적인 역사적 사례들을 가지고 있습니다. 그 중 대표적인 것은 오순절주의를 주창한 마틴 냅의 급진적 성결운동에 뿌리를 두고 있는 한국 성결교회의 순교 역사와 성결교회가 파송한 선교사들의 헌신적 삶에서 찾아볼 수 있습니다.

　한국 성결교회는 어떤 교회입니까?

　한국 성결교회는 중생과 성결의 복음 위에 신유와 재림의 복음을 강조하는 사중복음의 전파로 태어난 오순절 성결운동의 직접적인 열매입니다. 그 이유는 오순절 성결운동의 주창자였던 마틴 냅이 세운 '하나님의 성서학원(God's Bible School)'으로부터 사중복음의 정신을

DISTINGUISHED ALUMNI

Agan, Dr. V. O.	Noyes, Marie
Best, Warren H.	Oney, Edward
Bevington, Guy	Orkney, John
Blankenship, Grover	Palm, Drs. Ed & Connie
Bowman, Ruth	Pelfrey, Glenn
Brevard, Lewis	Payton, Claudie
Brugger, Gary	Phillipe, E. E. & Eunice
Carter, Dr. Charles	Poe, Rollie
Colaw, Dr. Emerson S.	Reiff, Dr. Glen
Cowman, Charles & Lettie	Reisdorph, Dr. Rufus D.
Doctorian, David	Rodway, Elizabeth Ferle
Dotson, Helen	Sankey, Dr. Leonard
Duewel, Dr. Wesley	Schaper, Melvin
Dunkum, W. B.	Schmelzenbach, Lula G.
Farmer, Elmer	Seymour, Williams
Finch, R. G.	Shelhorn, Raymond

Cowman부부, Seymoure의 이름이
God's Bible School 졸업생
유명인사 명단에 올라있다.

이어받은 카우만(Charles Cowman)이 일본에 와서 동양선교회를 세우고 또한 동경성서학원을 통해서 정빈, 김상준, 이명직 등의 한국인 지도자들을 키워, 한국에 사중복음을 전하게 함으로써 1907년 한국 땅에 성결교회가 뿌리 내리도록 하였기 때문입니다.

이러한 한국 성결교회의 특징은 사중복음을 뿌리로 하는 오순절 성결운동의 역사 가운데서 세계적으로 거의 유일하게 '재림' 신앙의 빛에서 사중복음적인 '참 구원'의 복음을 전해온 역사를 가지고 있습니다. 그 가운데 역사적으로, 일제 치하에서의 한국 성결교회는 예수 그리스도의 재림 신앙을 지키기 위해 많은 고난을 당하기도 하고 심지어는 교단이 폐쇄되는 등의 위기를 겪었으며, 한국 전쟁 시에는 수많은 순교자들을 내었는데, 그 원동력이 사중복음의 재림 신앙에 있었습니다.

우리는 그 가운데 특별히 이성봉 목사의 복음 전도자적 삶과 문준경 전도사의 순교에 주목하게 됩니다. 왜냐하면, 이들의 삶 가운데 예수 그리스도의 재림을 기다리는 자가 보여주는 참 성도의 모습, 곧 순교적 영성으로 말씀을 증거하고 거룩하게 사는 삶이 그대로 증거되기 때문입니다. 이에 대해서는 후에 자세히 살펴보도록 하겠습니다(제11장).

주지하다시피 사도행전의 오순절 운동에 나타났던 제 은사들은 성령세례 받은 제자들에 의해 이루어진 복음 전파를 위한 선교적인 실천 가운데 발견됩니다. 그리고 초대교회의 이러한 선교적인 삶은 예수 그리스도의 재림을 기다리는 성도들의 정체성을 형성하는 것이었습니다.

성령을 받으면 권능을 받아 땅 끝까지 예수 그리스도를 증거하는 '순교적 증인, 마르투스(martus)'가 되는 것이 오순절 교회의 모습이었습니다. 복음서에 나타난 예수 그리스도의 생애와 사도행전에 증거되고 있는 초대 교회의 스데반이나 빌립과 같은 집사들, 베드로와 나중에 부름 받은 바울과 같은 사도들 역시 예수 그리스도와 그의 복음을 고난 가운데 전하다가 순교하는 증인들이 되었습니다.

초대교회가 이처럼 순교자적인 증인의 삶을 살았던 데에는 성령세례를 받음으로써 온전한 구원을 경험하는 '복음의 현재적 능력'과 죽음으로부터의 부활을 약속하는 '예수 그리스도의 재림'을 믿고 있었기 때문입니다.

메시아의 나타남도 종말론적 사건으로 이해되지만, 성령의 강림 역시 종말에 이 땅에서 완성될 하나님의 나라에 대한 소망의 빛 아래에서 명확하게 파악될 수 있습니다. 오순절 초대교회의 전통은 그 종말의 때를 예수 그리스도의 '재림'으로 믿고 있는 것입니다.

한국 교회, 그 중 성결교회는 데살로니가 교회처럼 박해 가운데서도 종말론적인 재림 신앙에 따라 자신을 정결하게 지키려했던 모범을 보여 왔습니다. 성결교회가 재림 신앙을 가지고 지키고자 했던 것은 데살로니가전서 5장 23절의 말씀이었습니다.

> 평강의 하나님이 친히 너희를 온전히 거룩하게 하시고
> 또 너희의 온 영과 혼과 몸이
> 우리 주 예수 그리스도께서 강림하실 때에
> 흠 없게 보전되기를 원하노라.

21세기 남반구의 교회에 오순절 운동이 계속된다면 그것은 은사주의를 넘어서 글로벌 신학의 '재림 패러다임'에서 전개될 종말론적 순교 영성에 기초한 하나님 나라의 운동이 될 것입니다.

이때의 하나님 나라 운동은 우리가 신유 패러다임에서 보려했던 해방신학적 차원의 하나님 나라 운동과는 다릅니다. 왜냐하면 해방신학은 재림의 종말론적 모티브, 즉 희망의 메시지는 취했지만 하나님의 주권적 행동을 기다리고 동참하는 **하나님 중심주의**로까지 나가지 못한 것으로 보인 반면, 오순절 성결신학은 순교의 영성으로 종말론적인 고난과 죽음의 상황에서 '아바, 아버지'를 부르짖는 하나님 중심주의를 붙잡았기 때문입니다.

그러나 미국에서 냅에 의해 '성결'을 축으로 전개된 오순절 운동은 본연의 운동성을 발휘하지 못했는데, 그 이유는 냅의 사후, 시간이 지나가면서 하나님 중심의 오순절적 래디컬리즘을 상실해갔기 때문으로 판단됩니다. 반면에, '은사'를 중심으로 일어난 오순절 운동은 지속적으로 확장을 거듭했는데, 거기에서는 래디컬한 오순절의 특성을 계속 유지할 수 있었기 때문으로 보입니다.

하지만 예외적으로 한국 교회의 역사에서 오순절 성결운동의 열매로 성장한 성결교회는 '은사'가 아닌 '성결'을 강조하였습니다. 그럼에도 불구하고 특이한 현상은 재림 신앙으로 인해 역사적인 고난의 과정을 거치면서도 오히려 전 세계에 선교사를 보낼 정도로 성장하는 교회가 되었다는 것입니다. 예수 그리스도의 '아바정신(Abba spirit)'으로 순교의 영성을 유지했기 때문에 한국의 성결교회가 미국의 성결교회와 달리 커다란 성장을 이룰 수 있었다고 판단됩니다.

예수의 바람, 성령의 바람

이제 21세기 남반구의 교회는 초교파적으로 은사주의의 신유 패러다임을 넘어 아바정신의 종말론적 재림 패러다임 안에서 하나님 나라의 신학을 수립해야 하는 때를 맞이했습니다. 은사주의 운동이나 해방신학 운동을 이야기할 수 있는 신유 패러다임에서 경험될 수 없는 새로운 종말론적 하나님 나라의 신학을 글로벌 신학의 재림 패러다임에서 마련할 때가 된 것입니다.

지난 20세기에도 많은 자연재해, 핵의 위협, 전쟁들과 기근 등으로 인하여 지구상의 수많은 사람들이 고난을 당했으나, 21세기에 도래할 종말론적 위기의 상황은 이전보다 훨씬 더 심각할 것으로 예견됩니다. 마태복음 24장에 나타난 종말론적 재난의 징조들이 과거보다 현실적으로 더 심해가는 것을 목격하고 있기 때문입니다.

사람들의 미혹, 거짓 그리스도의 미혹, 난리와 난리의 소문, 민족 간 나라 간의 전쟁, 기근, 지진, 그리스도인들의 환난과 죽임 당함, 불법의 만연, 사랑의 부재(마 24:3~12) 등의 일들이 도처에 나타나고 있습니다. 뿐만 아니라, "해가 어두워지며 달이 빛을 내지 아니하며 별들이 하늘에서 떨어지며 하늘의 권능들이 흔들리(는)" 우주적 카오스 사태와, 미래의 알 수 없는 때, 곧 "그 날 환난 후에 즉시"(마 24:29~30) 벌어지는 종말의 사태가 인류의 운명 앞에 기다리고 있습니다.

예수께서 직접 예언하신 것으로 묘사된 이와 같은 종말론적 경고의 크고 작은 징조들을 지난 한 세기 동안 보아왔던 자들로서 21세기로 넘어온 우리 중 주님의 예언을 한 시라도 가벼이 취급할 수 있는 자는 아무도 없을 것입니다.

인류의 삶에 결정적인 타격을 주게 될 일들이 주님의 재림에 앞서 전개될 것이라고 주님 자신이 이처럼 명백하게 말씀하였기 때문에, 종말론적 하나님 나라의 신학은 재림 패러다임을 떠나서는 제대로 이야기될 수 있는 길이 없습니다.

무엇보다도 인류가 전력투구하여 발전시켜온 과학기술의 진보, 그에 따른 경제와 지식 산업의 확대, 군사력의 대규모 증강 등과 같은 종래의 삶을 종말론적인 관점에서 전면 재검토하지 않으면 안 될 것입니다. 그리고 이에 대하여 예수께서 가지셨던 묵시적인(apocalyptic) 종말관을 현실의 제반 삶의 영역에 적용하게 될 때 성도들이 선택할 수 있는 행동의 폭은 현저히 좁아질 수밖에 없어 보입니다.

노아의 홍수 전과 같은 시대적 상황을 맞이한 21세기 글로벌 교회는 무엇을 할 수 있겠습니까?

노아가 하나님의 명령대로 홍수 심판 이후의 세대를 위하여 '방주(方舟)'를 만들었던 것과 같이, '다음 세대를 위한 방주'를 만드는 일일 것입니다. 그리고 "먹고 마시고 장가들고 시집가고"(마 24:38) 하는 식의 현실지상주의와 더불어 나타나는 마키아벨리즘과 맘몬이즘을 경고하면서 예수의 재림과 다가오는 **역사적 천년왕국**의 비전을 제시하는 것입니다.

죄악으로 넘쳐흐르는 세상을 심판하여 거룩한 백성으로 만들고자 하는 하나님의 계획에 따른다면, 종말론적 하나님 나라의 운동은 강력한 성령세례를 통해 성결한 삶을 추구하는 것으로부터 시작됩니다.

마치 노아가 하나님의 말씀에 전적으로 사로잡혀 삶으로써 당시의 시대정신과 역행하는 '방주 만들기'를 감행할 수 있었던 것처럼, 역사의 종국

이 오기 전 이 땅에서 이루어지게 될 '천년왕국'에 참여할 자를 준비케 하는 21세기의 방주를 만드는 일에 동참하는 자는 성령으로 충만해야 합니다. 그래야 하나님 주도적인 천년왕국의 실현이 그들을 통해 가능하기 때문입니다.

여기에서 분명히 해야 할 것은 역사 안에서 이루어지게 될 천년왕국이라는 종말론적 하나님 나라의 약속을 믿고 말씀대로 순종하며 사는 종말의 교회들은 결코 탈(脫)역사적인 신비주의나 내세주의로 빠질 수 없다는 것입니다. 왜냐하면, 노아가 다음 세대를 위하여 모든 생명 있는 존재들의 암수 켯을 종류별로 택하여 방주로 들이라는 명령에 따랐던 것처럼(창 6:19~20), 하나님 중심주의의 삶을 통해서 창조 질서의 보전과 하나님의 새로운 창조 사역에 참여하며, 지구적 위란(危亂)의 때에 피조세계의 생명들을 지켜내는 일에 부단히 헌신하는 데로 나아가기 때문입니다.

오늘날은 북반구와 남반구의 교회들이 각각의 신학을 독립적으로 발전시켜 나가면서도 '참복음'으로 '참 구원'을 이루기 위해서는 각자가 서로를 필요로 하는 신학들임을 인정하는 단계에 이르렀기 때문에, 이제는 이를 함께 담아내는 '글로벌 신학'이 필요하다는 것과 그 내용이 어떠하다는 것을 지금까지 이야기했습니다. 그리고 사중복음의 중생, 성결, 신유, 재림 중에서 북반구에서는 중생과 성결 패러다임이 각각 적용되도록 하고, 남반구에서는 신유와 재림 패러다임이 각각 제시됨으로써 글로벌 신학을 사중복음적으로 구성할 수 있음을 살펴보았습니다.

중생 패러다임의 '칼뱅주의', 성결 패러다임의 '웨슬리주의', 신유 패러다임의 '오순절 은사주의' 및 재림 패러다임의 '오순절 천년왕국주의 (Pentecostal Millennialism)'가 사중복음적 글로벌 신학을 이루게 되는 것입니다.

따라서 글로벌 신학의 구성을 가능케 하는 패러다임으로서의 사중복음은 곧 글로벌 신학의 방법이요, 목표가 됩니다. 이로써 글로벌 신학은 사중복음 신학이라는 구체적인 실체를 갖추게 될 것입니다. 그 가운데 무엇보다도 21세기의 글로벌 교회는 재림 패러다임의 빛에서 '종말론적 오순절 천년왕국'을 이해해야 하며, 이를 통해서 '역사적 하나님 나라의 운동'에 참여해야 할 것입니다.

지금까지 살펴본 것처럼, 사중복음이 어떤 특정한 신학자에 의해 디자인된 것이 아니라 교회를 태어나게 하고, 교회로 하여금 '참 구원(full salvation)'에 참여토록 하는 '참복음(full gospel)'에 대해 열망을 가진 자들의 헌신적인 투쟁에 의하여 찾아진 것임을 바로 알게 된다면, 이를 보존해온 성결교회뿐만 아니라 글로벌 교회 모두가 이를 통해 글로벌 신학으로서의 사중복음 신학을 21세기 포스트모던 시대의 인류 구원을 위해 보다 깊고 폭넓게 이야기할 수 있게 될 것입니다.

그러나 모든 유익한 신학이 그렇듯이, 사중복음 신학도 그냥 이루어지는 것이 아니라, 매 시대마다 나타나서 교회에 도전하는 시대정신들과 투쟁하는 가운데 형성되는 법입니다.

21세기의 남반구 교회뿐만 아니라 북반구 교회까지 아우르는 세계 교회는 현대인의 상황을 전지구적으로 새롭게 지배하고 있는 '포스트모더니즘

(Postmodernism)', 인류사와 함께 지속적으로 문제시되었던 '마키아벨리즘(Machiavellism)'과 '맘몬이즘(Mammonism)', 그리고 교회 내의 '헬라주의(Hellenism)'와 '유대주의(Judaism)'의 도전을 여과 없이 받게 될 것입니다.

21세기 교회, 그 가운데서도 특별히 성결교회는 이러한 도전들에 대항하여 사중복음의 정신으로써 '예수의 바람, 성령의 바람'을 일으키는 거룩한 영성운동을 추진해 나가는 시대적인 선교사명을 감당해야 할 자리에 있습니다. 이러한 일에 헌신하기 위해 세계 교회에 유용하게 될 옷이 바로 '사중복음 신학'이 될 것이라는 것이 우리의 확신이며, 세계 기독교가 앞으로 주목하게 될 글로벌 신학 패러다임입니다.

주(註)

1) Donald Dayton, "사중복음의 세계적 중요성", 서울신학대학교 성결교회역사연구
   소, 제37회 정기세미나 자료집, 우석기념강당, 2003. 10. 28. Donald Dayton,
   "'사중복음' : 환태평양 연속성의 열쇠,"『환태평양 시대의 웨슬리안 성결운동』환태
   평양 웨슬리안 성결신학자 학술대회 논문집, 서울신학대학교 성결교회역사연구소 편
   (부천: 서울신학대학교 출판부, 2006): 16~25.

2) Chang, Yoon-Jae, "'Third World' vs. 'Post-Colonial' : Is 'Decolonization'
   Possible in 'Post-Colonial' Space?" *Madang*, 19(June, 2013), 64. "In sum-
   mary, in this era of globalization, which is 'new development in global cap-
   italism' to Hall, we are deeply interconnected *not* by our free choice *but* by
   the self-interested, political, and arbitrary imperatives of global enterprises;
   not by genuine multiculturalism *but* by a homogeneous financial system;
   not in equal and harmonious status *but* in the ongoing structure of center-
   periphery; and *not* by dispersed, scattered hegemonies *but* by re-centering,
   re-organizationing hegemonies of handful of 'experts' of 'global specula-
   tors.' *Nothing* seems 'new' to me. *Everything* sounds too familiar to me."

3) Roger Stronstad, *The Charismatic Theology of St. Luke*(Peabody, MA: Hen-
   drickson, 1984); William W. and Robert P. Menzies, *Spirit and Power: Foun-
   dations of Pentecostal Experience*. Grand Rapids: Zondervan, 2000. Robert
   Menzies, "오순절주의 전망에서 본 누가의 성령세례 이해," 이한수 역, 「누가-행전
   에서의 성령세례」 한국복음주의신약학회 제2차 국제학술대회(2012. 11. 3. 개포동
   교회): 67-84.

4) 최인식, "개혁주의 신학과 웨슬리안 신학의 대화를 위한 칼뱅의 이중예정론과 웨슬
   리의 예지예정론 비교 연구,"「한국기독교신학논총」 88(2013): 135-180.

5) J. Moltmann, *Theology of Hope*(London: SCM, 1967), 23.

제 8 장
사중복음 정신과
포스트모더니즘의 도전

모더니즘과 사중복음 신학[1]

한국에 사중복음이 들어온 지나온 한 세기는 사회 문화적으로는 서구로부터 시작된 모더니즘(modernism)의 강력한 사조가 전 세계 모든 삶의 영역을 강타했던 한 세기이기도 했습니다.

모더니즘에 기초한 현대문명은 이성에 대한 낙관적 세계관을 가지고 과학기술을 발전시켰으나, 다시 이를 기초해 일어난 군사제국주의와 거대 자본주의로 인하여 인류는 철저히 비인간화를 경험해야 했으며, 생태계는 무차별적인 전쟁과 남용으로 상상을 초월하는 희생을 감수해야 했습니다.

전 유럽에서 행해진 홀로코스트가 그것이며, 나가사키와 히로시마의 원자폭탄에 의한 무고한 생명과 자연의 희생이 그것이며, 그 이전에 일본제국주의가 수많은 젊은 여성들을 강제로 연행해 위안부로 삼은 일들이나 생체실험 등과 같이 한국인과 아시아인을 대상으로 저지른 헤아릴 수 없는 만행이 또한 그것입니다.

그리고 세계 강대국 간의 냉전체제 하에서 한(韓)민족이 남북으로 나뉘어 피비린내 나는 동족상잔의 전쟁을 치러야 했던 일이며, 북에서는 공산독재 정권이 그리고 남에서는 군사독재 정권이 민족의 생존과 인권을 수탈하는 야만적 지배 역시 모더니즘의 반신적(反神的)인 이성의 횡포였습니다.

뿐만 아니라, 모더니즘은 서구교회도 강타하여 교회의 가르침을 크게 손상시켰습니다. 그 결과 신학은 자유주의와 근본주의라는 극단의 길 가운데서 길을 찾지 못하고 방황하는 한 세기였습니다.[2]

오순절 성결운동은 이러한 신학사조의 차원에서 볼 때, 모더니즘에 서서 기독교를 재해석하고 재정의 하고자 했던 자유주의 신학(liberal theology)을 강력히 거부하였고, 또한 모더니즘을 기독교에 대한 파괴적인 도전으로 인식하여 신학을 '모더니즘 이전(premodernism)' 의 교회 전통에 묶어 놓고자 하는 신학적 근본주의(fundamentalism)와도 거리를 두었습니다.

그 대신에, 성결운동은 성서적 계시사건을 원형 그대로 삶 속에서 경험하기를 갈구했던 초자연적 체험의 신학을 추구한 것이라 볼 수 있습니다.

그러므로 성결운동의 지평에 서 있는 성결인들에게서는 근본주의 진영에서 비일비재했던 교리논쟁은 찾기 힘들며, 자유주의에서 발견되는 교리의 다양한 재생산적 결과물도 보이지 않습니다.

오히려 성결운동은 성서가 믿는 자들에게 약속하는 복음의 능력, 성령에

예수의 바람, 성령의 바람

의한 거룩한 변화의 삶을 추구하는 데 모든 힘을 모았습니다.

보다 적극적으로 주장하자면, 성결운동과 이에 의해서 태어난 성결교회는 성서에 대한 확고한 신앙과 성령의 초자연적 변화의 능력을 인정하고 받아들임으로써 19~20세기 모더니즘의 도전에 대항한 것입니다.

성결교회는 이와 같은 시대적 상황 가운데 지난 한 세기를 지내오면서 세속적 자유주의를 피하고, 형식적 전통주의를 경계하면서 자신의 정체성을 지키기 위해 끊임없이 분투해 왔습니다. 이를 위한 강력한 목회적 · 신학적 무기가 바로 다름 아닌 '사중복음' 이었습니다.

사중복음은 전도와 목회의 현장에서 그리고 개인의 신앙생활에서 성결교회가 성서를 해석하여 이해하며,[3] 복음을 설명할 뿐만 아니라 구원받은 하나님의 자녀가 구체적으로 살아가기 위해 소중히 지켜야 할 규범이었습니다.

그리하여 장로교 하면 '예정' 을 생각하고, 루터교 하면 의례 '이신득의' 를 떠올리고, 감리교 하면 '성화' 를 기억하듯이, 성결교 하면 '사중복음' 을 말하지 않고서는 성결교회를 생각할 수 없을 만큼, 사중복음은 성결교회의 간성(干城)으로 지켜져 왔습니다. 그 중에서도 '성결' 의 가르침과 체험은 성결교회로 하여금 이 땅에 존재해야 할 분명한 이유와 사명을 확인해 주기에 부족함이 없었습니다.

그러나 전통들의 많은 경우가 그렇듯이, 사중복음의 전통도 오랜 세월이 지나오면서 처음의 활력을 잃고 현대에는 더 이상 쓸모가 있을 것 같지 않은, 그러나 값이 나가기에 골동품과 같은 존재로 '모셔놓기만 하는' 처지에 떨어졌다는 자성의 소리가 높아지고 있습니다.

그것은 성결교회의 내적 성숙의 면에서나, 외적 성장의 면에서나 초기의 모습과 같은 거룩한 삶에 대한 열정과 하나님을 향한 헌신의 수준이 현저히 떨어져 있는 것을 보기 때문입니다.

오히려 성결교회는 초기 성도들이 대항하여 왔던 인본주의에 물들어 하나님의 거룩함을 드러내지 못하고 있는 것이 아닌지, 또한 폐쇄적인 전통주의와 교권주의로 경도되어 급속히 변화하는 시대의 흐름을 적시에 그리고 바르게 통찰하지 못함으로써 현대 문화 가운데 복음의 상황화(contextualization)를 이루어내지 못하고 있는 것이 아닌지 깊이 있게 진단해야 합니다.[4]

성결교회가 지니는 이와 같은 오늘의 문제의식이 비단 근래에 비롯된 것은 아닐 것입니다. 왜냐하면 지상의 모든 교회는 본질적으로 "모호성(ambiguity)" 가운데 출발하고 있기 때문에,[5] 성결교회가 이 땅 위에 출발하면서부터 또한 그와 같은 문제의식을 지니고 있었다고 보아야 합니다.

그러므로 오히려 우리가 집중해야 할 관점은 문제 자체가 아니라, 문제에 대한 태도입니다. 초기의 성결교회는 저들이 직면한 문제들에 대해 어떠한 자세로 대응했는지를 물으며, 그와 같이 현대의 성결교회는 오늘의 당면 과제들을 어떻게 이해하며, 그리고 어떻게 해결할 것인지를 묻는 것이 보다 정당한 접근일 것입니다.

바로 이러한 일련의 과제를 신학적으로 다루는 일이 역사적 교회 공동체의 사명 중 하나이며, 이를 위해 교회는 신학자들의 참여를 요청하는 법입니다.

예수의 바람, 성령의 바람

포스트모더니즘과 사중복음 신학의 거대담론

사중복음 신학 정립의 필요성과 그 의의가 이처럼 분명할지라도 21세기 문화의 흐름은 이러한 거대담론(巨大談論) 형성 자체에 이의(異意)를 제기하는 사조(思潮)라는 것을 주목하지 않으면 안 됩니다.

따라서 사중복음이 역사적 유산 자료 이상의 가치를 확보하기 위해서는, 즉 오늘의 동시대인들에게 필요한 메시지로 던질 수 있는 대답, 혹은 그 가능성을 주는 신학이 되기 위해서는 마땅히 현대의 주류 사조인 포스트모더니즘(postmodernism)과 대면해야 합니다.

이것은 이전의 모더니즘(modernism)에 대한 총체적 비판으로부터 나온 사상이기 때문에, 접근하는 각도에 따라 이에 대한 정의나 평가가 다양할 수밖에 없습니다.

그러나 분명한 것은 모더니즘에 기초한 과거의 제 가치와 규범들이 포스트모더니즘의 비판에 의해 파괴되고 있는 상황입니다. 그 비판의 대상에 기독교도 예외일 수 없습니다.

이러한 포스트모더니즘의 도전에 대한 기독교의 반응은 그 도전을 적극적으로 보고자 하는 부류와 부정적으로 보는 두 부류로 나뉩니다.[6] 그러나 모두에게 포스트모더니즘은 피해갈 수 없는 "하나의 시대정신(Zeitgeist)"으로서, 그리고 "하나의 세계관(worldview)"으로서[7] 이미 21세기 글로벌 교회와 신학에 지대한 영향을 미치기 시작했습니다.

특히, 사중복음 신학이라는 거대담론을 형성하려는 우리의 시도는 무엇보다도 포스트모더니즘에 의해 강력히 거부 받는 공격의 대상이 됩니다. 왜 냐하면 포스트모더니즘은 "보편적 이성에 기초한 단일한 진리체계의 종말"을 선고하면서 출발한 것이기 때문입니다.[8]

포스트모더니즘에 따르면, 모든 진리는 역사를 지니며, 말의 의미란 말하는 자와 듣는 자에 따라, 그리고 그들이 서 있는 콘텍스트에 따라 변화하기 때문에 "순전한(naked)" 진리, 즉 고정불변의 진리를 파악하여 우리와 같은 하나의 통전적인 사중복음 신학을 정립하려는 일은 시대착오적 모더니즘의 산물일 뿐, 더 이상 포스트모던 시대에는 소통될 수 없는 일이 된다는 것입니다.[9]

또한 최근의 포스트모더니즘 이해에 따른다면, "인간의 모든 '진리들'이란 단지 '가정들'이거나 기존의 어의적 합의로부터 끌어낸 것"에 불과하다는 것이며,[10] 진리 주장은 "개별적인 이야기들(particular narratives)" 안에서만 가능할 뿐이어서 통전적인 거대담론(master narratives)은 더 이상 설 자리가 없다는 것입니다.

말하자면 '성결교회 신학'이니 '사중복음 신학' 혹은 '웨슬리 신학' 등 이러한 종류의 신학은 처음부터 불가능한 시도라는 말입니다.

그렇다면 포스트모더니즘이 주장하는 바와 같이 사중복음 신학과 같은 거대담론(meta-narrative)을 말하는 것은 아예 처음부터 불가능한 것입니까?

단도직입적으로 말하여, '아니다. 불가능하지 않다!' 입니다.

거대담론의 종말을 말하는 것 자체가 이미 또 다른 거대담론을 재진술 하

예수의 바람, 성령의 바람

는 것이기 때문에, 거대담론의 불가능성을 말하는 것 대신에 오히려 "거대담론의 불가피성(inescapability of meta-narratives)"을 선언할 필요가 있습니다.

이 지점에서 우리가 주장해야 할 점은, 거부되어야 할 것은 거대담론 자체가 아니라, 세속적 이성에 의한 거대담론이라는 것입니다. 이렇게 될 때, 세속적 이성에 의하지 않은 "하나의 또 다른(an-other)" 거대담론의 출현이 강력히 요청됩니다.

그러므로 거대담론의 불가능성은 모더니즘을 지탱하고 있는 세속적 이성, 즉 하나님 없이 작용하는 이성에 의한 거대담론에 해당되는 것이지,[11] 모든 거대담론이 불가능하다고 말해서는 안 됩니다.

다시 말해, 거대담론은 불가피한 것이며, 참된 거대담론이 존재할 수 있다는 것입니다.

이러한 맥락에서 포스트모던 시대의 교회는 오히려 기독교 신학이라는 거대담론을 적극적으로 제시함으로써 거대담론이 상실되어 통전성을 잃게 된 현대문명 사회를 치유하는 기회를 가지게 됩니다.

그러므로 세속적 거대담론의 종말이 선언된 현대적 상황에서 사중복음의 정신에 입각한 신학적 거대담론이 인류를 위한 "최선의 이야기(the best story)"로[12] 들려질 수 있도록 하는 것이 우리의 과제라 할 수 있습니다.

사중복음 신학의 기초주의와 명제주의 극복 문제

이와 같은 맥락에서 우리가 자신의 모습을 통전적으로 바라볼 수 있는 신학적 거대담론을 "최선의 이야기"로 교회와 인류를 향해 제시하고자 할 때, 보다 심각한 문제가 아직 한 가지 더 남아 있습니다.

즉, 우리가 정립하고자 하는 사중복음 신학의 역사적 자료들 대부분이 모더니즘의 시대적 사조 가운데 형성된 것들로서 오늘날 우리가 극복해야 할 기초주의(基礎主義, foundationalism)라는 인식론적 지반 위에서 이루어져 있다는 문제입니다.[13]

주지하다시피, 모더니즘은 "이성의 시대(the Age of Reason)"라 불리는 근대의 계몽주의로부터 태어났습니다. 그 시조를 데카르트(R. Descartes)로 보는 것이며, 그 인식론이 바로 기초주의입니다.

이 기초주의란 바른 지식은 이성(理性)에 기초해 있는 것이어야 하며, 하나의 지식은 반드시 또 다른 하나의 지식에 기초하고 있기 때문에 최초의 기초(first principle, bedrock)를 전제하는 것이며, 이를 불변의 진리로 주장하는 것을 말합니다.

이러한 기초주의의 인식론에 입각하여 자신의 신학을 인간의 종교적 '경험(experience)'이라는 기초 위에 세워 온 것이 소위 자유주의 신학입니다.

이들이 경험을 신학의 기초로 삼는 이유는, 인간이면 누구나 보편적으로 종교 경험을 하고 있으며, 또한 모든 교의(dogma)란 종교적 경험 없이는 진술될 수 없다는 사실을 중시하기 때문입니다.

이와 같은 맥락에서 슐라이어마허(Fr. Schleiermacher) 이후 자유주의

예수의 바람, 성령의 바람

신학은 크게 두 차원을 드러내는 데 집중했습니다.

하나는 그리스도인들의 신앙(Christian Faith) 일반의 보편성을 밝히고 자 하는 것이며, 다른 하나는 모든 그리스도인들의 신앙체험이 근거되어야 할 불변의 종교적, 도덕적 기초인 예수의 생애와 가르침의 독특성을 드러 내는 것이었습니다.[14]

이처럼 모더니즘의 기초주의에 입각하여 "경험"을 신학적 기초로 삼은 것이 자유주의 신학이라면, "성서"를 신학의 기초로 택한 것이 보수주의 신학입니다.

이들이 성서를 택한 것은 인간 이성의 보편성을 담지할 수 있는 최종적 기초가 바로 성서라고 보았기 때문입니다. 그래서 모든 신학적 명제들 (propositions)이 성서로부터 연역(演繹)되어 교회가 지켜야 하는 불변의 교의들로 자리 잡는 명제주의(命題主義, propositionalism)가 보수주의 신학을 지배할 수 있었습니다.

이러한 맥락에서 성서 언어의 축자영감설 내지는 성서무오설 등의 주장 들이 지니는 신학적 의미와 동시에 한계가 모더니즘의 기초주의라는 인식 론적 전제하에서 이해할 때 보다 명확해집니다.

이처럼 지난 한 세기 동안 교회의 가르침을 지배했던 자유주의 신학과 보 수주의 신학은 기독교에 대한 모더니즘의 도전에 모더니즘의 방식으로 대 답하는 가운데 형성된 것이었습니다.

그렇기 때문에, 오늘날 모더니즘이 근본적으로 포스트모더니즘에 의해 거부되는 상황에서 모더니즘의 기초주의라는 인식론에 기초해 있는 자유주의 신학이나 보수주의 신학 또한 설 자리가 더 이상 없는 형편입니다.

이러한 도전과 위기의 때에 "성서"를 신학의 제1원리와 기초로 두고 있으며, 그 위에 "경험"을 신학의 한 원리와 방법으로 발전시켜 온 성결교회의 역사적 유산들이 과연 모더니즘의 종말을 재촉하고 있는 포스트모던적인 21세기의 상황에서 어떻게 신학적으로 유의미하게 정립될 수 있을 것인지에 대해 대답해야 할 것입니다.

한편, 21세기 포스트모던 시대에 사중복음 신학을 교회 공동체적 차원에서 정립하려는 우리의 일차적 목표는 과거의 역사적 유산을 발굴하여 신학적으로 정리하여 제시하는 것입니다.

그러나 이 연구가 보다 더 의미 있는 것이 되기 위해서는 적어도 그 유산들이 새로운 시대에 어떻게 창조적 에너지로 활용될 수 있을지, 앞의 물음에 대답함으로써 그 가능성에 대한 희망을 이야기해야 할 것입니다.

이러한 신학적 과제는 비단 사중복음 신학만의 문제가 아닙니다. 이는 21세기 신학 전반이 해결해야 할 과제임과 동시에 도전입니다. 현대의 신학계는 포스트모더니즘을 '도전'과 동시에 '기회'로 보고 각양의 대안을 마련하기에 비상입니다.

1989년도에 나온 『포스트모던 신학의 다양성』과,[15] 1995년도의 『포스트모던 신학: 종교적 다양성의 도전』,[16] 그리고 2003년도에 보다 종합적으로 나온 『포스트모던 신학』[17]에 따르면, 포스트모더니즘의 도전에 대해 여러 가지 방향의 신학적 대안이 모색되고 있는 것을 볼 수 있습니다.

그 중에서 주목할 연구는 조지 린드백(George Lindbeck)과 한스 프라

　　　　　　　　　　　　　　　　예수의 바람, 성령의 바람

이(Hans Frei)에 의해 대표되는 후기 자유주의 신학(post-liberal theol-ogy)이라 불리는 "문화-언어론"적 방법과 캐빈 반후저(Kevin J. Van-hoozer)의 "정경-언어론"적 방법입니다.

이외에도 이들 이상으로 중요하다고 볼 수 있는, 존 밀뱅크(John Mil-bank)가 주도하는 철저 정통주의 신학(Radical Orthodoxy theology)이 있으나, 사중복음 신학의 기초주의와 명제주의 극복을 위해 린드백과 반후 저의 탈기초주의(post-fundamentalism) 대안을 적극적으로 살펴보는 것이 필요합니다.

린드백은 모더니즘의 기초주의 인식론에 근거한 자유주의 신학과 보수 주의 신학을 넘어서기 위해 보수주의의 '지적 명제주의(cognitive propo-sitionalism)' 와 자유주의의 '경험적 표현주의(experiential expres-sivism)' 를 비판적으로 분석합니다.

즉, 기독교 교리의 실제적인 기능은 자유주의가 주장하는 대로 상징적인 표현도 아니며, 보수주의 신학이 말하는 것 같이 진리 주장도 아닙니다.

반면, 이러한 비판과 함께 그가 특별히 역점을 두었던 것은 자유주의 신 학이 뿌리내리고 있는 '경험' 의 기초주의를 극복하고자 하는 것이었습니다.

자유주의에서의 종교적 근거는 인간의 내적 경험입니다.

내적 경험으로부터 종교가 가능해진다고 보기 때문입니다. 이때의 내적 경험은 언어와 개념화 이전의 선험적 실재라는 특성을 지닙니다.[18]

이와 달리 린드백에 의하면, 종교는 내적 경험에 의해 형성되는 것이 아 니라, 오히려 "종교는 외적 말씀(verbum externum)"입니다.[19]

그러므로 린드백이 대안으로 제시하는 '문화-언어 이론(cultural-lin-guistic theory)'은 외적 말씀을 표현하는 언어와 문화에 주목합니다. 교회 공동체의 언어와 문화는 신앙을 사회적으로 매개하는 그물(web)입니다. 그리고 교회 생활에서 교리란 "공동체의 언어, 태도 및 행동을 규정하는 권위 있는 규율들"입니다.[20]

이 "규율 이론(rule theory)"은 기독교가 주장하는 명제들의 특정한 공리적 특징을 주목하게 합니다.[21]

이처럼 '종교'를 이루게 하는 언어, 교리, 의례, 행동양식 등과 같은 객관적인 요소들이 다양한 종교경험을 향한 열정을 일으킵니다.[22] 다시 말해서, 시, 음악, 예술, 의식과 같은 종교의 미학적 상징적 차원은 단순한 외적 치장이 아니라, 오히려 이들이 없어서는 종교를 경험할 수 없는, 더 나가서는 신학을 이야기할 수 없는 중요한 매체(媒體)라는 사실이 린드백의 연구를 통해서 부각되었습니다.

사중복음의 전통을 담지하고 있는 성결운동이 과거 100년간 전해오는 역사적 유산의 중요한 것들도 '경험'에 기초합니다. 그 경험은 자유주의 신학이 주장하듯이, 종교의 '기초'가 되는 '안으로부터 오는' 이상주의적 경험이 아닙니다.

오히려 사중복음 신학이 21세기 포스트모더니즘의 도전 가운데 말해야 하는 경험은 린드백이 밝히고자 했던 것처럼 성결을 추구하는 자들의 자아정체성을 드러내는 경건훈련, 언어, 개념, 교리, 헌법, 예배의식, 간증, 전도, 부흥회, 교회음악, 기독교교육 등에 참여함으로써 얻어지는, 즉 '밖으로부터 오는' 경험입니다.

이처럼 린드백의 문화-언어론적 대안은 종교생활의 외적 규율들에 주목함으로써 모더니즘의 내적 경험주의를 넘어설 수 있었지만, 다른 한편 성서에 대한 관심이 교회생활의 패턴들에 대한 강조로 인해 약화되는 한계를 보이고 있다는 반후저(Kevin J. Vanhoozer)의 지적은 정당합니다.[23]

이에 반후저는 포스트모던 시대의 기독교신학을 '정경적-언어적 방법(canonical-linguistic approach)'을 통해 성서의 우선성이 의문시 된 린드백의 취약점을 극복하고 있습니다.

그의 이러한 연구는 사중복음 신학에 매우 중요한 시사점을 제공합니다. 왜냐하면, 사중복음 전통을 성서와 더불어 견지하고 있는 성결 신앙 공동체는 비록 경험을 강조하는 웨슬리안 전통에 서 있지만, 이 전통에서 보다 더 근본적인 것은 경험보다도 성서이기 때문입니다.

그런데 지난 세기 성서를 강조했던 보수주의 신학은 모더니즘의 기초주의에 입각해 성서의 절대성을 주장하기 위해 성서문자주의(Biblical literalism)에 빠지게 되었습니다. 그 결과 성서의 문자를 절대화하는 성서 기초주의가 더 이상 포스트모던 상황에서 신학적 인식론으로 인정받지 못하게 되었습니다.

사중복음 전통은 성서를 신학의 '기초'로 여겨왔으며, 성서로부터 교리적 '명제'들을 취해 왔습니다.

그렇다면 과연 이러한 마당에서 사중복음 신학이 성서 기초주의와 교리명제주의에 빠지지 않으면서 자신의 목소리를 바르게 낼 수 있겠습니까?

이에 우리는 반후저의 정경적-언어적 방법 가운데 제시되고 있는 "지도 (map)"론이 성서 기초주의 또는 교리 명제주의를 극복할 수 있는 포스트모 던적인 대안으로 수용될 수 있다고 봅니다.

그는 성서 또는 교리적 명제들을 지도(地圖)와 같은 것으로 볼 것을 제안 하며, 지도와 상대되는 '문서(script)' 개념을 대비합니다: 성서를 문서의 차원에서 볼 때는 성서에 연출되고 있는 '신적 드라마(theo-drama)'의 통 일성이 상실되지만, 지도로 볼 때는 성서의 다양성이 약화되지 않는다는 것입니다.

문서는 말하고 행동하기 위한 것이지만, 지도는 걸으며 따르기 위한 것 입니다. 신학에서 성서의 역할은 해석자들로 하여금 하나님의 드라마에 참 여하는 자들이 되고, 그 도(道)를 따르는 자들이 되도록 함입니다.

그러나 지도는 세계가 있는 그대로의 길을 문자적으로 반영하지 않습니 다. 지도란 해석해야 하는 프레임워크(framework)이지, 근본 사실들에 대한 기초가 아닙니다. 보편적이며 모든 목적을 다 드러내는 지도란 없습 니다. 그리고 지도란 제작자의 관심이나 편견만큼 주관적입니다.

건축물과 달리 지도에는 기초가 없습니다. '그리스도인의 길'을 걷는다 는 것은 성서라는 지도를 가지고 그리스도를 향해 가는 것입니다.[24]

우리가 성서를 이처럼 지도라는 메타포(metaphor)로 볼 때, 성서 기초 주의라는 모더니즘적 인식론에서 자유로울 수 있는 하나의 새로운 가능성 이 열립니다.

특히 성결 신앙 공동체는 성서를 이해할 때, 모형론적(typological) 해석

방법을 사용해 왔는데, 이러한 해석학적 전통은 나름대로의 한계를 지니고 있지만, 성서의 권위를 인정하면서도 기초주의나 명제주의에 빠지지 않을 수 있었던 방법으로 평가할 수 있을 것입니다.

성결운동 전통의 역사적 유산에 대한 이러한 이해가 가능하기 때문에, 사중복음 신학은 '기독교 진리의 확실한 이성적 기초가 무엇인가?' 라고 물었던 모더니즘에 대해, '경험' 또는 '성서' 가 기독교의 보편적이며 불변하는 확실한 기초라고 대답했던 근대 자유주의와 보수주의 신학의 기초주의로부터 벗어나면서도 성서와 경험을 사중복음 신학의 중요한 기초로 다룰 수 있는 길을 확보하게 되는 것입니다.

이것은 사중복음 신학이 글로벌 신학의 패러다임이 되는 데 결정적으로 중요한 사항입니다. 제7장에서 살펴보았듯이 성서에 기초한 텍스트 중심의 신학을 전개하고 있는 북반구의 서구 신학과, 경험에 기초한 콘텍스트 중심의 신학을 전개하고 있는 남반구의 오순절 신학을 아우르는 글로벌 신학의 인식론적 기초는 성서와 경험 모두를 포함하는 것이어야 하기 때문입니다.

글로벌 사중복음 신학의 기초

오순절 성결운동을 통해서 태어난 성결교회를 말해줄 수 있는 사중복음 신학의 기초는 온 인류를 구원하는 능력인 예수 그리스도와 그가 보내신 보혜사 성령입니다. 신학이 구원의 기쁜 소식을 전하는 교회의 옷이요, 도구라면 하나님께로부터 '예수의 바람, 성령의 바람' 이 불어오지 않고서는 땅 끝까지, 인류의 심령 깊은 곳과 어두운 사회의 틈새까지 들려질 수 없습니다.

오직 예수의 바람, 성령의 바람이 부는 곳에 복음이 힘 있게 역사하게 되어있습니다. 사중복음 신학은 예수의 바람, 성령의 바람을 타고서만 그 능력을 드러낼 수 있습니다.

사중복음이 성서의 신적 권위를 수호하고자 하는 것도 복음 때문이요, 교회의 전통을 존중하는 것도 그것이 복음을 전해온 역사적 유산이기 때문이요, 인간의 이성을 활용하는 것도 복음을 세상의 문화 가운데 효과적으로 전달하고자 함이요, 경험을 강조하는 것도 복음의 능력을 맛보아 더 큰 확신 가운데 거룩한 삶을 살도록 하기 위함입니다. 그러한 의미에서 사중복음 신학은 칼뱅주의와 웨슬리주의 간의 견제와 긴장 관계를 넘어서는 성서적이며 체험적인 '복음주의' 신학 전통을 견인합니다!

성결교회는 이러한 복음 이해의 변질을 막고, 성서가 증언하는 그대로의 온전한 복음을 주창한다는 차원에서, 성결교회가 전하는 복음은 '참복음 (Full Gospel)' 이라 불려졌으며, 이 복음을 다시 내용적으로 깨닫고 전하며 삶 가운데 적용하기 위하여 "사중복음", 즉 중생의 복음, 성결의 복음, 신유의 복음, 재림의 복음을 성결교회의 전통으로 지켜오고 있습니다.

신학적 인식론(epistemology)의 관점에서 볼 때, 하나님 나라의 복음인 예수 그리스도와 보혜사 성령은 사중복음의 기초로서 오직 하나님의 '은총' 에 의해 주어진 것이요, 이 복음을 들어 구원에 참여하는 것은 오직 '믿음' 만으로 가능한 것입니다.

따라서 사중복음 신학은 은총과 신앙의 학(學)이 되어야 합니다. 이와 같은 맥락에서 사중복음 신학의 인식론은 은총의 차원에서 성서에 기초하며, 또한 신앙의 차원에서 경험에 기초합니다.[25]

은총과 신앙에 입각하여 성서와 경험으로부터 출발하는 사중복음 신학의 인식론은 모더니즘의 이성적 기초주의에 입각해 경험을 신학의 기초로 삼았던 자유주의 신학과, 성서를 신학의 기초로 삼았던 보수주의 신학의 기초주의(foundationalism)적 인식론과 다름을 천명할 필요가 있습니다.

첫째로, 자유주의 신학의 기초인 경험은 인간 내면에 주어진 종교적 선험성(a priori)으로서 이를 계시의 원천으로 여기는 반면에, 사중복음 신학의 기초인 경험은 은총에 의해 주어진 말씀에 대한 신뢰와 순종이기 때문에 경험에 대한 양자의 신학적 개념은 서로 다르다는 것입니다.

둘째로, 보수주의 신학은 성서가 드러내려는 계시적 실체를 인간의 언어–인식적 기능의 차원으로 끌어내려 문자 자체와 동일시함으로써 신적 실재를 피조적인 차원으로 폄하하고 역으로 매개적 문자를 신적 차원으로 우상화하는 반면에, 사중복음 신학은 성서를 궁극적으로 예수 그리스도를 향해 가도록 보여주는 "지도(地圖)"와 같이 모형(模型)론적으로 보는 점에서 서로가 다릅니다.

이처럼 사중복음 신학은 기초주의에 대한 포스트모던적인 비판을 충분히 통과하면서도 성서와 경험을 신학적 초석으로 확고하게 삼을 수 있게 되는 것입니다.

사중복음적으로 신학을 한다는 것은 무엇보다도 일차적으로 '성결교회'라는 공동체가 보존해 오고 있는 전통으로서의 역사적 유산을 오늘의 성결교회가 의미 있게 활용할 수 있도록 분석, 종합, 평가하여 학문적으로 제시할 뿐만 아니라, 궁극적으로는 사중복음의 하나님 중심주의 정신으로써 학문을 하는 것을 말합니다.

이때에 전통이란 교회 공동체가 겪어 왔던 '경험들의 집합'으로서 오늘의 공동체가 겪고 있는 경험과 조화를 이룰 수도 있고, 대립하거나 단절될 수도 있습니다.

즉, 전통으로 계승되는 경험들과 더 이상 전통으로 받아들여지지 않는 경험들이 발생합니다. 이 과정에서 역사적 경험들의 취사선택을 위한 교회의 기준이나 지침이 적용됩니다. 성결교회의 경우, 성결운동을 일본과 한국 그리고 중국 대륙으로 퍼져나가게 했던 동양선교회의 가르침을 받아왔으며, 그리고 동양선교회의 창립자들은 이들을 배출해 낸 만국성결교회의 가르침을 전수하였습니다.

그 가운데 중요한 정신이 "본질적인 것에는 일치, 비본질적인 것에는 자유, 모든 것에는 사랑"이라는 만국성결교회의 모토(motto)입니다.[26]

이러한 모토는 한국 성결교회를 비롯하여 여타의 다른 교회들에서 명시적으로 사용한 예를 찾기가 어려우나, 그러한 정신은 공동체 안에서 실천되어 왔다고 볼 수 있습니다.

여기에서 중요한 것은 본질적인 것과 비본질적인 것을 구분하는 기준입니다. 그 기준이란 그것이 무엇이든지 간에 성서로부터 나오지, 전통으로

예수의 바람, 성령의 바람

부터 나오지 않는다는 것입니다.

이는 달리 말하여, 기독교의 본질적인 것은 하나님의 '계시'로부터 찾아지는 것이지, 인간의 신앙 '경험'으로부터 찾아질 수 있는 것이 아님을 뜻합니다.

이것이 사중복음 신학이 뿌리내리고 있는 종교개혁적 개신교 복음주의와 웨슬리 신학과 웨슬리안 오순절 성결운동이 견지하고 있는 가르침입니다.

따라서 사중복음 신학의 자료들이 되고 있는 성결교회의 역사적 유산인 성결교회의 전통은 언제나 성부, 성자, 성령 삼위일체 하나님이 성서를 통해서 자신을 드러내는 계시의 빛, 즉 성서를 통해서 말씀하시는 '하나님 앞에(coram Deo)' 나와야 합니다.

그리할 때 자유주의 신학이 빠졌던 '경험' 기초주의나 보수주의 신학이 떨어졌던 '성서' 기초주의와 '교리' 명제주의로부터 사중복음 신학이 온전히 자유할 수 있습니다.

우리는 이러한 예를 18세기 영국의 존 웨슬리(John Wesley)에게서 봅니다. 그는 당시 '경험'을 모든 지식의 기초로 삼았던 경험주의의 본고장에서 오히려 '성서'에 최고의 권위를 부여할 수 있었던 자유를 누렸으며,[27] 영국교회의 보수주의 신학 가운데서도 오히려 '경험'의 중요성을 놓치지 않고, 경험으로써 성서의 진리를 확증하는 데까지 나아갔습니다.[28]

또한, 기독교의 '전통'을 불신하고 있었던 당시의 상황 속에서도[29] 성서 해석과 신학 연구를 위해 전통을 끊임없이 연구하고 전통으로부터 배움을 추구하였습니다.[30]

사중복음 신학을 정립함에 있어서도 성결교회의 전통을 비롯하여 그 이전의 주요 전통들을 이해하는 것이 중요합니다. 그러나 전통도 그것이 형성된 시대의 문화와 사상에 영향 받고 제한되기 때문에 얼마든지 비판될 수 있습니다.

웨슬리도 자신이 존경하는 초기 교부들에게서 "많은 오류와 많은 취약점, 그리고 잘못된 결론이 많은 것"을 지적하였으며,[31] 영국교회의 전통을 존중하면서도 수정해야 할 부분은 과감히 고치기도 하였습니다.[32]

그와 마찬가지로 사중복음 신학의 정립도 전통의 수용과 비판의 변증법적 과정을 거칩니다. 이와 같이 성서로부터 시작하여 초대교회와 종교개혁, 그리고 웨슬리로부터 만국성결교회를 거쳐 창립 2세기에 들어선 한국 성결교회에 이르기까지 교회 전통의 다양한 신학적 유산들을 비판적으로 승계하여 정립된 신학을 명실공(名實共)히 개신교복음주의 '웨슬리안 전통'의 '오순절 사중복음 신학'이라 부를 수 있게 될 것입니다.

주(註)

....

1) 성결교회신학프로젝트 제5차 세미나(장소: 서울신학대학교 우석기념관, 일시: 2006 년 1월 26일)에서 필자가 "포스트모더니즘과 성결교회신학"으로 발표한 것으로 『성 결교회신학』 1~8, 1111~1121쪽에 실렸으며, 이를 부분 수정 보완하였음.

2) George A. Lindbeck, *The Nature of Doctrine: Religion and Theology in a Postliberal Age* (Louiville/London: Westminster John Knox Press, 1984), 16. 린드백은 '자유주의' 나 '근본주의' 라는 대중적 용어를 사용하지 않지만, 내용적으로 는 유사한 개념으로서 교회의 교리(doctrines)를 강조하는 코그니티브 타입(cognitive type)과 교회의 경험을 중시하는 타입(experiential-expressive type)으로 크게 나 누고, 이 양자를 종합하고자 하는 에큐메니칼 로마 가톨릭 타입으로 구분한다.

3) 기독교대한성결교회, 『헌법』 제4조:

4) Steven B. Bevans, 『상황화 신학』 최형근 역(서울: 죠이선교회, 2002), 68-72쪽을 참고하라. 베반스는 상황화 신학을 발전시킬 때 "반드시 고려해야 하는 요소"로서 "문화적 정체성, 사회변화, 그리고 대중 종교성" 등 세 가지를 들고 있는데, 이러한 요소들은 김인경이 말한 상황화의 특징들 가운데 "시대 개방성(Situational- Open Ended)"의 확보를 통해서 비로소 파악될 수 있는 것이다: In-Gyeong Kim Lundell, *Bridging the Gaps: Contextualization among Korean Nazarene Churches in America*(New York: Peter Lang, 1995), 34: "We must not confuse canon with theology, but reform our theology to approach the Truth for continued rel- evance in every changing context. Therefore, open-endedness is necessary for propagating the Gospel to every generation, every age, and every indi- vidual in history."

5) Paul Tillich, *Systematic Theology*, vol. 3 (Chicago: University of Chicago Press, 1963), 162f. 165.

6) Myron B. Penner, "Christianity and the Postmodern Turn: Some Preliminary Considerations," in *Christianity and the Postmodern Turn: Six Views*, ed.

by Myron B. Penner (Grand Rapids: Brazos Press, 2005), 14.

7) Myron B. Penner, ibid., 17.

8) John Milbank, " 'Postmodern Critical Augustinianism' : A Short Summa in Forty Two Responses to Unasked Question," *Modern Theology* 7(1991): 225. "The end of modernity, which is not accomplished, yet continued to arrive, means the end of a single system of truth based on universal reasons."; re-cited in Gavin Hyman, *The Predicament of Postmodern Theology: Radical Orthodoxy or Nihilist Textualism?* (Louiville/London: Westminster John Knox Press, 2001), 27.

9) Gavin Hyman, *The Predicament of Postmodern Theology*, 27.

10) John Milbank, *Theology and Social Theory: Beyond Secular Reason* (Oxford: Basil Blackwell, 1990), 242: "All our 'truths' are only 'assumptions' or takings up from previous linguistic arrangements."

11) 모더니즘이거나 이를 비판하는 포스트모더니즘이거나 하나님을 인정하지 않는 세속적 이성에 의해 자신을 지탱하는 한, 궁극에 가서는 허무주의(nihilism)에 봉착할 수밖에 없다. 세속적 이성에 의한 거대담론의 결과는 가공할 만한 파괴적 허무주의를 드러내는 것이기 때문에, 포스트모더니즘은 끊임없이 거대담론의 불가능성, 즉 완결된 진리체계를 부정하고 나서는 것이다. 모든 이데올로기적 거대담론들이, 예를 들어 그것이 세속적 이성, 과학적 진리, 계몽주의적 휴머니즘 등의 어떠한 모습을 지녔든지 간에 자세히 들여다보면 허무주의의 다양한 변신(masked 혹은 dis-guised)이기 때문에 기독교의 신학적 담론은 이들과 대치되는 국면을 피할 수 없다. 기독교 신학은 모더니즘을 비판하는 포스트모더니즘 가운데 강력한 허무주의가 있음을 보기에 허무주의적 포스트모더니즘을 재비판한다. 왜냐하면 이들은 '차이(difference)'를 조화롭게 껴안을 수 있는 보편성(universalism)이란 불가능한 것으로 보기 때문이다. 그러므로 이들은 자체적으로 차이를 드러내는 다양한 담론들끼리 폭력적으로 충돌하고 경쟁하는 폭력의 수사학(rhetoric of violence)을 말할 뿐이다. 기독교 신학은 하나님의 천지창조와 인류구원이라는 거대담론의 보편성을

전제하면서 시작하기 때문에, '차이'는 경쟁이나 제거의 대상이 아니라 오히려 포섭과 조화의 대상이다(Gavin Hyman, *The Predicament of Postmodern Theology*, 27).

12) Gavin Hyman, *The Predicament of Postmodern Theology*, 28. 이와 같은 이해는 John Milbank의 신학적 변증을 따르고 있는 것이다.

13) Stanley J. Grenz and John R. Franke, *Beyond Foundationalism: Shaping Theology in a Postmodern Context* (Louisville: Westminster John Knox Press, 2001), 28. 이외에도 기초주의 비판과 그에 대한 신학적 대안을 논한 다음의 문헌들을 참고하라: Stanley Hauerwas, Nancey Murph, and Mark Nation(eds.), *Theology Without Foundations: Religious Practice and the Future of Theological Truth* (Nashville: Abingdon Press, 1994); John E. Thiel, *Nonfoundationalism* (Minneapolis: Fortress Press, 1994); J. Wenzel van Huyssteen, *Essays in Postfoundationalist Theology*(Grand Rapids: Wm. B. Eerdmans); Nancy Murphy, *Beyond Liberalism and Fundamentalism: How Modern and Postmodern Philosophy Set the Theological Agenda* (Valley Forge, Penn: Trinity Press International, 1996) 등.

14) Grenz and Franke, *Beyond Foundationalism*, 34.

15) David Ray Griffin, William A. Beardslee, and Joe Holland(eds.), *Varieties of Postmodern Theology* (Albany: State University of New York Press, 1989): (1)deconstructive or eliminative(Mark C. Taylor, Carl Raschke, Charles Winquist), (2)constructive or revisionary (David Ray Griffin), (3)liberationalist (Harvey Cox, Cornel West), (4)conservative or resto- rationalist(John Paul II).

16) Terrence W. Tilley, *Postmodern Theologies: The Challenge of Religious Diversity* (Maryknoll, NY: Orbis, 1995): (1)constructive(David Ray Griffin, David Tracy), (2)a/theological dissolutions(Thomas Altizer, Mark C. Taylor), (3)postliberal(George Lindbeck), (4)communal praxis (Gustavo Gutierrez,

James W. McClendon).

17) Kevin J. Vanhoozer, *The Cambridge Companion to Postmodern Theology* (Cambridge: Cambridge University Press, 2003): (1)Anglo-American post-modernity: a theology of communal practice, (2)postliberal theology, (3)postmetaphysical theology, (4)Deconstructive theology, (5)reconstructive theology, (6)feminist theology, (7)radical theology.

18) George A. Lindbeck, *The Nature of Doctrine*: Religion and Theology in a Postliberal Age (Louiville/ London: Westminster John Knox Press, 1984), 35.

19) Lindbeck, *The Nature of Doctrine*, 34.

20) Lindbeck, *The Nature of Doctrine*, 18: "The function of church doctrines that becomes most prominent in this respective is their use ... as communally authoritative rules of discourse, attitude, and action."(필자의 강조)

21) George Hunsinger, "Postliberal Theology," in Kevin J. Vanhoozer, *The Cambridge Companion to Postmodern Theology*(Cambridge: Cambridge University Press, 2003), 50.

22) Lindbeck, *The Nature of Doctrine*, 39.

23) Kevin J. Vanhoozer, *The Drama of Doctrine: A Canonical Linguistic Approach to Christian Theology* (Louiville: Westminster John Knox Press, 2005), 294. 그는 또한 린드백의 방법이 개인의 자율성에 대한 근대의 강조를 넘어설 수 있었으나, 개인의 신앙을 교회생활이라는 것으로 대체함으로써 자유주의의 경험주의(experiential-expressivist)를 교회주의(ecclesial expressivism)로 전환한 것이 아닌지 묻고 있다.

24) Vanhoozer, *The Drama of Doctrine*, 295-97.

25) 이와 같이 성서와 경험 위에 신학을 세우는 것은 존 웨슬리 신학의 전통에서 찾아볼 수 있다.(참조: 조종남, 『요한 웨슬레의 신학』, 서울: 대한기독교출판사, 1984), 59.

26) *Manual of the International Apostolic Holiness Union and Churches* (1905), MOTTO: "In Essentials, Unity; In Non-Essentials, Liberty; In All Things, Charity."

27) Donal A. Thorsen, *The Wesleyan Quadrilateral: Scripture, Tradition, Reason, and Experience as a Model of Evangelical Theology* (Indianapolis: Light and Life Communications, 1997), 127: John Wesley, "I allow no other rule, whether of faith or practice, than the Holy Scriptures." ("To James Hervey," 20 March 1739, *Letters*, Telford edition, 8:192).

28) John Wesley, *Wesley's Standard Sermons*, vol. 1, ed. and annotated by Edwin H. Sugden, 3rd ed.(Epworth and Allenson, 1954), 32. 조종남, 『요한 웨슬레의 신학』, 75쪽 이하 재인용. 이때 웨슬리의 교리 형성에 가치가 있다고 판단한 경험은 직접적으로 체험되는 영적 감각이 아니라 삶을 통해 얻어진 "지혜"였다 (Randy L. Maddox, *Responsible Grace: John Wesley's Practical Theology*, Nashville: Abingdon Press, 1994, 46).

29) Geral R. Cragg, *Reason and Authority in the Eighteenth Century* (Cambridge: Cambridge University Press, 1964), 2. recited Thorsen, The Wesleyan Quadrilateral, 151.

30) Thorsen, *The Wesleyan Quadrilateral*, 154.

31) John Wesley, "To Dr. Conyers Middleton," 4 January 1749, III.11, Letters (Telford edition), 2:387. recited from Thorsen, *The Wesleyan Quadrilateral*, 154.

32) Thorsen, *The Wesleyan Quadrilateral*, 158.

제 9 장
사중복음 정신과
마키아벨리즘의 도전

21세기 글로벌 기독교가 종교개혁 500주년을 곧 맞이하는 시점에서 그 의의를 신학적인 차원에서 깊이 생각해 보면, 종교개혁은 16세기의 마틴 루 터와 쟝 칼뱅에게서만 있었던 것이 아니라, 18세기의 존 웨슬리에게서도, 19세기말의 마틴 냅에게서도 강력하게 시도되었던 것이었으며, 21세기 현 대에는 더욱 절실히 요청되는 '글로벌 교회'의 과제임이 명확해집니다.

지구촌의 북반구와 남반구를 막론하고 전 세계적으로 다양한 기도운동 과 영성운동이 이곳저곳에서 일어나고 있는 오늘의 현상은 과거의 교회부 흥운동과는 성격을 달리하는 것으로서 '재림'이라는 새로운 신학 패러다 임에서 보다 분명히 이해될 수 있는 것으로 보입니다.

새로운 신학 패러다임을 요구하는 교회는 이미 새로운 시대에 필요한 새 로운 신학이라는 옷을 주문한 것이며, 그것은 곧 교회의 목회와 신학의 혁

　　　　　　　　　　　　　　　예수의 바람, 성령의 바람

신을 필요로 한다는 것을 의미합니다. 이는 또한 교회가 영적인 위기의 상황에 처해있음을 반영하고 있는 것이기도 합니다.

이와 같은 맥락에서 '글로벌 기독교'의 현실을 직시할 때, 우리 모두가 교권주의와 세속주의의 마키아벨리즘과 물질만능주의의 맘몬이즘이라는 늪에 깊이 빠져 있다는 진단에 대해서 누구도 부정할 수 없는 시대에 살고 있습니다.

분명한 것은 이 땅의 천년왕국을 준비하는 거룩한 하나님의 백성들이 싸워야 할 대상은 바로 마키아벨리즘과 맘몬이즘과 같은 인간 중심주의 세계관이라는 것입니다. 이들은 홍수에 쓸려 내려가야 하고, 불로 태워버려져야 합니다.

마키아벨리즘과 맘몬이즘에 사로잡혀 있는 글로벌 교회가 이로부터 벗어나기 위해서 추구해야 할 것은 무엇입니까?

우리는 래디컬 성결운동의 전통에 따라 그 대답을 예수께서 그의 생애와 사상 가운데 보여준 '하나님 중심의 래디컬리즘(Radicalism)'에서 찾고자 합니다. 그러므로 우리는 자기 죽음의 십자가 영성으로 나타난 예수의 래디컬리즘이 무엇인지를 소개하고, 그것을 우리의 삶과 목회 가운데 반영할 수 있는 길이 무엇인지를 성결운동의 유산으로 이어져 오는 사중복음 정신의 관점에서 살펴보고자 합니다.

이때 예수의 래디컬리즘은 역사적으로 시대를 달리하면서 분출되었지만, 19세기 말 마틴 냅에 의해서 주도된 래디컬 성결운동(Radical Holiness Movement)에서 새로운 패러다임으로 나타났었기 때문에, 이 운동의 중요성에 대해 새로운 각도에서 다시 볼 수 있게 될 것입니다.

마키아벨리적 서바이벌 게임에 들어간 현대 기독교

남반구의 교회에 오순절 성령의 역사로 은사주의 운동이 확산되는 가운데 한편에서는 교회 부흥과 성장이 계속 이루어지고 있는 동시에, 다른 한편에서는 그 가운데서도 교회의 신자수가 현저히 줄어들기 시작했다는 비관적인 소식이 여러 통계 자료에서 계속적으로 보도되고 있습니다.

더욱 어두운 현실은 청소년들이 교회를 멀리하기 시작했다는 것입니다. 세계에서 가장 큰 오순절교파의 교회가 있는 한국에 대학생의 기독교 인구가 4퍼센트에도 못 미친다고 합니다. 이것은 교회성장의 침체를 외형적으로 나타내고 있는 부정할 수 없는 현실입니다.

전도는 점점 더 어려워지고, 일부 예외적인 사례가 있기는 하지만 한국교회의 헌금은 해가 갈수록 현저히 줄어드는 반면, 그동안 큰 사이즈로 키워놨던 방만한 교회 조직을 유지하는 데 필요한 일꾼과 재정은 턱없이 부족한 상황에 직면하게 되었습니다.

그런데 거의 대부분의 교회가 큰 사이즈를 끝까지 유지하기 위하여 한 조각의 파이를 놓고 서바이벌 게임을 하고 있는 듯한 모습을 보이곤 합니다. 내가 먹히느냐, 아니면 내가 먹느냐, 피터 버거(Peter Berger)가 말하는 냉혹한 시장경쟁의 장에 모든 종교들이 참여하고 있는 현실 앞에서 결국은 마키아벨리즘과 맘몬이즘을 수용하지 않으면 안 되는 강력한 유혹의 시대에 접어들었습니다.

한 지역에 대형마트 한 개가 들어서면 그 주변의 골목시장이 서서히 고

사하는 것처럼, 강력한 대형교회나 그 지교회가 최첨단의 시설로 무장해서 인구밀집 단지 내에 들어서면 그 주변의 중소형 교회들의 신자들이 뿌리 채 흔들리는 형국이 되어버립니다.

서바이벌 게임에서 진리란 먹히지 않고 싸워 마지막까지 남는 자에게 돌아갑니다. 교회가 문을 닫으면 게임은 끝나는 것입니다. 그렇기에 1등만 살아남을 수 있다는 강박관념에 의해 지배되지 않을 수 없는 사회적 구조 하에서 우리 모두는 살아가고 있습니다.

그래서 교회에서도 신명기 28장 13절 "여호와께서 너를 머리가 되고 꼬리가 되지 않게 하시며 위에만 있고 아래에 있지 않게 하시리(라)"는 말씀을 그대로 원용하여 1등을 구하고, 높은 자리를 구하도록 축복합니다. 1등이 되고 모임의 장(長)이 되는 과정에서 그가 사용했던 수단과 방법은 더이상 크게 문제가 안 됩니다. 아니 문제가 되지 않도록 아예 서바이벌 게임 원칙에 서로 합의합니다. 그 원칙이 바로 마키아벨리 즘입니다!

마키아벨리(Niccolo Machiavelli, 1469~1527)가 1513년에 쓰고 20년 후에 출간한 『군주론』에서 말한 것을 들어보겠습니다. '군주'를 당회장으로, '나라'를 교회로 바꾸어 읽으면 아마도 현대 교회의 모습이 자연스럽게 떠오르게 될 것입니다.

마키아벨리

군주가 된 자는, 특히 새롭게 군주의 자리에 오른 자는, 나라를 지키는 일에 곧이 곧대로 미덕을 지키기는 어려움을 명심해야 한다. 나라를 지키려면 때로는 배신도 해야 하고, 때로는 잔인해져야 한다. 인간성을 포기해야 할 때도, 신앙심조차

잠시 잊어버려야 할 때도 있다. 그러므로 **군주**에게는 운명과 상황이 달라지면 그
에 맞게 적절히 달라지는 임기응변이 필요하다. 할 수 있다면 착해져라. 하지만
필요할 때는 주저 없이 사악해져라. **군주**에게 가장 중요한 일이 무엇인가? 나라
를 지키고 번영시키는 일이다. 일단 그렇게만 하면, 그렇게 하기 위해 무슨 짓을
했든 칭송 받게 되며, 위대한 **군주**로 추앙 받게 된다.

죽지 않고 살아남는 게 무한경쟁 시대의 덕입니다. 우리는 이 덕을 위해
'부도덕'이 큰 저항 없이 허용되는 시대에 살고 있습니다. 전쟁에서 죽으
면 끝입니다. 끝까지 살아남아야 합니다. 그것이 진리요 선입니다.

기독교도 이처럼 '죽느냐, 사느냐'라는 극한 상황에 내몰려 있습니다.
그래서 원하든 원하지 않든 이 시대를 지배하고 있는 마키아벨리즘의 냉혹
한 공기를 마셔야 하며, 맘몬이즘의 팥죽 한 그릇에 내 영혼을 팔아야만 합
니다. 여기에 기독교의 위기가 있습니다.

왜냐하면, 기독교가 마키아벨리즘과 맘몬이즘을 서바이벌 게임의 법칙
으로 인정하고 들어가는 순간부터 기독교는 더 이상 기독교인 것을 스스로
포기하는 것이 되기 때문입니다.

맘몬이즘의 세계가 어떠하다는 것은 이미 성서의 여러 군데에서 명시적
으로 경고하고 있기 때문에 더 이상 부연하여 강조할 필요가 없을 것 같습
니다. 대신 교회를 병들게 하는 또 다른 강력한 바이러스와 같은 마키아벨
리즘의 세계에 집중하고자 합니다.

오늘날 우리 모두가 마키아벨리적 서바이벌 게임에서 죽어가고 있다는
사실 자체에 대한 인식조차 태부족하다는 것이 현실입니다. 실상은 현대 교

예수의 바람, 성령의 바람

회와 개인의 신앙생활 한가운데 마키아벨리즘이 강력히 자리 잡고 있어 기독교가 드러내야 할 복음적 가치가 퇴색되기 시작한 지 이미 오래입니다.

마키아벨리즘은 신앙을 부정하지 않습니다. 그러나 신앙과 정치가 충돌할 때, 혹은 신앙과 경제가 충돌할 때, 정치는 정치적 논리를 따라야 하고, 경제는 경제적 논리를 따라야 한다는 것입니다. 정치나 경제는 그 자체의 목적이 따로 있기 때문이라고 합니다. 말하자면, 신앙은 삶의 전 분야가 아니고 오직 전통적으로 규정된 특정의 종교적 분야인 예배, 기도, 전도, 교회 교육, 구제 등과 같은 영역 안에서만 그 역할을 해달라는 것입니다.

마키아벨리즘은 정치나 경제 등과 같은 사회적 영역은 자신들의 논리대로 가도록 간섭치 말라고 합니다. 기독교가 이러한 원리에 암묵적으로 동의함으로써 그 신자 수의 많고 적음과는 관계없이 자신의 보편적 가치를 정치나 경제를 비롯한 일상생활의 제 영역에 제대로 전개하지 못하고 있다는 것, 이것이야말로 엄밀한 의미에서 기독교의 위기라 보아야 합니다.

이뿐만 아니라 위기에 처한 기독교를 더욱 절망스럽게 만드는 것은 기독교 자신이 **성서를 마키아벨리적 세계관으로 해석**한다는 데 있습니다.

예를 들면, 교회의 대형화나 비민주적 세습화와 같은 일들을 정당화 하는 논리가 대체적으로 성서를 마키아벨리 식으로 적용한 데서 나오는 것을 알 수 있습니다. 교회가 성장하여 문어발 식의 대형화가 되는 것이나 자기 아들이나 사위가 목회자로서 훌륭한 자격을 갖추었기에 성도들이 그를 담임으로 모시겠다는 것은 지극히 자연스러운 일이겠습니다.

그러나 대형 교회가 되어야 교회의 역할을 제대로 할 수 있다고 생각하는 것은 전혀 다른 일입니다. 이미 그 자체가 맘몬이즘과 마키아벨리즘의 세계관에 붙잡혀 있는 상태이기 때문입니다. 그런 상황에서는 교회의 대형화를 목적으로 교회의 영혼을 팔아 몸만 키우는 현실을 선택할 수밖에 없습니다.

그렇게 해서 교세가 커져간다 하더라도, 그러한 물리적 성장은 신자들의 신앙생활의 성숙과 무관한 것이 되고, 교회와 사회가 마키아벨리의 원리에 따라 각자의 길을 가게 됨으로써 사회가 기독교적 가치관에 따라 변화 발전하는 것을 아예 처음부터 기대하기 어렵게 되는 것입니다.

그러므로 현대 기독교의 위기는 교인의 숫자가 줄어드는 심각한 현실 이전에, 사회 속에서 교회의 존재감을 찾아보기 어렵게 되었다는 것 그 자체에 있습니다. 기독교가 결국 짠맛을 내지 못하는 소금과 같이 되고 있는 현실이 기독교의 위기입니다.

기독교의 짠맛이 언젠가부터 사라지고 싱거워지기 시작했습니다. 뭔가 **복음 외의 다른 것이 들어와서 기독교의 복음적 가치가 희석되고 있는 것**입니다. 우리는 지금 복음 외의 다른 그 무엇을 마키아벨리즘 또는 맘몬이즘이라 부르는 것입니다.

우리가 말하는 마키아벨리즘이 현대의 기독교적 현실을 이해하는 데 중요하기 때문에 조금 길게 살펴보기로 합니다.

마키아벨리는 15세기 후반에 태어나 16세기 전반까지 살았던 이탈리아인입니다. 그는 과거 서구세계 전체를 지배했던 로마제국의 유산을 이어받고 있는 이탈리아가 분열과 혼란에서 벗어나지 못하고 있는 현실을 극복할 수 있는 길이 무엇인가를 찾아내고자 했던 사람입니다.

문명사적 차원에서 볼 때 이탈리아는 당시 르네상스라는 인문주의 시대에 중요한 역할을 하고 있었습니다. 비잔티움 제국이 멸망한 1453년을 전후해서 그리스-로마의 문화유산을 간직한 학자들과 기술자들이 이탈리아로 대거 망명해 들어와 학술과 기술을 비약적으로 발전시킬 수 있었기 때문입니다. 그에 힘입어 초기 자본주의가 나타나고 시민계급이 형성되는 등, 다른 유럽 지역보다 근대적인 사회문화가 일찍 형성되기 시작한 나라가 또한 이탈리아였습니다.

　　반면에 정치사적으로는, 이탈리아 주변국인 영국, 프랑스, 스페인 등에는 비록 강력하지는 못했어도 어엿한 왕이 있어 왕을 중심으로 튼튼한 국민국가로 발전하고 있었지만, 이탈리아는 그러한 구심점이 없어 심한 혼란 가운데 있었습니다.

　　이탈리아는 북부, 중부, 남부 세 지역으로 나뉘어져 공화국, 신정제, 군주제 등 각기 서로 다른 정치제도로 다스리는 분열적 상태인데다, 북부는 신성로마제국 황제가 지배권을 주장하다가 13세기 이후부터 베네치아, 밀라노, 제노아 등 여러 도시들이 할거하는 상황이 되었고, 중부는 로마 교황청의 세력이 앞서는 가운데 피렌체, 시에나 등이 분립했으며, 남부는 비잔티움, 노르만, 이슬람 등에게 계속 정복되던 끝에 나폴리 왕국의 지배하에 있었습니다.

　　잘게 갈라진 이탈리아는 내부적으로 서로 싸우는 일이 끊이지 않았고, 외부적으로는 프랑스 등 주변국에 의해 침공당하는 등 위기의 연속이었습니다.

　　이처럼 이탈리아에서는 한편으로는 르네상스라는 인본주의 열풍이 불고 있었지만, 다른 한편으로는 나라에 강력한 리더십이 부재한 상황에서 국내외적으로 혼란과 분열이 가중되고 있었던 것입니다.

마키아벨리는 분열과 혼돈 상태가 거듭되고 있던 이러한 이탈리아를 구하고자 하였습니다. 이를 위해 그는 자신의 인본주의적 사상과 경험을 가지고 강력한 통일국가를 이룰 수 있는 길을 정리하여 출판하였습니다. 그것이 『군주론』이라는 문제작입니다.

마키아벨리에 따르면, 인간이 가장 극복하기 힘든 것은 운명의 여신 '포르투나(Fortuna)'입니다. 왜냐하면 아무리 철저히 대비를 하고 노력을 해도 완전히 떨쳐버릴 수 없는 것이 운명이기 때문입니다.

하지만 마키아벨리는 비관적 운명론자가 되는 것을 거부했습니다. 오히려 그 반대의 생각을 가지고 있었습니다. "포르투나는 결국 여자일 뿐이다. 여자는 강한 남자에게 복종한다."라는 것이 그의 신념이었습니다.

아무리 많은 불운이 닥쳐와도 포기하지 않고 노력하는 사람은 결국 성공한다는 것입니다. 그에게 덕(德)이란 '강한 남성적 힘(vir)'에서 오는 '비르투(virtu)'입니다. 그러므로 강한 남성적 힘을 잘 길러서 남보다 우수한 비르투를 발휘할 수 있는 사람이 지도자가 되는 것이며, 개인이든 국가든 더 우수한 비르투를 소유할 때 번영할 수 있다는 것입니다.

그러므로 마키아벨리에게 있어 하나님 중심으로 삶을 이해하고 덕을 실천하고자 하는 기독교의 가르침과 그 사상은 아무리 적극적으로 보려고 해도 자신의 군주론과는 근본적으로 출발점이 다르기 때문에 대립적일 수밖에 없는 것이었습니다.

예수의 바람, 성령의 바람

따라서 누구든지 "군주로써 성공하려면 먼저 좋은 법과 좋은 군대를 갖추어야 한다."라고 전제한 다음, 정치와 행정, 외교 등에서 실패하지 않으려면 기독교적인 미덕은 잠시 잊어버리고 '강한 남성의 힘' 비르(vir)를 가진 고대 영웅들의 덕인 '비르투'를 본받을 필요가 있다고 주장하였습니다.

그 과정에서 행하게 되는 거짓말이나 잔혹한 살육은 문제될 것이 없다는 것입니다. 왜냐하면 그러한 일들은 찬양받던 고대의 영웅들이 걸어온 길이기 때문입니다.

마키아벨리적 기독교의 두 현실

오늘날 한국 기독교의 현상을 볼 때 두 차원에서 마키아벨리적 군주론이 기독교 내에 적극적으로 수용되어, 세상적인 기준에서 종래의 나약하게 보였던 기독교가 강한 남성의 힘을 가지고 지배하는 마키아벨리적 기독교로 변질되고 있는 것으로 보입니다.

한 가지는 기독교의 내부적 차원입니다. 신학은 더 이상 '기도의 학(學)'이 아니요, 또한 '신앙의 학'임을 그만 둔 지 이미 오래입니다. 하나님과의 만남이나 하나님과의 깊은 대화 없이 신학자들의 사변적 이론과 교회 전통의 해석과 성서학자들의 성서 주석만 가지고도 충분히 신학을 할 수 있다는 데 이의를 제기하는 사람은 없어 보입니다.

극단적으로 나간 보수적인 학자들에게는 하나님과의 만남보다도 칼뱅의 예정론적인 교리와 웨슬리의 체험론적 성화 교리를 이해하는 것이 더 중요한 것이 되었습니다.

어떤 펜티코스탈 학자들에게는 초자연적인 성령의 은사가 나타나면 교회가 분명히 성장될 수 있기 때문에 하나님과의 인격적인 만남과 대화의 깊이는 유보될 수 있는 것으로 보입니다.

이와 같이 오늘날 신학계를 지배하고 있는 **객관적 교리주의**나 **주관적 체험주의**나 **초자연적 은사주의**는 강한 기독교를 만들고자 하는 마키아벨리적인 교권주의자들의 지배와 통치의 수단이 되어 있습니다.

기독교가 마키아벨리적으로 변질되어 가고 있는 또 다른 차원은 기독교의 세계관을 가지고 사회적 모순들을 극복해보고자 하는 진보주의자들 안에서도 발견됩니다.

현 인류가 직면하고 있는 생태환경 문제, 불의와 갈등 문제, 경제 정의 문제 등, 현대 사회가 오래전부터 앓고 있는 사회적 질병을 치유하고자 할 때 암암리에 마키아벨리즘과의 야합이 이루어지고 있다는 것입니다.

겉으로 드러내는 이름은 기독교이지만, 개혁과 변화의 원동력은 철저히 인간 중심주의에서 나오는 민족주의나 국가주의를 넘어서지 못하고 있는 것이 오늘의 현실입니다.

인류가 직면하고 있는 문제는 사해동포주의(四海同胞主義)와 초국가주의의 관점에서 보지 않으면 안 되는데, 이는 인간 중심주의 혹은 자기중심주의로서는 불가능하고, 16세기 독일에서 일어난 루터의 종교개혁이나, 18세기 영국에서 전개된 웨슬리의 메소디스트 운동과, 19세기말 미국 성결운동에서 마틴 냅의 사중복음적 정신에서 보이는 하나님 중심주의를 선언하고 나설 때 비로소 가능할 것입니다.

교권주의자들이 교리주의와 은사주의를 도구로 해서 분열된 기독교의 현실을 극복하고자 했을 때, 역설적으로 기독교는 더욱 철저히 마성화(de-monization) 되었고, 세속화(profanization)의 길을 걸었습니다.

그 역사적 사례가 로마 가톨릭이었습니다. 비록 교황청은 1559년에 마키아벨리의 책들을 금서 목록에 집어넣었지만, 종교개혁 당시의 개혁자들이 가톨릭의 악행을 성토할 때 교황주의자들은 "마키아벨리 같은 악마의 책을 읽는 자들이라 그렇다."라고 했음을 기억할 필요가 있습니다.

그러나 이러한 비판이 로마 가톨릭의 역사에 대해서만 국한되는 것이 아니라 지금도 계속되어야 하는 이유는, 종교개혁 이후 개신교 역사 가운데 오늘날까지도 기독교의 마키아벨리적 잠행(潛行)이 멈추지 않고 있기 때문입니다.

마틴 냅이 미감리교를 비판할 때 '교황주의(Popery)'와 '교회주의(Churchanity)'라고 불렀던 것을 기억할 필요가 있습니다. 교회의 타락이 어제 오늘의 일은 아니므로 결코 놀라워해야 할 일은 아닙니다. 문제는 우리 자신, 아니 나 자신이 지금 서 있는 자리가 어디냐는 것입니다.

사도와 선지자의 터 위에 서 있는지, 혹시 마키아벨리적 인간 중심주의의 포로가 되어 있는 것은 아닌지 돌아보아야 할 일입니다.

지금, 현대 글로벌 기독교는 가장 어려운 시대를 보내고 있는지 모릅니다. 말하자면, 이웃 종교들과 경쟁해야 하고, 기독교 내에서도 교단끼리 경쟁해야 하고, 지역 교회들끼리 경쟁해야 하고, 그런 틈에 교회의 담을 허무는 이단과 사이비기독교의 잠입을 막아야 하고, 비(非)기독교인들의 독설과 비판적 여론에 대해서도 대응해야 하고, 새로운 인문사회과학과 최첨단의 고도 인공지능 정보화 기술을 통해 하나님의 나라를 테크노토피아(Technotopia)로 대치하려는 낙관주의에 대해서도 대응하지 않으면 안 되는 현실을 맞이하였기 때문입니다.

이러한 때일수록 교회의 일치나 교회의 무한 성장을 위해서는 잠시 잔인해지기도 하고 비인간적이기도 하고 불신앙적이어도 문제가 되지 않는다고 말하는 마키아벨리즘이 이 시대 기독교의 잠재적 교권주의자들일 수 있는 우리들에게도 쉽게 포기되지 않는 유혹이 아닐 수 없습니다.

예수의 래디컬리즘: 하나님 중심주의

글로벌 기독교는 이제 마지막 시험대 앞에 서 있습니다. 마키아벨리즘에 절하여 더욱 강력한 절대 교권주의를 보장받을 것인지, 아니면 유대교 지도자들의 교권주의적 마키아벨리즘과 로마정권의 패권주의적 마키아벨리즘에 대항하다 십자가의 길을 갔던 나사렛 예수와 같이 그런 길을 따를 것인지 결정해야 합니다.

유사 이래로 인류의 행복과 평화가 유린당한 역사에는 종교와 정치에 의한 마키아벨리적 야합(野合)이 있어왔음을 잊어서는 안 될 것입니다. 무엇보다도 예수의 십자가 처형 과정에서 유대교 교권과 로마 정권에 의한 마키아벨리적 야합처럼 그렇게 분명했던 역사도 드물어 보입니다.

　　　　　　　　　　　　예수의 바람, 성령의 바람

예수의 자기 부정적 죽음은 삶의 역사와 무관한 금욕주의적 현실 부정이나 관념적 자아 부정이 아니라, 하나님의 나라를 지키고 확장해 나갈 때 악에 대항한 하나님 중심주의적 결단과 그에 따른 순종의 결과입니다.

오늘날 우리는 글로벌 교회 내에 침투한 모든 마키아벨리즘을 깨끗하게 청소하여 오직 하나님의 거룩한 성령만이 임재하는 교회로 갱신하라는 명령을 듣고 있습니다. 이러한 때에 우리에게 들려야 할 구호가 있다면, "보다 철저히 다시 예수에게로!"입니다. 영어로 말하자면 "Jesus Again, More Radically!", 예수에게 다시 돌아가되 이전보다 더욱 철저하게 예수의 래디컬리즘(Jesus' Radicalism)으로 돌아가야 한다는 것입니다.

예수의 래디컬리즘을 극명하게 볼 수 있는 대표적 행위 중의 하나가 소위 '성전 청결사건'입니다.

예수께서는 당시 마키아벨리적 교권주의의 온상으로 변질된 유대교 성전의 실상을 보고 '아버지'의 불타는 마음으로 채찍을 만들어가지고 "내 아버지의 집으로 장사하는 집을 만들지 말라"(요 2:15)며 양과 소를 성전에서 내어 쫓으시고, 사람들의 돈을 쏟고, 상을 엎어 버렸습니다. 그리고 "너희가 이 성전을 헐라. 내가 사흘 동안에 일으키리라."(요 2:19)라고 말씀하면서 아예 성전의 모든 것을 완전히 부정하는 듯이 행동했습니다.

유대교의 교권주의적 마키아벨리즘에 정면으로 저항했던 분이 바로 예수 그리스도이십니다.

그러므로 우리가 예수에게 먼저 집중해서 취해야 할 것은 하나님의 법과 그의 정의를 원천적으로 배제시키고 오직 인간의 정욕을 채우기 위해 온갖 수단 방법을 정당화하려는 **마키아벨리적 인간 중심주의**에 대항했던 예수의 하나님 중심주의적 래디컬리즘입니다. 예수의 십자가 죽음에서 모든 인류의 대속을 위해 행하신 하나님의 보편적 구원이라는 거창한 교의학적 신조를 찾아 정립하는 것은 그 다음의 일입니다.

그리고 예수가 그리스도임을 믿고 따름은 예수와 함께 죽고, 예수와 함께 태어나, 예수와 함께 살림살이를 한다는 것이며, 그것은 곧 마키아벨리즘이라는 바이러스에 감염된 내 삶의 모든 프로그램을 예수의 십자가 운영체제로 철저히 새롭게 포맷팅(formatting)하는 것, 즉 기존의 판형을 지우고 새로운 구성방식을 도입하는 것입니다.

그것이 곧 바울의 고백처럼 '내가 그리스도와 함께 십자가에 못 박혔다'는 것이며, 그래서 '지금 사는 것은 내가 아니라 내 안에 그리스도가 사는 것'이라는 고백(갈 2:20)이 담고 있는 의미입니다.

그러나 성서가 증언하는 예수의 래디컬리즘은 예수 자신으로부터 시작한 것이 아니라, 인류를 구원하고자 하는 **하나님 아버지의 주권적 자기부정**에 이미 그 기원을 두고 있습니다.

예수의 래디컬리즘은 하나님의 래디컬리즘에서 시작된 것입니다. 하나님의 자기 부정적 래디컬리즘의 첫 사건이 바로 성탄절입니다. **그 성탄절이란 창조주가 자신의 신성을 주장하지 않고 피조물인 인간과 함께 있겠다고 성육신한 임마누엘 사건**입니다.

창세 이래로 인류 역사상 이보다 더 래디컬한 주장은 없을 것입니다. 하나님이 창조와 구원과 심판의 주(主) 되심을 주장하지 않고 오히려 유한한 인간으로 와서 인간에게 심판을 받았다는 이야기입니다.

래디컬한 예수의 역사적 삶은 인류 구원을 향한 바로 그와 같은 하나님의 래디컬리즘에서 비롯된 것입니다.

이와 같이 인류 구원을 위한 하나님의 성육신이 의미하는 바는 마키아벨리적 서바이벌 게임 가운데 자멸할 수밖에 없는 인류와 운명을 같이 하겠다는 것이며, 마키아벨리적 죽음의 고리를 근원적으로 끊어버리겠다는 의연한 하나님의 자기 선언이었습니다.

이처럼 하나님이 자신의 신성을 주장하지 않고 인간과 함께 그들의 운명 가운데 거하겠다는 것은 하나님이 자신의 신성을 내려놓는 것이니, 이는 신의 자기 죽음과 다를 바 없었습니다.

유대교에서는 이처럼 무한한 존재인 하나님이 유한한 존재로 자신을 축소하는 것을 "침춤(chim' chum)"이라 하는데, 바로 그 침춤이라는 하나님의 자기 축소, 자기 부정의 사건이 우리가 주목해야 할 성탄절의 메시지인 것입니다.

이러한 맥락에서 나사렛 예수에게 가장 힘들었던 일 가운데 하나는 자신이 메시아로 온 하나님의 아들이라는 신분을 끝까지 감추는 것이었다고 볼 수 있습니다.

만일 예수께서 철저히 자신의 신적 신분을 부정하는 일과, 한 인간으로서 고난 받는 인류와 자신을 동일시하는 데 실패했다면 어떻게 되었을까요?

그렇게 되었다면 예수는 신으로 숭배 받는 자리에 앉을 수 있었겠지만 인류의 대속을 위한 죄 없는 희생양은 될 수 없었을 것입니다.

그러므로 예수의 십자가 죽음은 이중 희생입니다. 한편에서는 자신의 신성을 희생함이요, 또 다른 한편에서는 자신의 인성을 희생함입니다. 그렇다면 마태복음 20장 28절은 "인자가 온 것은 [하나님이지만 하나님으로서] 섬김을 받으려 함이 아니라, 도리어 [하나님이지만 인간으로서] 섬기려 하고 자기 목숨을 많은 사람의 대속물로 주려 함이니라"고 읽을 수 있어야 할 것입니다.

여운학의 『지혜로 여는 아침-3』에 나오는 얘기입니다. 세계적으로 유명한 지휘자 레오날드 번스타인의 지휘하는 모습이 텔레비전을 통해 방송되었습니다. 이윽고 자유롭게 대화할 수 있는 시간이 되자 한 사람이 이렇게 물었습니다.

"선생님, 많은 악기 중에서 가장 다루기 힘든 악기는 무엇입니까?"

그러자 번스타인은 의외의 대답을 했습니다.

"제2 바이올린입니다. 제1 바이올린을 훌륭하게 연주하는 사람과 똑같은 열의를 가지고 제2 바이올린을 연주하는 사람을 구하기가 어렵기 때문입니다. 플루트의 경우도 마찬가지입니다. 제1 연주자는 많지만 그와 함께 아름다운 화음을 이루어 줄 제2 연주자는 너무나 적습니다. 만약 아무도 제2 연주자가 되기를 원치 않는다면 아름다운 음악이란 영원히 불가능하지 않을까요?"

우리는 예수에게서 제2 바이올리니스트의 모습을 봅니다. 제1 바이올리니스트이신 하나님 아버지의 곡에 맞추어 화음을 내는 제2 바이올리니스트가 되어서 제1 바이올리니스트와 똑같은 마음과 열의를 가지고 인류의 구원을 위해 고난 받는 메시아의 역할을 감당하였던 분이 나사렛 예수였습니다.

그러나 만일 예수께서 인간적인 소리를 내어야 할 제2 연주자로서 연주하기를 원하지 않고 신으로서의 제1 연주자이기만을 원했다면 인류를 위한 아버지와 아들의 아름다운 구원의 화음을 결코 들을 수 없었을 것입니다.

나사렛 예수의 자기부정의 영성을 우리식으로 표현하자면 '부자유친(父子有親)'이었습니다. 부자유친이었기 때문에 아버지는 아들을 내어줄 수 있었고, 아들은 아버지의 뜻을 따라 십자가의 길에 자신을 내어 맡길 수 있었습니다.

예수 광야영성의 래디컬리즘과 사중복음

누구든지 자신이 세상을 구원해야 할 메시아로서 보냄을 받았다는 확신을 가지고 있었다면, 우선 예루살렘을 중심으로 유력한 자들을 찾아 자신의 캠프에 영입하여 하나님 나라 운동을 위해 필요한 조직을 만드는 데 일차적인 관심을 기울이는 것이 일반적인 모습이었을 것입니다. 동시에 메시아 운동을 위한 자금을 후원받는 일도 우선순위에 속하였을 것입니다.

그러나 예수는 그와 같은 일과는 전혀 거리가 먼 길을 택하였습니다. 예루살렘에 올라가서 사람들을 모아 조직화하거나 세력화하기는커녕, 오히려 사람들을 떠나 홀로 유다광야로 들어갔습니다.

'광야'의 히브리어 미드바르(midbar)란 '거기는 목초지가 아니니 들어

가지 말라' 는 유목민들의 전문용어라 합니다. 광야는 들어가 있을 만한 곳이 못 된다는 말입니다.

그런데 예수는 오직 한 가지, 성령에 이끌리어 광야로 들어간 것입니다. 그리고 40일 동안 밤낮으로 금식하며 기도했습니다. 여기에서도 예수영성의 숨어있는 래디컬리즘을 봅니다.

바란광야

철저하게 하나님만을 의지하는 예수의 이와 같은 래디컬한 광야 영성이 아니고서는 인간적 수단 방법을 총동원하여 목적을 달성하려는 마키아벨리즘과 대항할 수 없을 것입니다.

정말로 지금은 예수영성의 래디컬리즘에 입각한 철저한 신앙과 실천이 요청되는 시대입니다.

그런데 우리들 가운데서 예수 래디컬리즘을 찾아보기 힘든 이유는 무엇입니까? 그로 인해 마키아벨리적 교권주의가 한국 기독교 안에 판을 치게끔 하고 있습니까?

그 이유는 멀리 있지 않습니다. 가까이 내 안에 있습니다. 그것은 내가 내 뜻, 내 몸, 내 이름, 내 시간, 내 집, 내 돈, 내 자식, 내 가정, 내 회사, 내 교회, 내 고향, 내 학교, 내 제자, 내 교단, 내 정당, 내 나라, 내 민족에 얽매어 있기 때문입니다. 내가 가지고 있는 것, 내게 속해 있는 것을 놓지 않고 내가 끝까지 지키고, 내가 끝까지 가져가려 하기 때문입니다.

예수의 래디컬리즘은 어디에서 나왔습니까?

예수의 바람, 성령의 바람

내 것을 내려놓은 데서부터 나왔습니다. "아바 아버지여, 내 뜻대로 마옵시고, 아버지의 뜻대로 하옵소서!"라는 기도 한마디가 모든 마키아벨리즘을 예방하는 백신(vaccine)이요, 그것을 척결하는 비결이었습니다.

그러므로 누구든지 '자기'를 내려놓지 않고서는 예수의 래디컬한 삶을 좇을 수 없습니다. 그런 이유 때문에 "누구든지 내게로 오는 사람은, 자기 아버지나 어머니나, 아내나 자식이나, 형제나 자매뿐만 아니라, 심지어 자기 목숨까지도 미워하지 않으면, 내 제자가 될 수 없다."(눅 14:26)라고 말씀한 것입니다.

예수를 따르는 제자가 되려면 자기 목숨까지도 미워할 정도로 자기를 내려놓아야 한다는 말입니다. 자기가 죽지 않고 살아 있는 상태에서는 부모의 자식이요, 한 아내의 남편이요, 자식의 아비어미가 되어 구속받으니 하나님 중심주의에 철저하게 설 수 없기 때문입니다.

나에게 속한 모든 것들이 하나님께 소유권 이전이 되지 않고서는 마키아벨리적 인간 중심주의에 철저히 대항할 수 없는 것입니다.

그런데 인간은 왜 '자기(自己)'를 내려놓지 못합니까?

그 이유는 현재 자기 자신이 판단하고, 느끼고, 생각하고, 행동하고, 꿈꾸고, 바라는 행위의 주체인 육을 가진 자아가 참 자아요, 영원한 자아라고 생각하기 때문입니다. 그러므로 자기를 포기할 수 없게 됩니다.

현재의 나를 내려놓는 것은 곧 죽는 것과 같은 것이기 때문에 죽으면 죽었지 스스로 자기를 내려놓지 못합니다. 그에게 가장 두려운 것은 육체의 생명을 잃는 죽음입니다. 육체의 죽음과 함께 모든 것을 소유하고 있던 주체인 '나'란 존재가 한순간에 사라져버릴 것이기 때문입니다. 죽음과 함께 다 잃어버린다고 믿기 때문입니다. 그러므로 내가 살아있는 한, 내가 가지고 있는 것은 모두 내가 끝까지 짊어지고 가야 합니다. 내가 모든 책임을 져야 합니다. 그러니 그것들이 얼마나 무겁겠습니까?

세상의 수많은 종교들은 이러한 죽음의 문제를 해결하기 위해 나왔다고 해도 과언이 아닐 것입니다.

크게는 두 종류의 종교로 나누어 볼 수 있습니다.

하나는 자아의 죽음 없이도 현세에서 복을 누릴 수 있다는 기복적 신앙을 가르치는 '표층종교' 입니다. 그러나 기복적 신앙에 빠져 있는 자들은 불행하게도 자신들이 세속적 권력을 끝까지 붙잡도록 하는 마키아벨리즘의 하수인 역할을 하고 있다는 것을 알지 못합니다.

다른 하나는 여러 가지 방식으로 심신을 수행함으로써 자아를 부정할 수 있다고 가르치는 불교나, 혹은 종교적 계율을 지킴으로 신의 선한 뜻을 이룰 수 있다고 하는 유대교와 같은 '심층종교' 입니다. 이들과 같은 종교에서는 높은 윤리적 수준에 이르도록 하는 금욕적이고도 율법적인 실천을 요구합니다.

그러나 나사렛 예수 그리스도는 오히려 헛된 기복신앙이나, 금욕적 자기 부정이나, 율법적 자기 의(義)의 완성을 통해 참 쉼을 얻지 못함을 알고 있었습니다. 그러하기에 지쳐 있는 모든 자들을 향해 이렇게 부르십니다.

예수의 바람, 성령의 바람

수고하며 무거운 짐을 진 사람은 모두 내게로 오너라. 내가 너희를 쉬게 하겠다. 나는 마음이 온유하고 겸손하니, 내 멍에를 메고 나한테 배워라. 그리하면 너희는 마음에 쉼을 얻을 것이다. 내 멍에는 편하고, 내 짐은 가볍다. (마 11:28~30)

"내 멍에를 메고 나한테 배우라."라고 합니다.

예수께 나가서 배워야 하는 게 무엇입니까?

예수께서 자기의 나라를 구하는 것이 아니라 아버지의 나라를 구하고, 자기의 이름이 아니라 아버지의 이름이 거룩하게 되기를 구하고, 자기의 뜻이 아니라 아버지의 뜻이 이루어지도록 구하셨던 것처럼, '나' 대신에 '하나님'을 대입시키는 것을 배우는 것입니다.

그렇게 되면 '내 뜻'을 주장하는 것이 아니라, '하나님의 뜻'을 구하게 되고, '내 몸'이 내 몸이 아니라 '하나님의 몸'이 되고, '내 돈'이 내 돈이 아니라, '하나님의 돈'이 되고, '내 교회'가 내 교회가 아니라 '하나님의 교회'가 되고, '내 나라'가 내 나라가 아니라 '하나님의 나라'가 됩니다.

그렇게 되면, 내가 그 모든 것들에 관여하더라도 내 것이 아니고 하나님의 것이 되었기 때문에, 내 마음에 쉼이 있게 되는 것이며, 마음에 쉼이 있으니 같은 무게의 짐이라도 전보다 가볍게 느껴지는 것이며, 내 것이라 주장하지 않으니 내 마음이 온유하고 겸손하게 될 수밖에 없게 되는 것입니다. 내 것을 내놓지 않고 빼앗기지 않으려 하니, 내 마음에 쉼이 없고, 내마음이 강퍅해졌던 것입니다.

그럼에도 불구하고 여전히 내 마음에 근심이 있는 이유가 무엇입니까?

내 마음에 자아가 철저하게 죽지 않았기 때문입니다.

그러므로 예수께서 요한복음 14장 1절에서 하나님을 믿고 또 나를 믿으면 근심할 이유가 없어진다고 말씀하실 때, 하나님 믿음은 적당히 믿는 것이 아니라, 철저하게 전폭적으로 나를 하나님께 내어던지는 것입니다.

내가 죽고, 내 대신에 그리스도께서 사시게 하되 예수께서 하신 것처럼 그렇게 철저하게 맡기는 것입니다. 바울은 이 비밀을 깨달은 자였습니다. 그래서 갈라디아서 2장 20절을 담대히 고백할 수 있었습니다. 그러했던 고로 예수의 래디컬리즘을 바울에게서 확실하게 보는 것입니다.

> 나는 그리스도와 함께 십자가에 못 박혔습니다. 이제 살고 있는 것은 내가 아닙니다. 그리스도께서 내 안에서 살고 계십니다. 내가 지금 육신 안에서 살고 있는 삶은, 나를 사랑하셔서 나를 위하여 자기 몸을 내어주신 하나님의 아들을 믿는 믿음 안에서 살아가는 것입니다.

이것은 단순히 나의 생활방식을 좀 더 좋게 뜯어 고치는 차원이 아니라, 새로 태어남입니다. 근본적인 변화입니다. 이것은 혁신입니다. 예수와 함께 죽고 다시 태어난 나는 더 이상 과거의 나, 몸의 내가 아닙니다.

그러므로 바울이 고린도후서 5장 17절에서 말하듯이, 그것은 "새로운 피조물"로 태어난 것이요, 그것은 "옛 것"이 아닌 완전히 "새 것"이 된 것입니다. 내 몸은 그대로 있습니다. 그리고 내 몸이 관계하는 상황도 그대로 있습니다. 그러나 바뀐 것이 하나 있습니다. 내 몸을 지배하는 내가 바뀌었습니다. 과거의 몸의 나는 죽고, 그리스도가 내 몸을 지배하기 시작했습니다.

그러므로 내 몸은 더 이상 내 몸이 아니라, 그리스도의 몸이 된 것입니다. 주인이 완전히 바뀐 것입니다. 부도난 회사의 경영권을 예수 그리스도께서 인수한 것입니다. 이제 내 삶의 경영자는 내가 아니라 그리스도가 되었습니다.

예수 그리스도께서 "나와 아버지는 하나"(요 10:30)라고 한 것 같이, 그리스도와 함께 십자가에 못 박힌 나도 이제는 래디컬하게 "나와 그리스도는 하나다"라고 말할 수 있어야 합니다. 이때 나는 더 이상 몸의 내가 아니고, 영의 내가 되었기 때문입니다. 이제는 몸에 매인 내가 아니라, 그리스도의 영에 매인 나입니다.

노자(老子)도 그의 『도덕경』 제13장에서 "나에게 큰 걱정이 있는 까닭은 나라고 생각하는 몸의 나가 있기 때문이다. 몸이 없는 나에 이른다면 무슨 걱정이 있겠는가."라고 몸의 나에서 벗어나지 못하고 있던 자신의 한계를 탄식한 바 있습니다. 그에게 있어 '몸이 없는 나', '몸에 지배되지 않는 나'는 몸이 죽어서나 가능한 것이었기 때문입니다.

그러나 예수는 몸이 죽지 않고서도 죽은 몸처럼 되어 몸이 없는 나, 몸에 지배되지 않는 내가 될 수 있는 길을 열어놓았습니다. "길이요, 진리요, 생명"이신 그리스도와 함께 십자가에 못 박히는 것입니다. 몸의 나를 죽이고 영의 나, 생명의 나, 그리스도의 나로 새롭게 태어나는 것입니다. 생명의 역환이라 부를 수 있는 사건이 내 안에서 일어나게 하는 것입니다.

이것이 예수께서 말씀하신 바, "나를 위하여 자기 목숨을 잃는 사람은 목숨을 얻을 것"(마 10:39)이라고 하신 말씀과 뜻이 통하는 것입니다. 옛 생명, 몸의 내가 죽고, 새 생명인 영의 내가 태어나는 것입니다.

몸의 내가 이미 죽었기에 내 몸은 더 이상 내 몸이 아닌 것이 되었습니다. 그러므로 바울은 그러한 자신의 상태를 가리켜 자기는 "날마다" 죽는 인생이라 고백했던 것입니다. 날마다 자기는 죽고 그리스도가 살겠기 때문입니다.

내가 죽고 그리스도께서 왕이 되어 내 몸을 다스리게 되는 삶인 것입니다. 나에게 무거운 짐이요, 걱정거리였던 몸, 가정, 교회, 나라 등 모든 것들이 더 이상 나에게 속한 것이 아니라 그리스도에게 속한 그의 일이 되어, 그리스도가 경영하게 됩니다.

이처럼 몸의 내가 죽고 진정으로 그리스도가 내 안에 살게 될 때 먼저 내 안에서 예수의 래디컬리즘이 나타납니다.

예수께서 내 안에 살면, 먼저 내 안의 성전에 자리 잡고 있던 모든 마키아벨리적 교권주의와 세속주의, 그리고 모든 인간 중심주의적 생각과 일들을 예수께서 몰아내는 역사가 일어납니다. 예수께서 예루살렘 성전에서 하셨듯이 내 안에서 먼저 행하시는 것입니다.

이제 끝으로 느헤미야의 예를 우리 자신에게 비춰 봄으로써 지금 우리가 해야 할 일은 **철저하게 회개하는 것**임을 말하고자 합니다.

설교 강단에서만 회개를 외치는 것이 아니라, 이제는 무엇보다도 신학 자신이 회개의 메시지를 가지고 자성해야 할 때가 되었습니다. 철저한 회개를 통해서만 비로소 내 몸의 성전에서 마키아벨리즘을 몰아내고 그리스도만이 왕 노릇하게 할 수 있기 때문입니다. 우리에게서 이 일이 가능할 때 한국 교회의 회복은 멀지 않을 것입니다.

예수의 바람, 성령의 바람

기원전 445년에 바벨론의 왕으로부터 유대총독으로 임명되어 예루살렘에 귀환하여 52일 만에 예루살렘 성곽을 중수했던 느헤미야가 성전에서 행한 것과 같은 일을 그리스도께서 내 안의 성전에서 행하시도록 해야 합니다.

당시에 성전의 방들을 책임 맡고 있던 **엘리아십**(Eliashib) 제사장은 이스라엘이 상종할 수 없도록 되어있는 암몬 사람(느 13:1) **도비야**와 가까이 지내고 있었습니다. 그러다가 도저히 있을 수 없는 일을 벌이고 말았습니다. 성전에서 일하는 사람들을 위하여 바친 제물을 보관하는 방을 비워서 대신 이스라엘 백성들이 성곽 중건을 못하도록 훼방하고 못살게 굴었던 암몬 사람 도비야에게 내어준 것입니다.

그렇게 되자 성전에서 노래하는 자들과 레위인들이 더 이상 성전에서 일해도 먹을 양식이 나오지 않으니 다들 낙향하고 말았습니다. 느헤미야가 예루살렘을 잠시 떠나 바벨론에 1년간 머물고 있는 사이에 이루어진 일이었습니다.

느헤미야가 다시 돌아와 이 어처구니없는 현실을 보고 어떻게 했습니까?

그는 불타는 마음으로 도비야가 쓰던 방의 세간을 다 바깥으로 내던지고, 그 방을 깨끗하게 치운 다음에 하나님의 성전 그릇들과 곡식제물과 유향을 다시 들여놓음으로써 성전의 제사를 회복하였던 것입니다(느 13:1~12).

현대 한국 교회의 지도자들과 우리들은 개혁의 대상이 되어버린 엘리아십 제사장을 너무도 닮아 있습니다.

엘리아십은 "하나님이 회복하신다"라는 뜻이 아닙니까?

그런데 하나님이 스스로 그의 나라를 회복할 것이라는 아름다운 신앙적 이름과는 정반대로, 도비야와 마키아벨리적 야합을 통해 자신의 직위만을 유지하고 있던 엘리야십 본인 자신이 회복과 개혁의 대상이 되어있는 것입니다.

이처럼 자신에게 주어진 거룩한 이름과 직분을 욕되게 하고 있는 모습이 나 자신과 너무도 닮아 있습니다. 명목상으로는 그리스도인이요 하나님의 일꾼이라 불리지만, 실제로는 그리스도의 영을 따라 그리고 하나님의 말씀대로 사는 것과는 거리가 먼 오늘의 내가 아닌지 정말로 두렵고 떨리는 마음으로 먼저 나 자신을 돌이켜 보아야 할 일입니다.

이제 내 안의 성전 깊은 곳에 불러들인 도비야와 그에 속한 모든 세간을 끄집어내어 던져버려야 합니다. 그리고 깨끗이 청소한 후 거룩한 제물로 가득 채워야 합니다.

이를 위해 주님은 우리 자신이 오직 주님의 약속만 믿는 가운데 예루살렘을 떠나지 않고 마가의 다락방에 모였던 제자들처럼 아버지의 거룩한 성령을 기다리는 주의 종들이 되기를 바라고 있습니다.

그 가운데 철저한 **회개**를 통해 주께서 보내시는 성령으로 불세례를 받아 몸의 내가 완전히 죽고 오직 그리스도만이 사는 참 그리스도인이요 참된 주의 종들이 되기를 원하고 있습니다.

그래서 철저히 아바 아버지의 뜻만을 따라 하나님 중심주의로 살았던 예수의 래디컬리즘을 우리의 삶과 목회 가운데 드러냄으로써, 인간 중심주의적 마키아벨리즘의 모든 공격을 막아내고 건강한 주님의 교회를 세워나가

예수의 바람, 성령의 바람

는 예수의 제자가 되어야 할 것입니다.

우리는 이러한 예수의 하나님 중심주의적 래디컬리즘이 교회사에 면면
히 흘러온 것을 볼 수 있습니다. 프로테스탄트 최초의 순교자로 불린 15세
기 말 피렌체의 사보나롤라로부터 16세기 유럽의 루터와 칼뱅에서, 18세
기 영국의 웨슬리, 그리고 19세기 말 미국의 마틴 냅의 삶과 사상에서 이어
지고 있는 것을 봅니다.

특히 마틴 냅을 중심으로 셋 리스, 윌리엄 갓비 등은 사중복음을 선포하
며, 그 정신으로 믿음을 실천했던 급진적 성결운동을 통해 "만물을 다스리
는 하나님(God over All)"을 슬로건으로 하는 하나님 중심주의를 강력하게
추진하였습니다.

그들은 미국 감리교가 인본주의로 인해 급격히 세속주의와 교권주의에
로 떨어져나가고 있는 상황에서 교회를 '하나님'의 교회로 바로 세우고자
교회갱신 운동을 전개하였습니다. 하지만 교권에 의한 억압 때문에 교회
내부적 갱신에 한계를 맞아, 결국 이들에 의해 성결교회가 탄생되는 계기
가 되었습니다.

그러므로 성결교회는 신학적 차이와 갈등에 의해 형성된 교파주의 교단
이 아니라, 교회가 하나님 중심주의를 회복해야 한다는 교회혁신을 위한
자정(自靜) 운동의 딸인 것입니다.

현대 기독교의 마키아벨리적인 현실에 예수의 정신으로 대항하여 기독
교의 본질을 회복하는 데 사중복음의 정신, 곧 래디컬 성결운동이 21세기
한국과 세계 교회에 긴급히 요청되는 이유가 여기 있습니다.

사중복음은 예수의 래디컬한 하나님 나라의 복음을 19세기 마키아벨리즘에 빠져버린 감리교와 기존의 기독교를 향해 가감 없이 선포했던 통로로 쓰임 받았기 때문입니다.

여기에서 중요한 것은 사중복음 그 자체보다도 사중복음의 틀을 제시했던 냅과 그의 동료들의 하나님 중심적인 신앙과 그로 인한 두려움 없는 헌신적인 삶이었습니다.

성결교회를 비롯하여 한국 교회가 이제 새롭게 태어날 수 있는 길은 화석화되어 있는 사중복음을 살려내어 '사중복음의 정신'으로 재무장하는 것입니다. 이로써 인간 중심의 마키아벨리즘이 어떠한 모양으로 21세기 기독교를 점령하고 있는지, 현재의 중증 상태가 어디에서 비롯되었는지를 먼저 파악해야 할 것입니다.

이에 대한 처방은 하나님 중심주의를 선언하고 나섰던 예수의 래디컬리즘 정신입니다. 우리는 그 모범과 전통을 가지고 있음을 확인하게 되었습니다. 래디컬 성령운동으로 태어난 성결교 신앙 공동체가 그것입니다.

우리는 성결교회가 오랫동안 유산으로 간직해온, 교회와 세계를 변화시킬 21세기 네오-펜티코스탈 운동의 종자씨앗의 가치를 바로 인식해야 합니다. 이것은 결코 성결교만의 것이 아니라, 하나님 중심주의로 살고자 하는 모든 교회를 위해 성결교회가 보존해온 것일 뿐입니다.

이제 성결교회는 사중복음이라는 종자씨앗의 싹을 틔어 "아바, 아버지의 뜻대로" 그리고 아버지의 방법대로 하나님의 나라가 이 땅 위에 도래토록 해야 합니다.

아버지에 대한 절대 믿음 곧 '아바정신'으로 하나님 중심주의의 십자가

예수의 바람, 성령의 바람

길을 걸어갔던 예수처럼, 19세기 말 미감리교의 교황주의, 인간 중심주의에 대항하여 사중복음의 하나님 중심주의를 선포했던 마틴 냅처럼, 오늘의 성결교와 한국 교회의 신학과 목회의 혁신을 위해 사중복음의 아바정신, 절대 믿음, 하나님 중심주의를 선언하고 이에 헌신된 삶을 살아갈 오순절 사도들이 필요한 시대입니다.

이 일에 글로벌 기독교를 이루고 있는 북반구의 개혁주의와 웨슬리주의, 그리고 남반구의 오순절 은사주의와 종말론적 천년왕국주의 모두가 참여할 수 있는 사중복음적 글로벌 신학이 활발히 논의되어야 할 것입니다.

제 10 장
사중복음 정신과
헬라주의·유대주의의 도전

유대인은 표적을 구하고

헬라인은 지혜를 찾으나

우리는 십자가에 못 박힌 그리스도를 전하니

유대인에게는 거리끼는 것이요

이방인에게는 미련한 것이로되

오직 부르심을 받은 자들에게는 유대인이나 헬라인이나

그리스도는 하나님의 능력이요 하나님의 지혜니라

하나님의 어리석음이 사람보다 지혜롭고

하나님의 약하심이 사람보다 강하니라

(고전 1:22~25)

우리는 그 어느 때보다도 양극화된 시대에 살고 있습니다.

한쪽에서는 고도인공지능정보화의 환경에서 사이보그적인 삶에 적응하

예수의 바람, 성령의 바람

기 바쁘고, 다른 한쪽에서는 모든 테일러리즘(Taylorism)을 거부하면서 자연주의를 복구하고자 바쁩니다.

한쪽에서는 신자유주의적 금융 시스템을 극대화하고자 하고 다른 한쪽에서는 이를 저지하기 위해 경제민주주의를 부르짖습니다.

한쪽에서는 핵에너지의 확대를 위한 유토피아적 선전에 열을 올리고, 다른 한쪽에서는 핵으로 인한 인류멸망의 암울한 디스토피아를 말합니다. 가진 자에게 부의 집중이 가속화되는 한편, 가난한 자는 빈곤의 대물림에서 헤어 나올 길이 없어 보입니다.

교회는 세상 속에서 '하나님의 선교(missio Dei)'를 외치지만 세속주의에 빠져 허우적거리고, 다른 한편에 서 있는 교회는 성령 충만을 노래하지만 교권주의로 딱딱하게 섬유질화 되어 가고 있습니다.

오늘날 교계나 신학계 어디서나 '영성'을 말하지만 무엇을 위한 영성이며 어디서 흘러들어온 것인지 국적불명의 영성이 판을 칩니다. 뭐든지 갖다 붙여대면 다 통하는 게 영성이 되어버렸습니다.

아이러니는 영성이 쉽게 말해지는 곳일수록 영성의 향기는 고사하고 악취가 진동할 뿐인 경우가 허다하다는 것입니다. '자비의 집'이라는 베데스다에 양보와 배려가 있기는커녕 이기적 경쟁만이 있었던 것과 같습니다.

기독교 영성의 기본은 예수 십자가를 통한 '자기부정'이요, '자기죽음'인데, 도처에서 이루어지고 있는 영성강좌의 강사들은 예수의 이름을 걸고 성스러운 시간을 아예 '자기자랑'과 '자기성취'를 뽐내는 경연장으로 만들어가고 있고, 그들이 쏟아놓은 성공담의 독주에 성도들과 신학생들이 서서히 중독되어 간다면 참된 영성생활과 신학교육의 미래를 어디서 찾을 수 있겠습니까?

복음의 헬라화가 가져온 서구교회의 산물

기독교는 곧 종교개혁 500주년을 맞이합니다.

역사는 지금 우리로 하여금 지나온 과거에 대한 냉철한 반성과 더불어 미래에 대한 분명한 비전을 가지고 나가도록 촉구하고 있습니다. 우리는 이에 부응하여 먼저, 지나온 기독교 신학의 역사를 간략히 되짚어 본 후에 바울의 메시지를 우리의 현실에서 다시 읽고자 합니다.

그리고 결론적으로, 네 가지 정도를 말하고자 합니다. 첫째는 지혜를 구했던 헬라의 전통에서 십자가의 복음을 '지성화' 하고 '교리화' 하고 '제도화' 했던 서구 기독교와 서구 신학의 틀을 벗어나야 한다는 것, 둘째는 표적을 구했던 유대인의 전통과 흡사하게 19세기 말부터 '급진적 성결운동' 으로부터 시작된 '오순절 성령운동' 이 빠져있는 은사주의를 극복해야 한다는 것, 그래서 셋째는 십자가의 자기부정과 자기죽음을 통한 예수영성의 길을 바르게 찾아가야 한다는 것, 이를 위해서 넷째는 사중복음으로 전개된 래디컬 성결운동의 가치를 재발견하여 오늘날 기독교가 직면하고 있는 딜레마를 극복하는 데 요구되는 신학과 실천의 방향을 제시해야 한다는 것을 밝히고자 합니다.

예수의 바람, 성령의 바람

33년간 베를린 훔볼트 대학교에서 교리사 교수로 재직하다가 1921년에 은퇴한 아돌프 폰 하르낙(Adolf von Harnack, 1851~1930)이 갈파한 것처럼 서구 기독교의 역사는 유대-기독교의 지성화 혹은 헬라화의 역사였습니다.

폴 틸리히(Paul Tillich, 1886~1965)가 그러한 하르낙의 통찰에 대해 동의하면서 말한 바와 같이, 기독교의 헬라화는 선교와 교회의 토착화를 위해 필요했고, 그리고 잘못된 가르침을 구분하기 위해 복음의 내용을 합리적 지성으로 재구성하는 것은 불가피한 것이었을지 모릅니다.

그러나 기독교의 그러한 헬라화는 자신을 예상치 못한 모습의 종교로 만들어갔습니다. 다시 말해서, 신앙은 교리화 되었고, 공동체는 제도화 되었습니다. 그래서 개인의 신앙생활이 교리적인 표준과 교회의 제도적 교권 안에 제한되기 시작하였습니다.

이러한 현상들은 기독교가 헬라화 되면서 교회가 스스로 감내해야 할 대가였습니다. 그러나 무엇보다도 결정적인 희생은 헬라화 된 서구교회의 지성화 과정에서 기독교 복음의 히브리적 영성을 제대로 수용하지 못했다는 것입니다. 오히려 탈-유대적, 반-유대적 성서해석을 통해서 헬라적 지성화를 더욱 철저하게 밀고나갔습니다.

그 결과 니케야 공의회(BCE 325)나 칼케돈 공의회(BCE 381)를 비롯한 교회의 결정문에서 볼 수 있듯이, 신앙고백에 관련된 문제들과 그와 관련된 신학적 이론들이 한결같이 헬라적 사유의 틀과 개념들 안에서 다루어졌습니다.

주지하다시피, 헬라주의는 철저한 인간 중심 사상 체계요 세계관입니다. 신들의 세계마저도 인간적 모습으로 표현되지 않으면 신화를 이야기할 수 없을 정도로 인간 중심적인 것이 헬라주의였습니다.

이러한 인간 중심의 헬라적 관념 체계가 신 중심적 히브리 영성을 제대로 담아낸다는 것은 불가능한 일이었습니다. 그렇기에 만일 누가 히브리적 성서의 영성을 자신의 신앙생활 안으로 끌어오기 원한다면, 그는 지성화된 교리주의의 틀과 제도화된 교권주의의 성역 밖으로 스스로 탈퇴하여 나가거나, 아니면 신비주의나 열광주의자로 이단시 되어 교회로부터 쫓겨나가는 운명을 각오해야 했습니다.

기독교의 헬라화는 결국 교리주의와 교권주의로 스스로를 무장하여 거대한 타율적 신정체제로서의 교황주의적 가톨릭신학과 그러한 교권을 만들어내었습니다.

종교개혁을 새롭게 정의하자면, 그것은 인간 중심적 헬라화의 거대 산물인 교황주의에 의해 상실된 성서와 예수와 사도들과 선지자들의 영성을 되찾고자하는 운동이라 할 수 있을 것입니다.

이것은 19세기 말 미국 오하이오주 신시내티에서 마틴 냅(Martin Knapp, 1853~1901)이 중심이 된 만국사도성결연맹이 교황주의적인 권력을 행사하는 미감리교의 교권주의에 대항하여 성서적-사도적 교회로의 회복을 외치면서 결성된 것과 맥락을 같이 합니다.

"Let God Be God! 하나님을 하나님 되게 하라!"라고 외친 종교개혁자들이나, "God over All! 모든 것 위에 하나님이 계시게 하라!"라고 외친 성

예수의 바람, 성령의 바람

결교회 창시자 마틴 냅은 모두 동일하게 인간 중심적 헬라화의 문제를 극복하기 위해 한 목소리로 하나님 중심주의를 선언하고 나선 것에 지나지 않다고 할 것입니다.

16세기의 마틴 루터(Martin Luther, 1483~1546)나 19세기의 마틴 냅은 한마디로 기독교가 계속적으로 헬라화 되어가는 것을 중단시키고자 했던 것이며, 예수 그리스도의 복음 안에서 재발견한 하나님 중심의 히브리 영성을 회복코자 한 것입니다.

"나 여호와가 너희의 하나님임을 알라"는 것이며, "임마누엘", "여호와삼마"의 영적 임재를 일상의 생활 가운데서 체험케 하는 것이었습니다.

루터와 칼뱅(John Calvin, 1509~1564)은 여리고성과 같이 단단하게 교권으로 무장된 가톨릭 신학의 '신앙의 지성화(fides quaerens intellectum)' 프로젝트를 향해 도전장을 던졌습니다.

이 종교개혁자들을 지배하고 이끌었던 힘은 그들이 가지고 있던 인간의 지성이나 철학적 논리가 아니라, 나사렛 예수로 하여금 이 땅에 오게 하고, 하나님의 뜻을 이루게 하고, 새로운 교회 공동체를 열게 한, 성령의 감동이었습니다.

18세기 영국에 웨슬리가 나타난 것도 같은 맥락이었습니다. 칼뱅의 신학을 신봉하고 있던 잉글랜드 교회(Church of England)-성공회-가 성서의 가치를 존중했다지만 현실적으로 그들은 전통과 이성에 의한 헬라화의 틀을 벗어나지 못하여 교권주의에 스스로 묶여있었기 때문에, 정작 하나님의 절대주권을 강조한 칼뱅의 하나님 중심의 영성을 그들에게서 찾아볼 수 없었습니다.

오히려 하나님의 절대주권이란 교리를 지성적으로 설득하기 위해 인간적인 사변과 논리로써 이중예정론을 극단적으로 밀고 나감으로써, 사랑의 하나님을 독선적이고도 잔인한 신으로 오도하고 있었습니다.

이때 성령의 충만을 체험한 웨슬리 형제들이 다시 하나님 중심의 히브리적 영성에 입각하여 성서의 중심 메시지인 하나님 사랑과 이웃 사랑의 예수영성을 회복하고자 한 것이 '메소디스트(Methodist) 성결 운동'이었습니다.

현대 기독교는 탈(脫)헬라화를 시도하면서 교리주의와 교권주의를 극복하여 예수 그리스도와 사도들의 초대교회 영성을 회복하고자 했던 종교개혁의 후예임을 자부합니다.

그러나 종교개혁 500년이 다 되어가는 현대는 보다 근본적인 자기비판과 보다 철저한 자기성찰을 요구하지 않으면 안 되는 비상한 때로 보입니다. 종교개혁의 태생적 한계점이 500년 기독교 역사 가운데서 드러나고 있기 때문입니다.

그것은 루터와 칼뱅 모두 '성서의 아들'이기도 하지만 동시에 르네상스 '인본주의의 아들'이기도 하다는 점입니다. 종교개혁 1세대에서는 성서의 영성이 지배적이어서 타율적인 교권주의와 교리주의에 대항하여 초대교회의 예수영성을 회복할 수 있었지만, 세대가 지나가면 갈수록 영성은 거룩한 이름뿐이고 다시 르네상스 인본주의에 입각한 지성화가 교회와 신학을 지배해 왔기 때문입니다.

예수의 바람, 성령의 바람

신학의 지성화는 타락한 인간의 의지와 결합하여 배타적 교리와 전횡적 교권을 만들어 내어, 전보다 더 철저히 교회와 신학을 재무장해 온 것이 확실해 보입니다.

그와 같은 현실은 종교개혁 200년이 지난 18세기 영국에서 웨슬리(John Wesley, 1703~1791)도 뼈저리게 경험했던 바였고, 그래서 그가 메소디스트 운동을 성공적으로 전개해나가면서도 염려되었던 것은 또 다시 메소디스트들이 떠나왔던 데로 다시 돌아가지 않을까 하는 것이었습니다.

서구 기독교 신학의 종말과 새로운 펜티코스탈 운동

우리가 경험해온 종교개혁 이후 서구사회를 지배해왔던 모더니즘(Modernism)이라는 것은 철저히 헬라의 인간 중심주의의 극대화였고, 그 끝자리에 1, 2차 세계대전이 있었고 그것을 철저히 밀고나간 것이 소위 '유태인 대학살(holocaust)' 이었습니다.

지상에서 아예 유대인의 구약성서와 히브리 사상의 씨를 말려야 한다는 것입니다. 이것을 뒤집어서 읽으면, 지상에서 하나님 중심주의의 누룩을 다 제거하여 오직 인간 중심주의만 남도록 하겠다는 것과 하나도 다른 것이 없습니다.

이러한 인간 중심주의에 입각한 홀로코스트적인 만행을 자행한 주체가 누구였습니까?

그것은 다름 아닌 종교개혁자 루터의 후예들인 독일민족이었고, 히틀러는 루터의 이름으로 그러한 일들을 자행했던 것입니다.

한마디로 헬라화 된 기독교인들이 유대인들을 학살한 사건이 홀로코스트였습니다.

홀로코스트는 서구 기독교 신학의 종말을 스스로 선언한 것이었습니다. 기독교가 홀로코스트에 대하여 자유롭지 못하기 때문에 스스로 자랑하는 참 프로테스탄트 정신은 어디에서도 찾아보기 힘든 지경에 이르렀습니다.

그러는 사이에 서구 기독교가 서구 문명과 함께 급격히 몰락해가기 시작했고, 반면에 서구의 제국주의적 지배 하에서 서구 열강에 의해 수탈당하던 남반구의 아시아, 아프리카, 남아메리카에서 탈식민주의적인 주체에 의한 새로운 움직임이 일어나기 시작했습니다.

그것은 전에 없었던 영적 대각성 운동으로서 초대교회의 사도적 영성과 부흥을 갈구하는 펜티코스탈 운동(Pentecostal Movement)이었습니다. 지난 20세기는 헬라화 된 인본주의적 기독교의 몰락이자, 동시에 인본주의에 기초한 낙관주의적 인간관과 세계관의 한계를 인정하고 하나님의 직접적 통치를 기다리는 펜티코스탈 기독교 부흥의 시대였습니다.

그러나 펜티코스탈 부흥운동은 헬라화 한 서구 신학과 서구 기독교의 교리주의와 교권적 제도주의에 대한 분명한 대안으로 등장했음에도 불구하고 인본주의적 서구 기독교를 근본적으로 개혁하는 데 처음부터 한계를 노출하였습니다.

성령의 역사를 강조함으로써 잃어버린 성서의 히브리 영성을 회복하는 데는 기여하였으나 유대인들이 걸려 넘어졌던 표적을 구하는 데로 기울어졌

예수의 바람, 성령의 바람

기 때문에 교회와 신학의 변혁에 결정적으로 영향을 미치지 못하였습니다.

성결교회 역시 19세기 말 미감리교회의 교권주의에 대항하여 일어난 펜티코스탈 성결운동의 딸입니다.

그러므로 성결교회는 헬라적인 인본주의와 결탁된 모든 인간 중심적 제도와 신학 및 그러한 사조들에 대해 저항했던 교회사의 모든 성령 운동과 연대할 수 있습니다.

아우구스티누스, 루터, 칼뱅, 웨슬리, 플레처(John Fletcher), 애즈베리(Francis Asbury), 냅은 기독교의 헬라화로 말미암아 상실했던 복음의 히브리적인 예수의 영성을 찾고자 했던 자들입니다. 하나님이 보내시는 '예수의 바람, 성령의 바람'을 갈구했던 것입니다.

그 가운데 냅의 '참복음(Full Gospel, 四重福音)'은 히브리적인 예수 영성의 복음을 역사적으로 가장 잘 드러낸 펜티코스탈 성결운동의 성과물로서 신학적으로도 커다란 의의를 지니고 있음에 대해 앞에서 살펴보았습니다.

사중복음의 정신과 중생, 성결, 신유, 재림의 복음에서 비롯된 사중복음 신학은 종교개혁 이후 500년 동안 다시 형성된 교리주의와 교권주의를 극복하는 '글로벌 신학'의 새로운 모델이 될 수 있을 것입니다. 왜냐하면 그 가운데 인간 중심주의를 거부하는 하나님 중심주의 정신이 철저히 자리 잡고 있기 때문입니다.

이러한 시점에서 바울이 고린도교회를 향해 복음을 외쳤던 1세기 당시의 역사적-정신적인 상황을 돌아볼 때 그때의 형편이 21세기 오늘의 상황과 크게 다르지 않다는 것을 알 수 있습니다.

유대인은 표적을 구했고 헬라인은 지혜를 찾는 데 우선을 두고 있었습니다. 그리고 그런 자들에게 십자가에 못 박힌 그리스도는 한편에서는 '거리끼는 것'이 되었고, 다른 한편에서는 '어리석은 것'으로 여겨져 거절되었습니다.

이와 마찬가지로 오늘날 서구 기독교도 지혜를 구했던 헬라인처럼 복음신앙을 교리화하였고, 다른 한편, 교리화된 기독교를 떠나서 펜티코스탈 성령의 역사를 경험한 교회는 표적을 구했던 유대인처럼 은사주의의 유혹을 뿌리치지 못하고 있습니다.

역사적으로 기독교의 헬라화에 대항하여 영성운동을 주도했던 그룹들은 교리주의와 교권주의에 맞서 언제나 교회 개혁적이었습니다.

왜냐하면 이들은 예수 그리스도의 십자가 복음이 헬라철학으로 해석됨으로써 문화와 사회체제에 길들여져 맥 빠진 메시지가 되지 않도록 펜티코스탈 초대교회의 영성을 항상 붙잡고 있었기 때문입니다. 그래서 나사렛 예수의 삶과 메시지가 성령의 감동으로 그대로 생명력 있게 전달되도록 했던 것입니다.

그런데 현대의 펜티코스탈 부흥운동의 문제는 예수께서 히브리 전통에서 예언자적, 왕적, 제사장적 메시아임을 경험토록 하기보다, 오히려 눈에 보이는 영적 은사나 표적을 구하는 방향으로 이탈해나가고 있다는 데 있습니다. 이를 극복하는 것이 소위 '남반구 교회'가 당면한 시급한 과제입니다.

탈기독교 시대의 바울 사도의 길

바울은 헬라인과 유대인 모두가 받을 수 있는 최고의 교육을 받은 자였습니다. 그 스스로가 원했다면 얼마든지 복음을 헬라화 할 수 있었고, 또한 얼마든지 유대인이 꺼려하는 것을 피해서 예수 그리스도께서 공생애 동안 행했던 기사와 이적만을 제시할 수 있는 능력을 가진 자였습니다.

그러나 바울은 기독교의 진리를 유대인이 선호하는 표적을 통한 능력 과시의 방법을 사용하지 않으면서 예수께서 하나님의 아들이라 선포했습니다. 그 결과 그는 동족 유대인들, 심지어는 유대 그리스도인들로부터까지 여러 번의 죽을 위기를 맞으면서 온갖 고난을 받을 수밖에 없었습니다.

또한, 바울은 헬라인이 선호하는 인간적 지혜의 방법을 쓰지 않고 십자가의 그리스도를 이방인들에게 소개함으로써 이방인들로부터 어리석은 자라고 조롱거리가 될 수밖에 없었습니다.

그러나 바울은 담대히 자신이 듣고 믿은 바대로 선포하였습니다. 즉 그리스도는 고난을 당하셔야 한다는 것과 그는 죽은 사람들 가운데서 가장 먼저 부활하신 분이 되었다는 사실, 그리고 바로 예수 그리스도 자신이 이스라엘 백성과 이방 사람들에게 빛을 선포하실 것이라고 외쳤습니다.

이러한 바울을 향해서 그를 아는 자들은 "네 많은 학문이 너를 미치게 하였구나!"라고 그의 말과 행위에 대해 평하지 않을 수 없었을 것입니다.

그러나 바울이 복음을 인간적인 지혜로 헬라화 하지 않고, 신비스럽게 유대화 하지 않았기에 그가 전한 십자가의 그리스도 복음이 잠시 존재했다가 사라져 버리고 말 사람의 능력이나 사람의 지혜가 아닌, 모든 인류를 살리는 "하나님의 능력이요 하나님의 지혜"로 순수하게 오늘날까지 우리에게 전달될 수 있었습니다.

어떻게 그렇게 될 수 있었습니까?

부활하신 그리스도께서 유대인과 헬라인들에게 빛을 선포하시리라 믿은 대로 그리스도께서 직접 역사하셨기 때문입니다. 즉 그리스도를 증언하는 진리의 성령께서 역사하신 것입니다. 그래서 전도의 미련한 것을 통해서 믿음의 역사가 나타나고 교회가 세워질 수 있었던 것입니다.

한국교회는 헬라화를 추구하다 결국은 오늘날의 탈기독교시대를 자초한 서구교회와 서구신학의 전철을 더 이상 그대로 계속 밟아서는 안 될 것입니다.

또한 성령의 역사를 구하는 것은 좋지만 표적을 구하는 '유대적인' 오순절 기독교로부터도 돌아서야 합니다. 표적을 구했던 유대인들에게 예수께서 단호하게 "악하고 음란한 세대가 표징을 요구하지만, 이 세대는 요나의 표징밖에는 아무 표징도 받지 못할 것"(마 16:4)이라 말씀하신 것을 오순절 전통에 서서 성령의 역사를 강조하는 교회들은 잊지 말아야 합니다.

헬라화를 추구해 온 서구 기독교는 모더니즘에서 인간 중심주의의 꽃을 피우는가 싶더니 종족 살해의 홀로코스트 대참사극을 벌이고 말았고, 또한 타율적인 교권을 통해 제도적 교회를 유지하려는 동안 포스트모던적인 새로운 시대정신(Zeit-Geist)을 읽지 못함으로써 역사의 여울목에서 좌초(坐礁) 당하는 운명에 처하게 되었습니다.

예수의 바람, 성령의 바람

그러므로 21세기의 기독교가 사는 길은 그동안 불려왔던 거대한 몸집으로부터 하루속히 빠져나와 예수영성의 생명줄을 붙잡는 것입니다. 이 와중에서는 헬라화의 과정에서 형성된 그간의 모든 가치관들이 해체될 수 있기 때문에 일시적으로 정체성의 상실이라는 혼수상태(coma)를 피할 수 없을지 모릅니다.

500년 역사를 자랑하는 종교개혁 전통에 서 있는 기독교의 신학적 회심이 절실히 요청되고 있는 시점이 바로 오늘입니다.

그렇기에 현대를 사는 자는 누구든지 헬라화의 지성화 과정에서 상실해버린 영성을 회복하려는 시대를 경험하고 있는 것입니다. 그러므로 오늘날 어느 곳에서나 영성을 말하는 것은 지난 날 무엇을 하든지 이성과 합리성을 말했던 현상과 다르지 않습니다.

바울을 보십시오! 우리의 바울은 예수영성의 핵심인 십자가의 복음을 헬라인의 합리적 틀에 넘기지 않았습니다. 그는 오히려 사람의 지혜로움보다 하나님의 미련함을 선택했습니다.

또한, 그는 복음을 유대인이 구하는 표적에 맞추지도 않았습니다. 오히려 사람의 강함보다 하나님의 약함을 선택했습니다.

그러했기 때문에 그가 뿌린 복음의 씨앗을 통해 성령께서 서구의 심장부인 로마를 제2의 예루살렘으로 변화하는 길로 만드셨습니다.

복음의 헬라화로 교리주의와 교권주의로 물들어버린 서구신학에 저항하고 나온 '펜티코스탈 성결운동'과 이로부터 태어난 '펜티코스탈 글로벌 사중복음 신학'이야말로 잃어버린 예수영성을 회복하도록 모든 하나님의 교회에 맡긴 위대한 도구가 될 것입니다.

하나님의 어리석음과 하나님의 약함이 인간의 지혜로움과 인간의 강함보다 더 강하고 지혜롭다는 것을 믿는 것이 예수영성이요, 그것이 십자가와 부활의 복음이요, 포스트모더니즘 시대에도 걸어가야 할 예수영성의 길입니다.

지금까지 우리는 역사적으로 기독교 내에서 처음으로 복음이 전파되기 시작할 때부터 현대에 이르기까지 '복음의 지성화'와 '복음의 은사화'로 인하여 참 구원의 복음이 바로 이해되지 못하였던 측면을 보아왔습니다.

이에 대하여 사중복음이 참 구원의 복음이라 한다면, 이제 사중복음의 참 실체가 무엇인지 보다 더 잘 밝혀 딜레마에 빠진 현대 기독교에 갈 길을 명확하게 보여줘야 할 사명이 우리에게 있는 것입니다.

사중복음은 '참 구원의 복음(Gospel of the Full Salvation)'으로 바로 이와 같은 예수영성의 길을 보여주는 것 외에 다름이 아닙니다.

사중복음은 신학이 지성화로 빠지는 것에 대항하는 힘입니다. 19세기말 주류 미감리교회가 빠져 있던 인본주의적인 영적 상황을 직시하고 교회로 하여금 이를 타개하고 나오도록 한 힘이 사중복음이었습니다.

사중복음 안에는 복음의 지성화나 복음의 은사화를 저지하는 힘이 있습니다. 오히려 사중복음의 정신으로 무장되면 지성과 은사가 하나님 나라의 실현을 위해 복음의 능력을 드러내는 위대한 도구들이 됩니다. 왜냐하면 오순절 성령의 임재 사건은 지성과 은사를 제거한 것이 아니라, 이들이 복음 증거에 쓰임 받도록 이들에게 목표와 방향을 제시해주었기 때문입니다.

사중복음: 펜티코스탈 사도 정신과 선지자의 길

19세기말 펜티코스탈 성령운동의 지도자들은 한 목소리로 '성서로 돌아가야 한다(Back to the Bible)'고 외쳤고, 그 최종의 모토를 '성서적 성결(Bible Holiness)'로 정하고 그대로 살기를 힘썼습니다.

이때 그들이 모범으로 삼았던 자들이 바로 사도들이었고 선지자들이었습니다. 그래서 '사도(apostle)'라는 말은 그들의 정체성을 드러내 주는 용어로 부족함이 없었습니다. 래디컬 성결운동으로 형성된 모임의 이름이 바뀌는 과정에 사용되었던 '만국사도성결연맹(International Apostolic Holiness Union)'이란 명칭에서도 볼 수 있듯이, 이들이 추구하는 성결의 실체는 '사도적 성결(Apostolic Holiness)'이라는 것입니다.

그러므로 성결교회의 DNA는 대각성 부흥운동적, 웨슬리적, 종교개혁적이기 이전에, 성서적이요, 오순절적이요, 사도적이요, 선지자적이라 말함이 먼저입니다.

'성서로 돌아가야 한다!'고 외쳤을 때는 신학의 전통도 좋고, 이성도 좋고, 경험도 좋지만 그것은 껍데기요 참 알맹이는 아니라는 깨달음이 있었던 것입니다. 그리고 진정한 생명의 힘은 오직 하나님의 말씀인 성서로 돌아가서 하나님의 거룩한 영에 사로잡힐 때만 가능하다는 절실한 고백이었던 것입니다.

그들이 성서에서 일차적으로 만난 자들은 무엇보다도 성서의 저자들인 사도들과 선지자들이었습니다. 무엇보다도 그들을 통해서 예수 그리스도

를 생생하게 만날 수 있었습니다. 그러므로 사중복음은 사도들을 통해서
만난 예수 그리스도의 복음이라 할 수 있습니다.

> 너희는 **사도들**과 **선지자들**의 터 위에 세우심을 입은 자라. 그리스도 예수께서 친
> 히 모퉁이돌이 되셨느니라(엡 2:20).

> 거룩한 **선지자들**이 예언한 말씀과 주 되신 구주께서 너희의 **사도들**로 말미암아
> 명하신 것을 기억하게 하려 하노라(벧후 3:2).

> 이제 그의 거룩한 **사도들**과 **선지자들**에게 성령으로 나타내신 것 같이 다른 세대
> 에서는 사람의 아들들에게 알리지 아니하셨으니(엡 3:5).

> 그러므로 하나님의 지혜가 일렀으되 내가 **선지자**와 **사도들**을 그들에게 보내리니
> 그중에서 더러는 죽이며 또 박해하리라 하셨느니라(눅 11:49).

> 하나님이 교회 중에 몇을 세우셨으니 첫째는 **사도**요 둘째는 **선지자**요(고전 12:28)
> 이제 그의 거룩한 **사도들**과 **선지자들**아, 그로 말미암아 즐거워하라. 하나님이 너
> 희를 위하여 그에게 심판을 행하셨음이라 하더라(계 18:20).

실로 성서 자체가 사도와 선지자의 정신으로 가득 차 있음을 확인할 수
있습니다. 구약성서가 선지자들에 의하여, 신약성서가 사도들에 의하여 하
나님의 역사가 기록되었다는 것은 결코 우연한 일일 수 없다는 것을 알게
됩니다.

그렇다면 선지자는 누구였으며, 사도는 어떤 자였습니까?

한마디로, '하나님의 사람'이었습니다. 하나님에 의하여 붙잡힌 사람이

예수의 바람, 성령의 바람

요, 하나님에게 모든 것을 건 자요, 오직 하나님의 말씀만 그대로 전하고, 그에 따라 산 자였습니다.

어떻게 그것이 가능할 수 있었습니까?

하나님의 거룩한 영이 그들을 사로잡고, 그들 가운데 임재하여 역사하였기 때문에 사도와 선지자의 길을 걸어갈 수 있었습니다.

오순절 펜티코스탈 사건은 하나님이 자기 자녀들에게 자신의 성령을 쏟아 부어주신 역사였습니다. 그것은 "너희가 악할지라도 좋은 것을 자식에게 줄 줄 알거든 하물며 너희 하늘 아버지께서 구하는 자에게 성령을 주시지 않겠느냐"(눅 11:13)는 약속의 말씀이 가시적으로 실현된 사건입니다.

평범하고 나약하기 짝이 없던 제자들이었으나 그들이 성령세례를 경험한 이후 그들은 전혀 다른 모습으로 바뀌어 있었습니다. 오순절의 성령세례를 통해 변화된 사도들의 모습을 고스란히 담아 전하고 있는 본문(행 4:5~22)을 그 당시의 살벌한 상황을 연상하면서 묵상해봅니다.

이튿날 관리들과 장로들과 서기관들이 예루살렘에 모였는데
대제사장 안나스와 가야바와 요한과 알렉산더와 및 대제사장의 문중이 다 참여하여 사도들을 가운데 세우고 묻되,
'너희가 무슨 권세와 누구의 이름으로 이 일을 행하였느냐?'
이에 베드로가 성령이 충만하여 이르되,
'백성의 관리들과 장로들아, 만일 병자에게 행한 착한 일에 대하여 이 사람이 어떻게 구원을 받았느냐고 오늘 우리에게 질문한다면, 너희와 모든 이스라엘 백성들은 알라. 너희가 십자가에 못 박고 하나님이 죽은 자 가운데서 살리신 나사렛 예수 그리스도의 이름으로 이 사람이 건강하게 되어 너희 앞에 섰느니라. 이 예수는 너희 건축자들의 버린 돌로서 집 모퉁이의 머릿돌이 되었느니라. 다른 이로써

는 구원을 받을 수 없나니 천하 사람 중에 구원을 받을 만한 다른 이름을 우리에게 주신 일이 없음이라' 하였더라.

그들이 베드로와 요한이 담대하게 말함을 보고 **그들을 본래 학문 없는 범인으로 알았다가** 이상히 여기며 또 전에 예수와 함께 있던 줄도 알고 또 병 나은 사람이 그들과 함께 서 있는 것을 보고 비난할 말이 없는지라. 명하여

'공회에서 나가라.'

하고 서로 의논하여 이르되

'이 사람들을 어떻게 할까 그들로 말미암아 유명한 표적 나타난 것이 예루살렘에 사는 모든 사람에게 알려졌으니 우리도 부인할 수 없는지라. 이것이 민간에 더 퍼지지 못하게 그들을 위협하여 이 후에는 이 이름으로 아무에게도 말하지 말게 하자.' 하고, 그들을 불러 경고하여

'도무지 예수의 이름으로 말하지도 말고 가르치지도 말라.' 하니, 베드로와 요한이 대답하여 이르되

'하나님 앞에서 너희의 말을 듣는 것이 하나님의 말씀을 듣는 것보다 옳은가 판단하라. 우리는 보고 들은 것을 말하지 아니할 수 없다.' 하니, 관리들이 백성들 때문에 그들을 어떻게 처벌할지 방법을 찾지 못하고 다시 위협하여 놓아 주었으니 이는 모든 사람이 그 된 일을 보고 하나님께 영광을 돌림이라.

이 표적으로 병 나은 사람은 사십여 세나 되었더라.

사도들이 성령 충만하여 하나님에게 완전히 사로잡힌 상태에서 복음을 증언하는 일에 진정으로 담대한 자로 변화된 모습을 볼 수 있습니다. 참 사도가 된 것입니다. 19세기 말 오순절 성결운동에 헌신했던 자들이 추구했던 그 모델이 성령세례 받고 오직 하나님만을 의지하고 그의 뜻만을 전하고자 했던 사도들이었습니다.

이르되 우리가 이 이름으로 사람을 가르치지 말라고 엄금하였으되 너희가 너희

가르침을 예루살렘에 가득하게 하니 이 사람의 피를 우리에게로 돌리고자 함이
로다.
베드로와 사도들이 대답하여 이르되 **사람보다 하나님께 순종하는 것이 마땅하**
니라.
너희가 나무에 달아 죽인 예수를 우리 조상의 하나님이 살리시고 이스라엘에게 회
개함과 죄 사함을 주시려고 그를 오른손으로 높이사 임금과 구주로 삼으셨느니라.
우리는 이 일에 증인이요, **하나님이 자기에게 순종하는 사람들에게 주신 성령도**
그러하니라 하더라(행 5:28~32).

중생, 성결, 신유, 재림을 사중복음이라 하여 선양(宣揚)함은 이 복음을
증거하며 가르쳤을 뿐만 아니라 이 복음으로 인하여 순교의 길을 걸어갔던
사도들의 삶 가운데 배어 있는 정신의 고귀함 때문입니다. 이때 그 정신이
고귀한 이유는 그리스도 예수께서 제자들이 지니기를 바랐던 하나님 중심
주의가 그 가운데 있기 때문입니다.

오직 하나님께 옳게 여기심을 입어 복음을 위탁 받았으니 우리가 이와 같이 말함
은 사람을 기쁘게 하려 함이 아니요 오직 우리 마음을 감찰하시는 하나님을 기쁘
게 하려 함이라(살전 2:4).

사도들과 선지자들의 정신이 이 시대에 절실히 요청되는 것은 그들의 삶
가운데 보이는 하나님 중심주의의 래디컬리즘 때문입니다.
'바른 목회'나 '바른 신학'을 내거는 것까지는 좋았으나 교회갱신의 크
고 작은 움직임들에 열매가 맺히지 못하고 있는 이유는 하나님 중심주의의
래디컬리즘이 드러나지 않기 때문입니다.

사도들과 선지자들의 삶을 래디컬하게 지배했던 사중복음의 정신, 곧 하나님 중심주의, 예수 그리스도의 **아바정신**이야말로 교회와 신학의 중심에 하나님을 세우는 '래디컬 파워(radical power)'가 될 것입니다.

하나님 중심주의의 아바정신을 이어받는 도장은 겟세마네 동산이며, 빈 들이며, 광야이며, 한적한 곳이며, 예루살렘 마가의 다락방입니다. 그곳에서 여럿이, 때로는 홀로 무릎을 꿇고 '아바, 아버지'를 부를 때, 나의 것을 내려놓게 되고, 아버지의 하나님 나라를 보게 되고, 아버지의 말씀을 듣게 되어 마침내 그 나라와 그 의를 구하게 됨으로써 내 안에, 그리고 우리 안에 아버지로 가득 차게 되는 것입니다.

그러므로 '기도하는 일'이야말로 오늘날 하나님 중심주의의 래디컬리즘을 우리의 삶에, 우리의 신학과 목회에 혁신(革新)의 바람을 불어 일으킬 수 있는 가장 래디컬한 길임을 알 수 있습니다.

목숨 걸고 '아바, 아버지' 부르면서 기도하는 자들을 통해 목회의 혁신도 이루어지고, 신학의 혁신도 이루어지고, 삶의 혁신이 이루어질 수 있다는 것입니다. 사중복음적 삶의 첫째 되는 실천은 '아바, 아버지'를 크게 부르짖는 것입니다!

제 11 장
사중복음 정신과
하나님 나라의 삶

사중복음의 열매는 이론이 아니라, 삶입니다. 그리고 신학이라 할 때에도 삶으로써 사중복음 신학을 이야기할 수 있어야 신학 이야기의 진정성이 드러날 수 있습니다.

삶으로써 사중복음을 이야기하는 것을 우리는 '사중복음 윤리'라 합니다. 과연 사중복음은 윤리적 실천의 삶 가운데 어떻게 드러나게 됩니까? 윤리적 실천으로 드러난 사중복음의 삶을 이야기하고 또 그 모델을 제시하기까지는 사중복음 신학은 도상에 있다고 하겠습니다.

한국에는 장로교, 감리교, 순복음 등 여러 교파가 있지만, 그 중에서 유일하게 사중복음을 교단의 브랜드로 드러내놓고 있는 교회는 성결교입니다.

사람 없는 교회는 없습니다. 그런 면에서 사중복음이 명실공히 성결교회의 브랜드가 되려면 사중복음을 '삶'으로써 드러내는 사람이 있어야 합니다.

특히 재림신앙으로 성결의 삶을 드러낸 성결교인들을 통해서 펜티코스탈 성령세례의 능력을 확인할 수 있을 것입니다.

우리는 사중복음적 삶의 실천을 통해서 교회의 혁신과 세계 교회의 일치를 이루려는 사중복음 윤리실천 운동에 참여하고자 합니다. 그런데 여기에서 분명히 해야 할 것은 그 운동의 주체는 성령이어야 한다는 것입니다. '성령의 나타남'이 없이는 아무도 사중복음적 윤리, 즉 하나님 중심주의의 래디컬리즘을 실천에 옮길 수 없기 때문입니다.

> 내 말과 내 전도함이 설득력 있는 지혜의 말로 하지 아니하고 다만 **성령의 나타나**
> **심과 능력으로 하여**(고전 2:4)
> 각 사람에게 **성령을 나타내심은 유익하게 하려 하심이라**(고전 12:7)
> 이제 그의 거룩한 **사도들과 선지자들에게 성령으로 나타내신 것 같이**(엡 3:5)

사도들과 선지자들에게, 그리고 예수 그리스도에게 하나님 나라의 윤리와 문화가 있었다면, 그것은 오직 성령의 나타나심 안에서만 가능한 것이었음을 성서는 일관 되게 증언합니다.

> **하나님의 나라는 먹는 것과 마시는 것이 아니요 오직 성령 안에 있는 의와 평강과**
> **희락이라**(롬 14:17).

이제 우리는 중생, 성결, 신유, 재림의 복음이 이 땅위의 그리스도인들에게 어떠한 윤리적인 삶을 요청하는 지 살펴보고자 합니다.

중생과 생명의 윤리[1]

인류가 다시 태어난 새 생명을 가질 수 있다는 것은 복음 중의 복음입니다. 성부, 성자, 성령 삼위일체의 하나님은 진실로 생명의 하나님입니다. 그로부터 생명이 창조되며, 죽은 생명이 산 생명으로 거듭 태어납니다.

'생명의 창조와 재창조의 유일한 주체는 하나님' 이라는 메시지는 중생의 복음에 가장 근본적인 것입니다. 그러므로 중생의 복음은 생명신학의 원천입니다.

오늘날에도 여전히 중생의 복음이 요청되고 있는 것은 인류의 삶에 죄와 파괴와 죽음의 힘이 현실을 끊임없이 지배하고 있기 때문입니다.

인류의 문명이 과학기술의 급속한 개발과 함께 천정부지(天頂不知)로 발달해 나갈지라도 인류에게 주어지는 것은 생명의 풍성함이 아니라, 도리어 더욱 심각해지고 있는 생명 파괴와 죽임의 상황이라는 현실의 모습입니다.

사실상 인류는 여러 모양으로 세계 도처에서 발생하고 있는 생명과 생태 위기의 현실을 극복하기 위하여 개인적으로나 국가적으로 또한 초국가적으로 다양한 노력을 기울이고 있습니다.

그렇다면 성결교회는 중생의 복음을 오늘의 이러한 현실 속에 어떻게 제시해야 할 것입니까?

그 원리와 길을 모색하는 것이 사중복음 신학이 전개하는 생명의 신학이요, 생명의 윤리가 되어야 합니다. 이를 위해서 **삼위일체론적 접근**이 여기에서도 그대로 적용될 수 있습니다.

우선, 하나님의 말씀의 관점에서 세계의 생명을 파괴하는 **죽음의 현실**을 직시하고 이를 밝은 데로 드러내야 합니다. 문제의 핵심은 파괴되고 있는 세계와 생명의 창조주인 하나님 사이에서 생명의 청지기 역할을 해야 할 인간이 자신의 사명을 감당할 수 없는 상태에 이르렀다는 것입니다.

그러므로 우선적인 과제는 인류 자신의 타락한 상태를 '하나님의 말씀'으로 밝히 드러내는 것입니다. 『기독교의 사대복음』은 인류의 원 모습은 "영적 형상"으로서 "의(義)와 진(眞)과 성(聖)과 지(知)와 생명(生命)"을 지닌 "하나님의 형상"인 바, 그 모습을 다음과 같이 보여줍니다.

> 처음 사람은 오직 공의니 하나님의 명령에 순종하는 것이 그의 의(義)였으며, 성(聖)하였나니 순전하야 무죄생활이었으며, 진실하야 거짓과 허위가 없었으며, 하나님을 아는 지식이 충만하야 생각한 것도 없고 배우지도 않이하였으나 완전하였으며, 무한한 자유가 있었나니 선과 악을 취사선택할 수 있는 자유가 있었나니 즉 완전한 자유이었으며, 또 큰 권세가 있었나니 물의 고기와 공중의 새와 육축과 왼 따와[온 땅에] 모든 기는 곤충을 주관하는 권세와 영생을 부여하셨나니 불완전한 인간을 창조하신 것이 않이라 완전한 인간을 지으셨나니 영적으로나 육체로나 완전하였나니라.[2]

생명의 신학은 무엇보다도 인류가 원래의 이와 같은 자신의 모습을 상실하고 불의와 악독과 탐심과 투기와 살인과 분쟁을 비롯하여 음란과 우상숭배 등의 삶으로[3] 하나님의 뜻을 전면적으로 거부하고 있는 모습을, 여러 모

예수의 바람, 성령의 바람

양으로 밝히 보여줄 수 있어야 합니다.

인류의 정신적 및 사회적 삶의 현실 가운데에는, 의(義)가 지배하기보다 불의가 판을 치며, 진(眞)이 이기기보다 거짓이 활개를 치며, 성(聖)이 존대받지 못하고 속(俗)된 삶이 오히려 인기가 있어 추종하며, 참된 지(知)보다 위선(僞善)이 앞서며, 생명을 살리고자 하는 의지보다 죽음의 전쟁을 일으켜서라도 자기의 이익을 확보하려는 반생명적 현실이 만연해 있습니다.

사중복음 신학은 하나님의 말씀에 입각하여 예언자적 통찰력으로써 이와 같은 반생명의 현대적 상황을 용기 있게 드러내야 하는 사명이 있습니다.

의사가 환자를 치료하기 전에 환자의 병세를 전체적으로 보아 정확하게 드러내어 환자로 하여금 치료의 필요성을 일깨워 주는 일이 우선이 되어야 하듯이, 먼저 현대 인류가 걸린 죽음의 병세를 올바르게 알려주어야 합니다.

생명을 대적하는 죽음의 세력은 오늘날 정치, 경제, 사회, 예술, 생태, 심지어는 종교의 영역에서도 매우 활발합니다. 교회가 죽음의 세력 가운데 신음하는 인류를 향해 그 세력의 진원지를 드러낼 때, 누구든지 자신의 실존적 영적 상태를 "각성"하도록 인도하고 또한 지도해야 할 과제가 중생의 복음을 위탁받은 모든 교회에 있음을 알아야 합니다.

각성의 가장 깊은 단계는 인류가 하나님의 말씀을 믿지 않고 불순종하고 있음을 발견하는 것입니다. 완전한 각성에 이른다는 것은, "첫째는 자기가 죄인 된 것, 둘째는 자기가 죽게 된 것, 셋째는 아바지는 풍성하니 양식도 풍성하고 사랑도 풍성"하다는 것을 깨닫는 것입니다.[4]

그러므로 이와 같은 각성 운동이 힘차게 일어나기 위해서는 하나님의 말씀이 던지는 빛으로 인류사회의 구석구석을 비추어 현재의 "죽게 된" 진상을 드러내야 합니다.[5]

그 다음은 예수 그리스도의 십자가 보혈의 관점에서 우리가 지금 파괴와 죽음의 현실 속에서 살고 있는 것은, 하나님 때문도 아니요, 자연 및 사회 환경 때문도 아니요, 다만 인류와 또한 그 가운데 있는 '나' 역시 생명의 말씀에 따라 순종하지 않으면서 살아 왔기 때문임을 깨닫는 것입니다.

그리고 이어서 내적인 "통회"와 외적인 "고백"의 운동이 따라와야 합니다. 이는 하나님과 온 생명의 현실 앞에서 우리의 잘못을 겸손히, 정직하게 인정하는 것입니다. 각성 후에 통회와 고백이 반드시 있어야 하는 이유를 『기독교의 사대복음』은 다음과 같이 말합니다.

> 거기에는 이유가 있나니 첫째는 겸손을 요하심인대 겸손한 자의 영혼을 부흥케 한다 하셨고(사 57:15), 둘째는 정직을 요하심이니, 자기의 죄를 숨기는 자는 형통치 못하나 무릇 죄를 자복하고 버리는 자는 불상히 역임을 받으리라 하셨나니라(잠 28:13).[6]

이와 같은 통회와 고백의 운동은 개인의 죄에 국한해서 이루어지는 것이 아닙니다. 하나님의 백성인 교회가 민족과 역사 그리고 자연을 향해서 하나님의 뜻에 따르지 못했던 공동체적 죄까지도 포함해야 합니다.

예수 그리스도의 보혈은 우리로 하여금 영성적 차원뿐만 아니라 공동체적 차원에까지, 우리의 죄악으로 인하여 파괴되는 생명의 현실을 보게 합

예수의 바람, 성령의 바람

니다.

한 걸음 더 나아가 생명의 윤리는 성령의 관점에서 보아야 하는데, 성령이야말로 우리 안에서 그리고 우리와 더불어 생명을 일으키는 분이기 때문입니다. 성령의 임재와 감화력이 있어야 통회와 고백의 운동도 가능한 것입니다.

따라서 교회는 먼저 성령의 능력에 힘입어 겸손한 자세로 정직하게 우리의 죄와 과오를 고백하는 용기를 가져야 할 것입니다. 우리가 얼마나 의롭지 못했는지, 거룩하지 못했는지, 진실하지 못했는지, 무지했는지, 뭇 생명들을 경시했었는지를, 중심으로부터 통회하고 고백할 때, 오히려 성령의 위로와 능력이 강하게 임하는 것을 경험하게 될 것입니다. 즉, "불쌍히 여김을" 받을 수 있습니다.

중생의 복음은 단지 개인의 영적 심령의 차원에서 거듭남으로써 하나님의 자녀가 된다는 것에 결코 머무르지 않습니다. 왜냐하면 중생케 하는 말씀과 성령은 우리로 하여금 죄에 대한 각성과 그에 따르는 통회와 고백을 넘어서 우리의 범행으로 인해 손해를 본 이웃이나 파괴당한 현실에 대해 "변상(辨償)"까지 하도록 역사하기 때문입니다.

회개에는 변상이 따르나니 구약시대에도 보면 자기의 죄를 깨닫고 회개할 때에 첫째는 하나님께 자복하고, 둘째는 제사장을 통하야 속죄제물을 드리고(그리스도의 십자가의 속죄공로를 믿는 일), 셋째는 그 손해에 대하야 오분의 일을 가하야 주인에게 변상하되 만일 본인이 없으면 그 친족에게, 친족도 없으면 제사장을 통하야 하나님께 돌리라 하였나니라(민 5:5-8). 세례 요한도 회개에 합당한 열매를 맺으라 하였으니(마 3:8) 이는 변상이오, 사캐오도 토색한 것은 4배로 변상하 겠다 하였으니(눅 19:8), 변상은 회개에 따르는 만고불이지전(萬古不易之典)이 니라.[7]

중생의 복음은 궁극적으로 공동체의 생명 살리기를 지향합니다. 개인의 구원에만 머무는 복음이 아닙니다. 나만 구원 받겠다는 자폐적 신앙을 단호히 거부합니다. 나의 거듭남을 인하여 인류 전체가 생명을 회복해야 합니다.

과거에는 생명을 파괴했던 자가 이제는 생명을 살리는 제사장적 직무를 수행하게 되는데, 이것이 중생으로 말미암는 생명 윤리의 길입니다.

우리의 "변상" 행위는 우리의 지난 죄과(罪過)에 대한 것이므로 이로 인해 자랑할 어떠한 것도 없습니다.

그러나 예수 그리스도께서 십자가에서 흘리신 보혈(寶血)은 그렇지 않습니다. 그것은 죄 없으신 자가 죄 있는 자를 위하여 지불하신 '대속의 변상'입니다.

이제 거듭난 중생자의 삶은 그리스도로 말미암아 죽음의 권세로부터 자유로워진 하나님의 자녀의 삶입니다. 왕의 권세를 가지고 악의 현실에 대항합니다. 어떠한 죄책에도 얽매이지 않는, 즉 사죄(赦罪)의 권세를 누리면서 세상을 이기며 사는 자들인 것입니다. "이 사죄의 권세는 하나님 되시는 그리스도께만"[8] 있습니다.

따라서 모든 교회와 그리스도인은 예수 그리스도 보혈의 공로에 빚진 자로서 우리의 의로운 희생을 요구하는 반(反)생명의 현실을 향해 십자가를 지고 나아가야 합니다. 결국 사중복음의 '생명의 윤리'는 우리로 하여금 다

　　　　　　　　　　　　예수의 바람, 성령의 바람

시 '십자가와 부활' 의 신학으로 가게 합니다.[9]

중생과 생명의 윤리

자범죄의 결과	생명의 운동	중생의 결과	
불 의	각 성	정 의	하나님과 화평 · 이웃과 화평
속 화	통 회	거 룩	
거 짓	고 백	진 실	
파 괴	변 상	건 설	
죽 음	사 죄	생 명	

이와 같이 생명의 윤리는 삼위일체 하나님의 운동이며,[10] 이는 곧 생명 운동으로 나가게 합니다.

모든 신학이 그러해야 하듯이, 사중복음 신학 역시 하나의 관념체계가 아니라 변화의 이론이며 실천이어야 합니다.

중생의 복음은 교회로 하여금 생명의 운동을 추진케 합니다. 이 운동은 하나님과 나의 관계에서 이루어지는 영성 운동이며, 그와 동시에 이웃과 나의 사이에서 이루어지는 공동체 운동입니다.

예를 들어, '각성' 은 하나님 앞에서 나의 죄성을 발견하는 것으로 머물지 않고, 이웃에 대한 나의 잘못된 관계를 깨닫는 데까지 이르는 것입니다. 그래서 따라오는 고백은 하나님께 대하여 나의 내면에서 이루어지는 행위로 그치지 않고, 이웃을 향한 대사회적인 차원에서의 고백으로까지 나아갑니다.

그 결과 하나님과의 화평이 이루어지며(롬 5:1), 동시에 이웃과의 화평이 이루어집니다. 아무도 송사할 자가 없어지는 것입니다.[11] 이로써 정의, 거룩함, 진실, 건설, 그리고 생명의 역사에 참여하는 하나님의 자녀로서의 "원상회복"[12]이 이루어집니다. 즉, 생명의 원상회복이며, 의(義)의 원상회복입니다.

성결과 사랑의 윤리

성결의 복음은 중생의 복음을 믿음으로써 새 생명, 새 마음, 새 인격으로 태어난 인류로 하여금 하나님이 원하시는 '거룩한 삶'에 이르게 하신다는 약속의 복음입니다. 이 복음을 믿음으로 받아들일 때 '교리'나 '체험'으로 표현될 수 있습니다. 그러나 어떠한 표현도 하나님의 은혜로 주어진 성결을 증거하기에는 충분하지 않습니다. 성결의 교리와 성결의 체험 간의 관계에 대해서는 신앙의 선배들이 이미 분명하게 깨달은 바들이 있었습니다.

> 어떤 사람은 너무 교리에 얽매이고 또 어떠한 사람은 그와 정반대로 교리를 너무도 멸시 한다 … 교리는 체험으로 인도하는 노정기(路程記)와 같으니 교리가 없어서는 아니 될 것이요 또는 하등의 체험이 없이 교리만 가지고 주장한다면 공연한 이론과 허위만 낳아놓을 것이다 … 체험 없는 교리는 일종의 가증한 물건이요 또 교리 없는 신앙은 미신에 빠지기 쉬운 것이다 … 성결은 신앙의 중심이요 성서의 중심이요 은혜의 중심이요 천국의 중심이다.
>
> 그러나 많은 사람이 이 일에 대하여 이론적으로만 가타부타하여 문밖에서만 빙빙 돌아다니고 혹은 성결의 체험은 이러니저러니 하며 혹은 하나님을 보아야 한다

예수의 바람, 성령의 바람

혹은 어떤 소리를 들어야 한다 혹은 걸인을 잘 대접하는 것이 성결이라고 하며 혹은 금수와 동거하여야 성결이라 하며 혹은 천사와 같이 되는 것이 성결이라 하여 각 사람이 각설을 주장한다.

신앙인들이 깨달은 성결은 어떤 주장에 의해서 밝혀지는 것이 아님이 분명합니다. 성결이 교리로 혹은 체험으로 이야기될 수 있지만 그것으로 성결의 본질이 드러나는 것도 아니라는 것입니다. 오로지 그리스도 예수의 보혈로, 성령의 세례로 나의 자범죄는 물론이요 인류 대대로 이어져온 유전죄까지 온전히 해결해 주신 하나님의 은혜를 믿음으로 내가 성결한 자의 반열에 들어섰다는 것을 받아들이는 것입니다.

> 그러나 성결은 어느 교파에서 편벽되이 주장하는 교리도 아니요 어느 개인의 주의주장도 아니다 ⋯ 성결은 복잡한 결론을 요하는 것이 아니요 단순한 정의를 요하나니 곧 죄와 분리된 것이다 ⋯ 이 죄라 함은 무슨 죄인가. 우리의 자유의지로 범한 죄나 유전성을 받은 죄나 물론하고 다 걸머지시고 다 속하신 것이다 ⋯ 성결은 사람의 힘으로 이룰 것이 아니나 오직 하나님 편에서 이루어진 일을 무조건하고 믿을 것뿐이다.[13]

성결의 사실은 하나님이 내게 행하신 은혜의 사건으로서 우리는 오직 믿음으로써 그 사실을 인정하는 것뿐입니다. 내 안에서 은혜로 이루어진 놀라운 삼위일체적인 하나님의 성결을 나타내 보이기 위하여 이런 이론, 저런 경험을 이야기하는 순간에 성결의 능력도, 성결의 은혜도, 성결의 본질도 모호해져 버리게 됩니다.

그래서 조상들이 말하기를 "성결은 사람의 힘으로 이룰 것이 아니나 오직 하나님 편에서 이루어진 일을 무조건하고 믿을 것뿐이다."라고 역설한 것입니다. 그렇기에 중생도 성결도 모두 은혜로 주어진 것을 믿음으로 받아들이는 것이지 나의 어떤 행함으로 중생과 성결의 존재로 인정되는 것이 아님을 알 수 있습니다.

그러나 분명한 것은, 성결의 은혜는 그것이 어떠한 형태이든 '사랑'으로 나타난다는 것입니다. 그것이 하나님과 나 사이의 영성적 관계에서든, 이웃과 나 사이의 공동체적 관계에서든 성결은 사랑의 윤리 실천으로 표현됩니다. 성결의 은혜와 사랑의 윤리는 동전의 양면과 같습니다. 그러므로 초기 성결교 지도자들은 다음과 같이 이야기할 수 있었습니다.

성결은 교리적으로 강조한 것이 사실이지만 이것은 윤리적 요소가 대단히 컸다고 할 것이니 초시대 기독교회가 일부다처주의 이교사상과 음탕하던 로마 궁제(宮帝)의 성도덕부패 시대에 일부일처주의의 성결의 복음을 강조하므로 소아시아와 구라파와 알렉산드리아와 로마에 복음이 확장되었던 것 같이 한국에도 처첩제도 공창제도 상하급사회의 성윤리부패 시대에 성결의 복음은 가정신성과 사회정화에 앞장을 서게 되었다고 생각된다.
물론 타교파에서도 도덕성 문제는 계명 중 7계명이기 때문에 엄계한 것은 사실이지만 성결교회는 성결교리와 관련시켜 강조했고 전도에 요강을 삼았기 때문이다. … 성결은 교리보다 윤리면에 더욱 강조된 것으로 생각된다.
따라서 성신론은 성령세례 곧 성결이 목표이기 때문에 성결의 은혜를 받음이 성신 받는 증거라고 고조되었으므로 오늘날과 같이 성신론에 이단설이 개입될 수 없었다. 이런 의미에서 성결의 복음은 크게 교회 부흥과 발전에 실효를 거둔 것이다.[14]

예수의 바람, 성령의 바람

일부 오순절 교단에서는 성령세례 받은 증거를 '방언' 하는 것이라 하여, 교리적으로나 성서적으로 매우 불안한 교리를 주창하지만, 성령세례를 받은 증거로 '이웃 사랑' 보다 더 확실한 것은 없을 것입니다. 좀 좁게 제한한다면, 이웃 사랑을 실천하는 자가 모두 성령세례를 받아 하는 것은 아니지만, 성령세례 받은 자로서 이웃 사랑을 실천하지 않는 자는 있을 수 없다고 말할 수 있습니다.

성결교가 "성결은 곧 성령세례" 라고 『헌법』에까지 명시하는 핵심교리로 공동 고백하게 하는 것은 커다란 의미가 그 안에 내재되어 있다고 보아야 합니다.

그것은 곧 **성령세례 받은 증거는 성결**이라는 것입니다. 이는 곧 주님과 **같이 하나님을 사랑하고 이웃을 사랑하는 능력을 받음**을 말하는 것입니다.

중생 때에는 그렇게 사랑하고 싶어도 그렇게 되지 않았는데, 성령세례를 받은 후부터는 하나님을 사랑하고 이웃을 자기 몸처럼 사랑할 수 있게 되었다고, 그런 능력을 받게 되었다고 고백할 수 있는 자가 됩니다.

그래서 성결 역시 중생에 의한 생명의 신학적 구조에서처럼 하나님과 나의 관계에서뿐만 아니라, 이웃과 나 사이에서 이루어질 수 있고, 또한 그렇게 되어야 할 '사랑의 영성신학' 과 '사랑의 공동체신학' 으로 전개될 수 있습니다.

성결의 복음에 기초한 사랑의 윤리는 인류가 사랑의 중요성과 그 필요성에 대해 무지해서 나온 것이 아닙니다. 오히려 사랑을 절실히 요구하지만 사랑의 실천에 실패하기만 하는 능력의 한계를 경험하고 있기 때문입니다.

사랑의 행위를 높이고 강조하여 실천하기를 원하지만, 인류의 삶 가운데 사랑이 늘 메마른 이유는 무엇입니까?

심지어 중생의 복음으로 새로운 생명의 태어남을 경험한 하나님의 자녀들도 "하나님이 원하시는" 그 거룩한 사랑의 삶을 온전히 이루지 못하는 이유는 어디에 있습니까?

『기독교의 사대복음』은 그것이 바로 인류가 스스로 해결하지 못하고 있는 "유전죄"라고 밝힙니다. 이 유전죄가 성령세례로 불태워지지 않고서는 아무도 하나님이 요구하는 기준에 미치는 사랑의 자녀가 될 수 없습니다.

인류는 유전죄로 말미암아 나타나는 행동에 의해서 지배되고 있는 동안,[15] 하나님과 나, 그리고 이웃과 나의 관계에서 완성해 나가야 할 거룩한 사랑의 명령, 곧 '하나님을 사랑하고 이웃을 사랑하라'는 하나님의 뜻을 온전히 실현할 수 없습니다.[16]

그러므로 성결 신앙과 사랑의 윤리는 두 가지 차원에서 '사랑의 운동'을 제시합니다. 즉, 성결(聖潔)운동(고후 7:1)과 성별(聖別)운동(레 11:44)입니다.[17]

성결운동은 내적 차원에서의 정결된 삶, 곧 "깨끗한 마음"을 추구하는 반면(시 119:9, 시 51:10, 딤후 2:22, 시 24:3-4, 약 4:8), **성별운동**은 외적 차원에서의 구별된 삶을 추구합니다.

이와 같은 운동들은 하나님과 나의 관계를 다른 관계들과 구별된 것으로 만들며, 이웃과 나의 사이를 '깨끗'하게 만듭니다.

예수의 바람, 성령의 바람

성결과 사랑의 윤리

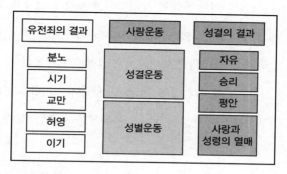

유전죄의 결과	사랑운동	성결의 결과
분노		자유
시기	성결운동	승리
교만		평안
허영	성별운동	사랑과
이기		성령의 열매

그러나 이 성결운동과 성별운동의 원동력은 유전죄 가운데 있는 인류 자신에게서 나올 수 없습니다. 따라서 앞에서도 밝혔듯이 이러한 운동은 오직 하나님의 말씀으로, 성신으로, 그리스도의 보혈로, 그리고 이에 대한 믿음과 기도로 이루어진다고 천명하고 있는 것입니다.[18]

성결의 은혜로 말미암아 비롯된 '사랑의 윤리'는 오직 사랑의 하나님, 사랑의 예수 그리스도, 사랑의 성령에 의해서 전개될 수 있습니다. 그러므로 삼위일체 하나님이 사중복음 신학의 기초라는 사실은 아무리 강조해도 부족함이 없습니다!

인류의 문명이 발달하고, 자본과 과학기술에 의존하지 않으면 살 수 없을 정도로 인류가 뛰어난 능력을 발휘할지라도 하나님을 사랑하고 이웃을 사랑하는 힘은 인간 자신의 능력에서가 아니라 오직 하나님께로부터 나옵니다. 우리가 '아바, 아버지'께 돌아올 때 십자가의 희생적인 사랑의 길을 걸을 수 있습니다. **아바정신**으로부터 아버지 하나님께 순종하고 이웃을 형제로 맞아들이게 됩니다.

하나님과 나의 관계에서 내가 하나님을 몸과 마음과 정성을 다하여 사랑해야 하지만, 그보다 먼저 우리를 사랑하셨고 지금도 그렇게 우리보다 앞서 사랑을 베푸시는 분은 하나님 자신입니다. 그러므로 하나님과 나의 관계를 풍성히 해 주는 사랑의 영성신학이 우리에게 요청됩니다.

사중복음 신학은 바로 **삼위일체 하나님의 사랑**에 근거하여 하나님을 향하는 사랑의 영성신학과 이웃을 향하는 사랑의 공동체신학으로 전개됩니다.

성결의 복음이 드러내는 이러한 사랑의 윤리는 **성결운동**과 **성별운동**을 통해서 구체화 됩니다. 성결운동은 특별히 말씀과 보혈과 능력이 나타남으로 이루어지는 것인데, 공동체적으로 일어나기도 하지만 그 변화의 초점은 '나'의 내면적 정결함에 맞춰집니다. 이러한 변화의 결과는 크게 "자유", "승리", 그리고 "평안"입니다.[19]

자유는 "죄를 범치 않이할 자유"이며, 승리는 "세상 정욕 마귀"(약 3:15)에 대한 승리이며, 평안은 세상 풍파에 흔들리면서도 없어지지 않는 "하나님이 주시는 천래(天來)의 평안"(요 14:27)입니다. 이와 같은 변화는 사랑의 삼위일체 하나님의 은총과 그에 대한 믿음으로써만 가능한 복음입니다.

다른 한편, 성결운동은 인류의 내면적 변화에 초점을 맞추지만 외면의 변화로까지 연결되지 않으면 완전한 성결로 나아갈 수 없습니다. 바로 이 외면의 변화를 추구하는 것이 "성별(聖別)운동"입니다.

성별운동은 그 성격상 크게 두 가지로 나누어 볼 수 있습니다.

하나는 **소극적인 성별**입니다. 내적으로 아직 자유, 승리, 평안의 상태에 온전히 이르지 못하고 있기 때문에 외부의 거룩하지 못한 환경에 영향을 받

예수의 바람, 성령의 바람

음으로써 긍정적인 변화가 아니라 부정적인 변질로 나타나지 않도록 자신을 거룩하지 않은 것들로부터 격리시키는 것입니다.

다른 하나는 **적극적인 성별**로서 거룩하지 않은 것들을 하나님의 사랑으로 거룩하게 변화시켜 나가는 성별입니다. 그것이 바로 "사랑"을 비롯한 성령의 "열매들"입니다(갈 5:22~23). 즉, 사랑의 열매를 정점으로 희락, 화평, 인내, 자비, 양선, 충성, 온유 및 절제야말로 세상의 속된 것으로부터의 소극적인 구별이 아니라, 세상을 향해 적극적으로 하나님의 사랑의 능력을 드러내는 성별이라 할 수 있을 것입니다.

> 성결한 사람은 우으로 하나님을 사랑하고 아래로 사람을 사랑하는 것이니라. 선교사업이나 자선사업 같은 것은 사랑 없이 할 수 없나니 이것은 천래(天來)의 사랑이니라.[20]

성결의 복음에 기초한 사랑의 윤리는 궁극적으로 사랑의 공동체 윤리로 나아갑니다. 즉, '하나님과 나'의 영성적 관계는 '자연과 나'와의 생태적 관계로, 그리고 '이웃과 나'와의 공동체적 관계로 맺어지게 합니다. 왜냐하면, 하나님의 영적 현존(Spiritual presence)에 사로잡힌 '나'는 더 이상 고립된 자아(自我)로 머물 수 없고, 공간적으로는 '자연'과, 시간적으로는 '역사' 안에서 모든 생명과 연대함으로써만 존재할 수 있기 때문입니다.

신유와 회복의 윤리

신유의 복음은 교회 공동체로 하여금 '몸'의 차원에서 인류를 회복케 하시는 하나님의 역사에 동참하게 합니다.

사중복음 신학은 이러한 사실에 근거하여 '회복'을 위한 영성신학과 공동체신학을 전개시켜 나갈 수 있습니다. 이를 위해 '몸'과 '병(病)'에 대한 신학적인 이해가 필요합니다.

몸은 하나의 통일된 유기체(有機體)이기 때문에 몸 하나의 개체로서만 유지될 수 없고, 언제나 몸과 몸의 관계인 **사회적 유기체**로서, 그리고 몸과 환경의 관계인 **생태적 유기체**로서 모든 것이 동시적으로 이해되지 않으면 안 됩니다.

내가 스스로 몸을 잘 보존한다고 하더라도 이웃이 가해할 경우가 있으며, 오염된 생태계가 몸에 질병을 유발시킬 수 있는 것으로 보아서도, 생명체로서의 몸은 격리된 개체가 아니라 전체 가운데 존재하는 생물학적, 사회학적, 생태학적 유기체인 것입니다.

이때 몸에 병이 생겼다는 것은 외적 및 내적 원인에 의하여 **몸의 유기체성**이 파괴되었음을 의미합니다. 병을 의학상으로만 보면 해로운 병균(病菌)에 의하거나 외부의 물리적 가해(加害)에 의해 발생한 것으로 보아야 하지만, 신학적으로 볼 때 병은 또 다른 차원이 있습니다.

『기독교의 사대복음』에 따르면, 만물의 운행이 그렇듯이 병 역시 하나님의 '허락' 하에 발생하며, 그래서 낫게 하기도 하고 낫지 않게도 한다고 믿음으로써 병에 대한 신적 주권을 강하게 인정하는 영적인 차원이 있습니다.

예수의 바람, 성령의 바람

하나님이 병을 허락하는 영적 이유는 "징계", "벌", "연달(練達)", 그리고 "하나님의 영광"을 위함입니다.[21]

사중복음 신학은 이를 영성신학과 공동체신학의 차원에서 체계적으로 그 신학적 의미를 정립합니다.

우선, 몸의 유기체성을 파괴하는 병이 발생했다는 것은 몸의 건강을 유지하는 **창조질서**가 깨어지기 시작했다는 징후를 보여주는 것으로서, 이는 "하나님께서 사람을 괴롭게 하고자 하심이 않이라 주께서 그를 유익케 하시라고 징치하실 때에 병으로 하신즉 그 사람이 병을 인하야 깨닷고 회개하고 정의로 도라와 안전케" 하기 위한, "징계"의 측면이 있습니다.

이는 건강한 삶을 위해 경성하여 준비하라는 의미로서 병에 대한 적극적인 이해입니다. 그러나 경고의 징계를 가볍게 여김으로 창조질서가 계속 파괴되어 갈 때, 하나님은 "벌"의 차원에서 병을 허락하십니다.

이와 반면에, 욥의 몸에 일어난 질병처럼 "더 완전한 그릇을 만들고저", 즉 "욥에게서 뽑아내지 않으면 않이 될 오점"인 "자의(自義)"를 제거하기 위해 병에 들게 합니다. "욥으로 하여금 이것을 깨닷고 회개하야 더 좋은 인격이 있게 하시고 성도가 되게 하시기 위하야 연달시키시노라고 질병을 주어 시험하셨나니라"[22] 함과 같습니다.

이처럼 징계, 벌, 연달 등의 수단으로 병을 허락하심은 궁극적으로는 하나님 자신의 **영광**을 드러내기 위함입니다(요 9:2-3, 왕상 17:20-22).

이러한 관점으로 볼 때, 성결교회는 인류에게 고통을 가져오는 질병마저도 하나님의 영광을 위한 기회로 파악하며, 동시에 질병으로 인해 자신의

"불신(不信)"[25]을 돌이켜 보며, 또한 질병이 "병자의 이익"[26]이 됨을 믿는 전통과 그러한 경험은 **회복의 영성신학**을 위한 매우 가치 있는 유산입니다.

특히 질병을 번지게 하는 전염성 병균은 활동성이 매우 강해서 개체의 몸에 침투하여 머무르기만 하는 것이 아니라 주변의 몸까지 감염시키기 때문에, 질병으로부터 건강을 회복하는 문제는 결코 개인적인 차원만이 아닙니다.

그러므로 회복의 윤리는 **공동체적 몸**이 걸린 병의 치유를 생각지 않으면 안 됩니다. 여기에 파괴된 공동체의 건강을 회복하기 위한 공동체신학이 절실히 요청되는 것입니다.

이러한 공동체의 건강은 **생태환경**의 문제와 직결됩니다. 따라서 생태환경을 오염시키는 원천이 무엇인지를 찾아 대안을 마련하는 일이 급선무입니다.

이때 대부분의 오염원은 자연 발생적이지 않고 구체적인 의도 하에서 이루어지는 범죄 행위 때문에 발생합니다. 따라서 생명 공동체의 건강회복은 인류의 죄 문제가 해결되는 만큼 이루어지는 것입니다.

영성신학적인 차원에서와 마찬가지로 회복의 공동체신학의 차원에서도 공동체가 질병으로 앓게 되는 것 역시 징계, 벌, 연단을 통해서 하나님의 영광을 드러내야 할 문제입니다.

이에 대한 보다 구체적인 신학적 전개는 생태신학, 문화신학, 정치신학 등 제반 현실의 문제를 신학적으로 논하는 데서 가능할 것이며, 공동체의 건강한 '몸'을 회복하는 데 필요한 기술과 인문과학 및 사회과학적 관점들을 수용하는 것이 요청됩니다.

예수의 바람, 성령의 바람

재림과 공의의 윤리

재림의 복음은 신약성서와 구약성서 전반에 걸쳐 나타난 묵시문학적 예언에 기초하고 있습니다. 따라서 재림의 복음을 구성하고 있는 내용들이 얼마나 성서 해석학적으로 정당한지 검증하는 학문적인 작업이 요청됩니다.

특별히 재림의 복음을 교리적으로 그리고 매우 조직적으로 제시하고 있는 『기독교의 사대복음』의 재림론을 성서학적으로 검토하는 일은 앞으로 사중복음 신학의 올바른 전개를 위해 반드시 이루어져야 합니다.

이러한 전제하에서 그간의 재림론이 지니는 신학적 의미를 우리는 '공의(公義)' 의 신학이라는 틀 안에서, 그리고 보다 큰 신학적 틀로서는 '하나님의 나라' 에서 찾아볼 수 있을 것입니다.

왜냐하면 재림의 복음 전반에 걸쳐 나타나는 신학은 하나님 나라의 궁극적인 도래를 위하여 악(惡)과 불의(不義)의 세력에 대한 예수 그리스도의 공의로운 심판의 역사라는 구조에서 정당히 이해될 수 있기 때문입니다.

그렇기 때문에 생명과 사랑의 복음을 위해서 헌신한 자들, 예수의 이름 때문에 순교한 자들, 의를 위해서 핍박받은 자들과 같은 하나님의 백성들에게는 "희망"의 사건이기도 합니다. 그러므로 재림에 기초한 신학적 담론(談論)은 '공의' 로부터 출발해서 공의와 사랑의 완성인 '하나님 나라' 와 그리고 그에 대한 '희망' 으로 이어집니다.

재림의 사건이 현실로 다가올 때 이루어질 일련의 일들은 신학적으로 매우 중요한 의미를 지닙니다.

첫째로, 예수께서 재림하게 될 때 선행적으로 발생하게 될 일들 곧, 많은 사람들이 왕래하고, 지식이 더하겠고, 세계가 사상적으로 양분되겠으며, 이스라엘이 민족적으로 부흥될 것이라는 등의 전(全)지구적 사태에 대한 통찰입니다.

하나님의 백성들은 재림 신앙으로써 살게 될 때, 그렇지 않을 때보다 인류의 지나온 역사와 현재의 지구적 동향에 대해 더욱 깊은 관심을 가지게 된다는 면에서, 재림의 복음은 하나님의 백성들로 하여금 죽음 이후의 세상만을 바라보며 살게 하기보다는 현실 참여적 삶의 태도를 강화시키는 동력이 됩니다.

둘째로, 재림의 복음은 현재의 시대를 "교회시대"로 보게 하는 점에서 교회의 신학적 의미의 중요성을 부각시킵니다.

교회시대란 "예수께서 십자가에 못 박혀 유대인에게 바림을 받으신 후로 공중 재림시까지"[25]를 말합니다. 이 교회시대는 "은혜시대", "복음시대", "성신시대" 및 "이방인 시대"로 이해됩니다.

이를 한마디로 요약한다면, 교회시대는 하나님의 말씀을 듣지 못한 모든 이방인들이 성령의 감동으로 회개하고 복음을 믿어 구원을 받을 수 있는 은혜의 때라는 것입니다.

이와 같이 교회시대에 교회는 온 인류의 구원을 위한 기관입니다.[26]

재림의 복음은 이러한 교회의 본질적 사명이 무엇인지를 분명하게 밝혀줍니다: "사람의 몸에 형체가 있고 심령이 있는 것같이 유형적 교회 내에 영교회(靈敎會)가 있나니라 … 우리는 유형적 교회에 속하야 영적 교회를 일우어 가나니 … 우리가 다 중생하고 성결하여짐으로 영적 교회, 즉 새 예

예수의 바람, 성령의 바람

루살렘(그리스도의 신부의 몸)이 되어가나니라."[27]

셋째로, 재림의 복음은 "의인의 부활"과 "성도의 영화(榮化)" 및 "휴거" 와 "공중 혼연(婚宴)"을 강조함으로써 **부활신학**을 보다 실제적으로 전개하 게 합니다.

초대교회로부터 전해 오는 모든 복음의 요체는 예수 그리스도의 십자가 와 부활입니다. 그러나 이것은 예수 그리스도에게서 끝나는 것이 아니라, 그를 믿고 따르는 모든 자녀 된 자들에게 일어나야 할 사건입니다. 즉, 그 리스도와 함께 십자가에 못 박히고, 그리스도와 함께 부활하는 것입니다.

성도의 영화는 "재림 당시의 생존한 성도 육체의 변화를 말함"(고전 15:32)인데,[28] "부활한 자의 몸과 꼭 같은 몸으로 변화" 되는 것입니다.[29]

의인의 부활은 단지 관념상의 상징적인 의미로만 존재하는 것이 아니라, 실제적이며 객관적으로 확인되는 것으로서 하나님의 공의가 가장 확실히 드러나는 사건입니다. 즉, 공의로운 자들의 최후 승리를 약속하는 것이 부 활, 성도의 영화, 휴거(携擧, rapture; 살전 4:15~17), 공중 혼연(婚宴)입 니다.

넷째로, 재림의 복음은 "지상 대환난"과 주의 "지상 강림"을 예고합니 다. 이는 욥이 사탄에 의해 환란을 당했던 배경에 하나님의 허락이 있었던 것처럼, "이 환난을 허락하신 이는 하나님"입니다.[30]

대환난은 인간 역사의 인과론적 사태가 아니라 하나님이 의도하시는 구 체적인 행위입니다.

대환난은 한때 성했으나 쇠하여지고 한때 다사렸으니 또 어지러워진 시대가 왔고
나 하고 생각할 것이 않이고 여기에는 반다시 하나님의 목적이 있음을 우리는 알
것이니 곳 죄악이 차매 하나님께서 공의(公義)로 심판하시는 시대니라 … 대환난
은 이방인이 심판받고 유대인이 구원받는 기회니라.[31]

이 지상 대 환란에 이어지는 것이 예수의 지상 강림(降臨)입니다. 이것은
공중 강림과 연속적인 하나의 사건으로서 그 목적은 대 환란과 마찬가지로
만국을 심판하시기 위함입니다(욜 3:12, 계 19:15).

성결교회가 가졌던 역사의식과 재림의 복음이 보여주는 종말론적 사상
은, 하나님의 '공의'는 반드시 역사상에서 이루어지고 만다는 확신이었습
니다. 그것은 소승(小乘)적으로 사람의 손에 의해 이루어질 수 있는 것이 아
니라, 하나님의 능력으로 이루어지는 대승(大乘)적 사실이라는 것입니다.

현대 만국은 하나님의 심판을 받아야 맛당하니라. 대병을 거나리고 남의 영토를
참탈하며 약소민족을 억압하야 노예를 만드러가지고 그 노력을 빼아서 자기를 윤
택하게 하고 인종을 차별하야 다시 니러나지 못하게 만들고 타민족을 무력으로
결박하고 경제로 속박하고 정치로 압박하야 자유를 구호하나 실상은 인도 정의에
버서난 일을 감행할 때에 그 이유에는 억울한 피를 흘리대 호소할 곳이 없이 하날
을 향하야 부르짓고 쓰러질 때에 하날을 향하야 부르지진 그 애원(哀怨)과 호소가
어대로 가리오. 천청(天聽)에 상달하는 동시에 이만공만(以蠻攻蠻)격으로 전쟁으
로 하여금 심판의 기구를 삼으사 국가적 심판을 행하시니라.[32]

이와 같은 메시지 가운데서 하나님의 공의로운 심판이 임하지 않으면 안
될 인류의 죄악, 특히 강대국들의 불의한 행위들에 대한 예리한 역사의식

　　　　　　　　　　　　　　　　　　　　예수의 바람, 성령의 바람

이 재림의 복음을 통해서 특히 한국의 성결교회 안에 형성되었던 것을 확인할 수 있습니다.

그러나 성결교회는 이러한 역사의식을 역사적 삶의 현장에서 구현하지 못하고 개인의 실존적인 의식 안으로만 받아들임으로써 공의의 공동체신학을 일궈내지 못한 안타까움이 있습니다.

이제 재림의 복음이 지니는 공의의 영성신학과 함께 공의의 공동체신학을 보다 깊이 있게 수립함으로써 앞으로 모든 민족과 나라에 임하게 될 공의의 심판을 통과할 수 있는 준비를 해야 할 것입니다.

마지막으로, 재림의 복음은 "천년왕국"과 "대심판"이 있을 것이라 말합니다. 이 천년왕국은 역사 너머의 사실이 아니라, 바로 역사 안에서 현시대와 이어지는 역사적 사건입니다. 그래서 『기독교의 사대복음』은 이렇게 주장합니다: "천년시대라 하드라도 인류역사의 계속이니 다른 것은 죄와 사단이 없을 뿐이오, 생활원칙은 현금(現今)과 동일하니라."[33]

이때야말로 모든 하나님의 백성들이 바라는 대로 "희년"(레위기 25장)이 온전히 이루어지는 때요, "주의 기도가 성취되는 때"(마 6:10)이며, "만물이 기다리는 때"(롬 8:19~25)요, "예언이 성취되는 때"(사 9:6~7, 사 11:6~9)이며, "에덴의 회복"(행 3:20~21)이 이루어지는 때입니다.

복음이 복음 되는 것은 약속이 현실적으로 성취되기 때문입니다.

이뿐 아니라, 인류의 행악에 대한 최후의 대심판이 있음을 재림의 복음은 말합니다. 이때 심판받을 자들은 두 부류인데, 첫째는 "주님께서 공중강림할 때 첫째 부활에 참여하지 못하고 천년시대가 지나기까지 무덤에 있다가 제2차로 부활 하는 자"(요 5:29, 단 12:2)요, 이들은 "심판과 정죄 판결을 받기 위하야 부활하는 자"입니다. 그리고 둘째는 "천년시대 동안에 생존하야 축복을 받은 자들"로서 크고 흰 보좌 앞에서 심판받으나 간택되어 영생을 얻을 자들입니다.

이상에서 보아 알 수 있듯이, 재림의 복음은 개인과 국가 공동체 모두를 포함하여 하나님의 공의로운 심판 아래 있음을 모든 인류에게 보여줌으로써 회개하여 복음을 믿도록 하며, 하나님의 말씀 가운데 살도록 촉구합니다.

이러한 재림의 복음이 공의의 윤리를 전개토록 하는 것은 재림의 본질적인 속성 때문입니다. 부연하면, 예수의 초림은 인류로 하여금 중생케 하고 성결케 하여 저들로 생명과 사랑 가운데 살게 하는 복음이었다면, 예수의 재림은 그 복음을 거부하고 불의 가운데 산 개인과 공동체를 심판함으로써 의로운 나라를 이 땅 위에 실현코자 하는 복음입니다. 이를 위해 요청되는 메시지는 '공의'인 것입니다.

> 그러므로 여기에 심판이 있게 되었으니 이 심판은 모호, 불철저, 사이비, 사기적이 않이라 옳고 그른 일을 공의(公義)로써 살펴서 쪼기는 일이 심판이니라(시 72:2) … 각국 법률이 다 완전할 것은 않으나 대개는 공의가 중심일 것이오 인도정의가 그 근간일 것이니라. 그러나 불의의 판단이 있음은 무삼일인가? 다름 않이라 집법자(執法者)가 불의하야 재물을 받는다든가 사정(私情)과 편견(偏見)에 치우쳐 공의로 되지 못하나니라. 우리의 심판장은 의로운 그리스도시니 '저가 주의 백성을 의(義)로 심판하고 주의 곤고한 자를 공의로 하리로다' 하였으며 … 반다시 공의로써 난잡한 자를 심판하시며 … 예수께서만 의로우신 재판장이시니라(딤후 4:7~8).[34]

예수의 바람, 성령의 바람

이처럼 재림의 복음에 기초한 공의의 윤리는 구체적으로 공의의 영성신학과 공의의 공동체신학으로 발전될 수 있습니다. 즉, 하나님과 나의 관계가 공의의 관점에서 정립되게 하는 것이 공의의 영성신학이 추구할 수 있는 것이며, 이웃과 나의 관계를 공의로써 유지토록 하는 것이 공의의 공동체신학이 감당해야 할 주제가 됩니다.

사중복음 신학의 윤리적 적용 원리의 예

		중 생	성 결	신 유	재 림
전통교의		이신득의	성령세례	질병치유	천년왕국
보편가치		생 명	사 랑	회 복	공 의
영 성 신 학	목회	거듭난 신자	사랑의 신자	건강한 신자	의로운 신자
공동체 신 학	문화	생명문화 창조	이웃사랑 문화	건강문화 회복	세속문화 정화
	정치	생명정치 참여	상생정치 활동	신뢰정치 회복	부패정치 개혁
	생태	생태존중 정신	희년정신 실천	반생태원 제거	생태불의 비판

사중복음적 삶의 모델

사중복음인 중생, 성결, 신유, 재림은 종교개혁운동과 웨슬리안 오순절 성결운동이 궁극적으로 회복하고자 했던 하나님 중심주의에 대한 결정적인 표현입니다. 이는 곧 '하나님이 하신다!' 는 것입니다.

이는 생명, 사랑, 회복, 공의의 참된 근원은 오직 하나님이라는 신앙적 고백이며, 신학적 선언입니다.

이는 역으로 하나님 없이 인간 스스로가 자신의 힘으로 생명 현상을 도모하고, 공의를 실현하고자 하는 등의 인간 중심적인 기획이 지니는 교만과 허구를 폭로하고 비판하는 것입니다.

사중복음 신학은 하나님 중심주의에 확고히 서서 하나님의 말씀과 은총 앞에서 책임 있는 삶으로써 응답하도록 안내합니다. 또한, 한국사회와 온 인류를 향하여 인간 중심주의에서 하나님 중심주의의 삶으로 돌아오도록 '회개'를 촉구합니다.

앞에서도 이야기한 바 있듯이, 사중복음은 성결교가 지켜온 역사적-신학적인 가치이지만 그렇다고 성결교만의 배타적 소유물은 아닙니다.

그러므로 사중복음 신학의 중요한 과제 중 하나는 성결인을 비롯하여 초교파적으로 사중복음의 정신으로 살았던 인물들을 찾아 널리 알리고 본받도록 하는 일입니다.

한국 교회에 사중복음의 정신을 드러낸 많은 신앙의 선조들이 계시겠지만, 그 중에 기억해야 할 성결교의 대표적인 두 인물을 생각해 보고자 합니다. 그들은 히브리서 13장 7절의 말씀대로 가르침과 삶이 일치가 되는 분으로서 사중복음적인 삶의 본보기가 되는 인물이기 때문입니다.

여러분의 지도자들을 기억하십시오. 그들은 여러분에게 하나님의 말씀을 일러주었습니다. 그들이 어떻게 살고 죽었는지를 살펴보고, 그 믿음을 본받으십시오.

그 한 분은 문준경 전도사님이며, 다른 한 분은 이성봉 목사님입니다. 문준경은 "가시밭의 백합화"요, 이성봉은 "백송"과 같은 이미지로 담아낼 수

예수의 바람, 성령의 바람

있겠습니다. 가시밭의 백합화는 수난의 길을 걸어왔던 성결교를 상징화한 것이고, 백송(白松)은 한국 성결교회 창립 100주년 기념으로 성결교의 역사와 신학을 연구하는 가운데 선택된 것인데, 강인하고 품위 있는 성결교의 미래적인 모습을 바라보며 이미지화한 상징입니다.

사중복음과 가시밭의 백합화

예수 그리스도의 사중복음이 한민족에게 전해진 것은 민족사적으로 고난의 어두운 서곡이 울릴 때였습니다. 일본 제국주의의 시퍼런 칼날에 우리의 심장은 찔렸고, 열강의 패권 다툼 속에서 우리의 몸은 아예 두 동강이가 나버렸습니다. '가시밭'과 같은 상황이었습니다.

이러한 때 사중복음이 한반도 전국에 전파된 것은 주께서 한국과 아시아를 사랑하심이었습니다. 그 결과 사중복음이 울려 퍼지는 곳마다 '가시밭'을 모판으로 성결교회가 태어났습니다.

오엠에스(OMS)가 힘껏 유모(乳母) 역할을 했지만 민족에게 임한 고난은 우리 자신 외에 그 누구도 감당할 수 없는 일이었습니다.

그러나 사중복음 속에는 십자가의 고난을 이긴 부활의 그리스도 예수 생명이 있었기에 성결교회는 모진 핍박과 고난 속에서도 예수님의 순교적인 영성을 꽃피울 수 있었습니다. 그 꽃을 일러 '백합화'라 했습니다.

문준경 전도사님 같으신 순교자가 그런 분이셨습니다. 피 묻은 붉은 가시관을 쓰시고 죽으셨으나 "가시밭의 백합화"처럼 아버지의 영광으로 다시 사신 눈부

문준경 전도사

신 부활의 예수를 닮았기 때문입니다.

> 수난의 역사 속에 드높이셨다.
>
> 가시밭의 백합화는 우리의 상징
>
> 성결의 가족들아 이어나가자.

이명직 목사님이 작사한 성결교회의 노래 첫 절입니다.

지금도 살아계셔서 성결교의 상징인 "가시밭의 백합화"처럼 고난이나 세속의 유혹 가운데서도 거룩하게 살아갈 것을 외치시는 것 같습니다. 성결교단의 로고가 이를 잘 묘사해 주는 것으로 보입니다.

그러나 성결교회가 받아야 할 고난을 피하거나, 순교의 영성을 드러내지 못하면 "가시밭의 백합화"는 더 이상 상징으로서의 기능을 발휘하지 못할 것입니다.

그러기에 사중복음의 정신으로 살아온 성결교는 다른 교단이나 사회와 민족을 향하여 그 정신을 잘 유지하고 있는지 자신을 겸허히 돌아볼 때인 것 같습니다.

실제로, 성결인의 한 사람으로 성결교의 현재 모습을 "가시밭의 백합화"로 말하기에는 너무 세속적으로 나가지 않은가 싶습니다. 성결교의 역사적인 상징과 현재의 모습이 서로 격이 안 맞아서인지 "가시밭의 백합화"가 보여주는 상징적인 힘이 매우 약해져, 교단의 로고(logo) 수준 이상 생각되지 않는 듯합니다.

기독교대한성결교회 로고

예수의 바람, 성령의 바람

지금 우리는 군국주의나 양극화된 냉전 시대라는 '가시밭'의 모질고 척박했던 때와는 전혀 다른 상황에서 살고 있습니다.

　과거는 물이 없어 고통스러웠던 '가뭄'의 때였었고 '가시밭' 시대여서 청빈과 인내와 절제의 복음을 드러내어야 했다면, 현대는 물질주의와 신자유주의와 종교적 다원주의라는 '홍수'의 때요, 혹은 '밀림' 시대와 같습니다. 이런 때의 교회는 나눔과 창조와 도전의 복음을 전하며 살아야 할 것입니다. 그렇지 않으면 홍수에 떠내려 갈 것이며, 밀림 속에서 길을 잃고 말 것이기 때문입니다.

　오늘 우리의 모습을 되돌아보면서 "새 술을 새 부대에" 담는 창조와 도전의 한 걸음을 내디뎌야겠습니다.

풍자 이야기 하나 – 사중복음 새로 맛내기

　산에서만 살아 도시 사람들에 대해서는 아무것도 모르는 한 사람이 있었습니다.

　그는 밀을 재배해서 밀알을 그대로 먹고 살았습니다. 어느 날, 도시로 들어가서 사람들을 만났습니다. 그들은 그에게 좋은 빵을 주었습니다.

　그가 물었습니다. "이게 뭡니까?"

　그들이 말했습니다. "빵이오. 먹어 보시오!"

　그가 먹어보니 매우 맛있었습니다. "이건 뭐로 만들었소?"

　"밀이라오."

　후에 그들은 기름에 반죽하여 만든 케이크를 그에게 주었습니다. 그는 매우 맛있게 먹고 나서 "이건 뭐로 만든 거요?"

"역시 밀이오."

마지막으로 그들은 꿀과 기름을 섞어 만든 페이스트리 파이를 주었습니다.

"뭘로 이걸 만들었소?"

그들이 말했습니다. "밀이오."

산에서 온 그가 말했습니다. "나는 이 모든 것들의 마스터요. 나는 이 모든 것들의 근본인 밀알을 먹고 있기 때문이오!"

이 이야기는 토라(모세오경)의 문자만을 신봉하는 근본주의자들의 토라관에 대한 풍자(諷刺)로, 유대교 영성에 지대하게 영향을 미친 『조하르』에 나온 이야기 한 토막입니다.

토라를 문자 그대로 받아들이는 것이 때로는 궁극적인 목적에 속하는 경우도 있지만, 토라 속에 담겨진 보다 깊은 차원을 드러내는 해석 없이 토라의 문자만을 날 것으로 먹는 것은 시대착오적이 될 수 있다는 뜻입니다.

성결교회 창립 백주년을 계기로 성결인들은 확인하게 되었습니다.

21세기의 문화 대홍수 시대를 맞이하여 사중복음을 밀알 채 먹는 '전도표제'의 차원을 넘어서, 밀알을 갈아 다양한 종류의 빵으로 만들어 현대인들이 즐겨 먹을 수 있도록 제공해야 할 때가 되었다는 것을 말입니다.

이제 중생으로 비롯된 생명을, 성결의 은혜로 열매 맺는 사랑을, 신유의 역사로 이루어지는 회복을, 주의 재림을 기다리는 자들이 취하게 되는 공의라는 보편적 가치를 일상에서 경험토록 하는 과제가 교회에 주어졌습니다.

예수의 바람, 성령의 바람

21세기 교회의 목회 혁신과 신학 혁신은 사중복음 정신으로 이러한 보편적 가치들을 얼마나 현실적으로 창출해내는 지의 여부에 달려있다고 할 것입니다.

거룩한 삶을 완성해 가는 백송(白松) 같은 성결인

성결교회의 브랜드인 사중복음의 중심축은 성결입니다.

성결 없는 중생은 미완이며, 성결 없는 신유는 공허하며, 성결 없는 재림은 진노의 심판입니다.

성결교회는 지난 일제치하와 공산당의 폭력 아래서 성결한 삶의 실존을 "가시밭의 백합화"로 그려내었습니다. 백합처럼 향기롭고, 고결한 자태를 지켜온 성결교회는 이제 100년을 넘은 역사와 깊은 뿌리를 가진 성인이 되었습니다.

이제는 새 시대를 위한 새 막을 올려야 할 때가 되었습니다. 고결하되, 백 년을 지나 천 년을 이어갈 백송 같은 강인한 기상(氣像)을 뿜어내는 이미지가 요구되는 때를 맞았기 때문입니다.

이러한 이미지를 잘 나타내는 상징적인 인물로 이성봉 목사님이 계십니다. 그는 초교파적으로 한국 교회에

이성봉 목사

성결의 영성을 고양시킨 분입니다. "말로 못하면 죽음으로"라는 각오로 국내외에 영적 부흥을 일으키신 한국의 무디(D. L. Moody) 같은 부흥사로 알려져 있습니다.

성령의 불세례를 받아 사랑이 넘치는 성결인의 복음적 브랜드를 잘 드러

내는 이성봉 목사님은 마치 백송을 닮았습니다.

백송은 어릴 때 수피(樹皮)가 연회색인데, 나이를 먹어가면서 나무껍질이 벗겨져서 20년 정도 되면 청갈색이 나타나고, 40년 정도 되면 청백색의 얼룩점이 생기면서, 세월이 갈수록 더욱 밝은 백색(白色)으로 변합니다. 그래서 오늘날에도 많은 사람들이 이를 상서롭게 여겨, 백송을 귀히 여깁니다.

예산 용궁리의 백송

그리스도인은 물과 성령으로 중생한 후에도 여전히 원죄의 쓴 뿌리가 성령세례로 제거되지 않는 한, 온전한 구원에 참여할 수 없기에, 중생 후 성령세례를 받아 날마다 주님의 거룩한 형상을 닮아가는 것이 성결인의 삶입니다.

해를 거듭하면서 자신의 껍질을 벗기어 더욱 희게 변해가는 백송의 모습은 성화(聖化)의 거룩한 삶을 완성해 가고자하는 성결인의 비전을 잘 표현해 주고 있습니다.

백송은 어릴 때에는 음지(陰地) 식물이었다가 차차 양지(陽地) 식물이 되어 가는 특징을 지닌 것도 성화의 모습을 상징하지만, 성결교회 100년의 모습 가운데 고난의 음지에 있었던 지난날을 회상하게 합니다.

그러나 이제 음지에서 양지로 나와, 세계를 향해 성결의 복음을 힘차게 외칠 수 있는 신앙의 용장으로 자라왔음을 말해주기도 합니다.

백송은 무엇보다도 추위에 강하고, 각종 공해에도 잘 견디는 강인한 특

예수의 바람, 성령의 바람

성을 지닙니다. 또한 뿌리를 깊이 뻗고, 척박한 산성흙에서도 잘 자라는 모습 역시, 각박한 고난의 시절을 견디어온 성결교회를 닮았습니다.

이 외에도 백송은 내수성과 내마모성이 뛰어나, 스크래치나 어떠한 충격에도 표면을 보호할 수 있는 재질을 가지고 있어, 청소하기 쉬우며, 마모, 오염 및 변색이 쉽게 되지 않는 고급 자재에 속하며, 내공해성·내한(耐寒) 성·내음(耐陰)성·내건(耐乾)성이 뛰어나 어디에서나 귀한 재목으로 사랑을 받는 나무입니다.

이성봉 목사님의 삶을 들여다보면 볼수록 이러한 백송을 가까이 대하는 것 같습니다.

거룩한 삶은 단순히 착한 심성의 삶을 의미하지 않습니다. 온갖 유혹과 핍박, 공격과 환난 가운데서도 그리스도의 마음을 잃지 않고, 사랑의 길을 완성해 나가는 삶입니다.

그러나 이러한 성결의 길을 가는 자를 이 세상에서 찾아보기가 그 어느 때보다 힘든 것도, 마치 잔뿌리가 적으므로 옮겨심기가 어려운 백송과 같습니다.

성결교회는 물가에 심긴 버드나무처럼 몇 년 사이에 훌쩍 커 버리는 나무가 아니라, 아주 더디게 성장하는 백송인 듯합니다. 그러나 사중복음의 중생, 성결, 신유, 재림이라는 굵은 뿌리를 뻗어 내리는 성결교회가 존재하는 한, 21세기 한국 교회와 세계 기독교에는 여전히 희망이 있는 것입니다.

백송이 있는 생명, 사랑, 회복, 공의의 사중복음 희망 공동체

한국 성결교회 창립 백주년 축제 때, 목회자와 신학자와 화가가 뜻을 모아 사중복음의 희망 공동체를 한 폭의 그림으로 담아 보았습니다.

이를 다시 투박한 언어로 재현해 봅니다. 이제 말씀과 성령의 능력으로 생명을 살리고, 사랑하고, 고치고, 바르게 사는 사중복음적 실천만이 우리에게 남았습니다.

김세견 화백, 수채화, 91x71.7cm; 종이(아루쉬), 먹, 모델링페이스트; 2007. 4. 13.

온 우주와 인간 세계는 흑암 -
그러나 지금
중생 성령 신유 재림의 빛과 소리가
어둠을 뚫고 새 시대의 여명을 밝힌다.

칠흑 같은 한밤중에도 태양은
'붉은 생명'의 빛을 던진다.
저 높은 하늘 오로라(aurora)가
'초록빛 회복'의 신비한 침을 발산한다.
무쇠 같은 땅은
'푸른 공의'가 넘실거리는 강물이 되어
천년왕국의 평화와 기쁨(롬 14:17)으로 넘쳐난다.

인간의 욕망으로 신음하는 고난의 땅에
뿌리를 내리고
백년 고통의 거친 숨을 받아 마신 백송 -
이 밤에도 희망의 하늘에
눈부시게 '하얀 사랑'의 줄기를 뻗어나간다.
육의 껍질을 벗고 벗기면서
더욱 거룩하고 깨끗하고 강하게
변화에 변화를 더해 가는 백송
그 상서로운 성령의 흰 빛 받아
백성들의 아픔이 변하여 노래와 춤이 된다.

백송과 학이 하나 되어
새로운 생명의 새끼들을 키운다.
성령이 학처럼 깃드는
생명과 사랑, 회복과 공의의 마을
백성들의 절망이 변하여 노래와 춤이 된다.

사중복음이 꽃핀 세상의 모습을 노래한 것입니다.

"가시밭의 백합화"와 같은 문준경 전도사님의 거룩한 헌신과 순교 정신은 성결교회의 값비싼 브랜드입니다.

또한 민족과 열방을 향한 사랑으로 충만했던 이성봉 목사님의 백송 같은 영성의 삶은 성결교회가 21세기에 내놓을 사중복음의 브랜드입니다.

이분들을 위시한 신앙의 선조들이 물려준 이러한 브랜드는 사중복음의 밀알에서 발아한 것입니다. 그래서 더욱 성결교회적이요, 사중복음적입니다.

우리도 사중복음의 밀알을 갈아 생명, 사랑, 회복, 공의가 넘치는 예수 공동체, 21세기 희망 공동체를 이루어갈 때, 사중복음이 그 상서로운 구원의 빛을 온 세상에 비칠 것입니다.

예수의 바람, 성령의 바람

주(註)

....

1) 이하의 내용들은 40여 명의 학자들이 참여한 『성결교회신학』 중 필자가 맡아 집필한 제1장 총론 중 일부를 발췌 인용하여 전개한 것임을 밝힘: 서울신학대학교 성결교회 신학연구위원회, 『성결교회신학』(서울: 기독교대한성결교회 출판부, 2007), 73-94.

2) 『기독교의 사대복음』, 29.

3) 『신약전서사경보감』, 42.

4) 『기독교의 사대복음』, 37f.

5) 『신학대강』, 222. 『그리스도교의 대강령』, 218.

6) 『기독교의 사대복음』, 39. 『신학대강』, 124.

7) 『기독교의 사대복음』, 39.

8) 『기독교의 사대복음』, 40.

9) 『그리스도교의 대강령』, 232.

10) 『신학대강』, 93-95.

11) 『기독교의 사대복음』, 47-48.

12) 『기독교의 사대복음』, 49. 『신약전서사경보감』, 50, 58, 79, 등.

13) 주간, "교리에서 방황하지 말라 (1)," 「활천」(1933. 10) 1-2.

14) 이천영, "성결교회 60년사의 회고," 「활천」(1967. 5): 19-23.

15) 『신학대강』, 136.

16) 이건, "성결의 대사도 죤 웨슬네를 추억함," 「활천」(1933. 10): 10-14. "조선에 있는 성결교회가 어떤 교회이냐 어느 계통이냐 물으면 일언에 대답하여 줄 말은 즉 초시대 감리교회이다. 웨슬리가 전하든 '기독교인의 완전' 즉 사람이 의롭함을 얻은 후에 다시 성령의 역사로 내주의 죄성 즉 아담 이래 유전하여 오는 신학상 용어 '원죄'에서 완전히 깨끗함을 얻는 도리의 성결을 그대로 전하는 교회이다."(11) "그러면 성결이란 무엇인가. 이는 지식이 하나님과 같게 되는 것도 아니고 권능이 하나님과 동등됨도 아니고 무슨 묵시를 보는 일도 아니요 천사를 만나 즐거워한다는 일도 아니다. 다만 기독교인으로서의 완전이니 즉 소극적으로 마음 속 죄악에서 완전히

깨끗함 받는 것이요 적극적으로 권능과 사랑으로 충만케 되는 심령상 一大轉機의 경험이다. 모든 기독교 신자는 살아있는 동안에는 죄를 안 지을 수 없다 하여 스스로 죄악의 멍에 아래에 머리를 숙이고 있지 말 것이다."(13)

17) 『기독교의 사대복음』, 59-60.

18) 『기독교의 사대복음』, 71-73. 『신약전서사경보감』, 5, 22, 43.

19) 『기독교의 사대복음』, 76-77.

20) 앞의 책, 79.

21) 『기독교의 사대복음』, 173-176.

22) 『기독교의 사대복음』, 175f.

23) 『기독교의 사대복음』, 180.

24) 『기독교의 사대복음』, 177.

25) 『기독교의 사대복음』, 119.

26) 『기독교의 사대복음』, 121.

27) 『기독교의 사대복음』, 122.

28) 『기독교의 사대복음』, 126.

29) 『기독교의 사대복음』, 127.

30) 『기독교의 사대복음』, 131.

31) 『기독교의 사대복음』, 132f.

32) 『기독교의 사대복음』, 148.

33) 『기독교의 사대복음』, 153.

34) 『기독교의 사대복음』, 157f.

Regeneration
Sanctification
Divine Healing
Second C...

제 12 장
사중복음 신학의
글로벌 비전과 과제

목회 혁신과 신학 혁신의 길 : 사중복음의 '아바정신'

흔들리는 교회가 많아지기 시작했습니다. 일부이기는 하지만 한국 교회를 대표하는 교회들이 상식을 초월하는 타락상을 보이고 있는 현실입니다.

현대 사회와 마찬가지로 현대 교회도 민감해 하는 것이 있는데, 통계 수치의 변화입니다. 교회수와 목회자수는 늘어가는 반면, 교인수는 급격히 떨어져온 현실이 눈앞에서 확인되고 있습니다.

특히 지난 1997년부터 2011년까지 사중복음을 전도표제로 내걸고 있는 기독교대한성결교회의 교인수가 70만 명대에서 50만 명대로 줄어들었다는 통계는 충격이 아닐 수 없습니다. 특정 연도에 교인수 통계가 크게 부풀

기독교대한성결교회 교세현황(1997~2011년)

	1997	2003	2011	97~2011	백분율
교회	2,001	2,320	2,677	+676	33.7%(증가)
목회자	2,793	3,519	4,238	+1,445	51.7%(증가)
교인	748,493	706,026	565,782	-182,711	24.4%(감소)

출처: 한국기독교목회자협의회, 『한국기독교분석리포트』(서울: 도서출판 URD, 2013), 478~481.

려져서 그렇게 되었다는 분석도 나오고 있지만, 아무튼 지난 14여 년 사이에 근 20만 명의 신자들이 성결교회를 떠났다는 것은 단순히 양적 감소의 현상으로만 볼 문제가 아닌 것 같습니다.

그런데 더 심각한 문제는 오늘의 믿지 못할 이와 같은 제 현상의 원인이 무엇인지, 그것은 어디서부터 나온 것인지, 회복을 위한 대안이 무엇인지를 책임 있게 대답해 줄 수 있는 사람이 보이질 않는다는 것입니다.

과연 교회의 해체, 교회의 타락, 추하고 병약해진 교회에 대해 책임을 져야 할 자는 있는가, 있다면 누구입니까? 성결교 지도자들 특히 목회자와 신학자들 가운데서 이러한 질문을 피해나갈 수 있는 자는 아무도 없어 보입니다.

이제는 목회자들과 신학자들이 우리 안에 있는 '인간 중심주의', 곧 나 중심주의(Egocentrism)와 이로 인해 야기된 교권주의와 세속주의로 거룩한 교회를 더럽힌 것을 한 마음으로 '회개' 할 때가 되었습니다.

입술로는 하나님 중심으로, 그리고 하나님의 영광을 위하여 한다고 말하지만, 실제로는 나 중심으로, 나의 영광을 위하여 살아온 것을 회개할 때, 우리 안에 복음의 능력이 새롭게 나타나는 부흥을 체험하게 될 것입니다.

예수의 바람, 성령의 바람

이때는 정말 사도 바울이 디모데에게 권면했던 간절한 마음을 가지고 마틴 냅이 19세기말 성령의 역사가 사그라진 영적 침체의 현실을 돌파하고자 했던 것 같이, 우리도 은혜로 받은 성령세례를 기억하도록 해야 할 것입니다. 그래서 우리 안에 거하시는 성령께서 '강력하게 되살아나게(revive)하고, 새로운 불길이 다시 치솟아나도록(refire)' – '아나주푸레오' (ana-zoo-preo, 딤후 1:6) –해야 할 것입니다.

이를 위해서 '회개' 하고 다시 예수 그리스도의 '복음' 으로 돌아가서 그가 보여주셨던 대로 '하나님 중심주의' 의 아바정신을 회복한다면, 아직 희망은 남아 있습니다. 하나님의 교회를 병들게 한 합리주의, 제도주의, 은사주의를 아바정신으로 깨끗이 세척하여 내면 교권주의와 세속주의도 함께 제거가 될 것입니다.

우리는 19세기말 래디컬 성결운동을 일으키게 한 그 힘이 중생과 성결의 전통적인 '이중복음(Double Cure)' 에 신유와 재림의 복음이 더해진 '사중복음' 이었음을 고찰하였습니다.

그리고 이 사중복음은 곧 예수 그리스도를 통한 '참 구원의 복음(Full Salvation Gospel)' 이라는 것, 단축하여 '참복음(Full Gospel)' 이라는 것이며, 성결교 지도자들은 이 참복음의 모습을 오순절의 성령세례를 통해 태어난 초대교회 안에서 발견하고 '오순절의 이상적인 교회(Pentecostal Ideal Church)' 를 꿈꾸면서 오순절의 성령세례를 경험한 사도들의 정신을 이어받는 운동으로 발전시켜 나가게 된 것입니다.

예수 그리스도의 제자들이 진정한 사도로 거듭 태어나게 된 사건은 예수께서 약속하셨고 실행하셨던 **오순절 성령세례**였습니다. 성령세례를 받은 표시는 교회 가운데 '성결'과 '능력'이 나타나는 삶이었습니다.

'성결'은 참 예배와 기도의 삶으로 표현되는 **하나님 사랑**과 가난한 이웃과 공동체 그리스도인들과 나누는 **이웃 사랑**의 실천으로 표현되었고, '능력'은 십자가와 부활과 재림의 예수를 세상의 주요, 그리스도임을 담대히 전파하는 **전도**와, 그 예수의 이름으로 일으키는 **신유**의 역사로 나타났습니다.

이와 같은 성결과 능력의 삶은 이미 나사렛 예수의 공생애 가운데 보인 것이며, 우리는 그가 '아바, 아버지'라 부르면서 철저히 **아바** 하나님께 인류 구원의 사역을 맡기고 아버지의 원대로 자신을 십자가에 드리기로 결단하고 순종했던 정신에서 그 단초를 발견하였습니다. 그 정신이 바로 '아바정신'입니다.

이 예수의 **아바정신**이 다름 아닌 사중복음의 정신이었음을 살펴보았습니다. 성결교 안에서 이 사중복음의 정신 곧 **아바정신**이 살아 역사했을 때는 성결과 능력이 나타나 교회의 부흥을 경험했고, **아바정신**이 사라졌을 때는 교권주의와 세속주의로 물들어 병든 공동체가 되는 위기를 경험하게 된 것입니다.

성결교회를 창립한 마틴 냅이 그의 짧은 생애 가운데서 '만물을 다스리는 하나님(God over All)', '오순절 성령세례(Pentecostal Spirit-baptism)', '오순절적 저항(Pentecostal Aggressiveness)'을 말하고 '하나님의 성서학원(God's Bible School)'을 세우고, 정기간행물 「하나님의 부

예수의 바람, 성령의 바람

흥사」(God' s Revivalist)를 발행하여 미국 전역과 영국까지 퍼뜨려 '참복음(Full Gospel)' 을 전했던 그 열정은 한 가지, 세상을 살리는 참 구원은 오직 하나님으로부터만 가능하다는 **아바정신**, 곧 사중복음의 정신으로부터 나온 것입니다.

이제는 사중복음의 정신을 기초로 해서 21세기의 심한 질병을 앓고 있는 인류에 참 구원의 능력을 드러내도록 하기 위해서, 먼저 성결교회를 비롯하여 한국교회가 회개하고, 참 복음을 믿고, 믿음대로 순종하는 실천이 있어야 할 때입니다.

이를 위해 예수 그리스도의 **아바정신**을 이어받은 사도들과 16세기 루터와 칼뱅을 비롯한 종교개혁자들, 18세기 영국의 웨슬리와 그의 후계자로 지목되었던 존 플레처, 그리고 19세기말 냅과 리스를 비롯한 성결운동가들, 20세기 한국 성결교의 이명직과 이성봉을 위시한 지도자들의 사중복음 정신을 배우고 몸으로 익히는 훈련코스를 제공할 수 있을 것입니다.

우리는 이와 같은 실제적인 훈련과 운동으로까지 나아가도록 하는 데 신학적 차원에서 이바지 할 수 있기를 희망하고 있습니다.

겨울이 지나 봄이 되니 곳간에 있던 종자씨앗을 밭에 뿌리는 농부의 심정으로 사중복음의 메시지를 한국 교회의 밭에 뿌려야겠습니다. 그래서 사중복음의 **아바정신**이 공동체 안에서 피어올라 '하나님의 거룩함' 과 '하나님의 능력' 을 드러내는 성도와 교회로 새로 태어나도록 목회자들과 신학자들이 물 주고 가꾸는 수고를 아끼지 말아야 할 것입니다.

에스겔 선지자가 환상 가운데 마주했던 "마른 뼈들"(겔 37:4)과 같이 생기를 잃은 목회 현장에 부활하신 그리스도 예수의 영이, 곧 하나님의 거룩한 영이 살리는 바람이 되어 하나님 중심주의로부터 시작되지 않은 모든 누룩과 같은 것들을 교회 안에서부터 제거해버리고 새로운 생명이 꿈틀거리게 해야 할 것입니다. '예수의 바람, 성령의 바람'이 세차게 불어오면 새로운 생명이 태어나게 될 것입니다. 목회와 신학에 혁신이 이루어질 수 있습니다.

"내가 생기를 너희에게 들어가게 하리니 너희가 살아나리라."(겔 37:5)

교회가 다시 살아나는 일은 하나님이 성령을 보내실 때 회개와 믿음으로 성령을 받아 성령이 역사하시도록 하는 길 외에는 없습니다. **마키아벨리즘**과 **맘몬이즘**에 포로 된 교회가 자유하게 되는 길은 우리들이 먼저 사중복음의 **아바정신**을 회복하는 것입니다.

교회와 인류의 역사를 잠식하고 있는 **마키아벨리즘**, 이에 대항하는 사중복음! 그 인간 중심주의에 대하여 하나님 중심주의를 선언한 마틴 냅의 **펜티코스탈 저항**, 예수의 사중복음적 **아바정신**! 우리는 이러한 영적 유산의 힘으로 목회의 혁신과 신학의 혁신을 꿈꿉니다.

그리고 성령세례로 우리 안에 들어온 성령의 불씨가 우리 안에서 다시 활활 타오르는 것을 볼 때까지(딤전 1:6) 우리의 작은 **예루살렘** 다락방에서 한 마음 한 뜻으로 모여 기도해야 할 것입니다(행 1:14).

성령의 임재와 강력한 역사 가운데 하나님 중심의 아바정신으로 충만하게 되어 이 시대와 교회를 깨우는 21세기 예수 그리스도의 '사도들'로 거듭 태어나 주님 오실 때까지 '참 복음'을 전하는 사중복음의 증인들이 되도록 해야 합니다.

교회가 사중복음을 증거하는 곳마다 생명과 사랑과 회복과 공의가 실현된다면, 사중복음은 하나님 나라를 실현하는 "하나님의 능력"(롬 1:16)이 될 것입니다. 이는 곧 아버지가 약속하신 평화의 나라(롬 14:7)이며 인류가 꿈꾸던 것으로, 단지 공허한 종교적, 추상적 관념이 아닙니다.

우리가 지금까지 이야기한 것은 교회 성장을 위한 목회 매뉴얼이나 교회 경영 방법론이나 목회 상담적인 인간 관계론과는 거리가 멉니다. 우리의 대화는 좁게는 성결교의 정체성이요, 넓게는 기독교의 본질에 대한 것이었습니다. 그것은 복잡한 것에서부터 단순한 데로 돌아가는 것이었습니다. 그러므로 무엇인가 새로운 신학적 이론을 기대했다면, 처음부터 다시 시작해야 할 것입니다.

우리 이야기의 결론은 단순합니다. 근원으로 돌아가면 결국 하나로 모여지는 법입니다. 육적인 세상의 결론은 대부분 '돈'으로 끝납니다. 돈이 없으면 아무것도 안 된다고 믿기 때문입니다. 그러나 우리가 돌아가게 되는 마지막 종착지는 '하나님'입니다. 그래서 우리는 모든 것을 '다시' 하나님으로부터 시작할 수 있게 됩니다.

사중복음을 논한 우리의 마음에 한 분 '아바, 아버지 하나님' 말고 다른 무엇이 또 존재하는 것이 있다면, 우리는 아직 참된 결론에 이르지 못했다고 보아야 합니다. 우리가 함께 이야기를 나눔으로써 사중복음의 **아바정신**

으로 세상을 다시 볼 수 있게 되었다면 우리는 최상의 것을 얻은 셈입니다! 그것은 사중복음이 준 선물입니다.

이 선물은 성결교인만을 위한 것이 아니라, 신앙의 혁신, 교회의 혁신을 열망하는 자들, 그리고 '참 구원'을 경험하고 '참복음'으로 충만한 교회를 꿈꾸는 모든 사람을 위한 선물입니다.

이제는 사중복음, 곧 참복음의 정신으로 우리 모두가 충만할 수 있도록, 아버지께로부터 '예수의 바람, 성령의 바람'이 이 땅에 강력하게 불어오도록 기도해야 할 것입니다. 그러므로 마지막으로 우리에게 남은 가장 중요한 과제는 이를 위해 무릎을 꿇고 기도하는 일입니다! 신학이 다시 기도의 학이 된다면 신학의 대혁신이 일어날 것이며, 마찬가지로 목회가 다시 기도의 목회가 된다면 역시 목회의 대혁신이 일어날 것입니다. 그처럼 목회와 신학의 대혁신을 꿈꾸며 이야기하는 것이 사중복음 신학입니다.

글로벌 사중복음 신학의 길과 장애물

우리는 우라늄(Uranium)과 같은 '사중복음'이라는 영적 광석이 언제, 어디에서, 어떻게 발생했는지, 그리고 그것에는 어떤 효능이 있는지, 어떻게 사용될 수 있는지 등 사중복음의 본질과 기능을 신학적 지평에서 밝혀보고자 했습니다.

이러한 논의를 통해 알 수 있게 된 것은 '사중복음'은 특정인의 신학적 사고로부터 창안된 슬로건이 아니라, 기독교 복음 전파의 역사 가운데 맺

혀진 글로벌한 열매였다는 것입니다. 그러므로 사중복음은 신학적 주관주의에 떨어지지 않을 뿐만 아니라, 객관성을 가지면서도 시대적 상황 가운데서 실존적으로 이해될 수 있는, 즉 신학적인 작업이 가능한 자료(source)로 조금도 손색이 없는 것임을 확인했습니다.

따라서 어느 누구도 사중복음이 북반구와 남반구의 모든 교회를 위한 글로벌 신학의 원천(origin)임을 부정할 수 없다는 것을 알았습니다. 사중복음을 통해 참복음의 하나님 나라를 이야기하고 경험하는 최상의 드라마가 전개될 수 있는 가능성을 발견했기 때문입니다. 다만 그것이 오랫동안 어두운 지하 창고에 보관되어 있어 그것을 찾는 자들의 눈에 띄지 않았을 뿐입니다.

이제야 우리는 오래 묵은 포도주와도 같은 사중복음을 찾아내어 조금씩 맛보기 시작했습니다. 한 번 맛본 자는 결코 잊지 못할 것이며, 늘 자기 곁에 두고 싶어 할 것입니다.

그러므로 사중복음은 신학계의 신소재(新素材)와 같은 존재로 사랑을 받을 것입니다. 앞으로는 사중복음이 신학계의 신소재로서 각광 받게 될 것입니다. 그러한 징조가 벌써 신학의 여러 분야에서 드러나고 있습니다. 김대식 박사가 『영성과 신학적 미학』(2008)에서 사중복음을 생태학적, 미학적, 영성 신학적 관점에서 재해석하고, 또한 가톨릭 영성과의 대화를 신선하게 시도하였습니다.[1]

이는 성결교회의 신학을 '개신교복음주의 웨슬리안 사중복음 신학' 이라 정의한 『성결교회신학』(2007) 에서 중생, 성결, 신유, 재림을 생명, 사랑, 회복, 공의의 차원으로 해석한 이후 나온 의미 있는 첫 시도입니다. 사중복음이 얼마나 풍부한 해석학적 원천인지를 글로벌 사중복음 신학의 맥락에서 이제 그 가능성을 본격적으로 보여주기 시작한 것입니다.

사중복음은 우리의 글로벌 차세대가 입어야 할 탁월한 옷감이 될 것입니다. 글로벌 사중복음 신학 이야기는 지금부터라 할 수 있습니다.

사중복음은 글로벌 신학의 틀이 될 수 있는 건강한 '신학적 염기(鹽基)'를 지녔습니다. 이것은 앞으로 차차 확인될 것입니다. 21세기 세계 기독교(World Christianity)가 공통의 신학적 아젠다로 다루어나가기에 전혀 손색이 없는 '신학의 블루오션(blue ocean)'이 바로 사중복음이 될 것입니다. 사중복음 자체가 모든 생명체의 기본 단위를 구성하는 염색체의 염기와 같아 어떤 신학 전통이나 어떤 문화 어디에도 다 적용될 수 있기 때문입니다.

역사적으로 사중복음은 19세기 근대 복음주의 내에서 매우 중요한 역할을 하였음에도, 이를 강력하게 주장했던 자들은 '래디컬 성결운동' 단체로 낙인이 찍혀 그들만의 초교파적인 독립 교단을 이루지 않으면 안 되었습니다. 그래서 성결교회가 태어났습니다.

그들은 성서적 성결의 도리를 교회 안에서 다시 회복하기 원했습니다. 이를 위해서 그들은 '재림과 신유'의 복음을 강조하지 않으면 안 된다는 분명한 확신과 체험을 가지고 역사의 전면으로 나타난 것입니다.

우리는 특별히 제1부를 통해서 사중복음과 성결교회, 그리고 래디컬 성결운동의 관계에 대해서 자세히 살펴보았습니다. 그리고 사중복음의 '로컬(loacal)'한 면을 보았습니다.

예수의 바람, 성령의 바람

또한 동시에 사중복음이 21세기 북반구의 유럽과 북미주의 소위 '서구 교회' 와 남반구의 아시아, 남미, 아프리카의 제 신학들을 상생적으로 한 몸의 지체들로 엮어놓는 신학 패러다임이 될 수 있는 사중복음의 '글로벌 패러다임' 을 보았습니다.

사중복음은 성결교회를 태어나게 한 복음이기도 하지만, 짧게는 시대적으로 19세기에서 20세기로 넘어오는 과정에서, 지역적으로는 북반구에서 남반구로 성령의 새로운 역사가 이동하게 될 때, 새 술을 위해 새 부대가 준비되어야 하듯 변화의 현실을 담아낼 수 있는 새로운 신학적 패러다임으로 자리 잡게 된 것입니다.

그러므로 사중복음을 지켜온 성결교회의 사명은, 첫째, 로컬하게는 온 세계를 향하여 펜티코스탈 사중복음을 전하여 오순절 초대교회를 닮은 성결교회를 개척하고 부흥케 하는 일이며, 둘째, 글로벌하게는 세계 교회를 사중복음의 신학적인 패러다임을 통해서 한 몸의 지체들인 것을 확인케 하여 모두가 한 마음으로 주 예수 그리스도의 강림을 대비토록 하는 일입니다.

되풀이 하는 것 같지만 다시 확인할 일은, 사중복음은 19세기말 북미주에서 '풀 가스펠(Full Gospel)' 이란 이름을 가지고 태어났다가 일본과 한국으로 들어오면서 본격적으로 소개되었습니다. 그리고 이 사중복음 때문에 형성된 공동체가 성결교회입니다. 그러므로 성결교회에 중생, 성결, 신유, 재림의 '사중복음' 은 자신의 정체(正體)를 결정하는 유전자(遺傳子, gene)라고 할 수 있습니다.

중생, 성결, 신유, 재림은 마치 생명체의 고유한 특질을 결정하는 염색체 내의 4가지 염기(鹽基, base)와 같아서 그 가운데 어느 하나라도 빠지거나 약화되면 '풀 가스펠'이 될 수 없습니다. 만일 그렇게 될 때 성결교회의 모습은 변형이 될 수밖에 없습니다.

사람의 몸은 평균 80조의 세포로 구성되어 있고, 각 세포의 핵 속에 유전정보 그릇에 해당하는 46개(23쌍)의 염색체(染色體)가 존재하는데, 각 염색체는 히스톤이란 단백질들을 DNA가 정교하게 감싸고 있는 형상이라고 합니다. 염색체 안의 DNA는 두 가닥의 사슬이 서로 꼬여있는 이중나선 구조를 하고 있습니다.

그리고 DNA의 이중나선 모양을 보면, A(아데닌), T(티민), G(구아닌), C(시토신) 등 4종의 염기(base)가 블록모양의 쌍을 이루며 일정한 순서로 배열되어 연결하고 있는 것을 볼 수 있습니다. 이들 염기쌍들의 배열순서가 바로 '유전정보'를 나타낸다고 합니다. 아데닌(A)과 티민(T)이 한 쌍을 이루고, 구아닌(G)과 시토신(C)이 또 다른 한 쌍을 이루면서 이 두 쌍의 조화에 따라 물질의 존재양태가 결정된다는 것입니다.

이와 같은 몸의 세계에서와 같이 그리스도의 몸으로 지상에 존재하는 모든 교회 역시 영적 생명체로서 그 고유한 특징을 나타내는데, 바로 거기에 물질세계 유전자(DNA)내 4종의 염기와 같은 것이 있다고 보아야 할 것입니다. 그 중에 성결교회는 바로 사중복음의 중생, 성결, 신유, 재림이라는 4가지 복음적 염기(base)가 '중생-성결, 신유-재림'으로 서로 쌍을 이루면서 '성결교회의 정체성'을 독특하게 발현한다고 이야기할 수 있습니다.

그러나 이 사중복음은 단지 성결교회만의 염기가 되는 것일 뿐만 아니라, 다른 교파 교회들에게도 해당된다고 할 수 있습니다. 다만 염기서열이 서로 다를 수 있어, 다시 말하여 신학 전통에 따른 신학 방법의 차이에 의해

예수의 바람, 성령의 바람

다른 모습으로 표현되는 것뿐이겠습니다.

이미 앞에서도 언급했었지만, 유대인이 토라를 지켜왔다면, 성결교회는 사중복음을 보존해오고 있습니다. 토라가 유대인만의 것이 아니듯이, 사중복음 역시 성결교회만의 것이 아닙니다.

보다 중요한 것은 예수께서 그리고 바울이 토라를 새롭게 해석하여 그 본래적 힘을 드러내어 생명을 살리는 말씀으로 제시하였고 또한 그에 따라 살았듯이, 우리 역시 사중복음을 21세기의 살아있는 말씀으로 해석해 낼 수 있어야 한다는 것입니다. 우리는 그와 같은 일련의 신학적인 작업을 '사중복음 신학' 이라 불러오고 있습니다.

그러므로 성결교회의 사중복음 신학이 있듯이, 장로교나 감리교의 사중복음 신학이 있을 수 있습니다. 이렇게 세계 교회는 사중복음의 정신을 되살려 자신의 신학 전통을 풍요롭게 함으로써 세계 교회가 직면하고 있는 글로컬한 문제들을 풀어나가는 데 진일보하게 될 것입니다.

부패한 인간의 공로가 아니라 하나님의 절대 주권에 의한 인간 구원을 논하였던 칼뱅의 여러 사상들을 체계적으로 담은 것을 '칼뱅 신학' 이라 하고, 구원 받은 그리스도인이 하나님의 은총에 대하여 사회적으로 책임 있게 사는 윤리를 중시했던 웨슬리의 제 사상들을 정리하여 '웨슬리 신학' 이라고 한다면, '사중복음 신학' 은 중생한 그리스도인들이 성령세례를 받아 주의 재림을 기다리면서 성결함과 능력으로 사는 것이 무엇인지를 밝히는 것이며, 또한 사중복음의 정신으로 신학 하는 것을 사중복음 신학이라 말할 수 있을 것입니다.

이러한 칼뱅 신학, 웨슬리 신학, 사중복음 신학이 특정 교파 교회가 입는 옷으로 특징화 되어있는 것은 사실이지만, 그리고 서로 간 충돌하는 교의학적 이슈들이 존재하지만, 각 신학들은 지역성을 넘어 글로벌한 차원이 있음을 서로 간에 부정해서는 안 되리라 봅니다.

이즈음에서 우리가 사중복음적 글로벌 신학을 크게 그리며 나갈 때 제일 경계해야 하는 것은 '교리적, 윤리적 독선주의' 입니다. 그것은 신학적 혹은 윤리적 교만(휴브리스, hubris)으로부터 나오는 것이기 때문입니다. 독선주의자들은 하나님과 성서 모두를 홀로 독차지하고자 합니다. 자신들의 관점 외의 어떤 것도 인정하지 않는 바리새주의(Pharisaism)입니다. 연대와 나눔을 위해서는 눈곱만큼의 아량도 없습니다.

사중복음의 글로벌 신학을 이야기하며 전개해 나가고자 할 때 종종 근본주의(根本主義)자들에게서 보이는 독선과 배타성이 충성심과 사명감으로 둔갑하여 나타나면, '글로벌 사중복음 신학' 은 하나의 낭만적 과대망상으로 치부되고 말 것입니다. 왜냐하면 독선적인 바리새주의자들과의 대화에서는 성서론은 '성서무오설' 논쟁으로 인하여, 종말론은 '천년왕국설' 로 인하여, 구원론은 '종교다원주의' 로 인하여, 창조론은 '진화론' 과의 대립적인 신학 논쟁의 수렁에서 헤어 나올 수 없기 때문입니다.[2]

이뿐만 아니라 금주금연, 여성안수, 동성애, 낙태, 배아줄기세포 연구, 자본주의 등과 같은 문제들에 대한 신학적 혹은 윤리적인 입장의 차이로 인하여 글로벌 신학의 문턱도 못 넘어설 수 있습니다.

앞으로의 과제는 세계 교회가 직면하고 있는 다양한 신학적, 윤리적인 관점들을 주도적인 하나의 논리와 이론으로 일치시키는 것이 아니라, 현존

예수의 바람, 성령의 바람

하고 있는 불일치와 대립의 입장들을 사중복음의 패러다임 안으로 불러들여 그 안에서 사중복음의 정신으로 사중복음적 해석의 원리와 태도, 즉 "본질적인 것에는 일치를, 비본질적인 것에는 자유를, 그 외 모든 것에는 사랑으로"라는 자세로 새롭게 접근하는 것입니다.

사중복음 신학의 발전을 위한 길

우리는 지금까지 사중복음과 관련하여 그것이 지니는 역사적이며 신학적인, 그리고 목회적이며, 윤리적이며, 선교적인 의의를 살펴보았습니다. 또한 사중복음이 지니는 글로벌 신학의 패러다임을 확인하였습니다. 이러한 연구를 통해 사중복음은 성결교회만의 신학이 아니라, 글로벌 기독교의 사중복음 신학으로 전개되어 나갈 수 있는 전망도 가지게 되었습니다.

그러나 신학적 영역에서의 사중복음 연구의 현실은 아직도 걸음마에 불과합니다. 우리는 여기에서 불가피하게 그렇게 된 현실 문제를 짚고 넘어가지 않으면 안 되는 데까지 온 것 같습니다.

주지하다시피 살아있는 신학은 언제나 구체적인 현실 안에서의 긴장을 갖게 마련입니다. 거기에는 부딪힘과 긴장이 있고, 그런 가운데 보다 명확한 방향이 제시되고 진실이 아닌 것들이 밝혀지면서 교회와 세상을 위한 신학, 그리고 생명력 넘치는 복음의 힘과 정신이 구현되는 것입니다.

이제 사중복음 신학이 앞으로 걸어가야 할 구체적인 길이 무엇인지를 이야기하기 전에, 먼저 사중복음 신학 연구에 지장을 초래해온 현실의 문제가 무엇인지를 살펴보도록 하겠습니다. 특별히 성결교회의 정체성을 형성하는 데 중요한 역할을 한 분들의 사중복음에 대한 견해나 입장을 지금까지 논의된 관점으로 새롭게 조명하는 일이 성결교회의 사중복음 신학을 논의하는 현 시점에서 필요할 것으로 보입니다.

이명직 목사의 사중복음 신학 연구

이명직 목사는 사중복음 신학을 성서신학적으로 집대성한 대학자임에도 불구하고 그의 학문이 후학들에게 제대로 이어지지 않고 있는 현실입니다. 글의 양으로만 따진다면 세계 성결운동 전통에서 이명직 목사 이상으로 많이 그리고 치밀하게 성서를 연구하고 또한 사중복음의 관점에서 성서를 연구한 학자를 찾는 것도 쉽지 않을 것입니다. 냅, 플레처, 심지어 웨슬리까지도 모두 이명직과 비교하여 볼 때 그만큼 많은 글들을 발표한 선진들이 없습니다. 현재 『이명직목사전집』이 총 16권으로 완성되어 세상에 소개되고 있습니다.

이명직의 신학적 노작들을 제대로 평가하여 승계해야 할 유산이 무엇인지 발굴해야 할 일들이 많이 남아 있습니다. 그런데 아직도 그 일을 쉽게 시작하지 못하는 이유가 있는데, 그 이유들은 얼마든지 극복될 수 있다는 것을 이야기하고 싶습니다.

첫째는 학문성 자체의 이유로서, 외국에서 신학 훈련을 받고 온 후배와 제자들에 의해 사중복음을 축으로 한 그의 방대한 성서연구는 소위 서구식 기준의 과학적인(wissenschaftlich) 방식을 취하지 않았다는 것 때문입니다.

16세기의 루터나 칼뱅, 18세기의 웨슬리조차도 이명직과 같이 하나님을 경외하는 마음과 교회를 섬기려는 자세를 가지고 성서 자체를 깊이 연구한 자들이었습니다. 그들 역시 근현대의 서구식 관점으로 볼 때 어떤 체계도 없고 과학적 분석도 없었거나 있어도 기준에 미달했을지 모르는데도, 오늘날 '루터 신학', '칼뱅 신학', '웨슬리 신학'이라고 하여 그들의 사상과 업적을 높이 평가하는 이유는 그들의 작업들이 이명직 목사와 같이 깊은 경건심을 가지고 성서를 성서로 연구하였기 때문입니다.

그들을 위대한 종교개혁 신학자로 만든 것은 그들 자신에게 남다른 철저성이 있어서도 그러했겠지만, 그들을 그 시대적인 맥락에서 깊이 있게 연구한 후배들과 제자들에 의하여 이어져온 신학 작업이 있었기 때문이라고 할 수 있습니다. 그와 같이 이명직 신학도 성결교회 후학들이 그 안에 있는 것들 가운데 보석들을 가려내어 좋은 신앙의 전통을 발전시켜 나가야 할 것입니다.

둘째는 일본제국주의 시대 하에서 그가 보인 신사참배 행위와 그의 학문이 충돌하였기 때문입니다. 그의 학문 세계와 현실세계가 조화를 이루지 못함으로 말미암아 후대의 마음을 얻지 못한 이유가 있다 할 것입니다.

나 자신도 양면성을 지닌 그의 존재 자체로 인하여 깊은 고뇌의 시간을 가지지 않을 수 없었습니다. 백 가지를 잘하였어도 제1계명을 어긴 자의 신학을 어떻게 소화해 볼 도리가 없었습니다. 불가피하게 그의 글을 인용하는 경우가 있었어도 그의 '정신'은 수용할 수 없었던 것입니다.

이러한 경우는 내가 함석헌을 연구할 때도 마찬가지였습니다. 그의 삶과 사상은 세계 어디에 내놔도 손색이 없을 정도로 심오하고 폭이 넓었습니다. 그런데 그가 60세 때 저지른 성적 스캔들 하나가 그에 대해 흠모할 만한 모든 것을 일순간에 퇴색시키는 것이었습니다. 만일 그가 다윗처럼 자신의 죄를 고백한 사실만 확인할 수 있다면 그와 다시 대화할 수 있을 것이라 생각하면서 오랜 시간을 두고 그의 글들을 뒤졌습니다. 그러던 어느 날 나는 그가 당시 독일에 유학하고 있던 안병무에게 보낸 편지 한 장을 발견하게 되었습니다.

> 나는 옷을 입었지만 거짓 옷이다. 사실은 벗은 몸인데 남의 옷을 빌어 입었다. 나는 파리하고 병든 몸이다. 나는 속이 썩었다. 나는 죄를 지었다. 살(殺), 도(盜), 음(淫)을 다했다… 사람이 필요하다고, 바른 말 하라고 나한테 오는데 나 자체가 썩었으니! 아아, 젖을 내라는데 어미가 썩었소! 내가 이 나라 청년 망쳤어요![3]

'아아, 젖을 내라는데 어미가 썩었소!' 라는 이 한 마디의 절규가 오랫동안 나를 짓누르고 있었던 그에 대한 모든 비판적인 생각을 떨칠 수 있었고, 마침내 그를 계속해서 나의 정신적인 동반자로 수용할 수 있었습니다.

이성봉 목사도 자서전 『말로 못하면 죽음으로』에서 자신의 신사참배 행위가 참으로 잘못된 일이었음을 고백한 바 있었기 때문에 그가 이명직과 같은 대단한 학자는 아니었지만 충성스러운 전도자의 삶을 높이 기릴 수 있었습니다.[4] 이처럼 이명직 목사에게서도 그와 같은 고백을 들을 수 있다면 내가 그를 편하게 받아들일 수 있을 것이라 생각했습니다.

일제 강점기에 이명직 목사는 자신의 모든 친일적 행위를 모두 복음을 전하기 위한 일이라면서 로마 시민권을 가진 바울, 애굽의 총리로 있었던 요셉, 바벨론 제국의 관료로 있었던 다니엘 등과 비교하면서 신학적으로 자

예수의 바람, 성령의 바람

신을 합리화하였습니다. 그냥 침묵했던 것이 아니었기에 더욱 그의 존재를 감당할 수 없었습니다.[5]

그런데 성결교회 역사학자 박명수 박사는 이러한 나의 고뇌를 무시하고 "이명직 목사의 생애"를 논한 나의 글에 대하여 다음과 같이 이명직 목사의 문제 있는 친일행위와 더불어 제1계명을 어긴 불순종과 타협의 삶은 감싸고, 오히려 문제를 제대로 지적하여 역사적 교훈을 받고자 하는 나의 문제 제기를 비판하고 있습니다.

> 일제 말 일본의 검열 아래서 쓰여진 내용이라는 것은 너무 뻔할 수밖에 없다… 인생의 가장 어두운 부분만을 집중적으로 조명하는 것은 문제가 있다… 실질적으로 이명직 목사는 1920년대와 30년대에 성결교회의 발전을 위해서 크게 공헌하였다. 이 공헌 때문에 우리는 그를 성결교회의 사부라고 부르는 것이다. 이런 결정적인 시기를 간과하고 그의 생애를 평가한다는 것은 부당하다고 본다.[6]

교단의 사부 격이 되는 자의 명예를 최대한 잘 지키려는 박명수 박사의 충심은 소중한 것이지만 이명직 목사의 신사참배 행위를 "뻔할 수밖에 없(는)" 것으로서 불가피했던 것이라 변호한다면, 앞으로 성결교회와 한국교회가 그와 유사한 고난의 길을 가게 될 때 그들을 향하여 바른 신앙생활 지도를 하기 어려울 것입니다. 이명직 목사가 신사참배를 하고 있는 동안 수많은 애국지사들과 그리스도인들이 핍박을 받고 옥에 갇히고 심지어 죽음에까지 넘기었던 사실을 기억해야 했을 것입니다.

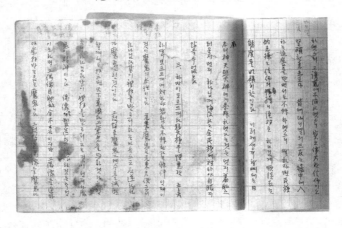

그러하기에 박명수 박사는 이명직 목사의 신사참배 등의 행위를 변호하지 않았으면 더 나을 뻔했습니다. 왜냐하면 이명직 자신이 스스로 그동안 성서적으로 정당하다고 변호했던 신사참배 행위가 "수치(羞恥)스러운" 잘못된 일이었음을 스스로 회개했던 고백의 글이 발견되었기 때문입니다.

서울신학대학교 현대기독교역사연구소에서 『이명직목사전집』을 간행하는 과정에서 책임편집 연구원으로 수고하던 박문수 박사가 이명직 목사가 쓴 10여 권의 필사본 강의노트 중에서 「에스더서 공부」라는 글을 판독하는 가운데 이명직 목사의 회개 고백문을 발견한 것입니다. 특히 에스더서 3장 4절의 주석 말미에 언급된 것인데 그 원문과 현대어 번역문을 함께 보면 다음과 같습니다.

昔에 다니엘의 三友는 火爐 중에 入하는 迫害를 받으면서도 不拜하였으니 말하자면 民族的 志操와 信仰의 貞操이니 절대로 하나님께 順服하는 태도를 明確히 함이니라. 이러케 생각할 때에는 日本의 神 天照大神에게 崇拜하였다는 것은 엇지

羞恥스러운지 먼저 하나님께 悔改하고 全 民族에 대하야 自服치 않을 수 없노라. 옛날에 다니엘의 세 친구는 화로 가운데 던져지는 박해를 받으면서도 절하지 않았으니 말하자면 민족적 지조와 신앙의 정조로서 절대로 하나님께 순복하는 태도를 명확히 하였다. 이렇게 생각할 때에 일본의 신인 천조대신에게 숭배하였다는 것은 어찌 수치스러운지 먼저 하나님께 회개하고 전 민족에 대하여 자복하지 않을 수 없다.[7]

마지막 이 한 문장의 고백이 성결교회의 사중복음 신학자 이명직 박사를 살려내었습니다. "일본의 신 천조대신 숭배"로 인하여 회색빛으로 탈색되었던 그의 사상과 글들이 그의 회개로 생기를 되찾게 되었습니다. 일본을 거쳐 한국 땅에 들어오면서 사중복음의 '오순절 정신(Pentecostalism)'이 약화되고 대신 교리적 성격이 강해졌지만, 그가 연구한 사중복음 신학이 초창기부터 1960년대까지 성결교회 신학의 내용을 공허하지 않도록 채워주었습니다. 이제 그를 정면으로 마주 대할 수 있게 되었습니다. 그가 연구한 성서신학적이며 교의학적인 사중복음 신학이 더욱 값있는 원천으로 다시 태어나게 될 것입니다.

사중복음 신학과 웨슬리 신학의 관계

사중복음이 이 땅에 전해진 지도 한 세기가 넘었는데, 아직도 사중복음에 대한 신학적 이해의 지평이 이명직 목사가 다져놓은 성서-교의학적 범주 이상을 넘어서지 못하고 있는 이유를 이명직 목사 자신과 관련해서 살펴보았습니다.

그러나 보다 결정적인 이유는 이명직 목사의 사중복음 신학이 다음 세대로 창조적인 바통터치가 되지 않았다는 사실에서 찾아볼 수 있을 것으로 보입니다. 말하자면, 성결교회 신학의 정체성을 지켜준 사중복음 신학 연구의 계승자요 또한 요람이어야 할 서울신학대학이 사중복음의 바통을 놓치고, 1960년대 후반부터 사중복음 대신에 '웨슬레 신학' 연구 기관으로 변신해갔던 것으로 보입니다.

70년대에 서울신학대학교에서 공부한 나는 사중복음을 신학 수업에서 들어본 기억이 없습니다. 사중복음이라는 과목 자체가 개설된 적이 없었던 것 같습니다. 현재의 신학 교수들 역시 대부분 그런 형편이 아니었던가 합니다.

그러나 이명직 목사가 신학 교육을 책임지고 있을 동안에는 사중복음이, 신학 훈련으로서든 아니면 목회자 훈련으로든 간에, 신학 수업의 중심축을 이루었습니다. 물론 60년대까지의 사중복음 신학이란 것은 이명직 목사의 『신학대강』과 『기독교의 사대복음』이라는 훌륭한 저술이 있었음에도 불구하고 사중복음으로 성결교회 신학의 뼈대를 형성하는 데는 한계가 있었던 것으로 보입니다. 사중복음의 정신을 찾아내 그 정신으로 교회와 시대를 위한 신학을 세워나가는 역량 있는 신학자들을 배출하지 못하였기 때문이라고 보아야 할 것 같습니다.

성결교회가 신학적 결핍감을 느끼고 있는 상황에서 70년대부터 웨슬리 신학이 본격적으로 소개되었고, 그 후 웨슬리 신학이 성결교회의 교의학의 자리를 채우다시피 하였습니다. 그러나 이명직 목사를 통해서 성서적 사중복음 신학으로 훈련 받은 기성의 목회자들에게 '웨슬리 신학은 감리교의 것'이라는 관념이 지배적이었고, 비록 신학적인 체계는 없다 하더라도 '사중복음은 우리의 것'이며 우리의 고유한 정체성을 드러내주는 것이라는 생

예수의 바람, 성령의 바람

각이었습니다. 그런 가운데 한 세대가 지나서야 분명히 웨슬리와는 다른 역사적, 교회적, 문화적 맥락에서 성결교회를 태어나게 한 사중복음을 신학적으로 깊이 있게 연구하여 그 고유의 신학적 가치를 드러내는 작업이 있어야 한다는 뜻이 모아져 21세기에 접어들면서 '사중복음 신학'의 장을 본격적으로 펼치게 된 것입니다.

그러나 근 한 세대 동안 사중복음은 웨슬리 신학의 구원론에서 다루어지는 하나의 패러다임으로 교육되었습니다. 그러다보니 웨슬리 신학도 성결교회 안에서 전도 중심의 구원 신학으로 좁게 이해되는 한계를 극복하기 어려운 실정에 처하게 되지 않았는가 하는 것입니다.

아무튼 사중복음이 신학계 내에서 중요한 신학적 이슈로 다루어지지 못한 것은 사중복음 교의학을 체계적으로 형성할 인재들이 준비되지 못했기 때문이었다고 할 수 있습니다. 그 결과 자연히 사중복음이 신학 훈련에서 그 고유한 가치를 발휘할 수 없게 되었고, 목회 현장에서도 신학적 조명과 해석이 부족하니 급변하는 세상을 향해 사중복음 메시지를 전하는 데 한계를 경험하게 되었습니다. 사중복음을 주제로 설교를 하거나 집회를 하는 경우는 극히 드문 현상이 되고 말았습니다.

그러나 다행히도 2002년부터 성결교회신학을 정립해야 한다는 총회적 공감대가 이루어지면서 2007년 교단 백주년 기념사업의 결과 『성결교회신학: 개신교복음주의 웨슬리안 사중복음 신학』이 빛을 보게 된 것은 성결교회 역사에서 사중복음이 신학적 지평에서 다루어짐으로써 교단 신학을 넘어서 글로벌 신학으로 소개되고 발전할 수 있는 기반이 된 사건으로 볼 수 있을 것입니다.

다른 한편, 이처럼 이명직 목사의 사중복음 신학 연구가 제대로 이어지지 못한 데에는 사중복음을 헌법에 명시된 것을 근거로 하여 "전도표제"라한정하고, 이에 대한 신학적 작업의 중요성을 간과하고, 한 걸음 더 나아가 '웨슬리 신학이 성결교회 신학'이라 주장하는 학자들의 부정적인 영향이 컸던 이유 때문으로 보입니다.

앞에서 소개했던 대로 2002년부터 사중복음의 신학화 작업이 범교단적으로 역량을 모아 2007년에 나름 빛을 보았는데도 불구하고, 여전히 사중복음을 신학적으로 전개해 나가는 일을 비판적으로 보는 학자들이 있기 때문에 이에 대해서 좀 더 분명한 어조로 짚고 넘어가야 할 필요성이 있는 것 같습니다.

'사중복음은 전도표제요, 성결교회 신학은 웨슬리 신학'이란 명제를 통해서 자신의 교단 신학적 입장을 견지하고 있는 조종남 박사와 사중복음이 단지 전도표제가 아닌 "요문화된 신학"이요, "교리신학"이라고 주장해오고 있는 이상훈 박사와의 대립적 관점들에 대한 논의는 이미 1992년에 나온 『한국성결교회사』에 상세하게 소개가 되어있습니다.[8]

그 중에 조종남 박사에 따르면, 사중복음은 '전도표제'일 뿐 신학체계가 아니기 때문에 '사중복음 신학'을 논하는 것 자체가 적절치 않다는 것입니다. 그는 이미 1984년에 『요한 웨슬레의 신학』 내의 부록으로 편집한 "웨슬레 신학과 성결교회: 웨슬레의 신학적 유산"이란 글을 통해서 "성결교회의 신학(은) 복음주의적인 웨슬레 신학임"과 "웨슬레 신학의 특징은 곧 성결교회 신학의 특징"이라고 선언적으로 제시한 바 있습니다.[9]

이것은 주장하는 내용면에서뿐만 아니라 책의 편집상에 있어서도 매우

예수의 바람, 성령의 바람

중요한 상징으로 작용하고 있었던 것을 대부분의 독자들이 놓치고 있습니다. 다시 말해서, 성결교회 신학은 『요한 웨슬레의 신학』의 부록으로 종속되어 있다는 이미지를 강하게 심어주고 있는 편집인 것입니다. 이 책이 성결교회뿐만 아니라 초교파적으로 알려진 것임을 감안할 때 그 영향력이 매우 크다 하지 않을 수 없습니다. 물론 이것은 성결교회의 신학이 웨슬리 신학이라고 확신하는 자들에게는 매우 훌륭한 것이 될 수 있을 것입니다.

30년 전의 이와 같은 그의 주장은 최근에 출간한 『사중복음의 현대적 의의』에서도 변함없이 이어지고 있으며, 기회 있는 대로 동일한 신념을 설파하는 가운데 사중복음을 신학적으로 다루는 것이 마치 잘못된 길을 가는 것처럼 주장하고 있습니다. 다음과 같은 주장에 그의 신학적 신념이 그대로 반영되어 있는 것으로 보입니다.

성결교회는 신학체계, 곧 기초교리는 헌법에 "교리 및 성례전"이란 장에서 제시하고 있는 바와 같이 웨슬리 신학이다. 그리고 웨슬리의 성결의 도리를 그대로 전하는 사명 하에서 중생, 성결, 신유, 재림의 사대 표제를 전도표제로 제정하여 고조하여 온 것이다. 이에, 성결교회에 있어서는 신학체계로서의 웨슬리 신학과 전도표제로서의 사중복음, 이 둘은 모두 그 나름대로 훌륭하고 중요한 것이다.[10]

이와 같은 주장은 성결교회와 웨슬리 신학의 관계, 그리고 웨슬리 신학과 사중복음의 관계를 언급한 것인데, 두 가지 모두 과장된 면이 적지 않아 보입니다.

첫째, '교리 및 성례전' 장의 첫 번째 조항인 제13조는 그 이하에서 제시된 10가지의 교리조항의 특징에 대하여 언급하는 것인데, 어느 곳에서도 성결교회의 교리를 '웨슬리 신학'에 제한을 두고 있다는 근거를 찾을 수 없습니다. 오히려 성결교회는 웨슬리를 포함한 보다 더 넓은 틀에서 '복음주의'가 우리의 교리적 입장임을 말하고 있음을 기억해야 합니다. 교회가 필요했다면 '복음주의' 대신에 '웨슬리 신학'이라든지, 아니면 '복음주의와 웨슬리 신학' 등 어떤 형태로든 넣었겠으나, 헌법 제13조는 다음과 같이 '기독교 개신교파가 공통으로 믿는 복음주의'라 끊어 천명(闡明)하고 있습니다.

> 본 교회에서 믿는 교리와 신조는 **기독교 개신교파가 공통으로 믿는 복음주의**이니 이는 신앙의 생명이며 골자이다.

성결교회 신학은 출발부터 특정 교파 교리에 속하는 자체를 거부해왔는데, 그 이유는 성서 자체, 즉 오순절 초대교회로 돌아가서 오늘의 문제를 보다 더 철저히 성서의 정신으로, 복음의 관점에서 반성하려는 태도를 견지하려 했기 때문입니다. 그래서 그것이 혹 반지성적인 경향으로 나간 아쉬움도 있으나 오늘날 그것이 오히려 '글로벌 신학'을 이끌어내는 데 가장 좋은 기반이 되고 있는 것입니다.

실제로 성결교회의 출발과 그 신학은 우리가 일반적으로 생각하는 것보다 훨씬 더 초교파주의적입니다. 만국성결교회는 1897년에 'International Holiness Union and Prayer League'으로부터 시작하였습니다. 모임의 명칭뿐만 아니라 구성원들 자체가 초교파적이었습니다.

이와 같은 초교파성이 한국 성결교회에도 그대로 전수되었습니다. 헌법이 명시하고 있는 '기독교 개신교파가 공통으로 믿는 복음주의'라는 신학적 입장이나, 『성결교회신학』이 사중복음 신학을 '개신교 복음주의 웨슬리

안' 이라 정리하여 선언한 것은 성결교회의 사중복음 신학이 루터주의, 칼
뱅주의, 웨슬리주의, 오순절주의 등 글로벌 기독교의 역사-신학적인 면면
을 넉넉하게 수용하는 입장이라 할 수 있습니다.

다른 한편, 성결교회 신학과 웨슬리 신학을 동일시하려는 주장에는 사중
복음을 신학적 지평에서 논의하는 것 자체를 부정적으로 보는 시각이 존재
하고 있음을 알 수 있습니다. 그들에게 사중복음은 "어디까지나 부흥회 설
교에서의 강조점이었던 것"이며, "기독교 교리 중에서 기독론적 구원론을
설교에서 강조한 것"이며, "전도나 설교에서 중점적으로 강조하는 '전도표
제'"일 뿐이라는 것입니다. 이러한 시각은 전도나 설교 현장에서 선포되는
케리그마는 신학의 주요 주제로 다루어질 수 없다는 매우 특이한 이론으로
들립니다.

우리는 루터의 신학을 '십자가의 신학'이라 말하기도 하고, 칼뱅의 신학
을 '하나님 주권의 신학'이라고도 표현하고 웨슬리의 신학을 '성화의 신
학'이라 하여 그들의 강조점을 부각하여 신학의 이름을 붙이듯, 성결교회
의 신학 전통에서 사중복음이 교리로서 혹은 '전도표제'로 중시되고 있다
면 이를 신학적인 주요 이슈로 삼아 성결교회 신학을 '사중복음 신학'이라
부르는 데 하등 문제가 될 이유가 없을 것입니다. 우리가 루터의 신학을 '십
자가의 신학'이라 부른다고 해서 십자가 사건을 신학체계로 여기는 자는
아무도 없는 것과 같이, 성결교회의 신학을 '사중복음 신학'이라 한다 해
서 사중복음 자체를 신학체계로 주장할 사람 역시 없는 것입니다.

'성결교회 신학은 웨슬레 신학'이라고 주장하는 것까지는 신학자 고유
의 자유로운 행위라 하더라도, 그러한 신념을 가지고 다른 학자들이 사중

복음을 신학적으로 전개하는 학문적 행위 그 자체를 비판하거나 저지하는 일은 적어도 사중복음으로 인하여 태어난 성결교회 공동체에서만큼은 하나 됨을 위해 전혀 도움이 되는 일이 아닌 것으로 사료됩니다.

성결교회 공동체가 추구하는 신학은 몇몇 특정인들의 학문적 신념으로 지배되어서는 안 될 성결교회 공동체 모두의 것이 되어야 할 일입니다. 70년대부터 최근까지 어떤 측면에서는 소위 '웨슬레 신학'을 교단 신학이라 주장하는 조직신학적 입장과 '사중복음' 역시 당당한 신학이라는 성서신학적 입장 간의 세력 싸움으로 인해 교단 신학이 발전하는 데 어려움을 겪어왔다고 보입니다.

이러한 신학적인 논쟁이 교단의 역량을 소모적으로 약화시키는 것을 우려하여 교단적 차원에서 1993년에 『헌법해설집』을 발간하기에 이르렀습니다. 그 가운데 "사중복음의 신학적 해석"이란 항목으로 사중복음에 대한 논란을 정리해놓고 있습니다.

> 사중복음이 성결교회의 교리냐? 아니면 전도표제냐? 하는 논란이 있다… 그러나 전도표제라 할지라도 거기에는 중요한 신학적인 개념이 함축되어 있음을 알아야 한다. 웨슬레의 신학이 주로 전도의 현장에서 설교로 표현되었듯이 성결교회의 중요한 신학적 입장이 전도표제로 나타났다고 볼 수 있다. 그렇다면 교리냐, 전도표제냐로 논란을 벌일 것이 아니라 전도표제인 사중복음을 신학적으로 해석하는 작업이 이루어져야 한다…[11]

실상은 이러한 교단적 차원에서의 신학적 입장 정리를 수용하였다면 더 이상 이와 같은 문제를 가지고 길게 논의를 끌 이유가 없었을 것입니다. '성

예수의 바람, 성령의 바람

결교회신학 프로젝트 2002~2007'에 참여하였던 신학자들 그리고 목회자들 모두가 위와 같은 보편적인 입장을 받아들일 수 있었기 때문에 5년간의 프로젝트가 결실을 거둘 수 있었던 것입니다. 균형의 신학을 추구하는 목창균 박사도 이런 문제의 핵심을 정리하면서 『헌법해설집』의 입장을 취할 것을 요청하고 있습니다.[12]

아무튼 사중복음을 중심에 놓고 벌인 성결교의 신학적 정체성 논쟁은 『성결교회신학』의 출간과 "100주년 신학선언"을 통해서 다행히도 '웨슬리안 사중복음 신학'이라는 차원에서 교단적인 공감대가 이루어져가고 있는 것으로 판단됩니다.

한 걸음 더 나아가, 사중복음 신학의 요람이 되어야 할 서울신학대학교가 그 사명을 감당치 못하고 있는데, 그 이유를 살펴보는 것이 사중복음 신학의 발전을 위한 토대 마련을 위해 중요한 일로 보입니다.

언제 만들어졌는지 정확히 알 수 없으나 이명직 목사 이후에 새로 창안된 것으로 보이는 서울신학대학교의 '건학이념'이 지금까지 논의한 '사중복음과 웨슬리 신학'과의 관계성과 연관되어 있음을 알 수 있습니다. 한마디로, 서울신학대학교의 건학 이념에서 웨슬리는 찾아볼 수 있으나, 사중복음의 정신은 부재한다는 것입니다. 그렇기에 건학이념이 성결교회의 전통과 교리를 반영하는 신학 교육 이념으로 적합한 것인지 문제 제기가 있을 수 있게 됩니다. 서울신학대학교의 건학이념은 다음과 같습니다.

기독교대한성결교회의 전통과 교리에 입각하여 기독교 교역자 및 지도자를 양성하는 복음주의 교육기관으로서 신학과 성서해석에 있어서 웨슬레의 정신을 따라

높은 학적 수준을 견지하며 동시에 학생의 깊은 신앙생활을 강조하여 신학지식과
신앙체험 및 생활에 조화를 이룬 헌신적인 선교요원을 배출함

이러한 건학 이념은 그 자체로서는 순수하고 복음적인 것으로 보이지만,
성결교단의 지도자 양성 취지나 방향을 중시할 때는 중요한 점에서 일치하
지 않는 면이 있다는 것을 지금까지 간과했던 것을 알 수 있습니다. 위의 건
학이념에 반드시 들어가야 할 사항인 '사중복음'이 빠져 있기 때문입니다.
이 점은 앞으로 가능한 한 빠른 시일 내에 깊이 있게 재고해 보아야 할 문제
로 보입니다. 건학이념이 성결교회의 전통과 교리에 입각한다고 첫머리에
언급하고 있으면서도 실제 내용에 들어가서는 "웨슬레의 정신"을 최상위
로 설정해 놓고 있기 때문입니다.

이것은 성결교회 헌법의 규정과 그 정신에 부합되지 않으므로 문제가 될
수 있습니다. 그 첫 번째 이유는 다음과 같습니다. 총회는 헌법 제4조 (본
교회의 지도원리) 제1항에 성서해설의 원칙을 다음과 같이 천명하고 있기
때문입니다.

우리는 신구약 성경을 경전으로 하되 특히 중생, 성결, 신유, 재림을 성경 해설의
기본으로 한다.

성결교회의 제1 지도 원리를 사중복음으로 한다는 것입니다. 지도 원리
에는 모두 7개 항목이 있는데, 그 가운데 "웨슬레의 정신"으로 지도하라는
메시지는 한 군데도 찾아볼 수 없습니다. 헌법에 지도 원리의 가장 우선되
는 성서해석의 원리로 "특히 중생, 성결, 신유, 재림을" 명시하였다는 것은

예수의 바람, 성령의 바람

'사중복음적 성서신학을 수립하라' 는 것이며, 이를 기초로 '성결교회의 사중복음 신학을 전개하라' 는 주문과 다름이 아닌 것입니다.

이러한 주문은 웨슬리의 복음주의적 정신을 성결교단이 수용할 수 없다는 것을 말하는 것이 아닙니다. 단지 성결교회의 제1 지도 원리로 엄격히 명시된 사중복음적 성서 해석의 기본을 빼어버리고 그 자리에 "웨슬레 정신"이라는 것으로 대체한 권위가 어디에서 나왔는지를 문제시 하는 것입니다. 마땅히 존재해야 할 '사중복음' 은 보이지 않고 '웨슬레' 만 나타남으로써 성결교회의 지도자를 양성하는 공동체의 신학 교육 방향이 총회의 근본적인 헌법 정신과 어긋나 있지 않은가 우려가 생기는 것입니다.

두 번째 이유는 성결교회의 교역자를 양성하는 기관으로서의 서울신학대학교의 건학이념이 교단 총회가 추구하는 목적을 담아내지 못하고 있다는 것입니다.

성결교회의 헌법 제1조에는 2개의 항으로 되어 있는데, 제1항은 "성령세례"를 통하여 거룩한 교회가 되도록 하는 것이며, 제2항은 "재림의 주"를 대망하는 교회가 되게 하는 것이 '본 교회의 목적' 이라는 것입니다.

성결교회가 이러한 목적을 달성하기 위해서는 신학 교육기관으로 하여금 '성령세례' 와 '재림' 을 강조하는 신학 교육을 실시토록 해야 할 것입니다. 그러므로 이러한 개념을 충족하는 개념인 '사중복음' 이 건학이념에 들어왔어야 하는데, '사중복음' 은 빠지고 '웨슬레' 가 자리하고 있다는 것입니다.

성결교회를 창립한 냅과 래디컬 성결운동 그룹이 성령세례(Baptism with the Holy Spirit)로서의 성결과 재림의 주를 대망하는 것을 웨슬리보다 더 강조했으며, 오순절 성령세례, 신유, 재림을 강력히 선포함으로 인해 웨슬리 전통의 감리교와 성결운동권 내에서조차도 핍박을 받아온 역사를 부정하지 않는다면, 그리고 교단의 기본정신이 사중복음에 놓여 있는 것을 인정한다면, 건학이념에 사중복음이 빠져 있다는 것은 실로 중대한 문제라 아니할 수 없습니다.

서울신학대학교의 전신인 경성성서학원의 초대원장이었던 존 토마스(John Thomas)는 그가 한국에 도착한 다음날 주일에 자신을 환영하는 모임에서 자신이 한국에 온 목적을 다음과 같이 말했습니다.

> **성령의 세례**를 통한 모든 죄로부터의 현재적인 구원과 매일매일 하나님의 능력으로 죄를 이기는 삶을 전하기 위해서[13]

이처럼 '성령의 세례'를 강조한 그의 메시지가 그대로 성서학원의 교과과정과 신학 훈련에 반영되었습니다. 특별히 성결론을 강조할 때 "모든 것이 성령세례라는 관점에서 해석되었다"고 하였으며, 여러 가지 많은 것들을 가르쳤지만 "이런 모든 것보다도 더욱 중요한 것은 성령의 세례를 받아 성결을 체험하는 것"이었으며, "모든 교육과정은 이것[성령세례]을 목적으로" 진행되었다고 하였습니다.[14]

이러한 일련의 보고는 성결교회 헌법 제1조에 명시된 교회의 목적과 부합된 것으로 초창기에는 이를 성서학원의 신학 훈련을 위한 지도 원리로 삼았던 것을 알 수 있습니다. 이는 현재의 서울신학대학교 건학 이념의 성격을 재고(再考)케 하는 중요한 메시지로 보입니다.

세 번째, 현재까지 유지되고 있는 서울신학대학교의 건학이념이 교단 헌

예수의 바람, 성령의 바람

법의 정신과 맞지 않는 이유는 웨슬리 신학과 사중복음 신학 간의 본말(本末)이 바뀐 상태에서 사중복음의 정신이 빠졌기 때문입니다.

웨슬리의 정신 혹은 그의 신학이 성결교회 신학과 연관하여 깊이 있게 이야기 될 수 있는 자리가 있다면, 그것은 사중복음의 신학적, 윤리적, 선교적 발전을 도모(圖謀)하는 한에서만 그렇다고 해야 할 것입니다.

성결교회의 헌법에 '요한 웨슬레' 란 이름이 2회 나오는데, 그에 해당하는 본문들은 모두 사중복음을 말하기 위한 배경으로, 혹은 사중복음을 강조하기 위한 모델로 제시된 것이지 웨슬리의 '신학' 을 취하거나 따르자는 뜻으로 해석할 수 있는 본문이 아닌 것입니다. 해당 본문은 헌법 '서문' 에서와 '제8조' 에 다음과 같이 나타납니다.

…성결교회 신앙교리의 근간은 요한 웨슬레의 복음적 성결의 주창을 배경으로 하여 중생, 성결, 신유, 재림의 복음으로 요약된 교리적 정신이며 그리스도와 그 사도들로 말미암아 나타내신 복음적 성경해석에 근거한 교리와 만국 성결교회의 신앙교리를 토대로 해서 1925년에 공포한 것으로 모든 교회가 영구히 지키도록 했다…[헌법 서문]

… 초대 창립자들이 성결교회를 창립하였음은… 복음의 도리를 세상에 한층 더 높이 드러내려는 열의에 있었다. 곧 '요한 웨슬레' 가 주장하던 '성결' 의 도리를 그대로 전하려는 사명 하에서 본 교회는 중생, 성결, 신유, 재림의 사중복음을 더욱 힘 있게 전하여, 모든 사람을 중생하게 하며 교인들을 성결한 신앙생활로 인도하여 주의 재림의 날에 티나 주름 잡힘 없이 영화로운 교회로 서게 하려는 것이다.[헌법 제8조]

이상의 두 본문은 성결교회와 웨슬리, 좀 더 나가서 사중복음과 웨슬리의 관계를 설정하는 매우 중요한 글들입니다. 결론적으로 말하자면, 이 본문들은 성결교회에 대한 웨슬리 신학의 우위성을 강화하는 데 사용될 수 있는 것이 아닙니다. 오히려 웨슬리가 성결을 모범적으로 주창하고 살았던 그러한 모범을 본받되, 우리는 중생과 성결뿐만 아니라 한 걸음 더 나아가 신유와 재림까지를 통전적으로 다루어 선포하며 살아야 된다는 취지로 해석할 수 있습니다. 즉 '풀 가스펠(Full Gospel)'로서의 사중복음에 대한 확고한 신념과 자부심을 가지고 '영화로운 교회'를 이루어가자고 하는 것입니다. 이것이야말로 성결교회가 세계 교회에 내놓을 수 있는 사중복음적 신학함의 진수인 것입니다.

그런데 이러한 헌법 제8조와 제6조에 입각하여 사중복음을 "웨슬레 신학의 체계 속에서 발전시켜야 한다"고 주장하고, 사중복음은 전도표제이기 때문에 "성결교회의 신학 발전을 포괄하고 있지는 않다"고 말하면서, "웨슬레의 구원론의 테두리 안에서 전개시키는 것이 바람직하다"고 보는 것은 헌법의 사중복음적 정신과는 전혀 어울리지 않게 본문의 의도와 동떨어진 해석을 가하고 있어 보입니다.[15] 왜냐하면 조금만 자세히 읽어도 그렇게 읽을 본문이 아니라는 것을 금세 알 수 있기 때문입니다. 오히려 제8조 본문이 강조하려 했던 것은 요한 웨슬레의 '신학'이 아니라, 그가 전하고자 했던 '성결의 도리' 곧 '성서적 성결'이었으며, 한 걸음 더 나아가 그 헌법 조항이 보다 더 힘주어 제시하려 했던 것은 성결교인 모두가 추구해야 할 '사중복음적 삶'이었습니다.

웨슬리는 자신의 신학적 생각들을 체계화한 일이 없습니다. 그는 성서적으로 사고하고, 성서적으로 메시지를 선포하고, 성서적으로 사는 일에 집중했지 체계적인 신학을 형성하려 하지 않았다는 사실로 볼 때도 '웨슬레 신학의 체계'를 이야기하면서 사중복음을 그 안에 예속시키려는 것은 본문의 본말(本末)을 바꾸는 셈입니다. 웨슬리 신학이 성결교회 안에서 존재한다면 그것은 사중복음의 폭과 깊이를 좀 더 역사적으로, 신학적으로 밝혀나가는 데 도움이 되기 때문이지, 사중복음이 웨슬리 신학 속에 종속되게하거나 또는 웨슬리 신학 자체를 위해 존재하는 것이 되도록 해서는 안 될 것입니다.

이미 교단창립 2007년도에 서울신학대학교 성결교회신학연구위원회가 범교단적으로 이루어 놓은 『성결교회신학』이 균형을 가지고 밝힌 바 있듯이, 성결교회의 신학은 "온전한 구원의 신학"으로서 "개신교복음주의 웨슬리안 사중복음 신학"이라 말해 부족함이 없습니다. 이것은 성결교회신학의 3대 전통과 그 특징을 집약한 것으로서, 성결교회신학은 개신교복음주의 신학이며, 웨슬리안 신학이며 그리고 사중복음 신학인 것을 확인해주는 것입니다.[16] 그러므로 제8조에 입각하여 사중복음 자체가 지니는 고유한 신학적 메시지를 완전히 웨슬리 신학 한 가지로 포섭해 버리는 것은 누가 봐도 납득하기 어려운 부분입니다.

그리고 다른 한편, 사중복음이 웨슬리 신학의 체계 안에서 이해되어야 하는 것이 옳다면, 초기 성결교회의 지도자들은 적어도 "웨슬레 신학의 체계"에 대해서 알고 강조해야 했을 것입니다. 그러나 그들의 웨슬리 이해는 선교사들을 통해 들은 정도에 불과했고, 웨슬리에 대한 특별한 지식이 있었던 것으로도 보이질 않습니다. 성결교 교회사가 박명수 박사도 이명직 목사의 신학은 "웨슬리안 계통임에는 분명"하지만, 그는 "웨슬리를 언급하지도 않았고, 그의 신학을 강조하지도 않았다"고 밝히고 있습니다.[17]

칼뱅에게서 알미니우스가 은총을 배웠고, 알미니우스에게서 웨슬리가 선행은총과 인간의 책임을 배웠고, 웨슬리에게서 냅이 성결을 배웠고, 냅에게서 카우만이 사중복음을 배웠고, 카우만이 이를 정빈, 김상준, 이명직에게 가르쳐 줌으로써 그들 역시 사중복음을 배워, 사중복음을 기초로 성서를 읽었고 해석했으며, 사중복음으로 한국 성결교회를 태어나게 하는 산파 역할을 감당했습니다.

그 가운데 이명직은 세계 성결운동의 역사에서 기억될 만한 빼어난 사중복음 교의학서인 『기독교의 사대복음』을 세상에 내놓았으며, 『신학대강』을 통해 어느 특정한 교파의 신학적 입장에도 기울지 않는 **"기독교 개신교파가 공통으로 믿는 복음주의"**를 위한 초교파적인 조직신학을 전개하였습니다. 그럼에도 불구하고 그 가운데는 사중복음의 요체와 정신이 흐르고 있어 성결교회의 정체성을 유감없이 발휘하고 있는 것입니다.

『성결교회신학』이 밝히고 있듯이, 성결교회의 신학은 '개신교복음주의 웨슬리안 사중복음 신학'이라는 관점에서는 '웨슬리안 신학(Wesleyan theology)'의 기원이 되는 '웨슬리 신학(Theology of Wesley)'과, 사중복음의 정신으로 신학을 전개하고 그리고 사중복음을 신학적으로 정립하는 '사중복음 신학'은 서로 대립되는 관계에 있는 것이 아니라, 서로 복음주의 전통의 연속선상에서 지역과 시대를 달리하면서 교회의 필요를 따라 책임 있게 태어난 고유한 신학들임을 인정하면 되는 것입니다. 그럴 때 '웨

　　　　　　　　　　　　　예수의 바람, 성령의 바람

슬리안 사중복음 신학'으로서의 성결교회 신학이 무엇인지를 보다 분명히 나타낼 수 있을 것이며, 이웃 교파의 신학과도 분명한 차별성을 내면서도 그들과 보다 깊은 신학적 교류를 도모하고, 더 나아가 사중복음 자체가 지니는 글로벌 특성으로 인하여 글로벌 사중복음 신학의 기초를 마련하기까지 이르게 될 것입니다.

글로벌 사중복음 신학의 과제

이제 마지막으로 우리의 눈을 돌려 우리의 '개신교복음주의 웨슬리안 사중복음 신학'이 미래지향적으로 달려가야 할 길에 대해서 생각해 보도록 하겠습니다.

무엇보다도 사중복음의 '오순절 정신(Pentecostalism)', 즉 하나님 중심주의의 '아바정신(Abba-spirit)'에 대한 열망은 우리로 하여금 21세기의 오순절 성결운동을 새롭게 시작하도록 하는 '불'입니다. 이 불이 '지금' 한국 교회와 세계 교회에 필요합니다. 오늘의 영적 상황은 냅을 중심으로 성결교회가 태동되었던 19세기 말 북미주 교회의 모습과 너무도 유사하기 때문입니다.

역사적으로 18세기 영국이나 19세기 미국에서의 성결운동은 밖으로 나가는 원심(遠心)적인 선교운동 이전에, 복음의 능력을 회복하고 교회를 병들게 했던 비본질적인 것들을 가려내어 교회의 본질적 사명을 회복케 하는 구심(求心)적인 교회 혁신 운동이었습니다.

그와 같은 맥락에서 21세기에도 성결운동의 바람이 불도록 하기 위해서는 먼저 성결교회가 사중복음을 강단과 전도의 현장에서 힘 있게 외쳐야 하며, 또한 시대의 인본주의 정신에 대항하여 사중복음의 하나님 중심주의 정신을 고양(高揚)해야 합니다. 이를 위해서 무엇보다도 사중복음에 대한 보다 깊이 있는 역사적-신학적 이해와 연구가 필요합니다. 그러한 취지 하에 우리는 지금까지 신학적 관점에서 사중복음을 고찰해왔습니다.

이제 마지막으로 우리가 다루었던 주제들을 다시 한 번 더 정리하려고 합니다. 그리고 21세기 교회의 목회와 신학의 혁신을 위해 지속적으로 글로벌 사중복음 신학의 차원에서 다루어져야 할 과제가 무엇인지를 강조하고자 합니다.

성결교회를 가능하게 했던 사중복음의 역사를 꾸준히 고찰함으로써 우리의 신앙 전통과 신학적인 정체성을 보다 깊이 있게 정립한다.

성결교회를 가능하게 한 것은 **오순절적 혁신성**(Pentecostal Radicalism)을 지닌 **사중복음**입니다. 오늘날까지 성결교회의 신학적 정체성이 모호한 상태를 벗어나지 못한 중요한 이유 중 하나가 이에 대한 확고한 자각과 명확한 진술을 하지 못했기 때문이라 보입니다. 무엇보다도 성결교회 안에서 웨슬리의 신학적 위치에 대해서 분명한 설명이 없었습니다.

이에 대한 첫 명제는 이것입니다. 감리교회의 창립자가 개혁주의 신학 전통 위에 세워진 영국교회 목사 **존 웨슬리**라면, 성결교회 창립자는 감리교 출신의 목사 **마틴 냅**(Martin W. Knapp, 1853~1901)이라는 것입니다.

웨슬리가 칼뱅의 신학 전통 아래에 있었다고, 칼뱅이 감리교회를 있게

예수의 바람, 성령의 바람

한 자라고 말할 수 없듯이, 냅이 웨슬리 신학 전통 아래에서 래디컬 성결운동을 주창했다고 성결교회를 있게 한 것이 웨슬리라고 말할 수 없습니다. 이는 마치 웨슬리는 칼뱅의 개혁주의 전통에 서 있는 영국교회의 목사였고, 그가 성공회의 성직자로서 메소디스트의 25개 신조를 만들었을 때도 영국교회의 개혁주의적 신조 39개 조항을 기본 틀로 하였음에도 불구하고 감리교신학을 칼뱅의 개혁주의라 여기지 않는 것과 같은 맥락입니다.

마틴 냅은 미감리교 목사였으나 개혁주의 전통에 뿌리를 두고 있는 오벌린(Oberlin, Ohio)의 **찰스 피니**(Charles Finney)나 **아사 마한**(Asa Mahan), **윌리엄 맥도날드**(William McDonald) 등에게 크게 영향을 받았고, 냅과 함께 성결교회를 창립한 셋 리스는 퀘이커교 목사로서 역시 개혁주의 신학에 서 있었던 **앨버트 심슨**(Albert B. Simpson)을 영적 멘토로 삼았던 인물이었습니다.

이러한 인맥적인 사실만 보더라도 성결교회의 신학적 정체성과 전통을 '직접적으로' 웨슬리의 신학사상에 맞추려고 할 때 여러 면에서 일치하지 않는 점들이 존재하는 것은 자연스러운 일이라 볼 수 있습니다.

그럼에도 불구하고 성결교회의 역사적인 등장의 모태가 된 19세기 미국 성결운동이 감리교 목사들이 주축이 되어 시작되었으므로 성결교회가 웨슬리로부터 영향 받았을 것이라는 사실을 부정할 자는 아무도 없을 것입니다.

기독교대한성결교회의 창립 100주년 기념 신학 연구 결과물인 『성결교회신학』이 성결교회신학은 "개신교복음주의 **웨슬리안** 사중복음신학"이라 최종적으로 결론지은 것도 그러한 맥락에서 이해될 수 있습니다.

그러나 성결교가 감리교가 아닌 것은 감리교가 성공회가 아닌 것과 같습니다. 웨슬리안 성결운동의 흐름 가운데 있으면서도 '래디컬 성결운동' 그룹이 '성결교회'라는 새로운 독립 교단으로 새로 태어나게 된 것은 불변의 연속성과 더불어 동시에 분명한 신학적인 단절성이 강하게 작용하였기 때문입니다.

그 연속성과 단절성을 각각 결정하는 요소가 무엇이었는지 우리는 분명히 밝혔습니다. 냅과 그의 동역자들을 통해 나타난 **사중복음의 오순절 정신**이 그것입니다. **펜티코스탈 사중복음**이 성결교회를 만든 것입니다.

사중복음의 펜티코스탈리즘이 웨슬리적인지 개혁주의적인지와 같은 교의학적인 물음은 천천히 대답될 수 있습니다. 이보다 중요한 것은 그동안 성결교회의 정체성을 논하는 자리에서 '사중복음의 펜티코탈리즘'이 당당한 신학적 아젠다(agenda)로 취급된 적이 없었다는 점을 인정하는 것입니다. 이러한 관점에서 그간의 연구들을 면밀히 살피는 일이 요청되며, 창립자와 또한 그와 동역했던 사중복음 선각자들, 그리고 초대 성결교회 공동체에 대하여 깊이 있게 연구한다면, 사중복음의 영적이며 신학적인 가치가 성결교회의 존재와 사명을 더욱 빛나게 해 줄 것입니다.

사중복음이 역사적 콘텍스트 속에서 어떻게 형성될 수 있었는지를 지속적으로 확인함으로써 사중복음의 '래디컬리즘'을 오늘의 교회 현실 가운데서도 유지토록 한다.

성결교회의 창립자 마틴 냅이나 셋 리스의 글, 그리고 정기간행물인 「하나님의 부흥사」에서나 성결교회의 공식적인 회의록 등에서도 '사중복음'이란 말은 나타나지 않습니다. 사중복음이란 용어를 쓸 수 있는 그런 대목에서는 오히려 '참복음(Full Gospel)' 이란 말로 표현하고 있습니다.

거의 확실한 사실은 '풀 가스펠' 이란 용어는 19세기말 성결교회에서 최초로 사용하기 시작한 고유한 말이라는 것입니다. 그러므로 이 용어는 성결교회의 사중복음적 정체성을 대변해주는 매우 중요한 역사적–신학적 개념이라 할 수 있습니다.

특별히 한국에서는 성결교회가 '사중복음' 이란 용어를 거의 독점하다시피 사용해오고 있습니다. 하지만 이는 만국성결교회의 아시아 지역 선교 담당 감독으로 일본에 파송된 찰스 카우만(Charles Cowman)의 동양선교회와 일본의 성결그룹에서 사용하면서 한국으로 넘어온 것으로서 그 원래의 의미는 '풀 가스펠' 즉, '참복음' 인 것입니다.

이 용어는 한국의 오순절 교단이 자신을 '순복음(Full Gospel) 교회' 라 부름으로써 성결교회는 그와의 차별성을 두기 위해서도 '사중복음' 이란 용어를 사용할 수밖에 없었던 현실은 주지의 사실입니다.

그런데 한국의 성결교회는 그동안 사중복음이 '무엇인가?' 에 대해서 성서적–교의적인 고찰은 많이 해왔으나, '왜 사중복음인가?' 에 대해서는 역사적–신학적으로 알아보고자 하는 노력이 미진했던 것으로 보입니다.

19세기 중엽부터 말엽에 이르기까지 미국 내의 **전국 성결운동 연합회**(National Holiness Association)에 가입한 그룹들 사이에 **신유와 재림**의 주제를 기존의 중생과 성결이란 주제와 더불어 강조하는 것에 대한 치열한 논쟁이 있었다는 것을 확인하였습니다. 그러나 역사가 보여주고 있는 바는 **신유와 재림**을 함께 강조해야 한다고 주장한 그룹은 **성결교단**으로 태어났고, **중생과 성결**로 제한해야 한다고 주장한 그룹들에서는 **나사렛교회**가 대표적인 교단이 되었다는 것입니다.

　그렇다 보니 성결교단이 '급진적 성결운동' 의 그룹으로 분류되었던 것은 불가피해 보입니다. 이것이 '사중복음이 성결교회를 낳았다' 는 것의 역사적 배경입니다. 그러므로 이에 대한 깊이 있는 고찰이 요청되는 것입니다.

　돌이켜 보건데, 한국 성결교회는 사중복음에 대한 역사적이거나 신학적인 고찰 없이, 다시 말해서 '풀 가스펠' 의 시대적-교회사적 콘텍스트에 대한 이해가 생략된 채 교리적으로만 이해함으로써 '참복음' 이 기원했던 최초의 래디컬리즘, 곧 급진성, 과격성, 철저성에 대해 깊이 있게 파악하지 못했던 것입니다.

　더욱이 사중복음을 '전도표제' 라는 이름하에 제한적으로 사용함으로써 신학적인 전개를 위한 폭이 좁아지게 되었고, 결국 사중복음을 통해 성결인의 심장을 생동감 넘치도록 뛰게 하는 '오순절적 성결과 오순절적 능력' 의 메시지를 살려내기까지 나가는 데는 근본적인 한계를 갖게 되었습니다.

　따라서 사중복음의 '래디컬리즘' 을 바로 이해하여 오늘의 우리 교회의 혁신을 도모할 수 있도록, 사중복음 등장 시의 역사적인 '콘텍스트' 를 폭넓게 파악하는 일이 요청됩니다.

사중복음의 '펜티코스탈리즘' 을 성결운동에 제창했던 사중복음 선각자들의 삶과 정신적 유산을 배운다.

　신학이 하나님의 말씀을 개인의 삶과 선교 현장에 적용하기 위한 해석학적 학문작업이라면, 사중복음 신학의 방법론적 특징은 초기 성결교회 형성에 주축이 되었던 지도자들의 삶과 사상 전개의 모습을 통해서 밝혀질 수 있습니다.

성결교회 창립 세대 사인방이라 할 수 있는 냅, 리스, 갓비, 힐스의 사상을 종합적으로 고찰할 때 대체적인 신학 방법론적 특징들이 무엇인지 확인할 수 있습니다.

동일한 신학사상을 가지고 전개할 때라도 개인의 성품과 경험에 따라 그리고 시대적 환경의 추이(推移)에 따라 다양한 특성들을 나타내는 것은 자연스러운 이치입니다.

그런 가운데서도 개념적으로 정리될 수 있는 사중복음신학적 방법론에는 다음과 같은 특징들이 보입니다: 실존적이요, 성육신적이요, 웨슬리안 완전주의적이요, 부흥운동적이요, 급진적이요, 하나님 중심적이요, 교회 혁신적이요, 성서적이요, 체험적이요, 종말론적이요, 선교적이요, 펜티코스탈적이다. 여러 가지 이러한 신학 방법론적 특징들은 냅을 비롯한 성결교회 선각자들의 글과 사상 속에서 어렵지 않게 발견됩니다.

그러나 무엇보다도 이 모든 것 가운데 포괄적이며 핵심적인 특징으로 두드러지는 것은 '펜티코스탈'이라는 개념입니다.

성결교회의 사중복음 신학이 해야 할 최우선적인 과제가 있다면, 성결교회가 잃어버리거나 방치해 둔 초기 성결교회의 펜티코스탈리즘을 다시 찾아 '오순절적 사중복음'과 '오순절적 성결교회'를 회복하는 것입니다.

이 과정에서 면밀히 검토되어야 할 부분은 지난 한 세기 동안 세계 각 곳에서 글로벌하게 일어난 '오순절 은사주의 운동(Pentecostal Charismatic Movement)'에 대한 것입니다. 이에 대한 통전적인 이해와 정당한 신학적 평가가 있어야 합니다.

우리가 사용하는 '오순절적', '오순절 정신' 혹은 '펜티코스탈', '펜티코스탈리즘'이란 말들은 '오순절' 교단들의 배타적인 전유물이 될 수 없습니다. 또한 그들에 의해 점유되어 그들만의 특정한 신학적 취향으로 과부하 되어온 것들에 대한 비판적인 통찰이 반드시 선행될 필요가 있습니다.

인류의 역사 가운데 하나님이 자신의 계획과 뜻을 펼쳐나갈 때 그에 가장 적절한 인물들이 선택되어 사용되는 것을 성서와 교회의 역사에서 어렵지 않게 찾아볼 수 있습니다.

우리가 성서뿐만 아니라 교회사에 나타난 아우구스티누스, 루터, 칼뱅, 웨슬리와 같은 믿음의 조상들을 배우고자 하는 것은 **"하나님의 말씀을 너희에게 이르고 너희를 인도하던 자들을 생각하며 저희 행실의 종말을 주의하여 보고 저희 믿음을 본받으라"**(히 13:7)는 성서의 가르침 때문입니다. 이처럼 신앙의 "지계석"을 놓은 선조들의 사상, 생애, 신앙을 보고 본받는 일은 신앙의 여정에서 매우 중요한 훈련 과정의 하나가 될 수 있습니다.

그렇다면 성결교회를 창립한 자들은 누구이고, 생애 가운데 주목할 중요한 일들은 무엇이며, 또한 저들이 강조했던 가르침의 내용이 무엇인지를 살펴보아야 할 것입니다. 그들의 삶과 정신은 그대로 성결교회의 정체성과 특징을 결정짓는 일차적인 요소들이 될 것이기 때문입니다.

주지하다시피, 성결교회는 1897년 미국 오하이오주 **신시내티**시에 있는 **마틴 냅**의 집에서 그와 **셋 리스**에 의해 시작되었습니다.

그러므로 창립자 냅과 리스의 신앙과 삶을 살펴보는 일이 필수적일 것이며, 또한 냅이 세운 **하나님의 성서학원 및 선교훈련원**을 중심으로 이들과 함께했던 **윌리엄 갓비**와 **아론 힐스**와 같은 학자들 및 교회를 이끌었던 리더들을 알아보는 것 역시 필요합니다.

한 걸음 더 나가서 성결교회 선각자들에게 직접 혹은 간접적으로 영향을 주었던 당시의 윌리엄 맥도날드, 인스킵, 찰스 피니, 아사 마한, A. B. 심슨, 피비 팔머 등과 같은 성결운동 지도자들, 그리고 사중복음 펜티코스탈리즘의 기원이 될 수 있는 사상을 제시한 존 플레처(John Fletcher)와의 연관성을 살펴보는 것도 매우 중요한 일로 보입니다.

> **사중복음과 그 정신에 입각하여 신학적 입장을 정립하는**
> **소위 '사중복음적 신학하기'의 고유한 길과 원리를 심화한다.**

사중복음 신학의 길은 크게 두 가지 틀에서 가능합니다.

하나는 '사중복음적으로' 제반 주제들을 다루는 것입니다. 다른 말로 하자면, 사중복음의 정신으로 교회와 삶의 여러 현장에서 일어나는 문제들을 이해하고 풀어나가는 방법입니다. 사중복음 정신으로 신학하기입니다.

사중복음의 정신으로 진행되는 신학에는 크게 네 가지의 두드러진 특징들이 나타납니다. 삼위일체 하나님 중심적 교회혁신의 신학, 성서적 계시체험의 신학, 종말론적 하나님나라 선교의 신학, 펜티코스탈 성령세례의 성결신학입니다.

또 다른 하나는 중생, 성결, 신유, 재림의 사중복음 자체를 성서–신학적으로, 목회적으로, 윤리적 관점으로 다루는 것입니다. 각개의 주제들은 성서에 나타나 있는 다양한 이슈들, 즉 하나님, 그리스도, 성령, 인간, 죄, 구원, 교회 및 종말을 사중복음적으로 재구성하게 합니다. 그리하여 사중복음적 신론, 사중복음적 교회론, 사중복음적 종말론을 체계화 하도록 합니다.

이로써 소위 '사중복음 교의학'이 가능해질 수 있는 것입니다.

성결교회가 명실공히 **펜티코스탈 사중복음 교의학**을 교회 앞에 내놓을 때 비로소 성결교회의 신학적 정체성은 학문적으로 확립된다고 할 수 있게 됩니다. 그때까지는 보이지 않는 '정신'으로 성도 개개인 혹은 공동체에 무형적으로 영향을 미칩니다. 이때 사중복음의 정신을 매개하는 것은 객관적인 학문 체계가 아니라 교회 지도자들 개개인의 신앙적인 인격과 삶이 됩니다.

성결교회는 지금까지 그처럼 학문적 문헌에 의존하기 보다는 살아있는 모범적인 지도자들에 의존해왔다고 할 수 있습니다. 그런데 성결교회를 대표하는 상징적인 인물들이 하나 둘 타계함으로써, 사중복음의 정신이 제대로 전달되지 못하고 있는 상황이 되자 이들을 연구하여 사중복음의 정신을 담은 역사와 신학 내지는 교의학을 집필해야 되는 상황이 온 것입니다.

이는 마치 교회의 정신과 반석이 되신 예수 그리스도가 승천하시고, 그의 정신을 이어받은 사도들마저도 순교의 길을 가게 되어 교회의 정체성을 이어갈 구심점이 사라지기 시작했을 때, 교회가 예수의 복음서와 사도들의 행전을 펴내어 공동체의 정체성을 지켜나가지 않으면 안 되었던 것과 같은 맥락이라 볼 수 있습니다.

오순절적 성령세례의 체험이 분명하고 성결과 권능의 역사가 분명했던 카리스마적인 지도자들이 사라지면서 성결교회의 본질이 무엇이며, 사중복음의 정신이 무엇인지 알 수 없을 정도로 실종해 가기 시작했기 때문에

예수의 바람, 성령의 바람

사중복음 신학에 대한 요청이 강하게 대두된 것입니다.

그러므로 사중복음적 신학하기, 사중복음의 신학하기, 혹은 사중복음 교의학 세우기는 학문으로서의 신학 체계를 세워야한다는 필요성 이전에, 오히려 성결교회다운 정신 곧 사중복음의 정신을 되찾아 오늘의 살아있는 신앙의 인격으로, 성결한 교회 공동체로 살려나가야 한다는 긴급성 때문에 더욱 요청되는 일이라 할 수 있습니다.

> 사중복음 신학의 정신과 방법을 결정하는 오순절 정신의
> 중심인 성령세례에 대한 성서적-신학적 이해와
> 성령세례의 경험적 현상들을 바르게 정립한다.

성결교회 리더들의 최대 관심사는 초대 교회를 태어나게 한 오순절의 핵심사건인 '성령세례'를 온 교회 성도들이 경험하도록 하는 것이었습니다.

성령세례를 통한 성령의 자유롭고 충만한 역사 없이는 거듭난 하나님의 자녀로서 성결한 삶을 사는 것도, 거룩한 교회를 이루는 일도, 능력 있게 복음을 전하는 것도, 이웃을 향한 사랑의 봉사도 제대로 할 수 없음을 보고 또한 깨달았기 때문입니다. 그러므로 개인의 신앙생활과 교회의 진정한 모습은 언제나 '오순절적(Pentecostal)'이어야만 했습니다.

오순절적 교회, 오순절적 성결, 오순절적 능력, 오순절적 봉사 등 모든 것은 오순절적이 되기를 추구했습니다. 오순절의 성령세례는 성결교회의 존재와 정체성을 결정하는 요체일 뿐만 아니라 타락한 세상 한가운데 교회가 태어나도록 했던 하나님의 창조 행위였습니다.

성결교회를 시작한 선각자들의 경험적 관점에서 정리할 때 기독교는 성

령세례로부터 본격적으로 시작된 거나 다름없었습니다. 이는 역으로 말해서, 성령세례가 임한 오순절 사건이 없었다면 기독교 역시 없었다는 말이 됩니다.

종교개혁 이후 독일의 경건주의 신학이 "중생한 자들의 신학"이었다면, 성결교의 사중복음 신학은 '성령세례 받은 자의 신학' 또는 '성결한 자들의 신학'이라 부를 수 있습니다.

참된 신학은 성령세례를 통해서 위로부터 주어진 성결과 능력을 체험함으로써 비로소 가능하다는 것이며, 그러한 체험을 기초로 해서만이 신학의 제반 이슈들을 하나님의 뜻대로 정당하게 다룰 수 있다는 확신입니다.

그러므로 펜티코스탈 사중복음 신학을 바로 정립하기 위해서는 무엇보다도 성령세례에 대한 성서적이며 신학적인 바른 이해가 전제되어야 합니다.

이와 아울러 성령세례 그 자체는 이론이 아니라 하나님이 아들 예수 그리스도를 통해 성령을 보내어 믿는 자들 가운데 충만히 내주하는 사건이기 때문에 그와 같은 성령세례를 경험한 자들의 간증에 대한 폭넓은 관찰이 필요합니다. 그래서 성서적, 신학적, 역사적, 경험적 관점들이 종합적으로 고려됨으로써 '성령세례의 신학'을 정립해 나가야 합니다.

> 사중복음 신학이란 결국 사중복음의 정신을 삶 가운데 드러내도록 하는 데까지 기여해야 하는 것이므로, 기독교 현실의 타락상을 직시하여 돌이켜야 할 것들이 무엇인지를 밝히고 우리 모두가 자신의 죄악을 철저히 회개하는 운동을 선도한다.

신학은 교회를 위한 학문적인 기능입니다. 교회는 이론이 아니라 복음으

예수의 바람, 성령의 바람

로 말미암아 태어난 생명체로서 '그리스도의 몸'이요, '하나님의 백성 공동체'요, '성령의 전'입니다. 그러므로 신학은, 그것이 어떤 신학이 되었든 간에 삶의 변화를 촉구하는 힘을 지녀야 진정한 신학으로서의 기능을 하는 것입니다.

다시 말해, 교회로 하여금 자신이 처한 삶의 현장에서 회개할 것을 회개케 하는 힘이 있어야 살아있는 신학으로 인정될 수 있습니다.

회개 없이 하나님의 나라는 없습니다.

예수께서 제일 먼저 던지신 메시지 역시 "때가 찼다. 하나님의 나라가 가까이 왔다. **회개하여라!**"였습니다. 그리고 "복음을 믿어라!"(막 1:15)였습니다. 오순절 초대교회의 주 강사였던 베드로가 성령에 충만하여 백성들에게 외친 메시지도 역시 먼저 "**회개하십시오**. 그리고 여러분 각 사람은 예수 그리스도의 이름으로 세례를 받고, 죄 용서를 받으십시오. 그리하면 성령을 선물로 받을 것입니다."(행 2:38)라는 말씀이었습니다.

회개는 양면성을 지니는데, 안으로는 자기 부정이요, 밖으로는 저항입니다. 먼저는 인간 중심주의에 포섭된 자기에 대한 부정이요, 자기 밖에서 발견된 인간 중심주의에 대해서는 저항으로 나타납니다.

오순절 성결운동의 원형 콘텐츠인 사중복음에는 결국 인간 중심주의를 부정하고 저항함으로써 하나님 중심주의를 실현코자 하는 운동력이 있음을 확인하였습니다. 이 운동력은 하나님을 대치하고자 하는 모든 인본주의, 세속주의, 교권주의, 물질주의에 저항하며 물리치는 힘입니다.

우리는 미감리교의 교권주의와 인본주의에 대항하여 나선 마틴 냅의 "오순절적 저항(Pentecostal Aggressiveness)"을 만나보았습니다. 그의 이러한 저항 없이 성결교회는 태어날 수 없었을 것입니다.

성결교회의 사중복음 안에는 오순절적 자기 부정과 저항의 정신이 살아 있습니다. 그러므로 우리는 현대 교회가 마키아벨리즘과 맘몬이즘에 깊이 빠져 있는 현실을 분명하게 지적할 뿐만 아니라, 교권주의와 물신주의에 물든 21세기 교회로 하여금 온전히 회개하도록 하는 힘을 사중복음의 펜티코스탈리즘(Pentecostalism)으로부터 받을 수 있도록 제시해야 할 것입니다. 실로 현대는 모든 교회가 먼저 자신이 회개하고, 모든 형태의 인간 중심주의에 저항해야 할 때를 맞이했습니다.

신앙의 삶이 헬라적인 길과 유대적인 길로 빠져들지 않도록
예수 그리스도의 길을 사중복음의 글로벌 신학 패러다임을 통해
바르게 제시한다.

기독교 역사에 나타난 교회 문제의 해결 방식은 성서적인 메타포로 말한 다면 '헬라적인 길'과 '유대적인 길'로 나뉘고 있습니다.

헬라적인 길은 할 수 있는 대로 교회의 문제를 합리적으로 풀고자 인간의 이성과 경험과 전통의 틀에서 규범을 찾고 그 기준으로 모든 문제를 재단(裁斷)합니다. 반면에, 유대적인 길은 교회의 문제를 초자연주의적으로 풀고자 인간적인 틀을 제쳐놓고 하나님의 직접적인 개입을 통한 기적적인 해결을 기대합니다.

전자는 그동안 북반구의 개혁주의 전통의 서구교회가 취했던 길로서 말씀을 강조하여 교리주의적인 전통을 형성해 왔고, 후자는 개혁주의 방식을 비판하면서 남반구에서 새로 일어난 오순절 교회가 취하고 있는 길로서 경

예수의 바람, 성령의 바람

험을 강조하여 은사주의적 전통을 형성해 가는 도중에 있습니다.

이와 같이 이원화된 갈래길에서 우리가 갈 방향은 두 길을 넘어서 하나를 향해 가는 '초이의 길(超二之道)' 이어야 함이 분명합니다. 그래서 '글로벌 신학'의 필요성도 이야기하였던 것입니다.

그러면 신학적 초이지도의 우선적인 과제는 무엇입니까?

그 길은 교리주의와 은사주의의 양 극단을 넘어서는 길입니다. 다시 말해서 오순절 성령세례로 말미암는 두 가지 능력, 곧 성결케 하는 능력과 예수 그리스도의 부활을 증거하는 능력을 받아 오순절의 사도들처럼 살아가는 것입니다. 성령으로 충만하여 예수 그리스도를 따르는 길이며, 하나님의 형상이 내 안에서 회복되는 길이며, 하나님의 나라가 경험되는 길입니다.

참된 표적으로 말하자면 요나의 표적, 곧 사망의 권세를 깨고 사흘 만에 살아나신 예수 그리스도의 부활 외에 다른 표적은 없습니다. 그리고 참된 말씀으로 하자면, 사람의 아들로 오신 하나님의 아들 나사렛 예수 그리스도의 인격과 삶 외에 다른 말씀은 없습니다.

참된 표적과 참된 말씀이 만나 하나로 경험되는 '초이'의 길이 오순절 성령의 강림으로 열렸습니다.

펜티코스탈 성령세례를 받은 자들은 죽임의 권세를 가진 사람들을 두려워하지 않고 목숨 걸고 부활의 주님을 증거하는 자리면 어디든지 나아갔습니다. 그들이 그렇게 할 수 있었던 것은 예수 그리스도야말로 성결의 영 곧 성령으로 말미암아 죽은 자들 가운데서 부활하심으로써 하나님의 권세 있는 아들임이 온 천하에 선포된 분(롬 1:4)이라는 사실이 오순절의 성령세례를 체험함으로 말미암아 확실해졌기 때문입니다.

사중복음의 정신으로 포스트모더니즘이라는 시대정신과의 변증적이며 창조적인 대화를 지속한다.

신학은 과거의 전통과 유산을 정리하는 데 그치지 않고, 이들이 '지금 여기에서' 절실히 필요한 가치라는 것을 현재의 상황을 지배하고 있는 시대정신과 소통하여 알리는 데까지 나아가야 합니다.

전통적으로, 이와 같은 과제를 수행하는 것을 '변증신학(Apologetic Theology)'이라 부르는 바, 이를 위해서는 시대정신과의 적극적인 '대화'가 요청됩니다.

기독교가 시대정신과의 대화를 통한 변증신학적 과제를 잘 감당했을 때에는 자신의 문화를 꽃 피울 수 있었습니다. 다시 말해, 지배적인 주류 문화를 이해하고 소화함으로써 기독교의 가치관을 효과적으로 알리고 적용시키는 데 성공하였던 것입니다.

이를 위해 필요한 것은 복음의 콘텐츠가 동시대인의 언어와 사유체계를 통해 합리적으로 이야기되어 들리는 메시지가 되도록 하는 것입니다.

그렇다면 21세기에는 어떠한 시대정신이 지배하고 있으며, 그 핵심사상은 무엇입니까?

그것은 한마디로 모더니즘의 '기초주의(foundationalism)'와 '명제주의(propositionalism)'를 비판하면서 나타난 포스트모더니즘(Postmodernism)이라는 것입니다.

이와 같은 맥락에서 오순절 사중복음의 정신으로 21세기를 위한 변증신학을 해야 한다면 보수주의 신학의 '성서' 기초주의 및 '교리' 명제주의와, 자유주의 신학의 '경험' 기초주의를 극복할 수 있는 분명한 대안을 제시해

예수의 바람, 성령의 바람

야 합니다. 우리는 그 가능성 역시 사중복음의 펜티코스탈리즘에서 봅니다.

> **사중복음의 각론인 중생, 성결, 신유, 재림의 복음이 지니는**
> **윤리적 요청들을 오순절적 관점에서 정립하며,**
> **종말론적 순교의 영성으로 성결한 삶을 고취한다.**

베드로가 오순절 축제 기간 동안 예루살렘에 모인 사람들에게 "너희가 회개하여 각각 예수 그리스도의 이름으로 세례를 받고 죄 사함을 받으라. 그리하면 성령의 선물을 받으리니—또는 성령을 선물로 받으리니—이 약속은 너희와 너희 자녀와 모든 먼 데 사람 곧 주 우리 하나님이 얼마든지 부르시는 자들에게 하신 것이라"(행 2:38~39)고 선포하였을 때, 이를 듣고 말씀대로 순종함으로써 성령을 받은 자들에게 주어진 약속의 복음들에 대한 요약판이 바로 '사중복음'입니다.

하나님의 약속으로서의 중생, 성결, 신유, 재림은 신학적 이론이 아니라 '참구원'은 하나님의 은혜와 베푸신 능력으로 가능하게 된다는 복음적인 약속이요, 그에 대한 적극적인 신앙고백입니다. 또한 그 은혜와 능력은 오직 성령세례를 통해서만 주어질 수 있을 뿐이라는 것이 신앙 고백자들의 확신입니다.

그러므로 오순절 때와 같은 성령세례를 받지 않고서는 오늘날 그 어느 누구도 약속의 사중복음을 자신의 것으로 삼을 수 없습니다.

지금 우리에게 필요한 것은 사중복음의 오순절적 중생, 오순절적 성결, 오순절적 신유, 오순절적 재림에 대한 성서의 약속을 재차 확인하는 일입니다. 그런 연후에 성서적인 근거에 입각하여 펜티코스탈 사중복음의 정신을 신학적으로 폭넓게 전개하는 것입니다. 이것은 성결교회에 위임된 위대한 축복이요 또한 역사적인 과제입니다.

미국 성결교회나 한국 성결교회나 모두 이 과제를 마치 한 달란트 받은 자처럼 땅에 묻어두었던 것으로 보입니다. 왜냐하면 사중복음 혹은 '풀 가스펠'을 신학적 이론으로나 윤리적 실천 방안으로나 전개한 노력들을 문헌상에서라도 확인할 수 없기 때문입니다. 그 이유는 지계석과 같은 '펜티코스탈리즘'을 은사주의 그룹에 넘겨주고 말았기 때문이라고 판단됩니다.

그러나 우리에게 주어진 펜티코스탈 사중복음의 약속은 어느 누구에게도 빼앗길 수 없는 영적 유산입니다. 이를 다시 찾아 원형을 복구하고 이로부터 세상을 향한 **복음의 래디컬리즘**을 윤리적으로까지 '행동으로' 표현되도록 해야 합니다.

생명을 위한 펜티코스탈 중생의 윤리, 사랑을 위한 펜티코스탈 성결의 윤리, 회복을 위한 펜티코스탈 신유의 윤리 및 공의를 위한 펜티코스탈 재림의 윤리를 확정하고 실천하는 일이야말로 펜티코스탈 사중복음 신학의 꽃이 될 것입니다.

그러나 무엇보다도 중요한 것은 재림의 빛에서 하나님 나라의 윤리를 정립하는 것이며, 또한 순교의 영성에 뿌리를 둔 신앙생활, 목회, 신학 활동이 되어야 합니다. 매일의 삶이 천년왕국에 참여하는 비전을 가지고 주의 재림을 기다리는 자의 윤리를 확립하고 실천해야 할 것입니다.

종말은 참되게 믿는 자들에게 시험과 환란이 닥쳐오는 때가 되겠는데, 이때가 바로 지금이라는 종말론적인 생각을 가지고 말씀으로 그리고 기도로 깨어 있어야만 바른 신앙생활, 바른 목회 활동, 바른 신학 활동을 해 나갈 수 있습니다. 여기에 목회 혁신도, 신학의 혁신도 있을 것입니다.

> **북반구 중심의 서구 기독교가 지배하던 시대를 넘어 남반구의 오순절 기독교가 또 다른 중심을 형성하는 21세기에 요청되는 글로벌 신학을 위해 사중복음과 사중복음 신학이 기여할 수 있는 길을 제시한다.**

글로벌 신학은 한마디로 '대화의 신학'입니다. 얼굴을 마주보고 이야기할 수 있는 신학이 21세기 글로벌 기독교 시대에 절실히 요청되는 신학입니다. 사중복음 신학은 이러한 글로벌 기독교를 위한 신학이 될 수 있는 사중복음이라는 패러다임 위에 세워진 신학입니다. 그러므로 사중복음 신학은 북반구와 남반구의 다양한 교파주의 신학을 대화로써 맺힌 것을 풀어낼 수 있는 접촉점들을 찾아내는 과제를 가집니다.

자신의 신학적 정체성을 확인하는 길 가운데 가장 분명한 것은 자신과 다른 전통에 속한 교단의 신학과 대화하는 것입니다. 대화는 일치를 목적으로 하거나 특정 이슈에 대해 옳고 그름을 따지는 것을 우선적인 목적으로 설정하지 않습니다. 오히려 다름을 인정하고, 그 다름의 타당성을 확인하고, 그 다름에도 불구하고 '함께' 갈 수 있는 가능성을 찾고자 함이 대화의 길입니다.

펜티코스탈 사중복음 신학은 북반구의 전통이 아니라 남반구의 교회가 성령세례를 통해 경험한 사실에 대한 학문적인 통찰로 이루어지고 있습니다. 그러나 이것이 북반구 유럽 중심의 개혁주의 전통과 북미주의 알미니우스-웨슬리주의 전통을 거부하는 것이 아니라는 것은 자명합니다.

그렇기 때문에 펜티코스탈 사중복음적 관점에서 북반구의 칼뱅주의와 웨슬리주의를 통전적으로 바라봄으로써 글로벌 신학을 수립하는 데 적극적으로 기여해야 할 것입니다. 이로써 사중복음 신학의 객관적 위치와 세계 교회 안에서 성결교의 고유한 역할을 확인하여, 세계 교회와 적극적으로 연대할 수 있는 가능성이 무엇인지를 발견할 수 있겠습니다.

이를 위해서 펜티코스탈 사중복음 신학 전통에서 나온 **오순절 은사주의 신학과의 대화**, 그리고 오순절 운동이 이어받고 있는 **웨슬리안 신학 전통**과 웨슬리안 신학이 뿌리를 두고 있는 개혁주의신학을 포함하여 **종교개혁 신학 전통**과의 폭넓은 대화가 필요합니다.

앞으로 우리가 '대화의 신학'에서 각론적으로 보다 깊이 다루어야 할 주제들에 대해서 잠시 언급하고자 합니다.

종교개혁 이후 개신교는 복음에 대한 다양한 이해와 실천에 따라 많은 교파로 분리되어 각자의 신앙과 신학 노선을 형성해 오고 있습니다. 여러 신학 노선 중에서 특히 한국의 경우는 칼뱅의 신학 사상을 축으로 하는 개혁주의 노선과 웨슬리의 신학을 축으로 하는 복음주의 노선이 지배적인 주류 신학 전통입니다.

사중복음에 의해 형성된 성결교회의 초창기 지도자들은 대부분 감리교 목사들이었기 때문에 자연스럽게 웨슬리의 알미니우스적인 복음주의 신학 전통에 서게 되었습니다.

특별히, 칼뱅주의와 웨슬리안 알미니우스주의가 상극을 이루는 신학적 이슈들 중의 대표적인 것이 '예정론'입니다. 예정론에 대한 대립적인 입장은 서로 먼저 상대편에 서서 생각하려 하지 않고서는 결코 풀어지거나 양해

예수의 바람, 성령의 바람

될 수 없습니다. 그렇게 신학적으로 서로 정죄해 온 것이 벌써 250년이 다 되어 갑니다.

16세기의 쟝 칼뱅이나 18세기의 존 웨슬리가 교회사나 일반 역사에 있어서도 그들의 인격과 신앙적 헌신과 신학 사상에 대해 인정하지 않거나 존경을 표하지 않을 사람이 어디 있겠습니까?

하지만 그들의 신앙적 후예들은 두 사람을 마치 적대적인 원수와 같이 만들어 놓고서도 아무런 양심의 가책을 받고 있지 않으니, 이것은 분명코 잘못되어도 크게 잘못된 것이 아닐 수 없습니다.

특정한 신학적 이슈에 대한 관점과 해석이 다른 이유가 과연 정말 달라서 다른 것인지, 아니면 시대와 지리적, 문화적 상황의 차이 때문이었는지를 면밀히 살펴서 다름의 이유와 당위성을 찾아 서로를 인정하고 받아들이는 예수의 제자들이 되어야 할 것입니다.

성결교회 선각자들은 "본질적인 것에는 일치를, 비본질적인 것에는 자유를, 모든 것에 대해서는 사랑을(In essential, unity; in nonessential, liberty; and in all things, charity)"이라는 멋진 행동지침을 가지고 살았습니다. 우리는 이러한 전통으로 좁게는 성결교와 장로교 간에, 넓게는 개혁주의 전통과 웨슬리주의 전통에 서 있는 교회들 간의 신학적 대화를 보다 적극적으로 깊이 있게 전개해 나갈 수 있을 것입니다.

먼저, 웨슬리의 신학을 교단의 주요 전통으로 공유하고 있으면서도 서로 간의 교류가 미약한 감리교와 성결교 간의 신학적 대화를 시도해야 합니다.

19세기 후반에 성결운동을 전개했던 감리교 목사 마틴 냅이 자신이 속해 있던 미감리교단과의 갈등 관계 속에서도 그가 만든 작은 '만국사도성결연합 및 기도연맹(International Apostolic Holiness Union and Prayer League)'이 발전하여 성결교회가 된 역사는 주지의 사실입니다.

현재 미국에서는 성결운동을 전개했던 여러 중소교단들이 통합하여 '웨슬리안 교회(The Wesleyan Church)'라는 이름으로 성결교 전통을 지켜나가려는 의지에 비해, 미감리교단(The United Methodist Church)과 초교파적인 연대를 위해 얼마나 적극적으로 노력하고 있는지는 의문입니다.

한국에서의 상황도 이와 크게 다를 바 없습니다. 오·엠·에스(OMS)를 통해 들어와 한국의 주요 교단으로 커온 성결교회 역시 미감리교단에 의해 파송된 아펜젤러를 비롯한 선교사들의 헌신에 의해 성장한 감리교회와 연합하면서 교류하고 있다고 하는 뉴스를 들어보기가 쉽지 않은 형편입니다.

한국의 성결교와 감리교는 웨슬리의 전통에 따라 성결 혹은 성화를 강조하지만, 성결교가 볼 때 감리교는 진보적 자유주의 노선이요, 감리교가 볼때 성결교는 배타적 보수주의 노선에 있기 때문에 함께 멍에를 메고 갈 수 있는 동반자로 보지 않는 것이 일반적인 정서라 할 수 있습니다.

특히 감리교가 한국에 들어와서 뿌리를 내릴 당시부터 감리교는 '한국적 교회'가 되어야 할 것을 주창하면서 토착화신학 연구를 교단적인 차원에서 장려해 왔습니다. 이로써 감리교에는 한국종교 문화에 대한 자유로운 신학적 연구와 수용이 학문적으로 크게 열려있었습니다.

이러한 맥락에서 감리교는 소위 '종교다원주의'라는 신학적 아젠다를 적극적으로 전개함으로써 이와 관련된 포스트모던적 사고를 적극 수용하는 현대 신학의 첨병 역할을 자처할 수 있었습니다.

예수의 바람, 성령의 바람

반면에, 성결교회는 신학을 학문적 차원에서 깊이 있게 연구하는 일보다는 사중복음을 복음전도의 표제로 삼아 영혼 구원을 위한 국내외 선교사역에 집중하였던 것을 확인할 수 있습니다.

그동안 양대 교단이 서로 각자의 길을 갔었다면, 이제부터는 웨슬리신학을 폭넓게 바라보면서 사중복음 신학과 토착화 신학이 서로에게 영향을 끼치면서 현대 교회와 사회가 직면한 문제들을 해결하는 데 기여하는 길을 찾아야 할 것입니다. 웨슬리의 '보편주의적인 정신(catholic spirit)'에 따라 성결교와 감리교는 21세기 영성의 시대에 얼마든지 '창조적 종합(creative synthesis)'의 새로운 길을 닦아나갈 수 있는 여지가 충분하다고 보입니다. 문제는 지혜로운 자가 되어 먼저 상대의 소리를 듣고자 하는 자세가 되어있는 지의 여부입니다.

두 번째, 글로벌 사중복음 신학의 전개를 위하여 펜티코스탈 사중복음의 시대를 열어놓고도 방언이라는 은사 문제 때문에 펜티코스탈리즘을 포기한 성결교는 이를 회복하여 오순절교회와 함께 21세기 펜티코스탈 사중복음 성결운동을 새롭게 열어나가야 합니다.

16세기 종교개혁 이후 기독교는 가톨리시즘(Catholicism)과 프로테스탄티즘(Protestantism)이란 양대 산맥을 이루게 되었고, 개신교는 21세기에 들어서 종교개혁 500주년을 맞게 되는 시점에 와있습니다. 지난 20세기에는 괄목할 만한 세 가지의 기독교 운동들이 있었습니다.

첫 번째는 가톨릭의 '현대화(aggiornamento) 운동'입니다. 교황 요한 23세가 1961년 6월에 행한 연설 가운데 앞으로 열리게 될 제2차 바티칸 공의회(1962~1965)가 "깊은 관심을 가지고 다루어야 할 중요한 과제는 20세기 이후 인류가 처하게 될 삶의 조건과 삶의 현대화라는 문제가 될 것"이라고 선포한 것이 계기가 되어 한 세기 동안 '현대화 운동'이 전 세계의 가톨릭교회에 번지게 되었습니다. 전 세계 가톨릭 인구는 증가세를 보이는 바, 2009년도의 통계로 11억 8천 100만 명으로 전년도 대비 1.3% 증가하여 전 세계 인구의 약 17.4%에 이르렀습니다.

두 번째는 1948년에 창립된 세계교회협의회(World Council of Churches; WCC)의 '교회일치 운동(Ecumenical Movement)'입니다. 이의 기본 선언은 다음과 같은 것이었습니다: "세계교회협의회는 주 예수 그리스도를 성서에 따라 하나님이요 구원자임을 고백하며, 그래서 한 하나님이신 아버지와 아들과 성령의 영광을 위해 공동으로 받은 소명을 함께 이루어나가기를 추구하는 교회들의 사귐 공동체다."

전 세계 150여 개의 나라에 52만 지역 교회들, 약 50만 명의 성직자들, 5억 9천만 명의 신자들이 속한 세계교회협의회의 에큐메니칼 운동은 20세기 기독교의 중요한 사건이라 할 수 있습니다.

그리고 세 번째는 '오순절 운동(Pentecostal Movement)'입니다. 1906년 미국 캘리포니아주의 아주사가(Azusa Street) 312번지에 마틴 냅의 제자이며 성결교 목사였던 윌리엄 시무어(William Seymour)에 의해 세워진 '사도 신앙 교회(Apostolic Faith Mission)'에 성령의 불이 붙어 1909년까지 3년간 지속되면서 미국 전역과 해외까지 퍼져 20세기 전 세계에 불이 번지게 한 운동입니다.

이 운동은 1960년 부활절에 성공회 교구목사였던 데니스 벤네트(Dennis Bennett)로부터 시작된 은사주의 운동과 맥을 같이 하면서 소위 '오순절-은사주의 운동' 으로 전 지구를 휩쓸게 되었습니다. 이 운동에 속한 신자는 위키피디아(Wikipedia)의 보고에 따르면 5억 명이나 되고, 오순절세계연맹(PWF)에 의하면 6억이 됩니다(본서 제1장 참조).

지난 20세기의 전 세계적인 세 가지 기독교 운동은 질적으로나 양적으로 괄목할 만한 사건이었고, 이 운동은 21세기 인류 문명의 질곡(桎梏) 가운데서도 도도히 흘러갈 것으로 보입니다.

우리는 이러한 영적 운동의 흐름을 보면서, 특히 오순절 운동의 역사와 신학과 정신이 19세기말 래디컬 성결운동 그룹인 성결교회에 그 기원을 두고 있었다는 사실을 기억해야만 합니다.

이에 오늘날 한 세기가 지난 시점에서 성결교회는 잃어버린 원래의 사중복음적 오순절 정신을 다시 찾아 성결교회의 내적 부흥을 도모해야 할 것이며, 이미 펜티코스탈리즘의 강력한 초자연적 역사를 경험한 오순절 교단과의 신학적, 목회적, 선교적 교류를 강화해야 할 것입니다.

특별히 현대의 오순절 신학자들 가운데는 아모스 용(Amos Yong)을 비롯해서 스티븐 랜드(Steven Land), 프랭크 마키아(Frank Macchia), 시몬 찬(Simon Chan), 벨리마티 칼케이넌(Veli-Matti Karkkainen), 한국 학자들로는 미국 펜티코스탈 신학대학원(Pentecostal Theological Seminary)의 한상일 교수와 도날드 데이튼(Donald Dayton)의 제자들인 애즈베리 신학교 교회사 교수 이미생 박사, 복음대학교 대학원 교수 배덕만 박사, 서울신학대학교 교회사 교수 박창훈 박사 및 그 외 한상민 박사의 활동이 기대되고 있습니다.

우리가 오순절 신학자들과 대화하는 가운데 지속적으로 염두에 두고 잊지 말아야 할 것은 성결교회 선각자들이 세워놓은 지계석을 다시 원래의 자리에 가져다 놓아야 한다는 사명감입니다. 그 지계석의 이름은 '펜티코스탈 사중복음', 즉 '오순절의 사중복음적 정신' 입니다.

엄밀한 의미에서 볼 때 사중복음의 펜티코스탈리즘을 성서적으로 신학적으로 회복하여 목회와 선교의 현장에 현재화해야 하는 것은 성결교만의 과제는 아닐 것입니다. 오히려 지상의 몸 된 예수 그리스도의 교회라면 모든 교회의 사명입니다. 왜냐하면 그리스도의 사도적 교회는 오순절 성령세례로 태어났기 때문이며, **신약성서 자체가 펜티코스탈적**이기 때문입니다. 오순절이 있어 성령 충만한 사도들이 있게 되었고, 그들이 있어 성령의 감동으로 쓰인 신약성서가 세상에 나올 수 있었기 때문입니다.

하나님의 형상으로 빚어진 인간의 원형은 오직 예수 그리스도에게서만 발견될 수 있듯이, 예수 그리스도의 몸인 교회의 원형은 오직 성령세례 받은 오순절 펜티코스탈 교회에서만 발견될 수 있습니다.

한국 교회의 건강성을 회복하고, 사중복음 신학의 역사적 사명과 정체성을 다시 찾아 21세기에 다시 한 번 더 1세기의 오순절 성령세례를 통한 부흥의 역사가 불일 듯 일어나도록 해야 할 주체가 바로 성결교회요, 또한 펜티코스탈 전통의 교회들임을 기억해야 할 것입니다.

이상과 같은 주제들은 앞으로 사중복음 신학이 총체적으로 혹은 각론적으로 다루어야 할 신학적 과제입니다.

이때 유의할 점은, 신학은 교회에 의해 선택되는 것이지, 신학이 교회를 선택하는 것이 아니라는 것입니다. 무엇보다도 교회는 영적 공동체이므로 그가 입는 신학이란 옷은 영적인 특징을 잃어버려서는 안 됩니다.

그러므로 신학은 언제나 말씀과 성령의 운동으로부터 힘을 받아야 교회를 섬기는 본래적인 기능을 감당할 수 있습니다.

특별히 사중복음 신학은 사중복음이 외쳐지고 증거되었던 곳에 예수의 바람, 성령의 바람이 강력하게 불었던 것을 기억하고, 성령이 활동했던 역사적인 사건과 현장을 떠나서는 안 됩니다. "홀연히 하늘로부터 임한 급하고 강한 바람"은 1세기 오순절 사도들에게만 불었던 것이 아니라, 오히려 21세기 오늘의 종말론적 위기의 세대에 더욱 강하게 불어올 수 있기 때문에, 사중복음 신학은 자유롭게 활동하는 성령이 역사하는 현장에 대해 늘 민감해야 합니다.

지금도 사중복음의 메시지가 증거되고, 그 정신이 활동하는 데는 오순절 성령의 역사가 강력하게 나타나고 있습니다. 그러므로 사중복음을 통하여 예수의 바람, 성령의 바람이 글로벌 교회 공동체 가운데 불도록 해야 합니다. 그래서 생명의 기운이 온 민족, 온 교회의 "각 사람 위에" 넘치도록 해야 합니다(행 2:2~3).

성결교회가 사중복음의 정신으로 복음을 선포하고 또한 시대정신과 싸워 나가기 위해 사중복음 신학을 필요로 하게 된다면, 사중복음 신학은 성결교회의 옷이 될 뿐만 아니라, 세계교회를 위한 글로벌 신학의 패러다임으로도 훌륭하게 자리매김하게 될 수 있을 것입니다.

세계 기독교는 교회로 하여금 예수 재림의 때를 인내와 충성과 지혜와 순교의 '아바정신'으로 기다리게 함으로써 이 땅 위에 종말론적 하나님의 나라를 이루게 하는 데 방향과 방법과 내용을 제시하는 글로벌 사중복음 신학을 기다려왔습니다.

사중복음 신학의 풍차는 오직 예수의 바람, 성령의 바람이 불 때만 힘 있게 돌아갑니다. 이 풍차가 돌아갈 때 세상에 생명과 사랑과 회복과 공의의 빛이 환하게 비취는 샬롬의 하나님 나라를 더욱 가까이 경험하게 될 것입니다.

주(註)

....

1) 김대식, 『영성과 신학적 미학』(서울: 한국학술정보사, 2008)을 참조하라. 김대식, 『생명의 빛으로 나아가라: Regeneration』(서울: 기독교대한성결교회출판부, 2007). 지형은, 『사랑이야기: Sanctification』(서울: 기독교대한성결교회출판부, 2007). 이정기, 『하나님께서 치유하십니다: Divine Healing』(서울: 기독교대한성결교회출판부, 2007). 이신건, 『공의를 위해 다시 오시리라: Second Coming』(서울: 기독교대한성결교회출판부, 2007).

2) 배덕만, 『한국개신교 근본주의』(서울: 대장간, 2010), 47ff.

3) 함석헌, 『함석헌전집』 18권: 진실을 찾는 벗들에게(서울: 한길사, 1993), 26.

4) 이성봉, 『말로 못하면 죽음으로: 이성봉 목사 자서전』(서울: 기독교대한성결교회출판부, 1985).

5) 최인식, "이명직 목사의 생애," 『이명직, 김응조 목사: 생애와 신학 사상』, 한국성결교회연합회 신학분과위원회 편(서울: 바울서선, 2002), 37-74.

6) 박명수, 『이명직과 한국성결교회』(부천: 서울신학대학교출판부, 2008), 509f.

7) 이명직, 『이명직전집』 제8권(부천: 서울신학대학교, 2011), 177.

8) 기독교대한성결교회, 『한국성결교회사』(서울: 기독교대한성결교회출판부, 572-587.

9) 조종남, 『요한 웨슬레의 신학』(서울: 대한기독교출판사, 1984), 219.

10) 조종남, 『사중복음의 현대적 의의』(서울: 대한기독교출판사, 2009), 29.

11) 기독교대한성결교회, 『헌법해설서』(서울: 기독교대한성결교회출판부, 1993), 9.

12) 목창균, 『성결교회 교리와 신학』(서울: 대한기독교서회, 2012), 42.

13) John Thomas, "From Bro. and Sister Thomas," *Electric Messages*(Dec. 1910): 3, 서울신학대학교 성결교회역사연구소, 『한국성결교회 100년사』(서울: 기독교대한성결교회출판부, 2007), 130에서 재인용.

14) John Thomas, "'Living Witness,' or What Brother Thomas is Doing in Korea," 4, 15, 한국성결교회 100년사』, 135.

15) 조종남, 『요한 웨슬레의 신학』, 219.

16) 『성결교회신학』, 17-40.

17) 박명수, 『이명직과 한국성결교회』, 518.

예수의 바람, 성령의 바람

참고문헌

1. 사중복음 신학 관련 1차 문헌

Atkinson, John. *Centennial History of American Methodism*. New York: Philips & Hunt, 1884.

Blackstone, W. E. 『재림』. 박명수, 박도술 역. 사중복음시리즈 제4권. 서울신학대학교 성결교회역사연구소. 서울: 도서출판 은성, 1999.

_____. *The Millenium*. Chicago: Fleming H. Revell Co., 1904.

_____. *Jesus Is Coming*. Chicago: Fleming H. Revell Co., 1878; Reprint, Los Angeles: Bible House, 1916.

Boardman, W. E. *The Lord That Health Thee*. London: Morgan and Scott, 1881.

Caldwell, Merritt. *The Philosophy of Christian Perfection*: Embracing a Psychological Statement of Some of the Principles of Christianity on which This Doctrine Rests; together with a practical examination of the peculiar views of several recent writers on this subject (Philadelphia: Sorin & Ball, 1848); 현재는 2012년에 출판사 Forgotten Books에서 Classic Reprint Series로 재발행판 나옴.

Carter, Robert Kelso. *The Atonement for Sin and Sickness: or, a Full Salvation for Soul and Body*. Boston: Willard Tract Repository, 1884.

Clarke, Adam. *Christian Theology*. London: Thomas Tegg, 1835.

_____. *Entire sanctification*. Louisville: Pentecostal Pub. Co., 1897.

Cowman, C. E. "Holiness in Japan." *The God's Revivalist*, July 11, 1901: 5.

Cullis, Charles. *Faith Cures; or, Answers to Prayer in the Healing of the Sick*. Boston: Willard Tract Repository, 1879.

Fletcher, John. *Checks to Antinomianism*, I–IV. New York: J. Soule and T. Mason, 1820.

_____. *Fletcher on Perfection*. Louisville: Pentecostal Pub., n. d.

Free Methodist Church. *Book of Discipline*. Indianapolis: The Free Methodist Publishing House, 2008.

Godbey, W. B. *Satan's Side-Tracks for Holiness People*. Nashville: Pentecostal Mission Pub., no date.

_____. *Spiritual Gifts and Graces*. Cincinnati: God's Revivalist Office, 1895.

_____. *The Incarnation of the Holy Ghost*. Louisville: Pentecostal Pub., 1908.

_____. *The Victory of Christ*. Cincinnati: God's Revivalist Office, n. d.

_____. *Commentary on the New Testament*, vol. 2: The Gospels of Matthew, Mark, Luke, and John, Harmonized – Part II. Cincinnati: God's Revivalist Office, 1900.

_____. *Spiritual Gifts and Graces*. Cincinnati: God's Revivalist Office, n.d.

_____. *An Appeal to Postmillennialism*. Nashville: Pentecostal Mission Publ., n.d.

_____. *An Appeal to Postmillennialism*. Nashville: Pentecostal Mission Publ., n.d.

_____. *Church-Bride-Kingdom*. Cincinnati: God's Revivalist Office, 1905.

_____. *Footprints of Jesus in the Holy Land*. Cincinnati: God's Revivalist Office, 1900.

_____. *Holy Land*. Cincinnati: God's Revivalist Office, 1895.

Godbey William B. / Seth C. Rees. *The Return of Jesus*. Cincinnati: God's Revivalist Office, n.d..

Godbey, William. etc. *Pentecostal Messengers*. Cincinnati, God' s Revivalist Office, 1898.

Goodykoontz, C. D. *Home Missions on the American Frontiers*. Caldwell: The Caxton Printers, 1939.

Gordon, A. J. *The Ministry of Healing: Miracles of Cure in All Ages*. Boston: H. Gannett, 1882.

Hills, A. M. "성결의 세례"(1-4). 「활천」 97(1930): 12-16; 「활천」 98(1931): 13-16, 「활천」 99(1931): 74-76; 「활천」 101(1931): 215-219.

_____. *A Hero of Faith and Prayer : or, Life of Rev. Martin Wells Knapp*. Cincinnati, Ohio: Mrs. M. W. Knapp, 1902.

_____. *Fundamental Christian Theology: A Systematic Theology*, vol. 2. Pasadena: C. J. Kinne Pasadena College, 1931.

Hosmer, William C. *Slavery and the Church*. Auburn: W. J. Moses, 1853.

Howland, C. L. *The Story of Our Church, Free Methodism*. Winona Lake, Ind.: Free Methodist Publishing House, 1939.

International Apostolic Holiness Church. *Manual*. Cincinnati: God' s Revivalist Press, 1914.

International Apostolic Holiness Union. *Constitution and By-Law*. Cincinnati: Revivalist Office, 1900.

Jennings, A. T. *History of American Wesleyan Methodism*. Syracuse: Wesleyan Methodist Publishing Association, 1902.

Knapp, Martin. *Lightning Bolts from Pentecostal Skies; or, Devices of the Devil Unmasked*. Cincinnati: God's Bible School Bookroom, 1898.

_____. *Electric Shocks from Pentecostal Batteries; No. II or, Pentecostal Glories from Salvation Park Camp-Meeting*. Cincinnati: M. W. Knapp, 1900.

_____. *Holiness Triumphant; or Pearls from Patmos: Being the Secret of Revelation Revealed.* Cincinnati: God's Revivalist Office, 1900.

_____. *Impressions.* Cincinnati: Revivalist Publishing Co., 1892.

_____. *Pentecostal Aggressiveness; or Why I Conducted the Meetings of the Chesapeake Holiness Union at Bowens, Maryland.* Cincinnati: Publisher of Gospel Literature, 1899.

Mahan, Asa. *The Baptism of the Holy Ghost.* New York: Palmer & Hughes, 1870.

McDonald, William. *Modern Faith Healing.* Boston: McDonald and Gill, 1892.

McLeister, I. F. *History of the Wesleyan Methodist Church of America.* Syracuse: Wesleyan Methodist Publishing Association, 1934.

Merritt, Timothy. *The Christian's Manual: A treatise on Christian Perfection, with directions for obtaining that state.* Cincinnati: Swormstedt & Poe, 1854.

_____. *The Guide to Christian Perfection.* vol. 1~8. Boston: Rand, July 1839 ~ Dec. 1845.

Palmer, Phoebe. *The Way of Holiness: with notes by the way: being a narrative of religious experience resulting from a determination to be a Bible Christian.* New York: Palmer & Hughes, 1867.

Rees, Paul S. *Seth Cook Rees: The Warrior—Saint.* Indianapolis: Pilgrim Book Room, 1934.

Rees, Seth C. *Fire from Heaven.* Cincinnati: God's Revivalist Office, 1899.

_____. *The Ideal Pentecostal Church.* Shoals: Old Paths Tract Society, 1897. reprinted. Salem, OH: Schmul Publishing Co, 1998.

Simpson, A. B. *The Gospel of Healing.* New York: Christian Alliance Publishing, 1915. revised edition.

_____.『사중복음』. 손택구 역. 서울: 예수교대한성결교회출판부, 1980.

_____. 『신유』. 박명수, 박도술 역. 사중복음시리즈 제3권. 서울신학대학교 성결교회 역사연구소. 서울: 도서출판 은성, 1999.

Steele, Daniel. *Steele's Answers: A Substitute for Holiness, or Antinomianism Revived*. reprint, Salem: Schmul Publishers, n.d.

Montgomery, Carrie Judd. *The Prayer of Faith*. Buffalo: H. H. Otis, 1880.

Moody, D. L. *Secret Power*. New York: Fleming H. Revell, 1881.

Thomas, John. "중생." 「활천」 88(1930): 18-22.

Thomas, Paul Westphal / Paul William Thomas. *The Days of Our Pilgrimage: The History of the Pilgrim Holiness Church*. Marion: The Wesley Press, 1976.

Torrey, R. A. *The Baptism with the Holy Spirit*. New York: Fleming H. Revell, 1897.

_____. 『너희가 믿을 때에 성령을 받았느냐』. 서울: 도서출판 기독양서, 2002.

Wesley, John. 『웨슬레의 기독자 완전에 대한 해설』. 조종남 역. 서울: 한국복음문서 간행회, 1996.

_____. 『웨슬리설교전집』. 1-7권. 조종남, 김홍기, 임승안 외 공역. 박창훈 해설. 한국웨슬리학회 편. 서울: 대한기독교서회, 2006.

_____. 『중생』. 박명수, 박도술 역. 사중복음시리즈 제1권. 서울신학대학교 성결교회 역사연구소. 서울: 도서출판 은성, 1988.

Wesleyan Methodist Church. *Doctrines and Discipline of the Wesleyan Methodist Church*. Ann Abor, Michigan: N. Sullivan, 1842.

Wheatley, Richard. *The Life and Letters of Mrs. Phoebe Palmer*. New York: W. C. Palmer, Jr., 1876.

Wood, John A. *Perfect Love, or, Plain things for those who need them, concerning the doctrine, experience, profession, and practice of Christian holiness*. North Attleboro, Mass.: J. A. Wood, 1880.

Wood, L. A. "중생에서 성결에 이르는 시간." 「활천」 147(1935): 27-30.

2. 사중복음 신학 관련 2차 문헌

강근환. 『성결과 하나님 나라』. 서울: 한들출판사, 2000.

_____. 『한국교회의 형성과 그 요인의 역사적 분석』. 서울: 대한기독교서회, 2004.

강병오. "존 웨슬리의 성화신학과 정치윤리." 「한국조직신학논총」 36(2013): 147-170.

_____. "한국 개신교의 사회적 신뢰 실추 원인과 대책." 「신학과 선교」 41(2012): 61-84.

권종수. "한평생 중생과 성결을 외친 김태구 목사: 미주 증경총회장/산호세중앙교회 원로목사." 「활천」 510(1996): 95-101.

권혁승. "하나님의 왕권의 관점에서 본 시온신학 연구: 시온신학의 형성 배경과 신학적 의미를 중심으로." 「한국기독교신학논총」 16(1999): 89-129.

기독교대한성결교회 역사편찬위원회. 『한국성결교회사』. 서울: 기독교대한성결교회출판부, 1992.

기독교대한성결교회. 『헌법해설집』. 서울: 기독교대한성결교회출판부, 1993.

_____. 『헌법』. 서울: 기독교대한성결교회출판부, 2002.

길보른. "교역자와 불세례." 「활천」 6(1923): 1-3.

김경식. "성서에서 본 중생론." 「활천」 403(1983): 47-51.

김관수. "신유 사역이 교회 성장에 끼친 영향에 관한 연구: 기독교대한성결교회를 중심하여." 목회학박사학위논문, 아세아연합신학대학원 풀러신학교 공동학위과정, 1987.

김대식. 『영성과 신학적 미학』. 서울: 한국학술정보, 2008.

_____. 『생명의 빛으로 나아가라: Regeneration』. 서울: 기독교대한성결교회출판부, 2007.

김상준. 『사중교리』. 경성: 경성성서학원, n.d.

_____. 『묵시록강의』. 평양: 기독교서관, 1918.

_____. "재림의 주를 영접하라." 역사편찬자료. 「활천」 397(1982.3): 46-48.

예수의 바람, 성령의 바람

김성원. 『21세기를 움직이는 신학 포인트』. 서울: 대한기독교서회, 2012.

김순환. "C&MA의 예배생활." 「활천」 661/12(2008): 26-31.

_____. "사중복음과 성결교회 예배의 미래." 성결대학교 성결교회와 역사연구소, 「성결교회와 역사」 6(2005), 167-197.

_____. "사중복음적 예배, 그 이론과 유형별 실제." 「활천」 700/3, 701/4, 702/5, 703/6, 704/7, 705/8, 706/9, 707/10, 708/11 (2012).

_____. "성결교회 예배의 표준은 무엇인가." 「활천」 677/4(2010): 58-64.

_____. "예배와 성령, 그 과거와 오늘." 「한국오순절신학회 논문집」 3(2000): 89-106.

김영선. 『존 웨슬리와 감리교신학』. 서울: 대한기독교서회, 2002.

김운태. 『사중복음 찬양집: 성결교회 예배를 위한』. 서울: 기독교대한성결교회출판부, 2006.

김익두. "성신세례." 「활천」 140(1934): 18-21.

김정호. "중생하지 아니하면 천국시민 아니다." 「활천」 378(1976): 33.

김한옥. "기독교 사회봉사 신학 정립의 필요성." 「성경과 신학」 29(2001): 161-188.

김화영. "통합적 영성의 현상과 과정에 대한 연구: 양가적 무의 균형과 돌파를 중심으로." 「한국조직신학논총」 29(2011): 307-338.

김희성. 『하나님의 나라』. 부천: 하나님의 나라 & 성서연구소, 2010.

_____. "'사중복음의 신유에 대한 해석학적 평가'에 대한 논찬." 『21세기와 서울신학대학교-개교90주년기념 학술논문집』. 현대기독교역사연구소, 2002, 294-297.

_____. "너희는 거듭나야 한다." 「활천」 641/4(2007): 70-73.

_____. "무엇보다 성결을!" 「활천」 642/5(2007): 52-55.

_____. "신유 제일의 은총, 영안이 두 번 열려야 한다." 「활천」 643/6(2007): 38-41.

_____. "예수의 '하나님의 나라'." 「한국기독교신학논총」 41(2005): 7-35.

_____. "재림 준비, 어떻게 할 것인가." 「활천」 644/7(2007): 54-57.

나까다 주지. "불세례." 홍순균 역. 「활천」 513(1996): 35-39.

남태욱. "라인홀드 니버와 21세기: 기독교 현실주의 평가와 과제." 「한국기독교신학논총」 55(2008): 157-177.

노로 요시오, 『존 웨슬리의 생애와 사상』. 서울: 기독교대한감리회 교육국, 1993.

노세영. "서울신학대학교 구약학의 회고와 전망." 「21세기와 서울신학대학교 - 개교 90주년 기념 학술논문집」(2000): 246-266.

_____. "성결교회의 구약성서 이해." 「성결교회와 신학」 8(2002): 56-72.

목창균. 『성결교회 교리와 신학』. 서울: 대한기독교서회, 2012.

_____. 『한 걸음 한 걸음이 정상에 이르게 한다』 동막 목창균 교수 정년퇴임 기념문집. 부천: 서울신학대학교출판부, 2013.

_____. "그리스도의 재림과 천년왕국." 「활천」 465(1992): 48-59.

_____. "복음주의란 무엇인가?" 「성결교회와 신학」 3(1999): 11-30.

_____. "세대주의 종말론: 이병돈 목사의 재림론을 중심으로," 성신연세미나 발표.

문병구. "바울의 초기 종말신앙에 대한 고찰: 데살로니가전서 4:13-5:11을 중심으로." 「신약연구」 6/3(2007): 645-664.

문우일. "누가-행전에 나타난 원시기독교 선지자 운동." 「신약연구」 12/3(2013): 488-516.

_____. "요한복음 로고스 개념에 대한 철학적 고찰." 「신약논단」 20(2013, 여름): 339-369.

박명수. 『근대 복음주의의 성결론』. 서울: 대한기독교서회, 1997.

_____. 『근대 복음주의의 주요 흐름: 한국성결교회의 배경에 대한 연구』. 서울: 대한기독교서회, 1998.

_____. 『이명직과 한국성결교회』. 부천: 서울신학대학교출판부, 2008.

_____. 『초기한국성결교회사』. 서울: 대한기독교서회, 2001.

_____. 『한국성결교회의 역사와 신학』. 부천: 서울신학대학교출판부, 2004.

_____. "한국성결교회가 성결을 성령세례로 주장하는 이유." 「활천」 714/5(2013): 20-23.

_____. "마틴 냅(Martin W. Knapp)"(1), 「활천」 518호 (1997. 1).

_____. "부활, 영원한 기쁨의 메시지 : 부활과 사중복음." 「활천」 509/4(1996): 20-27.

박문수. "『이명직 목사 전집』을 출판하면서." 「성결교회와 신학」 28(2012): 115-122.

박사무엘. "바울과 사중복음: 로마서 5-8장에 나타난 성결 이해를 중심으로." 석사학위논문. 부천: 서울신학대학교, 2013.

박양식. "성결교회 문화창달을 위하여: 사중복음의 문화화." 「활천」 552(1999): 24-30.

박영환. "사중복음과 선교 -성결교회의 선교와 사중복음의 선교적 과제 고찰." 성결대학교 성결교회와 역사연구소. 「성결교회와 역사」 6(2005), 199-222.

박정수. "부표관주신약전서: 사중복음의 흔적." 「활천」 663/2(2009): 30-36.

_____. "초기 성결교회의 영해, 알레고리인가 모형론인가." 「활천」 681/8(2010): 112-119.

박종석. 『성결교회 교육의 비전과 실천』. 서울: 기독교대한성결교회출판부, 2008.

박창훈. "대서양 양편 성결운동의 연속성과 불연속성." 「성결교회와 신학」 6(2001): 48-68.

_____. "사람들은 어떻게 구원받는가? 웨슬리-성결전통의 시각에서 본 구원론." 「성결교회와 신학」 22(2009): 18-39.

_____. "성결, sanctification인가, holiness인가." 「활천」 628/3(2006): 26-28.

_____. "성결교회의 성장과 발전: 1961년-현재." 「성결교회와 신학」 13(2005): 132-150.

_____. "존 웨슬리와 존 플렛처의 성결론." 「역사신학논총」 8(2004): 99-123.

_____. "존 웨슬리의 '사회적 성결'(Social Holiness)'에 대한 재고찰." 「한국교회사학회지」 30(2011): 121-149.

_____. 『존 웨슬리, 역사비평으로 읽기』. 서울: 대한기독교서회, 2007.

박태식. "김대식 박사의 글을 읽고: '사중복음에 대한 생태영성적 조명' 논찬." 「활천」 624/11(2005): 80-83.

박형룡. "성령세례와 성도의 구원." 『신학정론』 12(1994. 5): 24-55.

박훈용. "성결(성별회)과 영성훈련." 「활천」 542(1999): 60-64.

_____. "성결교리의 형성 과정." 「활천」 423(1987): 21-30.

_____. "성결은 성령세례이다." 「활천」 545(1999): 54-58.

_____. "성결은 원죄의 부패성을 정결케 씻음 받는 은혜이다." 「활천」 546(1999): 52-56.

_____. "성결의 개관." 「활천」 544(1999): 56-60.

_____. "성결의 체험, 우리의 정체성입니다." 「활천」 559(2000): 10-15.

배덕만. 『성령을 받으라: 오순절운동의 역사와 신학』. 서울: 대장간, 2012.

_____. 『한국 개신교 근본주의』. 서울: 대장간, 2010.

_____. "사중복음을 통해 본 한국성결교회 신학사상사." 현대기독교역사연구소. 「성결교회와 신학」 1(1997), 156-214.

_____ /김승태. "사중복음을 통해 본 한국성결교회 신학사상사." 한국기독교역사연구소. 「한국기독교역사연구소소식」 28 (1997. 7), 22-34.

배본철. "한국교회의 성령세례 이해에 대한 역사적 연구." 박사학위논문. 부천: 서울신학대학교, 2002.

_____. "예수교대한성결교회의 성령세례론." 「성결교회와 신학」 7(2002): 154-175.

_____. "해방 이전 한국 장로교회의 성령세례 이해." 성결대학교. 「논문집」 30(2001): 73-88.

_____. "한국 개혁파 성령세례론의 갈등과 조정." 성결대학교. 「논문집」 31(2002): 69-86.

_____. "국한의 급진 성령론에 대한 역사신학적 통찰." 「성경과 신학」 20(1996): 399-426.

_____. "성령론 딜레마: 한국교회 성령세례론 유형 분석." 『존 웨슬리의 신학과 개혁신학』 한국개혁신학회편. 서울: 한국개혁신학, 2006: 103-121.

백수복/신광철. "중생의 검토: 서울 신학생 상대 조사, 통계, 분석, 연구 보고(상)." 「활천」 321(1963): 27-36.

_____. "중생의 검토: 서울 신학생 상대 조사, 통계, 분석, 연구 보고(하)." 「활천」

예수의 바람, 성령의 바람

322(1964): 23-31.

복음신학대학원대학교 오순절신학연구소 편.『성령과 언어』. 오순절신학총서 제2권.
    대전: 복음신학대학원대학교 출판부, 2010.

서울신학대학교 성결교회신학연구위원회.『성결교회신학용어사전』. 서울: 기독교대한
    성결교회출판부, 2005.

_____.『성결교회신학 역사적 유산 자료 연구집』. 서울: 기독교대한성결교회출판부,
    2007.

_____.『성결교회신학: 개신교복음주의 웨슬리안 사중복음 신학』. 서울: 기독교대한
    성결교회출판부, 2007.

_____.『성결교회신학개요』. 서울: 기독교대한성결교회출판부, 2007.

서울신학대학교 성결교회역사연구소.『한국성결교회 100년사』. 서울: 기독교대한성결
    교회출판부, 2007.

_____편.『환태평양 시대의 웨슬리안 성결운동』. 환태평양 웨슬리안 성결신학자 학술
    대회 논문집. 부천: 서울신학대학교출판부, 2006.

서정식. "중생의 은혜(디도 3:1-7)."「활천」407(1984): 14-17.

성결신학연구소(편).『한국성결교회와 사중복음』. 안양: 성결대학교 성결신학연구소,
    1998.

소 국. "조선아 거듭나라(중생)."「활천」232(1947): 26-28.

송태용. "중생의 사람."「활천」140(1934): 22-25.

신성철.『성결』. 서울: 기독교대한성결교회출판부, 1990.

안덕원. "사중복음적 예배."「활천」698/1(2012): 34-38.

오성욱. "사중복음의 교회론 재조명하고파."「활천」710/1(2013): 106-107.

오성현. "하나님의 은혜에 책임적인 행위로 응답하는 인간을 그리며."「활천」
    682/9(2010): 118-119.

오영필. "중생론: 우리의 교리 '전도표제를 중심하여'."「활천」351(1970): 12-15.

유석성.『현대사회의 사회윤리』. 부천: 서울신학대학교출판부, 1998.

윤철원. "김동수 교수의 '오순절 신학의 요한신학적 토대: 오순절 교회 자의식의 원형

　　으로서의 요한 공동체의 자의식'에 대한 논찬."「오순절신학논단」4(2005):
　　　22-30.

_____. "웨슬리안 성서 해석학의 최근 동향."「성결교회와 신학」3(1999): 69-87.

_____. "웨슬리와 칼빈의 성서해석 방법론의 연속성 문제."「성결교회와 신학」
　　　15(2006): 142-168.

_____. "유아세례에 대한 성서신학적 고찰."「신학과 선교」41(2012): 203-235.

_____. "한국성결교회와 신유: 신약성서가 제시하는 치유의 다층적 의미 해석 -사중
　　　복음의 바른 이해를 위한 성서 신학적 제안." 성결대학교 성결교회와 역사연
　　　구소.「성결교회와 역사」4(2002): 102-137.

이　건. "성결의 대사도 존 웨슬네를 추억함."「활천」(1933. 10): 10-14.

_____. "순 복음이란 무엇이뇨."「활천」(1928. 2): 27-28.

_____. "홍수의 세례와 세계의 중생."「활천」195(1939): 3-7.

이만신.「사중복음강단」. 서울: 청파, 1997.

이명직.「기독교의 사대복음」. 이명직 목사 저작전집 제3권. 서울: 기독교대한성결교회
　　　출판부, 1991.

_____.「신학대강」. 부산: 서울신학교, 1952. 등사판.

_____.「신약전서사경보감」. 경성: 동양선교회성결교회출판부, 1938.

_____.「이명직목사전집」1-16권. 서울신학대학교 현대역사연구소 편. 부천: 서울신
　　　학대학교출판부, 2011.

_____. "성신세례."「활천」254(1954): 46-49.

_____. "중생(요한복음 3:5)". 다시 듣는 그때 그 말씀.「활천」475(1993): 67-72.

_____.「성결에 대하여」이명직목사 저작전집 제3권. 서울: 기성출판부, 1991.

이병돈.「예수님의 재림과 요한계시록 강해」. 서울: 예찬사, 1993.

이상훈.「문화로 엿보는 그리스도, 예수로 바라보는 문화」. 서울: 대한기독교서회,
　　　2003.

_____.「성령은 과연 불인가?」. 서울: 진흥, 2004.

_____.「예수의 이야기」. 서울: 종로서적성서출판, 2000.

이성봉. 『사중복음: 성결교교리』. 서울: 성청사, 1984.

이성주. 『사중복음: 성결교교리』. 안양: 성결교신학교출판부, 1984.

_____. "사중복음의 신학적 이해." 성결대학교 성결교회와 역사연구소. 「성결교회와 역사」 6권(2005), 35-57.

_____. "사중복음의 전래과정에 대한 연구." 성결교신학교. 「논문집」 16(1987): 5-18.

이신건. 『공의를 위해 다시 오시리라: Second Coming』. 서울: 기독교대한성결교회출판부, 2007.

_____. "아름다움이 과연 우리를 구원할까: 김대식 박사의 '사중복음과 미(美)'에 대한 논평." 「활천」 636/11(2006), 86-87.

_____편. 『성결교회신학의 역사와 특징』. 서울: 성결신학연구소, 2000.

이은성. "사중복음과 기독교교육 –교육신학적 해석 및 실천 가능성에 대한 원론적 고찰." 성결대학교 성결교회와 역사연구소. 「성결교회와 역사」 6(2005), 223-244.

이응호. 『한국성결교회의 역사』. 서울: 성결문화사, 2003.

_____. "성결단체를 떠난 후의 김상준 목사의 역사기." 「성결교회와 신학」 5(2001): 209-225.

이정근. "'웨슬레안 사중복음주의'를 기본 신앙노선으로 선언하자." 「활천」 588/11(2002): 83-87.

_____. "'함생주의' 신학을 말한다." 「활천」 677/4(2010): 144-147.

_____. "교회는 거룩한 함생체입니다." 「활천」 684/11(2010): 102-106.

_____. "성결교회 신앙의 정통성 연구." 「활천」 601/12(2003): 54-58.

_____. "성결교회 자아상과 웨슬레안 사중복음주의." 「활천」 594/5(2003): 20-26.

_____. "온전한 복음, 온전한 구원을 위한 교리 개정이 시급하다." 「활천」 665/4 (2009): 99-101.

이정기. 『하나님께서 치유하십니다: Divine Healing』. 서울: 기독교대한성결교회출판부, 2007.

이천영. "성결교회 60년사의 회고." 「활천」(1967. 5): 19-23.

이현갑. 『기독교 사중복음』. 서울: 청파, 1995.

_____. 『사중복음: 한국성결교회의 신학화』. 서울: 청파, 1999.

_____. 『사중복음이란 무엇인가』. 서울: 청파, 1997.

_____. 『사중복음해설』. 서울: 청파, 1995.

_____. "사중복음이 한국성결교회의 성장과 갱신에 끼친 영향에 관한 연구." 박사학위
　　　　논문. Fuller Theological Seminary, 1995.

_____. "사중복음의 역동적 신학화: 사중복음의 재발견." 「활천」552(1999): 18-23.

이희철. "화해의 현상으로서 환대: 환대의 목회신학." 「한국기독교신학논총」86(2013):
　　　　299-320.

임 걸. "한국오순절 영성목회의 본질 – 최자실, 조용기 목사를 중심으로." 「대학과 선
　　　　교」 4(2002. 12): 267-308.

임종우. "성결의 복음(2)." 「활천」292(1958): 9-12.

장혜선. "포스트모던 시대 영성적 교회에 대한 연구: 틸리히 교회론의 영성적 재구성."
　　　　「신학과 선교」 41(2012): 7-38.

전성용. 『성령론적 조직신학』. 서울: 도서출판 세복, 2008.

정상운. 『사중복음』. 한국성결교회창립 100주년 기념. 안양: 성결교회와 역사연구소,
　　　　2005.

_____. "사중복음과 한국 성결교회의 신학적 배경." 한국기독교역사연구소. 「한국기
　　　　독교와 역사」 8 (1998. 3): 237-267.

_____. "사중복음의 전래와 21세기 한국성결교회." 성결대학교 성결교회와 역사연구
　　　　소. 「성결교회와 역사」 6(2005): 11-34.

_____. "세속화 시대의 성결신학." 한국기독교역사연구소. 「한국기독교와 역사」 16
　　　　(2002. 2): 101-122.

_____. "한국성결교회와 영암신학 ; 영암신학의 이해 –사중복음을 중심으로." 성결
　　　　대학교 성결교회와 역사연구소. 「성결교회와 역사」 3(2000): 9-41.

_____. "늦은 비 성령 역사, 21세기 구한다: 오순절 성령강림과 그 의미." 「신앙계」

374(1998.5): 34-37.

정인교. 『100년의 설교산책: 한국성결교회 설교 100년』. 서울: 대한기독교서회, 2012.

_____. 『이성봉 목사의 생애와 설교: 그의 부흥 설교에 대한 설교학적 분석』. 부천: 성
　　　　결신학연구소, 1998.

_____. "OMS 선교사와 초기 성결교회 설교의 상관성에 관한 연구."「신학연구」
　　　　63(2013): 280-315.

_____. "사중복음 설교를 위한 제안."「활천」698/1(2012): 24-27.

_____. "사중복음과 성결교회의 설교." 성결대학교 성결교회와 역사연구소.「성결교
　　　　회와 역사」6(2005): 123-165.

조갑진. 『바울의 종말론』. 서울: 바울, 2005.

_____. 『신약과 성결교회』. 서울: 기독교문서선교회, 2007.

_____. "사중복음과 신약성경 -이장림운동 비판과 한국성결교회 재림론." 성결대학
　　　　교 성결교회와 역사연구소.「성결교회와 역사」6(2005): 71-122.

_____. "사중복음의 신유에 대한 해석학적 평가 -심프슨, 김상준, 이명직, 김관수를
　　　　중심으로."『21세기와 서울신학대학교-개교90주년기념 학술논문집』. 현대
　　　　기독교역사연구소, 2002, 271-293.

조기연. 『한국교회와 예배 갱신』. 서울: 대한기독교서회, 2004.

_____. "성결교회 예배의 특징, 어디서 찾아야 하는가."「활천」677/4(2010): 54-57.

_____. "천국백성으로 태어나다: 예배학적 관점에서 본 유아세례."「활천」
　　　　525/8(1997): 35-41.

조예연. "사중복음의 어제와 오늘 그리고 내일."「활천」626/1(2006), 68-71.

조종남. 『기독교신학개론』. 서울: 선교횃불, 2012.

_____. 『사중복음의 현대적 의의』. 서울: 대한기독교서회, 2009.

_____. 『성결교회의 신학적 배경과 사중복음의 유래: 이명직 목사님의 주창을 중시하
　　　　여』. 서울: 기독교대한성결교회 출판부, 1998.

_____. 『세계복음화를 위한 로잔운동의 역사와 신학』. 서울: 선교횃불, 2013.

_____. 『요한 웨슬리의 신학』. 서울: 대한기독교출판사, 1984.

_____. 『이명직 목사가 주창한 성결교회의 신학적 계통과 입장』. 부천: 서울신학대학교 출판부, 1991.

주병진. 『사중복음: 성결인의 영성교재』. 서울: 예수마을, 1993.

_____. 『중생=Regeneration』. 서울: 기독교대한성결교회출판부, 1989.

_____. "중생의 증거." 「활천」 442(1990): 57-60.

주승민. 『순교자 문준경의 신앙과 삶: 증도를 천국의 섬으로 만든 문준경 전도사의 신앙과 삶의 이야기』. 용인: 킹덤북스, 2009.

_____. "E. A. 길보른의 현대적 이해: 선교사가 된 전신기사." 「성결교회와 신학」 16(2006): 50-73.

_____. "신유의 은사에 관한 연구: 초대교회를 중심하여." 「성결교회와 신학」11 (2004): 80-116.

_____. "예수 그리스도의 재림에 대한 연구: 하나님 나라의 사상을 배경으로." 부천: 서울신학대학교 대학원 석사학위논문, 1980.

지형은. 『사랑이야기: Sanctification』. 서울: 기독교대한성결교회출판부, 2007.

최동규. 『새로운 패러다임의 교회 성장』. 서울: 서로사랑, 2011.

_____. "이머징 처치와 기독교대한성결교회의 미래." 「활천」 641/4(2007): 38-45.

최선범. "요한계시록에 나타난 무천년왕국에 대한 해석학적 쟁점(계 20:1-7)." 「신약연구」 12/4(2013. 12): 937-963.

최인식. "개혁주의 신학과 웨슬리안 신학의 대화를 위한 칼뱅의 이중예정론과 웨슬리의 예지예정론 비교 연구." 「한국기독교신학논총」 88(2013): 135-180.

_____. "문준경과 이성봉을 통해 본 성결교회 브랜드 사중복음." 「활천」 678/5(2010), 18-23.

_____. "성령세례의 신학적 의의에 대한 고찰: 마틴 냅과 윌리엄 갓비를 중심으로." 「한국조직신학논총」 33(2012. 9): 37~73.

_____. "웨슬리신학의 전통에서 본 한국의 감리교신학과 성결교신학." 「한국기독교신학논총」 86(2013): 163-188.

최형근. "제3차 로잔대회 케이프타운 서약의 특징과 의의." 「복음과 선교」 22(2013):

113-150.

하도균. 『조선에서 시작된 전도행전: 초기 한국성결교회의 전도운동』. 부천: 국제전도
　　　훈련연구소, 2008.

_____. 『현재적 하나님 나라와 이를 위한 영적 전투』. 부천: 국제전도훈련연구소,
　　　2010.

_____. "웨슬리안 성령운동가로서의 플레처에 관한 연구: 최초의 웨슬리안 신학자로
　　　서의 기여와 시비에 관하여." 「한국기독교신학논총」 70(2010): 229-252.

한영태. 『그리스도인의 성결』 웨슬레의 성결론 II. 서울: 성광문화사, 1995.

_____. 『삼위일체와 성결』. 서울: 성광문화사, 1992.

_____. "중생: 성결의 전단계". 「활천」 422(1987): 52-58.

허은수 편저. 『사중복음: 성서에서 본』. 서울: 청파, 1991.

홍성국. "사중복음과 야고보서." 「활천」 501(1995): 65-69; 502(1995): 49-55;
　　　503(1995): 67-72; 504(1995): 83-88; 506/1(1996): 66-71;
　　　507/2(1996): 51-56; 508/3(1996): 69-76; 509/4(1996): 53-59;
　　　510/5(1996): 52-57; 512/7(1996): 51-56.

_____. "사중복음의 신약적 근원." 『사중복음』 정상운. 안양: 성결교회와 역사연구소,
　　　2005: 370-407.

_____. "진정한 소망과 영적 활력을 주는 재림의 복음." 「활천」 613/12(2004): 62-
　　　65.

홍성혁. "호세아서에 나타난 질병과 치유 은유와 주전 8세기 이스라엘, 유다의 사회, 경
　　　제적 맥락에서의 의미." 「선교세계」 10(2008): 120-147.

홍용표. 『한국성결교회사 110년 이야기 A: 혁신적으로 성결한 삶을 위한 혁신적 정직
　　　과 정사 시각에서 봄』. 서울: 아카데미 킹북, 2011.

홍준수. "사중복음에 대한 원색적인 헌신." 「활천」 698/1(2012): 128.

황덕형. "성령과 해석학적 자유." 「한국조직신학연구」 17(2012): 187-208.

_____. "성령세례에 대한 조직신학적 답변." 「활천」 714/5(2013):24-29.

_____. "현대인의 성결체험 - 하나님 앞에서 선 단독자! 홉스, 헤겔에 대한 키에르케

고르의 주관적 성실성과 웨슬리의 사랑." 「활천」 612/11(2004): 67-71.

황덕형 / 황돈형. 『현대신학과 성결』. 인천: 바울, 2001.

Bevans, Steven B. 『상황화 신학』. 최형근 역. 서울: 죠이선교회, 2002.

Brown, Kenneth O. "Leadership in the National Holiness Association with Special Reference to Eschatology 1867~1919." Ph.D. diss., Drew University, 1988.

Canon, William. 『웨슬레 신학』. 서울: 기독교대한감리회교육국, 1986.

Carter, C. 외 다수 편. 『현대 웨슬리 신학』 제1권. 서울: 대한기독교서회, 1998.

Case, Jay R. *An Unpredictable Gospel: American Evangelicals and World Christianity, 1812-1920*. Oxford: Oxford University Press, 2012.

Chan, Simon. *Pentecostal Theology and the Christian Spiritual Tradition*. Eugene: Wipe & Stock, 2000.

Chang, Yoon-Jae. "'Third World' vs. 'Post-Colonial': Is 'Decolonization' Possible in 'Post-Colonial' Space?" *Madang*, 19(June, 2013): 45-72.

Choi, Misaeng Lee. *The Rise of the Korean Church in Relation to the American Holiness Movement: Wesley's "Scriptural Holiness" and the "Fourfold Gospel."* Lanham: Scarecrow Press, 2008.

Cobb, John. 『은총과 책임』 심광섭 역. 서울: 기독교대한감리회 홍보출판국, 1997.

Cragg, Geral R. *Reason and Authority in the Eighteenth Century*. Cambridge: Cambridge University Press, 1964.

Dayton, Donald. 『오순절 운동의 신학적 뿌리』. 조종남 역. 서울: 대한기독교서회, 1993. *Theological Roots of Pentecostalism*. Francis Asbury Press, 1987.

_____. 『다시 보는 복음주의 유산』. 배덕만 역. 서울: 요단, 2003.

_____. "'사중복음': 환태평양 연속성의 열쇠." 서울신학대학교 성결교회역사연구소 편. 『환태평양 시대의 웨슬리안 성결운동』. 환태평양 웨슬리안 성결신학자 학술대회 논문집. 부천: 서울신학대학교출판부, 2006: 16-25.

_____. "사중복음: 성결, 케직 그리고 오순절신학 간의 만남을 위한 지적 토대." 배덕

만 역. 현대기독교역사연구소, 「성결교회와 신학」 7(2002): 194-207.

_____. "사중복음의 세계적 중요성." 서울신학대학교 성결교회역사연구소. 제37회 정

기세미나 자료집. 우석기념강당, 2003. 10. 28.

Dayton, Donald / Robert K. Johnston (ed.). *The Variety of American Evangel-*

icalism. Downers Grove: InterVarsity Press, 1991.

Dieter, Melvin E. *The Holiness Revival of the Nineteenth Century*. Lanham/

London: Scarecrow Press, 1996.

Dunn, James D. G. *Baptism in the Holy Spirit: A Re-examination of the New*

Testament Teaching on the Gift of the Spirit in Relation to Pente-

costalism Today. London: SCM Press, 1970.

Erny, Edward, and Esther Erny. *No Guarantee but God: The Story of the*

Founders of the Oriental Missionary Society. Greenwood, IN: Oriental

Missionary Society, 1969

Gammie, John G. *Holiness in Israel*. Minneapolis: Fortress Press, 1989.

Gentry Jr., Kenneth L. 외 2인. 『천년왕국이란 무엇인가?』 박승민 역. 서울: 부흥과

개혁사, 2011.

Han, Sang Min. "Constructing a New Approach for Contemporary Pentecostal

Theology: A Study of Ecstasy and Spiritual Presence as a Divine-

Human Encounter." Ph.D. Dissertation. Drew University, 2011.

Harrison, E. F. *Acts: The Expanding Church*. Chicago: Moody Press, 1975.

Hong, Paul Yong Pyo. "Spreading the Holiness Fire: A History of the OMS

Korea Holiness Church, 1904-1957." D. Miss. diss., Fuller Theolog-

ical Seminary, 1996.

Hynson, Leon O. "The Wesleyan Quadrilateral in the American Holiness Tra-

dition." *Wesleyan Theological Journal* (March 1985).

Kaiser, Walter 외 4인. 『성령 세례란 무엇인가』. 비교신학 시리즈 6. 서울: 부흥과개

혁사, 2010.

Kilbourne, Edwin W. *Bridge Across the Century*. vol. one: Japan, Korea, China. Greenwood: OMS International, 2001.

Kostlevy, William. *Holy Jumpers: Evangelicals and Radicals in Progressive Era America. Religion in America Series*. New York: Oxford University Press, 2010.

_____ (ed.). *Historical Dictionary of the Holiness Movement*, Second ed. Lanham: The Scarecrow Press, 2009.

Langford, Thomas. *Practical Divinity: Theology in the Wesleyan Tradition*. Nashville: Abingdon, 1983.

Lloyd-Jones, D. M. 『성령론』. 홍정식 역편. 서울: 새순출판사, 1986.

_____. 『성령세례』. 정원태 역. 서울: 기독교문서선교회, 1986.

Long, Kathryn T. "Consecrated Respectability: Phoebe Palmer and te Refinement of American *Methodism.*" *Methodism and the Shaping of American Culture*. ed. Nathan O. Hatch and John H. Wigger. Nashville; Abingdon Press, 2001: 281-308.

Lundell, In-Gyeong Kim. *Bridging the Gaps: Contextualization among Korean Nazarene Churches in America*. New York: Peter Lang, 1995.

Macchia, Frank D. *Baptized in the Spirit: A Global Pentecostal Theology*. Grand Rapids: Zondervan, 2006.

Maddox, Randy L. *Responsible Grace: John Wesley's Practical Theology*. Nashville: Abingdon Press, 1994.

Mannoia, Kevin W. / Thorsen, Don (ed.). *The Holiness Manifesto*. Grand Rapids: W. B. Eerdmans, 2008.

Menzies, Robert. "오순절주의 전망에서 본 누가의 성령세례 이해." 이한수 역. 「누가-행전에서의 성령세례」 한국복음주의신약학회 제2차 국제학술대회. 2012. 11. 3. 개포동교회: 67-84.

예수의 바람, 성령의 바람

Menzies, William W. 『오순절 성경교리』. 총회총무국 역. 서울: 기독교대한하나님의
　　성회 총회출판국, 1994.

_____. "조용기 목사의 성령충만 신학 : 오순절 관점." 한세대학교 영산신학연구소,
　　「영산신학저널」 1(2004. 2), 11-31.

_____. / Menzies, Robert P. 『성령과 능력: 오순절 해석학의 관점에서 본』. 배현성
　　역. 군포: 한세대학교출판부, 2005.

Merwin, John Jennings. "The Oriental Missionary Society Holiness Church in
　　Japan, 1901-1983." D. Miss. diss., Fuller Theological Seminary,
　　School of World Mission, 1983.

Muller, Richard. *God, Creation, and Providence in the Thought of Jacob
　　Arminius*. Grand Rapids: Baker, 1991.

Murphy, Nancy. *Beyond Liberalism and Fundamentalism: How Modern and
　　Postmodern Philosophy Set the Theological Agenda*. Valley Forge,
　　Penn: Trinity Press International, 1996.

Oh, Sung Wook. "Church and Societies in Korean Ecclesiology and the Chris-
　　tocentric Perspective of Karl Barth." Ph.D. Dissertation. Baylor Uni-
　　versity, 2011.

Olson, Roger. *Arminian Theology: Myths and Realities*. Downers Grove: IVP
　　Academic, 2006.

Ott, Craig / Harold A. Netland (ed.). *Globalizing Theology: Belief and Practice
　　in an Era of World Christianity*. Grand Rapids: Baker Academic, 2006.

Ott, Craig / Stephen J. Strauss / Timothy C. Tennent. 『선교신학』. 김동화 외 9
　　인 역. 부천: 도서출판 존스북, 2012.

Outler, Albert C. *The Wesleyan Theological Heritage. Essays of Albert C. Out-
　　ler*. ed. Thomas C. Oden, L. R. Longden. Grand Rapids: Zondervan
　　Pub. House, 1991.

Park, Myung Soo. "The 20th Century Holiness Movement and Korean Holiness

Groups." *The Asbury Journal* 62, no. 2 (Fall 2007): 81-108.

Patterson, Eric / Rybarczk, Edmund(ed.). *The Future of Pentecostalism in the United States*. Lanham: Lexington Books, 2007.

Peters, John L. *Christian Perfection and American Methodism*. Forworded by Albert C. Outler. Grand Rapids: Francis Asbury Press, 1985.

Purinton, William T. "'오순절의 불' : LA와 평양 부흥의 전망과 실제에 있어서 이념적인 경계들." 『환태평양 시대의 웨슬리안 성결운동』. 부천: 현대기독교역사연구소, 2006: 478-496.

_____. "By His Stripes: Pentecostal Holiness Views of Healing in the Atonement." 「한국교회사학회지」 27(2010): 199-223.

_____. "Changing Ancestors: Mission, National, Transpacific and World Histories of the Korea Evangelical Holiness Church, 1904-2007." 「신학과 선교」40(2012): 313-338.

_____. "세계 복음주의와 성결운동에 나타나고 있는 현 시대적 경향들." 「성결교회와 신학」 25(2011): 193-197; 29(2013): 209-213.

Richey, Russell E. "The Formation of American Methodism: The Chesapeake Refraction of Wesleyanism." *Methodism and the Shaping of American Culture*. ed. Nathan O. Hatch and John H. Wigger. Nashville; Abingdon Press, 2001: 197-222.

Robeck Jr., Cecil M. *The Azusa Street Mission and Revival: The Birth of the Global Pentecostal Movement*. Nashville: Thomas Nelson, 2006.

Stephens, Randall. *The Fire Spreading*. Boston: Harvard University Press, 2008.

Stott, John R. W. *The Baptism and Fullness of the Holy Spirit*. Leicester: InterVersity Press, 1964.

Stronstad, Roger. *The Charismatic Theology of St. Luke*. Peabody, MA: Hendrickson, 1984.

Synan, Vinson. 『세계 오순절 성결운동의 역사』. 이영훈, 박명수 역. 서울: 서울말씀
사, 2000.

The Research Committee for the Theology of the Korea Evangelical Holiness
Church(Seoul Theological University). *Introduction to the Theology
of the Korea Evangelical Church: The Protestant Evangelical Theology
of the Wesleyan Fourfold Gospel.* trans. Jong In Lee. Seoul: Publish-
ing Department of the KEHC, 2007.

Thornton Jr., Wallace. "The Revivalist Movement and the Development of a
Holiness / Pentecostal Philosophy of Missions." *Wesleyan Theological
Journal* (March, 2003).

_____. "God's Trustee: Martin Wells Knapp and Radical Holiness." *From
Aldersgate to Azusa Street.* by Henry H. Knight III. Eugene, Or:
Pickwick Pubns, 2010: 148-157.

Thornton, L. S. *Confirmation: Its Place in the Baptismal Mystery.* London:
A.&C. Black, 1954.

Thorsen, Donald A. *The Wesleyan Quadrilateral: Scripture, Tradition, Reason,
and Experience as a Model of Evangelical Theology.* Indianapolis:
Light and Life Communications, 1997.

Tillich, Paul. *Systematic Theology.* Chicago: CUP, 1951-1963; 『조직신학 I-V』
유장환 역. 서울: 한들, 2001-2008.

Tracy, David. *Blessed Rage for Order: The New Pluralism in Theology.* New
York: Seabury, 1975.

Tuner, Max. "General Booklet on Baptism in/with th Holy Spirit." 「누가-행전
에서의 성령세례」 부록: 한국복음주의신약학회 제2차 국제학술대회. 2012.
11. 3. 개포동교회: 101-132.

_____. "성령세례 문제에 대해 우리는 어디에 있나? 누가-행전에서의 성령과 구원."
조영모 역. 「누가-행전에서의 성령세례」 한국복음주의신약학회 제2차 국제

학술대회. 2012. 11. 3. 개포동교회: 23-36.

Van de Walle, Bernie A. *The Heart of the Gospel: A. B. Simpson, the Fourfold Gospel, and Late ineteenth-Century Evangelical Theology*. Princeton Theological Monograph Series. Eugene, OR: Pickwick Publications, 2009.

Van der Bent, Ans Joachim. 『WCC의 에큘메니칼 신학』. 연규홍 역. 서울: 동연, 2013.

Watson, George D. *White Robes; or, Garments of Salvation and Spiritual Feasts*. Cincinnati: God's Revivalist Press, 1883.

_____. 『성결』. 박명수, 배덕만 역. 사중복음시리즈 제2권. 서울신학대학교 성결교회 역사연구소. 서울: 도서출판 은성, 1998.

Watson, Richard. *Theological Institutes; or A View of the Evidences, Doctrines, Morals and Institutions of Christianity*, vol. II. New York: Lane & Tippet, 1845.

Wood, Laurence W. *Pentecostal Grace*. Foreword by Robert E. Coleman. Wilmore: Francis Asbury Pub. Co., 1980.

_____. *The Meaning of Pentecost in Early Methodism. Rediscovering John Fletcher as John Wesley's Vindicator and Designator Successor*. Pietist and Wesleyan Studies, #15. Lanham/Oxford: The Scarecrow Press, 2002.

Wyncoop, Mildred B. *Foundations of Wesleyan-Arminian Theology*. 1972.

Yong, Amos. *The Spirit of Creation: Modern Science and Divine Action in the Pentecostal-Charismatic Imagination*. Grand Rapids: W. B. Eerdmans Pub. Co., 2011.

_____. *The Spirit Poured Out on All Flesh: Pentecostalism and the Possibility of Global Theology*. Grand Rapids: Baker Academic, 2005.

_____. *Who Is th Holy Spirit? A Walk with the Apostles*. Brewster: Paraclete

Press, 2011.

3. 포스트모던 관련 참고문헌

Grenz, Stanley J. / John R. Franke. *Beyond Foundationalism: Shaping The-
    ology in a Postmodern Context*. Louisville: Westminster John Knox
    Press, 2001.

Griffin, David Ray / William A. Beardslee / Joe Holland(eds.). *Varieties of Post-
    modern Theology*. Albany: State University of New York Press, 1989.

Hauerwas, Stanley / Nancey Murph, and Mark Nation (eds.). *Theology Without
    Foundations: Religious Practice and the Future of Theological Truth*.
    Nashville: Abingdon Press, 1994.

Hyman, Gavin. *The Predicament of Postmodern Theology: Radical Orthodoxy
    or Nihilist Textualism?* Louisville/London: Westminster John Knox
    Press, 2001.

Lindbeck, George A. *The Nature of Doctrine: Religion and Theology in a
    Postliberal Age*. Louiville/London: Westminster John Knox Press,
    1984.

Machiavelli, N. 『군주론』. 강정인, 김경희 역. 제3판 개역본. 서울: 까치, 2008.

Milbank, John. *Theology and Social Theory: Beyond Secular Reason*. Oxford:
    Basil Blackwell, 1990.

_____. "'Postmodern Critical Augustinianism': A Short Summa in Forty Two
    Responses to Unasked Question," *Modern Theology* 7(1991).

Penner, Myron B. "Christianity and the Postmodern Turn: Some Preliminary
    Considerations." *Christianity and the Postmodern Turn: Six Views*.
    ed. by Myron B. Penner. Grand Rapids: Brazos Press, 2005.

Thiel, John E. *Nonfoundationalism*. Minneapolis: Fortress Press, 1994.

Tilley, Terrence W. *Postmodern Theologies: The Challenge of Religious Diversity*. Maryknoll, NY: Orbis, 1995.

Vanhoozer, Kevin J. *The Cambridge Companion to Postmodern Theology*. Cambridge: Cambridge University Press, 2003.

_____. *The Drama of Doctrine: A Canonical Linguistic Approach to Christian Theology*. Louiville: Westminster John Knox Press, 2005.